ANATOMIA DO MOVIMENTO

B419a Behnke, Robert S.
Anatomia do movimento / Robert S. Behnke ; tradução: Maiza Ritomy Ide ; revisão técnica: Antonio Alberto Fernandes. – 3. ed. – Porto Alegre : Artmed, 2014.
349 p. : il. color. ; 28 cm.

ISBN 978-85-8271-078-4

1. Exercícios físicos – Anatomia. 2. Movimento – Anatomia. I. Título.

CDU 796:591.4

Catalogação na publicação: Suelen Spíndola Bilhar – CRB 10/2269

ROBERT S. BEHNKE
Professor emérito,
Indiana State University

ANATOMIA DO MOVIMENTO

3ª
EDIÇÃO

Tradução:
Maiza Ritomy Ide

Revisão técnica desta edição:
Antonio Alberto Fernandes
Professor de Anatomia na Universidade do Vale dos Sinos (Unisinos)

artmed

2014

Obra originalmente publicada sob o título Kinetic Anatomy, 3rd Edition.

ISBN 9781450410557

Gerente editorial – Biociências: *Letícia Bispo de Lima*

Colaboraram nesta edição:

Coordenadora editorial: *Cláudia Bittencourt*

Capa: *Márcio Monticelli*

Imagem da capa: ©shutterstock.com / Suzanne Tucker, Pole vaulter running down the runway (motion blur)

Preparação de originais: *Juçá Neves da Silva*

Leitura final: *Lisandra Cássia Pedruzzi Picon*

Editoração: *Techbooks*

Reservados todos os direitos de publicação, em língua portuguesa, à
ARTMED EDITORA LTDA., uma empresa do GRUPO A EDUCAÇÃO S.A.
Av. Jerônimo de Ornelas, 670 – Santana
90040-340 – Porto Alegre – RS
Fone: (51) 3027-7000 Fax: (51) 3027-7070

Unidade São Paulo
Av. Embaixador Macedo Soares, 10.735 – Pavilhão 5 – Cond. Espace Center
Vila Anastácio – 05095-035 – São Paulo – SP
Fone: (11) 3665-1100 Fax: (11) 3667-1333

SAC 0800 703-3444 – www.grupoa.com.br

IMPRESSO NO BRASIL
PRINTED IN BRAZIL

O AUTOR

Robert S. Behnke, HSD, aposentou-se após 39 anos ministrando aulas de anatomia, cinesiologia, educação física e treinamento desportivo. Behnke foi homenageado em várias ocasiões pela excelência no ensino, recebendo o título de Educador do Ano da National Athletic Trainers' Association. Durante seu mandato de 11 anos como presidente do NATA Professional Education Committee, ele iniciou a petição para a American Medical Association que resultou no processo de credenciamento nacional para programas de formação em treinamento desportivo de nível iniciante.

O doutor Behnke passou a maior parte de sua carreira na Indiana State University, onde foi professor titular de educação física e treinamento desportivo e diretor de graduação e pós-graduação de programas de treinamento desportivo. No início de sua carreira, atuou por cinco anos como professor de ensino médio. Tem uma vasta experiência como treinador desportivo, tanto em instituições de ensino médio quanto superior, atuando como treinador-chefe na Illinois State University, de 1966 a 1969, e da University of Illinois, de 1969 a 1973. Foi treinador de atletismo nos Jogos Mundiais Universitários de 1983 e da equipe olímpica norte-americana de basquete masculino em 1984. De 1982 a 1989, atuou como preparador físico de atletas de boxe, hóquei de campo masculino, handebol, patinação no gelo, hóquei sobre patins, ginástica, judô e ciclismo no Centro Olímpico de Treinamento dos Estados Unidos, em Colorado Springs. Atua como porta-voz e preparador físico nos Estados Unidos e em outros países.

Sua ampla experiência o habilitou a entender as necessidades de estudantes de graduação – e a desenvolver uma compreensão sem precedentes de quais abordagens pedagógicas funcionam e quais não. *Anatomia do movimento* é o ponto culminante de sua compreensão única e deve tornar-se um marco nos cursos de graduação dos próximos anos.

Em um ou outro momento da vida, entramos em contato com alguém que consideramos nosso professor, supervisor, orientador ou modelo. Em muitos casos, essa pessoa também pode se tornar nossa amiga. Durante minha preparação profissional, tive a sorte de ter tudo isso e muito mais em uma pessoa. Nesse período, essa pessoa enfatizou a importância de conhecer a anatomia humana, porque acreditava que essa era a chave para a compreensão do desempenho desportivo e para a prevenção, o reconhecimento, o tratamento e a reabilitação do trauma causado pelo esporte. Essa ênfase inspirou-me ao longo da preparação deste livro. Gostaria de agradecer a Robert Nicolette, ex-treinador desportivo (1957-1969) da University of Illinois, em nome de todos nós que tivemos a sorte de conhecê-lo. Ele influenciou todos com quem trabalhamos, como resultado de nossa parceria. Dedico-lhe este livro para expressar meu profundo afeto.

AGRADECIMENTOS

Um grupo de pessoas da Human Kinetics (HK) foi responsável pela orientação necessária para a conclusão desta edição de *Anatomia do movimento*. O doutor Loarn Robertson, editor sênior de aquisições aposentado, foi responsável por decidir que uma nova edição deste livro seria um acréscimo valioso ao estudo da anatomia humana. Após sua aposentadoria, este projeto foi assumido por Melinda Flegel, a nova editora sênior de aquisições da HK. Herdar esse projeto no meio do caminho, com minhas ideias e com as ideias do editor sênior de aquisições já sendo implementadas, foi uma tarefa que ela não apenas aceitou, mas também guiou graciosamente para uma conclusão bem-sucedida. Amanda Ewing, editora de desenvolvimento, assumiu a tarefa de assegurar que eu reunisse um livro didático e materiais complementares que atingissem meus objetivos para o texto em um formato preciso e atraente, que interessaria a qualquer pessoa em busca de uma experiência inicial para a aprendizagem da anatomia humana. Seus comentários, sugestões e perguntas, bem como sua capacidade de manter-me na tarefa, foram essenciais para a conclusão desta edição.

As novas ilustrações apresentadas nesta obra são o resultado dos esforços de Joanne Brummett, a coordenadora de *design*, arte e foto da HK. Suas contribuições e as de sua excelente equipe para encontrar novas ilustrações e fotografias fizeram das imagens que apoiam o texto escrito um excelente complemento para o conteúdo desta nova edição.

Devo agradecer ao doutor Rainer Martens, fundador da HK, pela aprovação do projeto que resultou na criação de *Anatomia do movimento*. Suas contribuições nas áreas de esporte, educação física, educação, saúde e lazer têm recebido reconhecimento e apreciação de autores, professores e estudantes de todo o mundo. Seus pensamentos e ações no ramo editorial abriram muitas portas nessas áreas em um momento de extrema necessidade e agora são amplamente aceitos.

Essas pessoas têm tornado o trabalho com motricidade humana um prazer, e espero ter produzido uma publicação que tornará agradável o estudo da anatomia humana a qualquer pessoa interessada em aprender sobre o corpo humano e como ele se move.

Prefácio

Alguns podem dizer que o corpo humano é a máquina mais fascinante já projetada. Há muito tempo, a ciência o tem estudado e tenta melhorar a maneira de fazê-lo por meio de vários métodos, até mesmo tentando produzir partes intercambiáveis ou criar partes sintéticas. Aprender sobre si mesmo pelo estudo do corpo humano pode levar uma pessoa a uma vida mais longa e saudável. Isso tudo pode começar com uma compreensão básica dos vários elementos que constituem o corpo humano.

Se esta exposição ao estudo da anatomia humana for uma experiência isolada, o livro *Anatomia do movimento* fornece um bom panorama a respeito de várias estruturas do corpo humano. Para o estudande que busca estudar mais a fundo a anatomia humana, este livro apresenta princípios básicos norteadores, em particular das funções fisiológicas do corpo humano, incluindo as estruturas anatômicas.

Objetivos

Os objetivos do livro *Anatomia do movimento* são (1) familiarizar os estudantes com o vocabulário da anatomia humana; (2) descrever os fundamentos da anatomia humana para o movimento; e (3) proporcionar aos estudantes o conhecimento necessário para buscar uma vida saudável.

Ter uma compreensão sólida do vocabulário de anatomia humana permite a comunicação eficaz com colegas, médicos, fisioterapeutas, educadores, técnicos, profissionais da saúde e outros, utilizando uma linguagem universal sobre o assunto.

Este livro também fornece aos leitores um conceito consistente sobre como o corpo humano é construído e como se move, ao estudar os ossos, ao uni-los pelas articulações, ao colocar os músculos sobre os ossos (cruzando articulações) e, em seguida, ao observar a forma como as articulações se comportam quando os músculos se contraem. O livro também discute os nervos (incluindo o encéfalo, o sistema nervoso central, os nervos espinais e o sistema nervoso periférico) e os vasos sanguíneos (incluindo o coração), bem como os pulmões, os quais fornecem elementos essenciais para o movimento esquelético. Contudo, a ênfase principal está em focalizar o corpo humano com a finalidade de estudar o movimento. Saber quais estruturas estão envolvidas e como devem funcionar permite identificar problemas e corrigi-los para melhorar a atividade física.

Por fim, este livro transmite conhecimentos que possibilitam a busca de uma vida saudável. O conhecimento do corpo alerta a pessoa para possíveis problemas e, com as outras informações adquiridas, ajuda a evitá-los ou resolvê-los garantindo um estilo de vida saudável.

Organização

O texto e as ilustrações são dedicados às estruturas que desempenham um papel primordial na movimentação do corpo humano: ossos, ligamentos, articulações, músculos e nervos e vasos sanguíneos que fornecem inervação e suporte sanguíneo a essas estruturas. Esta edição também aborda estruturas anatômicas muitas vezes não consideradas durante o estudo da anatomia do movimento: o encéfalo, o coração e os pulmões. O objetivo desse acréscimo é proporcionar aos estudantes iniciantes uma maior compreensão das estruturas anatômicas envolvidas no movimento. Embora ossos, ligamentos, músculos, nervos e vasos sanguíneos sejam os principais componentes responsáveis por produzir o movimento do corpo humano, são abordadas outras estruturas do sistema nervoso central (encéfalo e sistema nervoso periférico), o coração e o sistema respiratório para mostrar como elas contribuem para o movimento humano.

Para esse fim, o livro está organizado em quatro partes. A Parte I discute os conceitos básicos de anatomia. O restante do texto, como muitos livros nas áreas de cinesiologia e biomecânica, contempla o corpo conforme a seguinte divisão: membros superiores (Parte II); cabeça (encéfalo), coluna vertebral, pelve e tórax (coração e pulmões) (Parte III); e membros inferiores (Parte IV). Cada capítulo das Partes II, III e IV segue o mesmo formato: ossos, articulações e ligamentos, músculos e, quando apropriado, a inclusão de três órgãos essenciais para o movimento (o encéfalo, o coração e os pulmões). As Partes II, III e IV também trazem tabelas-resumo de músculos, ossos, articulações, ligamentos, movimentos, nervos e vasos sanguíneos. Essas tabelas foram complementadas para incluir estruturas que não são encontradas em edições anteriores de *Anatomia do movimento*.

Atualizações para a terceira edição

A terceira edição de *Anatomia do movimento* inclui as seguintes estruturas anatômicas: a cabeça, o encéfalo, o coração e os pulmões. Essas estruturas desempenham papel importante no movimento humano, apesar de não tão óbvio quanto o exercido por ossos, articulações e músculos. O sistema nervoso central (encéfalo e nervos espinais), o sistema nervoso periférico, o coração e os pulmões atuam para permitir que os músculos movam os ossos e criem movimento nas articulações.

Com mais e mais pessoas participando de esportes e atividades físicas organizadas, tem havido um crescente interesse em um possível aspecto infeliz dessa participação: o traumatismo craniencefálico. Este livro analisa a anatomia da cabeça e do encéfalo, incluindo os sistemas nervosos central e periférico, bem como os vasos sanguíneos do sistema circulatório. Analisa-se a vasta rede de vasos sanguíneos (numerosas artérias e veias com vários ramos), com identificação de nomes e áreas anatômicas. Incentiva-se a investigação aprofundada tanto do sistema nervoso quanto do circulatório, exigindo um estudo anatômico avançado muito além da informação incipiente apesentada neste livro.

Além do novo material que acabamos de mencionar, é apresentada uma discussão mais detalhada sobre a força da articulação e o movimento, a função de músculos (agonistas, antagonistas, fixadores ou estabilizadores e sinergistas), alavancas e exercício. Esses acréscimos estão presentes para melhorar a compreensão da função do músculo, se forem desejados estudos futuros em cinesiologia e biomecânica humana.

Tais atualizações tornam este livro um texto de nível iniciante mais abrangente para estudantes de graduação e do ensino médio e outros que procuram informações básicas sobre as estruturas anatômicas do corpo humano relacionadas ao movimento.

Principais características

Quando se estuda a anatomia humana, existem muitos recursos disponíveis para complementar a aprendizagem. Utilizam-se cadáveres humanos, recursos audiovisuais (incluindo fotos, ilustrações, modelos e *softwares*) e várias outras formas de auxílio. O livro *Anatomia do movimento* facilita ainda mais a aprendizagem, proporcionando uma ajuda gratuita e à disposição para compreender como o corpo utiliza vários aspectos da anatomia humana para possibilitar o movimento: a experiência prática. Ao longo de suas páginas, o leitor encontrará os quadros "Prática", que fornecem instruções para palpar determinada estrutura anatômica em si mesmo ou em um parceiro. De forma muito básica, isso torna o estudo uma experiência pessoal e prática disponível para todos.

Este livro também apresenta uma extensa lista de termos. Os verbetes estão destacados em negrito e listados ao final de cada capítulo. Isso é importante porque dá aos leitores a oportunidade de rever o que foi exposto no texto. A compreensão dos verbetes ajuda a garantir aos leitores a fixação da informação sobre as estruturas anatômicas apresentadas no capítulo.

Ilustrações anatômicas detalhadas mostram as estruturas essenciais que contribuem para o movimento humano nas áreas corporais discutidas em qualquer capítulo específico. O artista esforçou-se ao máximo para representar com precisão essas estruturas como são no corpo humano. O uso extensivo de fotografias de cadáver produziria, obviamente, uma ilustração mais exata das estruturas, mas os custos estariam muito além do que pode ser considerado cabível para um livro de nível elementar.

Para melhorar a compreensão, também são apresentadas fotografias que ilustram os movimentos resultantes da atividade das estruturas anatômicas discutidas, utilizando o velho ditado: "Uma imagem vale mais que mil palavras". Essas ilustrações incluem identificações apropriadas para auxiliar a verificação das estruturas apresentadas no texto. As fotografias ajudam os leitores a entender melhor o que as estruturas discutidas realmente fazem ao criar o movimento.

Além disso, os quadros "Foco em", ao longo do livro, ilustram circunstâncias das atividades cotidianas que se relacionam com as estruturas anatômicas específicas abordadas. Neles, são discutidas condições de saúde que costumam ser mencionadas na vida cotidiana com a esperança de aumentar a compreensão dos leitores a esse respeito.

Cada capítulo termina com um conjunto de dicas de aprendizagem, incluindo uma revisão dos verbetes utilizados no capítulo, sugestão de atividades de aprendizagem, um conjunto de questões de múltipla escolha e um conjunto de questões de preenchimento de lacunas (as respostas são fornecidas no final do livro). Os estudantes podem usar essas dicas de aprendizagem para garantir uma boa compreensão dos principais tópicos do capítulo, bem como para se prepararem para testes e questionários. Além disso, os exercícios de movimento funcional ao final de vários capítulos desafiam o conhecimento dos leitores acerca das diversas funções dos músculos. Embora sejam apresentados exemplos de respostas possíveis no final do livro, há muitas respostas alternativas. Os leitores são encorajados a usar o livro e a consultar seus professores e colegas mais experientes, se estiverem matriculados em uma disciplina de anatomia humana, para buscar respostas adicionais para os exercícios de movimento funcional.

Por fim, cada parte termina com tabelas-resumo. Essas são um recurso rápido ao procurar componentes de uma articulação específica, seu tipo, os ossos, os ligamentos e os movimentos, bem como os componentes de um músculo, incluindo sua origem, sua inserção, sua ação, sua inervação e seu suprimento sanguíneo. Se os estudantes estiverem respondendo a questões propostas no texto ou preparando um artigo ou uma apresentação de uma estrutura anatômica ou de um movimento humano específico, as tabelas-resumo podem servir como material de consulta rápida.

Sumário

PARTE I

Conceitos Gerais de Anatomia

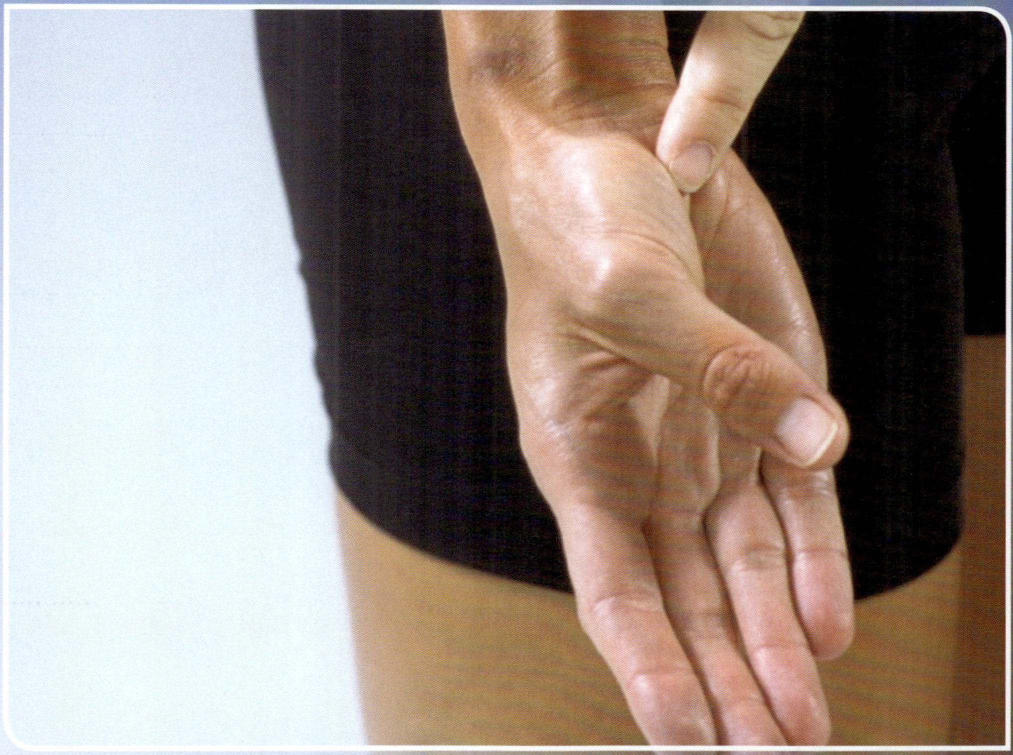

CAPÍTULO 1

Estruturas

De modo simples, a anatomia humana foi definida como a estrutura dos organismos pertencentes à humanidade. Uma estrutura é, por definição, algo composto por partes interligadas para formar um organismo, e um organismo é definido com simplicidade como um ser vivo. O corpo é composto por quatro diferentes tipos de tecidos (um conjunto de um tipo semelhante de células). O **tecido conectivo** forma os ossos, as cartilagens e os tecidos moles, como a fáscia, a pele, os tendões e os ligamentos. O **tecido muscular** está dividido em três tipos: esquelético, que move as partes do esqueleto; cardíaco, que promove a ação de bombeamento do coração; e liso, que reveste as paredes das artérias e outros órgãos do corpo. O **tecido nervoso** é dividido em neurônios – os quais conduzem impulsos que envolvem o encéfalo, a medula espinal, os nervos espinais e os nervos cranianos – e **neuroglias**, que estão envolvidas de maneira específica nos processos celulares que apoiam os neurônios, tanto metabólica quanto fisicamente. O quarto tipo é conhecido como **tecido epitelial**. Há quatro variedades, e todas estão envolvidas com as estruturas dos sistemas respiratório, digestório, urinário e genital.

No que se refere ao movimento, o estudo da anatomia humana se concentra nos ossos, nas articulações (e ligamentos associados) e nos músculos responsáveis pelo movimento do corpo humano. Além disso, há necessidade de estudar o papel do sistema nervoso em estimular o tecido muscular; o papel do sistema vascular no fornecimento de energia ao tecido muscular e na remoção de subprodutos; os componentes ósseos, articulares e musculares dos sistemas de alavanca do corpo; e os efeitos do exercício. *Anatomia do movimento* apresenta um breve panorama dos sistemas respiratório, circulatório e nervoso autônomo. Embora a anatomia humana inclua também outras estruturas, como os sistemas endócrino, digestório, genital, urinário e órgãos sensoriais, este livro se concentra de forma específica nas principais estruturas anatômicas responsáveis pela produção do movimento do organismo humano.

O vocabulário adequado é de extrema importância quando se trata de anatomia. Termos comuns tornam a comunicação com outras pessoas (médicos, treinadores, fisioterapeutas, preparadores físicos) muito mais fácil. É essencial que um estudante de anatomia humana se familiarize com a terminologia-padrão apresentada neste capítulo. O conhecimento das estruturas e dos termos comuns usados para descrever anatomicamente o movimento também facilita o uso de princípios de treinamento específicos; a utilização de técnicas terapêuticas que envolvem o movimento humano para prevenção, tratamento e reabilitação de várias condições físicas; e a aplicação de princípios científicos ao movimento humano.

Embora se possa dizer que todos os sistemas do organismo humano contribuem de maneira única para o movimento, este livro enfatiza os sistemas (esquelético, articular, muscular, nervoso e circulatório) diretamente envolvidos na realização do movimento. O foco principal recai nas estruturas a seguir: ossos, ligamentos, articulações e músculos que produzem movimento, com comentários adicionais sobre nervos e vasos sanguíneos em cada área anatômica específica.

Ossos

O corpo contém 206 ossos. Estes possuem diversas funções, como proteção, apoio, transporte, armazenamento de minerais e formação de células do sangue. Os arranjos dos ossos que formam as articulações e as inserções musculares aos ossos determinam o movimento. Os ossos são classificados em quatro grupos, de acordo com sua forma: longos, curtos, chatos e irregulares. Alguns autores também distinguem um quinto tipo de osso, conhecido como sesamoides, que são ossos pequenos e nodulares embutidos em um tendão (Fig. 1.1). Os ossos que fornecem a estrutura para o corpo e que tornam possível o movimento são classificados como **ossos longos** (Fig. 1.2). Um osso longo tem um eixo, conhecido como **diáfise**, e duas saliências grandes em cada extremidade da diáfise, denominadas **epífises**. No início da vida, a epífise é separada da diáfise por uma estrutura cartilaginosa chamada de **placa epifi-**

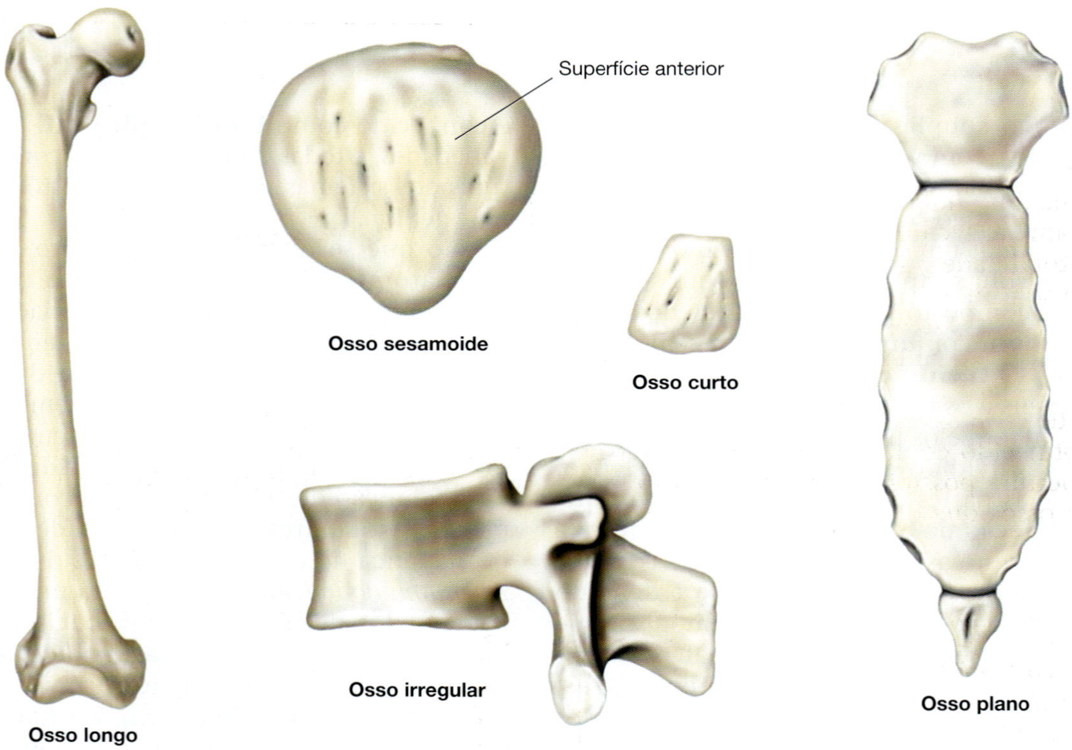

Figura 1.1 Classificação dos ossos.

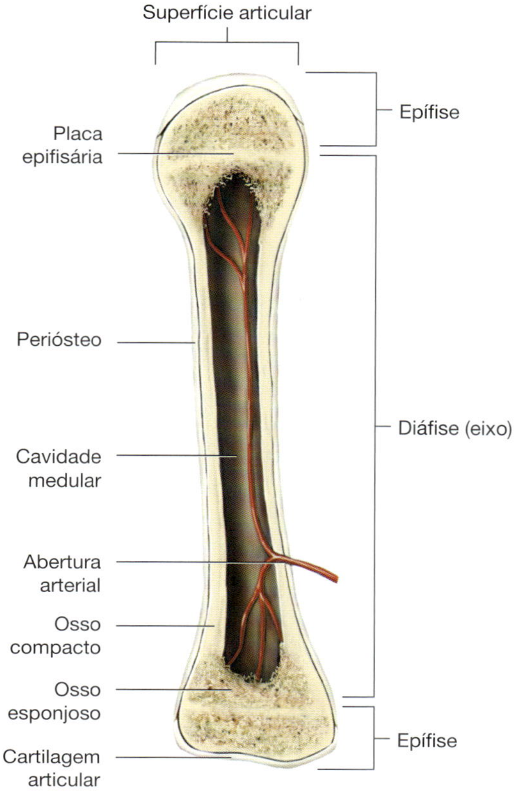

Figura 1.2 Estrutura de um osso longo.

sária. É a partir das placas epifisárias em ambas as extremidades da diáfise que o osso cresce; portanto, essa área é muitas vezes referida como placa de crescimento. Quando o osso atinge seu comprimento máximo (maturação), as placas epifisárias se "fecham" (o tecido cartilaginoso é substituído em sua totalidade por tecido ósseo) e a epífise e a diáfise se tornam uma estrutura contínua. Em torno de todo o osso existe uma camada de tecido conhecida como **periósteo**, na qual as células ósseas são produzidas. Além disso, os extremos das epífises de cada osso são recobertos por um material conhecido como **cartilagem articular**. Essa cobertura possibilita um movimento suave entre os ossos que compõem uma articulação e protege as extremidades dos ossos de desgaste.

Os ossos curtos diferem dos longos por não possuirem diáfise e serem relativamente simétricos. Os ossos do carpo e do tarso são exemplos de ossos curtos. Os ossos chatos, como os da cabeça, do tórax e do ombro, recebem esse nome devido a sua forma plana. Os ossos irregulares são aqueles que simplesmente não podem ser classificados como longos, curtos ou chatos. O melhor exemplo de um osso irregular é uma vértebra da coluna. Uma classificação adicional que alguns anatomistas reconhecem são os ossos sesamoides (em forma de gergelim). Esses ossos ovais flutuam de forma livre e, em geral, são encontrados dentro de tendões dos músculos. A patela é o maior osso sesamoide do corpo; outros são encontrados nas mãos e nos pés.

FOCO EM

Osteoporose

A perda de cálcio e outros minerais decorrente do processo natural de envelhecimento pode tornar os ossos porosos e quebradiços. Essa condição é conhecida como **osteoporose** e pode levar a fraturas e modificação postural. Aproximadamente 50% das pessoas com mais de 60 anos apresentam esse problema.

Vários termos são usados para descrever as características de um osso. Essas características costumam ser chamadas de **terminologia anatômica** e são básicas para o vocabulário de anatomia do indivíduo. Uma **tuberosidade** em um osso é uma proeminência grande (Fig. 1.3). Um **processo** é uma projeção do osso (Fig. 1.3). Um **tubérculo** é uma proeminência pequena (Fig. 1.4). Todas essas três proeminências ósseas em geral servem para fixação de outras estruturas. O **processo espinhoso** normalmente é uma projeção de osso longa e fina, ao contrário das proeminências antes mencionadas (Fig. 1.5). As grandes protuberâncias ósseas em cada extremidade de um osso longo são conhecidas como **côndilos** (Fig. 1.6). A parte do côndilo que se articula (junta) com outro osso é denominada **superfície articular** (Fig. 1.2). Pequenas protuberâncias ósseas que às vezes aparecem logo acima dos côndilos de um osso são os **epicôndilos** (Fig. 1.4). A **fossa** é uma superfície lisa e oca em um osso e geralmente funciona como um ponto de inserção para outras estruturas (Fig. 1.3). Uma superfície lisa menor e mais plana constitui uma **faceta** (Fig. 1.7). As facetas também servem como ponto de articulação para outras estruturas. Uma **incisura** é uma área em que o osso parece ter sido cortado, permitindo a passagem de outras estruturas, como vasos sanguíneos ou nervos (Fig. 1.8). O **forame** tem função semelhante a uma incisura, mas sua aparência é semelhante a um orifício (Fig. 1.5).

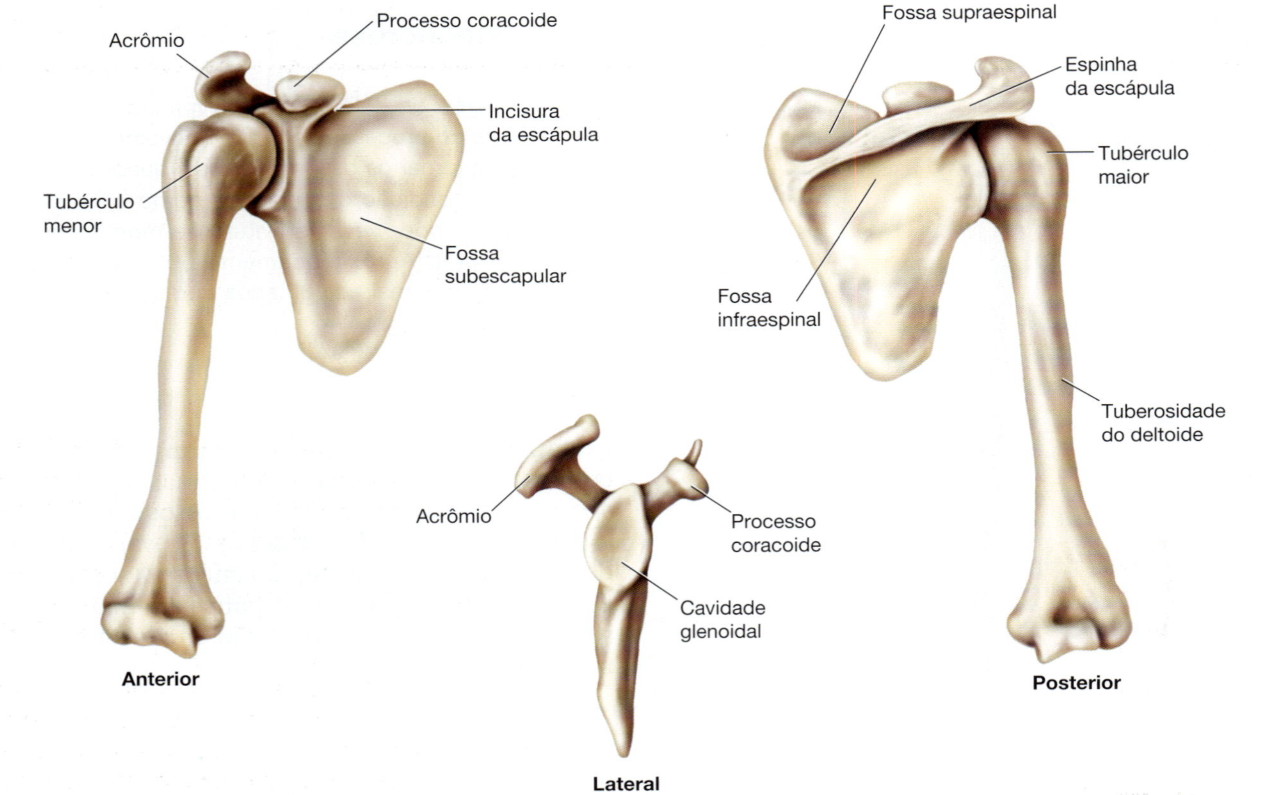

Figura 1.3 Terminologia anatômica dos ossos do ombro: vistas anterior (frontal), lateral e posterior (dorsal).

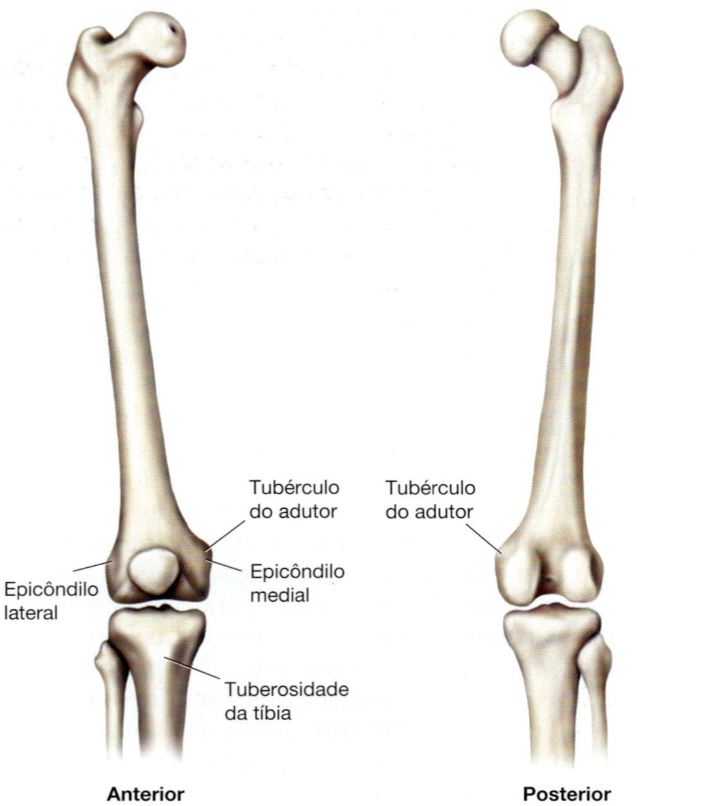

Figura 1.4 Terminologia anatômica dos ossos da coxa e das pernas, vistas anterior e posterior.

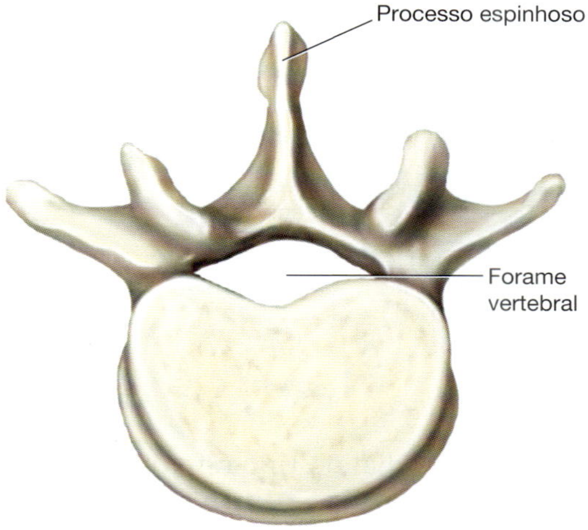

Figura 1.5 Vista superior (de cima) de uma vértebra típica.

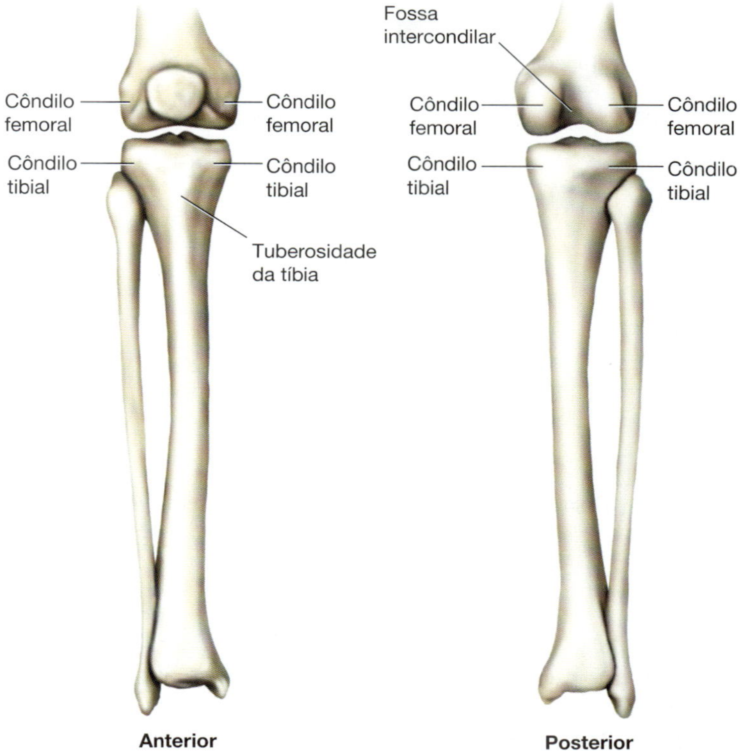

Figura 1.6 Vistas anterior e posterior do joelho.

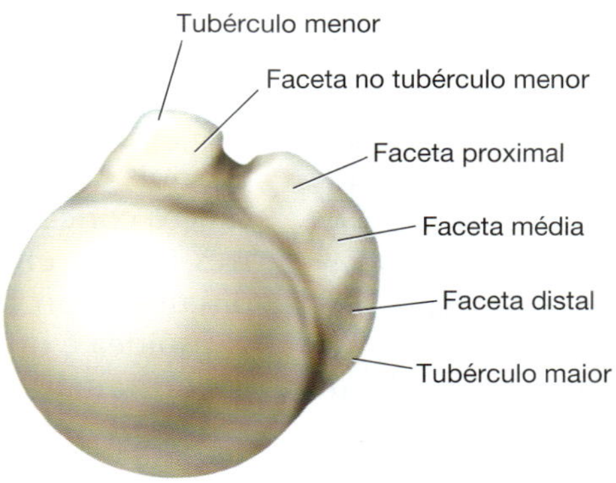

Figura 1.7 Vista superior do úmero.

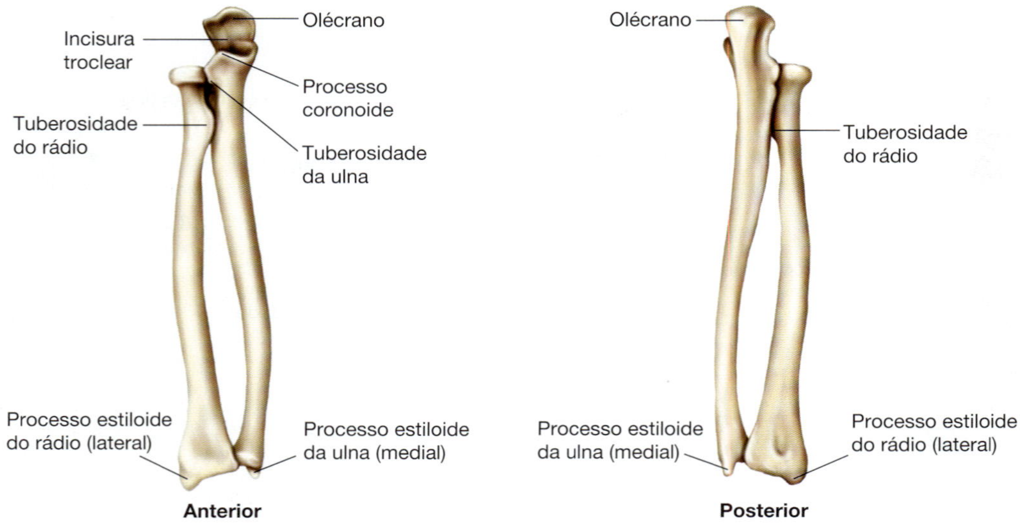

Figura 1.8 Ossos do cotovelo e sua terminologia anatômica, vistas anterior e posterior.

Articulações

O local em que dois ou mais ossos unem-se anatomicamente é chamado de **articulação**. Os termos articulação e **junta** são intercambiáveis; o estudo das articulações é conhecido como **artrologia**. Estruturas de tecido conectivo fibroso denso, denominadas **ligamentos** (Fig. 1.9), unem os ossos em articulações. Um ligamento é um cordão, uma banda ou uma lâmina de tecido conectivo fibroso, forte, que une as extremidades articulares dos ossos, prendendo-as junto, e facilita ou limita os movimentos entre os ossos. Os ligamentos não são o único suporte para a estabilidade das articulações. Os músculos que atravessam a articulação e a configuração real dos ossos que se articulam também contribuem para essa estabilidade.

Há duas formas principais de articulação: diartrodial e sinartrodial. As **articulações diartrodiais** distinguem-se por terem uma separação dos ossos e pela presença de uma cavidade articular. Essas articulações apresentam seis subdivisões de acordo com sua forma (Fig. 1.10). A **articulação em gínglimo** tem uma superfície côncava, com a outra superfície lembrando um carretel de linha. O cotovelo é um exemplo de articulação diartrodial do tipo gínglimo. A articulação diartrodial do tipo **esferóidea**, cabeça concavidade, consiste na cabeça arredondada de um osso encaixando-se na cavidade em forma de taça do outro osso. Tanto o quadril quanto o ombro apresentam exemplos de articulação diartrodial do tipo esferóidea. A articulação diartrodial do tipo **plana** é constituída por superfícies de forma irregular que são, em geral, planas ou ligeiramente arredondadas. As articulações entre os ossos do punho (carpos) são um exemplo desse tipo. Ocorrem movimentos de deslizamento entre os ossos do carpo. A **articulação elipsóidea** é constituída por uma superfície convexa ajustando-se a uma superfície côncava. Embora a descrição dessa articulação seja semelhante à da articulação em esferóidea ou em cabeça concavidade, a diferença é que a elipsóidea é capaz de se movimentar em apenas dois planos em dois eixos, enquanto a articulação esferóides, cabeça concavidade pode realizar movimentos em três planos em três eixos (os planos e eixos são discutidos no Cap. 2). Um exemplo de articulação elipsóidea é quando os ossos metacarpais da mão encontram as falanges dos dedos. A **articulação em sela** muitas vezes é considerada uma modificação da elipsóidea. Ambos os ossos têm uma superfície convexa em uma direção e côncava na direção oposta, como uma sela. Essas articulações são raras, e o melhor exemplo é a articulação entre o carpo e o polegar (carpometacarpal). Na **articulação trocóidea**, um osso roda em torno do outro. O osso rádio (do antebraço) rodando no úmero (osso do braço superior) é um exemplo dessa articulação.

Todas as articulações diartrodiais são consideradas **articulações sinoviais**. Nas articulações sinoviais, ocorre a maior quantidade de movi-

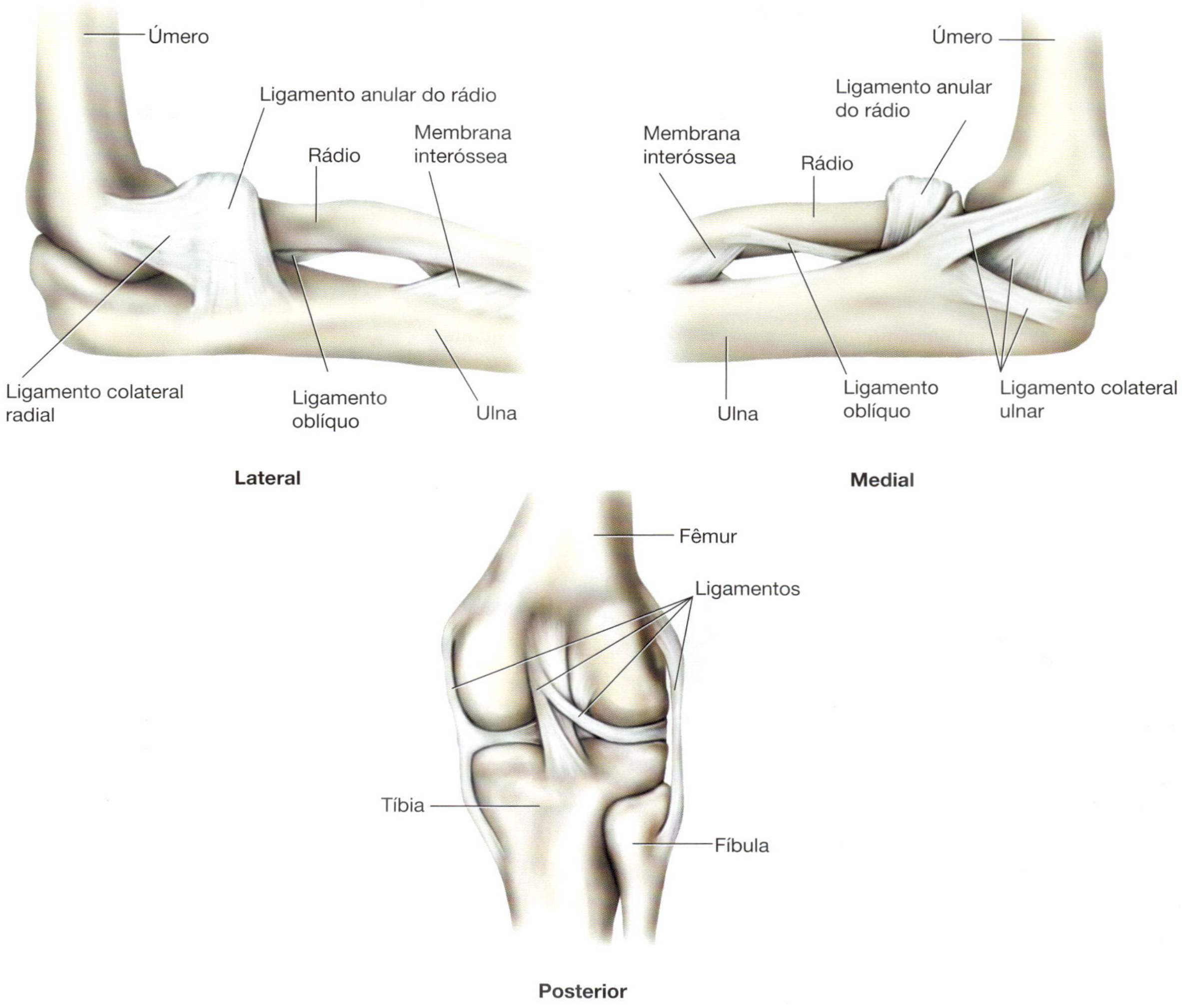

Figura 1.9 Vistas lateral e medial dos principais ligamentos do cotovelo; vista posterior dos ligamentos do joelho.

mento. Elas caracterizam-se por um espaço entre as superfícies articulares (Fig. 1.11); a membrana sinovial, que reveste as articulações, secreta líquido sinovial para lubrificação e fornece nutrientes para as estruturas articulares. As articulações sinoviais são cercadas por uma **cápsula** (articular). Essas articulações são classificadas em quatro categorias, de acordo com o tipo de movimento que permitem nos planos e em torno dos eixos (Fig. 1.12).

As articulações entre os ossos que permitem apenas um movimento de deslizamento entre eles são conhecidas como **articulações não axiais**, como as encontradas no carpo e no tarso. As **articulações uniaxiais**, como o cotovelo, permitem o movimento em apenas um plano sobre um eixo. Uma **articulação biaxial**, como entre o rádio e o carpo, permite o movimento em dois planos, em aproximadamente dois eixos. Uma **articulação triaxial** permite o movimento em três planos, em cerca de três eixos, ilustrada pelo movimento das articulações do ombro e do quadril, ambas em cabeça concavidade.

As **articulações sinartrodiais** não têm separação ou cavidade articular, ao contrário das diartrodiais.

Há três subdivisões de articulações sinartrodiais (Fig. 1.13): sutura, cartilagínea e ligamentar. A **sutura** não tem movimento detectável e parece ter sido costurada (suturada). Os ossos do crânio são os exemplos clássicos de sutura. Não há movimento nessas articulações. As **articulações cartila-**

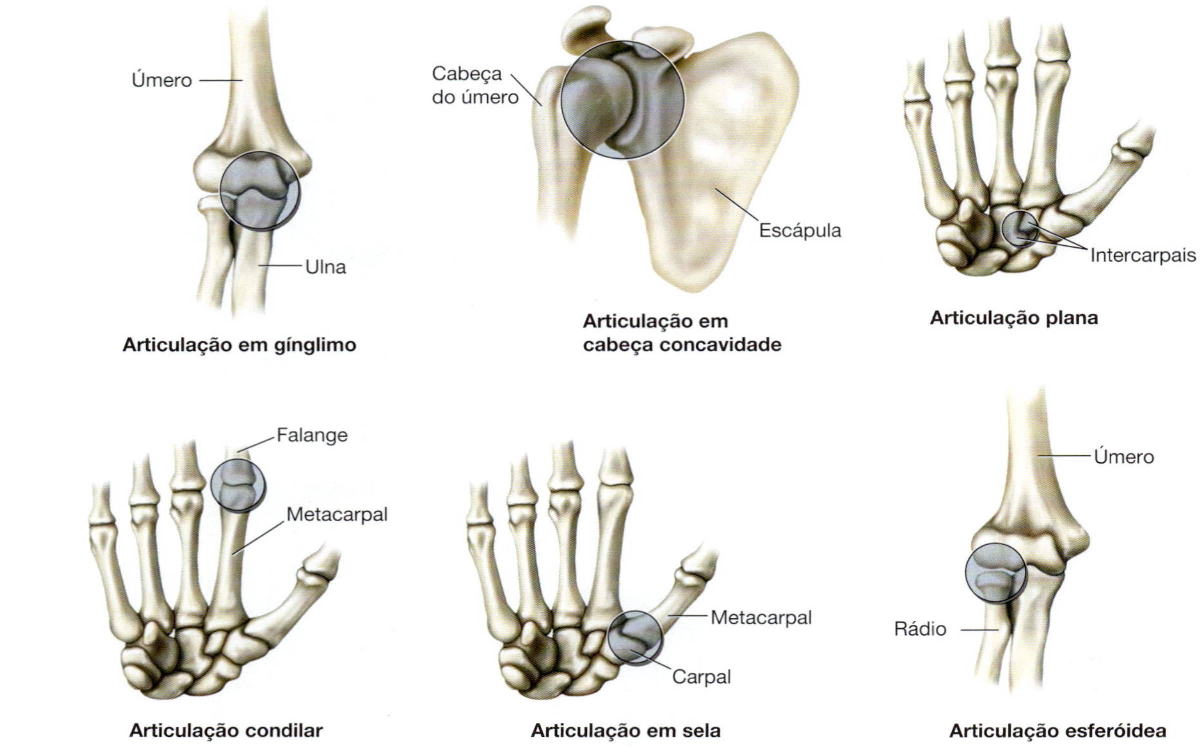

Figura 1.10 Os seis tipos de articulações diartrodiais.

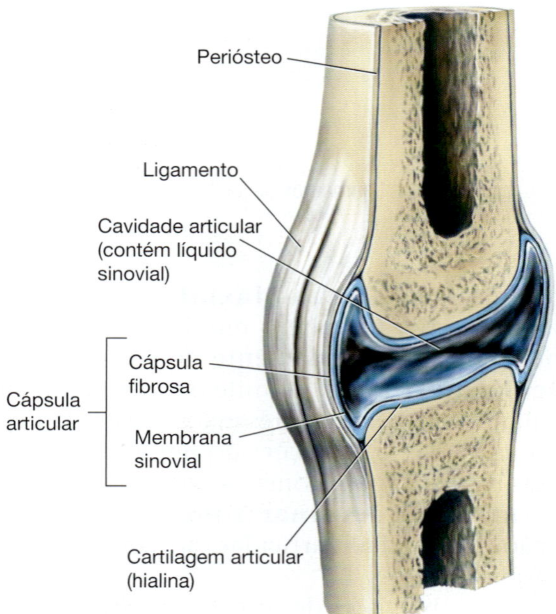

Figura 1.11 Articulação diartrodial (sinovial).

gíneas permitem algum movimento, mas, além daquele desempenhado na coluna vertebral, não possuem um papel importante no movimento. Uma articulação cartilagínea contém **fibrocartilagem**, que se deforma para permitir o movimento entre os ossos e também age como um amortecedor entre eles. Exemplos incluem as articulações intervertebrais, sacroilíacas e a sínfise púbica. As **articulações ligamentares** unem ossos nos quais o movimento é muito limitado ou em que não há movimento. Articulações entre duas estruturas do mesmo osso (p. ex., o processo coracoide e o acrômio da escápula) e entre as diáfises dos ossos do antebraço e da perna são exemplos de ligamentos formando uma articulação sinartrodial.

A força da articulação é determinada por uma série de fatores:

- A estrutura física dos ossos contribui para a força da articulação (p. ex., as articulações do ombro e do quadril são classificadas como em cabeça concavidade, mas a estrutura mais profunda da articulação do quadril a torna mais forte do que a do ombro).

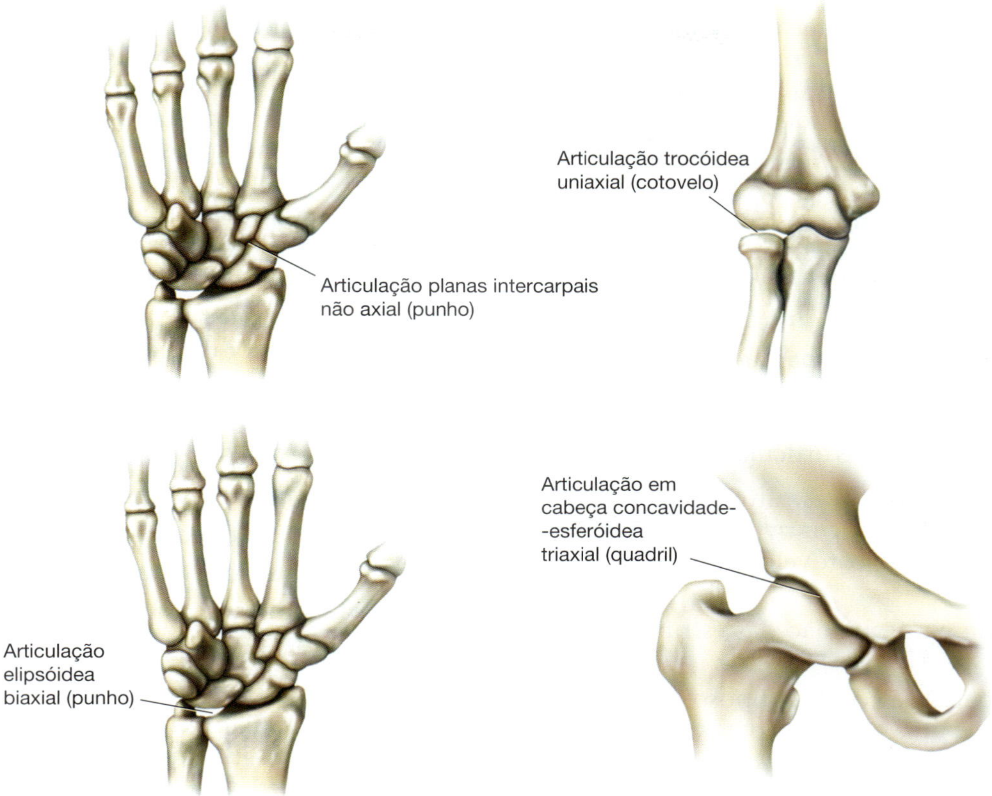

Figura 1.12 Os quatro tipos de articulações sinoviais: não axial, uniaxial, biaxial e triaxial.

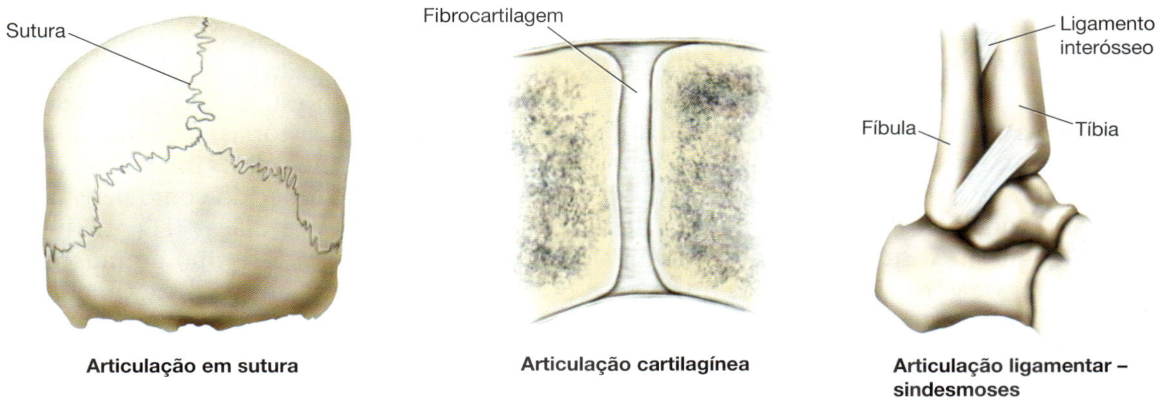

Figura 1.13 Os três tipos de articulações sinartrodiais: suturas, cartilagíneas e ligamentares.

- A força, o número e a posição anatômica dos ligamentos também determinam a força da articulação, assim como o número e a força dos músculos e dos tendões que a cruzam. A força dos músculos e dos tendões é extremamente importante para a prevenção de lesões e a reabilitação.
- Em menor escala, outras estruturas (vasos sanguíneos, nervos, pele e fáscia) que atravessam uma articulação também contribuem para sua força.

O grau de movimento nas articulações varia, não só de pessoa para pessoa, mas também em um mesmo indivíduo. Os fatores a seguir influenciam o grau de movimento nas articulações:

- Os ossos envolvidos (a estrutura articular pode limitar a amplitude de movimento; considere os movimentos do cotovelo vs. o movimento do quadril)
- A espessura e a frouxidão das estruturas ligamentares
- A quantidade de tecido adiposo e muscular em torno de uma articulação
- A força e a flexibilidade do tecido muscular que cruza a articulação
- A resistência de outras estruturas (anteriormente chamadas de estruturas que contribuem para a força da articulação: vasos sanguíneos, nervos, pele e fáscia que cruzam a articulação).

Músculos

O estudo do músculo é conhecido como **miologia**. Quimicamente, os músculos consistem em água e sólidos; esses sólidos são proteínas, carboidratos, sais inorgânicos (incluindo cloreto de cálcio, ferro, magnésio, fósforo, potássio e sódio), enzimas, glóbulos de gordura, extrativos nitrogenados (p. ex., ácido úrico, creatina) e extrativos não nitrogenados (p. ex., ácido láctico, glicogênio). Uma análise mais aprofundada da composição química do músculo é encontrada no estudo da fisiologia humana.

A quantidade de músculos no corpo humano depende de uma série de fatores. Nem todas as pessoas têm exatamente a mesma quantidade de músculos. Alguns podem aparecer em um lado do corpo, mas não no outro (p. ex., psoas menor). Alguns estão totalmente ausentes em certas pessoas (p. ex., palmar longo). Vários livros podem listar determinados músculos em separado, enquanto outros podem considerar certos músculos como parte de um grande músculo (p. ex., flexor curto do hálux e flexor curto dos dedos). A maioria dos especialistas concorda a respeito do número 680 para o total de músculos no corpo humano, cerca de 240 deles apresentando nomes diferentes. Os músculos são nomeados usando os seguintes critérios:

- Ação, como flexor ou extensor
- Inserção em ossos, como esternocleidomastóideo
- Direção de tração, como oblíquo ou reto
- Localização, como tibial ou ulnar
- Tamanho, como maior ou menor
- Forma, como redondo ou trapézio
- Estrutura, como tríceps ou quadríceps
- Algumas combinações desses critérios, como flexor curto dos dedos

O tecido muscular muitas vezes é classificado em três tipos: **liso**, que existe em vários órgãos internos e vasos; **cardíaco**, que é específico do coração; e **esquelético**, que produz o movimento dos ossos e suas inserções. Ao contrário dos músculos esqueléticos, os lisos (Fig. 1.14a) não estão organizados em unidades motoras e recebem suprimento nervoso pelo sistema nervoso autônomo. Os músculos lisos normalmente são encontrados nos vasos sanguíneos, nos quais aumentam e diminuem o lúmen (abertura) dos vasos para auxiliar no fluxo sanguíneo ao longo do sistema circulatório; nos órgãos ocos, como o estômago e a bexiga; e nas vias alimentares (digestórias), em que criam um tipo de contração rítmica. Nos intestinos, esse movimento rítmico é conhecido como peristaltismo. As fibras musculares cardíacas (Fig. 1.14b) estão associadas ao coração. Esse tipo de músculo cria uma contração rítmica que consiste em duas fases, a **sístole** e a **diástole**. A sístole refere-se à contração do músculo cardíaco, e a diástole é o período em que esse músculo relaxa. Tanto o músculo liso quanto o cardíaco são estruturalmente diferentes dos músculos esqueléticos.

A fim de analisar a anatomia e o movimento, este livro concentra-se no músculo esquelético. Este tem a capacidade de esticar (extensibilidade), retornar a seu comprimento original quando cessa o alongamento (elasticidade) e encurtar (con-

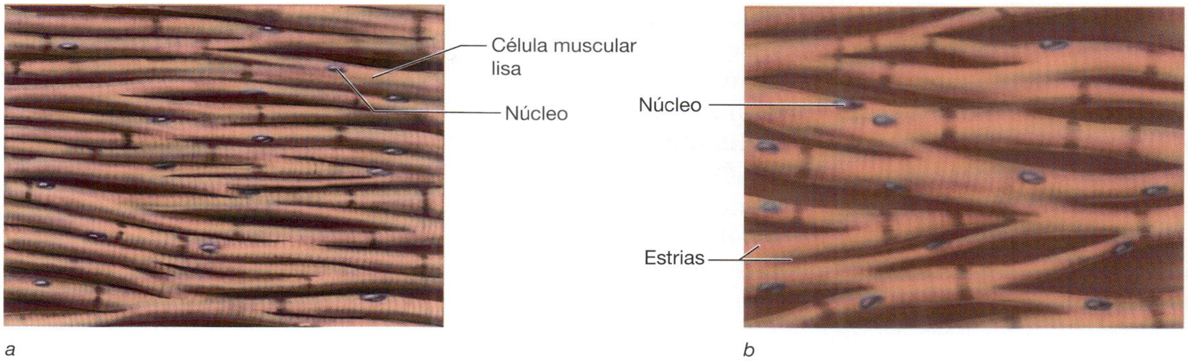

Figura 1.14 Células de músculos liso *(a)* e cardíaco *(b)*.
Adaptada com permissão de Whiting e Rugg, 2006.

tratilidade) quando estimulado. As várias formas de músculo esquelético são **fusiforme**, **quadrada**, **triangular**, **semipeniforme**, **multipeniforme**, **peniforme** e **reta** (Fig. 1.15). Os músculos esqueléticos são fusiformes ou penados. Os fusiformes são formados por fibras longas e paralelas e em geral estão envolvidos em movimentos ao longo de uma vasta amplitude de movimento. Os penados consistem em fibras curtas diagonais e estão envolvidos em movimentos que exigem grande força sobre uma amplitude de movimento limitada.

A força que um músculo específico pode produzir depende de vários aspectos:

- Área de seção transversa: todo o restante sendo igual, uma seção transversa maior significa mais fibras musculares e, portanto, maior força.
- Comprimento: fibras mais longas normalmente produzem força criando mais movimento, uma vez que encurtam a uma distância maior.
- Textura: um músculo com menos tecido não contrátil terá mais fibras musculares por área e, portanto, será capaz de produzir uma força maior.
- Especificidade: a estrutura química do músculo (p. ex., a viscosidade dos líquidos presentes, a quantidade de sarcoplasma, o número de aminoácidos) pode afetar as ações musculares.
- Tensão: um músculo produz mais força quando é colocado em estiramento ou sob tensão.
- Coordenação: a má coordenação entre os músculos pode criar atrito entre as fibras musculares, reduzindo a força que pode ser gerada.

As fibras de um músculo formam o ventre muscular. Em cada extremidade do ventre, uma forma única de tecido conectivo, um **tendão**,

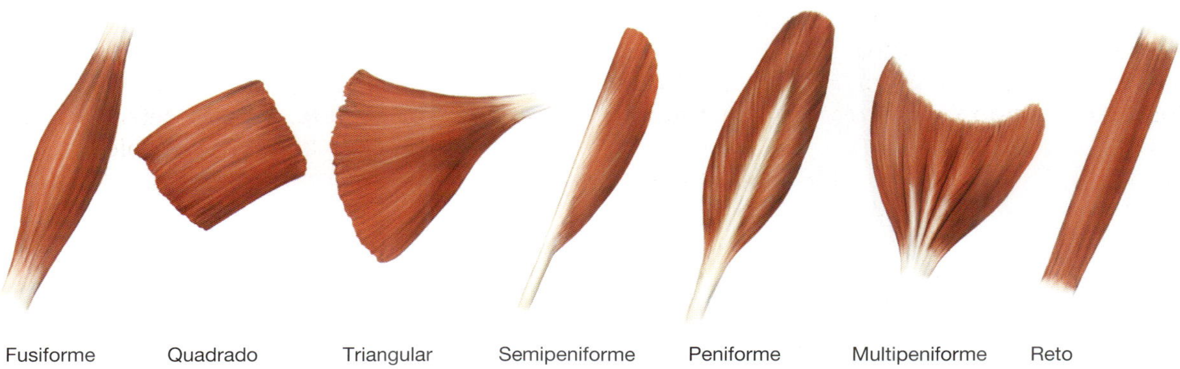

Figura 1.15 Diversos arranjos de fibra dos músculos esqueléticos.

insere o músculo nos ossos. Os tendões são extensíveis e elásticos, como o músculo esquelético, mas não são contráteis. São semelhantes aos ligamentos, já que ambos são formados por tecido conectivo fibroso, denso. A principal diferença é que o tecido tendíneo não tem tanta elasticidade quanto o tecido ligamentar. Os tendões dos músculos esqueléticos geralmente são definidos como tendões de origem ou tendões de inserção (Fig. 1.16). Os **tendões de origem** em geral são mais longos e se inserem no osso proximal (mais próximo da linha média do corpo) da articulação, que costuma ser o menos móvel (fixo) dos dois ossos de uma articulação. Em regra, a origem de um músculo é a inserção mais estável. Os **tendões de inserção** são mais curtos e estão inseridos no osso mais distal (mais distante da linha média do corpo) de uma articulação, que costuma ser o mais móvel (instável) dos dois ossos de uma articulação. Embora a maioria dos tendões dos músculos esteja ligada ao osso, também podem ser encontrados tendões inseridos em outros tendões, fáscias, ligamentos ou mesmo na pele. Além disso, uma vez que cruzam áreas ósseas ou precisam ser confinados a determinadas áreas, os tendões são recobertos por um tecido conectivo, denominado **bainha tendínea** (Fig. 1.17), para protegê-los do desgaste contra as estruturas ósseas que cruzam.

A contração de um músculo esquelético em geral resulta em movimento dos ossos em alguma direção. O movimento (ação) normalmente é descrito como um ou mais dos seguintes:

- Flexão
- Extensão
- Abdução
- Adução
- Rotação lateral
- Rotação medial
- Pronação
- Supinação
- Circundução

Essas ações são descritas em mais detalhes no Capítulo 2.

Mais de um músculo está envolvido na produção de quase todos os movimentos. A relação dos músculos esqueléticos responsáveis por um movimento pode ser descrita pela função real que um músculo em particular desempenha. Aquele identificado como o músculo principal na produção de um movimento específico é conhecido como **motor primário**, ou **agonista**. Qualquer músculo que ajude o motor primário a realizar sua ação é conhecido como **agente sinérgico**. O motor primário costuma ter a oposição de outro músculo. O termo que designa o músculo opositor é **antagonista**. Na articulação do cotovelo, o tríceps braquial é o antagonista do músculo bíceps braquial (agonista) durante a flexão do cotovelo. Um músculo também pode simplesmente

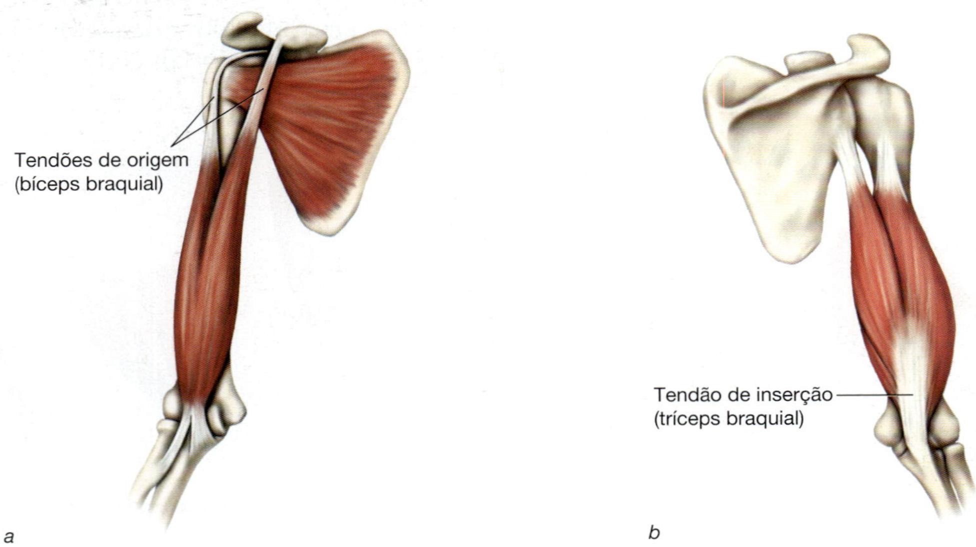

Figura 1.16 *(a)* Tendões de origem do músculo bíceps braquial. *(b)* Tendão de inserção do músculo tríceps braquial.

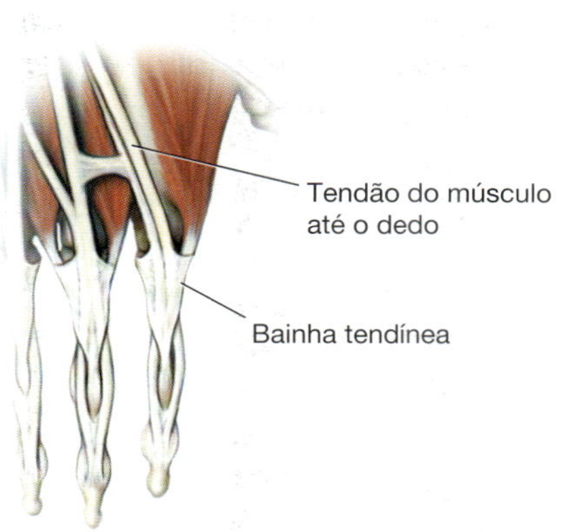

Figura 1.17 Bainhas tendíneas.

fixar um osso no lugar, enquanto outro músculo realiza sua função. Essa ação é conhecida como fixação, e o músculo é chamado de **fixador**.

O músculo esquelético tem várias funções. (1) Sua função óbvia é produzir movimento. (2) Os músculos esqueléticos fornecem proteção contra traumas externos e funcionam como amortecedores para os ossos e os órgãos internos subjacentes. (3) O suporte a articulações pela tensão dos músculos e dos tendões é outra função desse músculo. Um bom exemplo do apoio articular dado por músculos e tendões é a postura corporal. Durante a posição sentada, a posição ortostática, a caminhada, a corrida e quase todas as atividades do corpo, os músculos e os tendões que cruzam as articulações fornecem apoio. (4) Uma função do músculo esquelético muitas vezes relegada é a produção de calor. O processo de contração muscular inclui a liberação de calor. Um bom exemplo é o simples ato de tremer.

A estrutura geral do músculo esquelético é mostrada na Figura 1.18. Esse músculo é envolto por um tipo de tecido conectivo conhecido como **epimísio**. Dentro do epimísio estão numerosos **feixes** de **fibras musculares** que são individualmente envolvidos por uma bainha fibrosa denominada **perimísio**. Dentro do perimísio, as fibras musculares são, por sua vez, envolvidas por uma bainha conjuntiva chamada de **endomísio**. A fibra muscular é constituída por determinado número de **miofibrilas**, as quais são os elementos contráteis do músculo. Algumas fibras musculares são grandes o bastante para serem vistas, enquanto outras só são visíveis com o auxílio de um microscópio. As miofibrilas individuais são envolvidas por um material viscoso conhecido como **sarcoplasma** e por uma membrana que recebe o nome de **sarcolema**. Longitudinalmente, as miofibrilas consistem em bandas alternadas de filamentos escuros e claros de proteínas contráteis denominadas **actina** e **miosina** (Figs. 1.18 e 1.19). Esse padrão alternado produz uma aparência listrada (estriada) quando vista sob um microscópio.

A miofibrila é dividida em uma série de **sarcômeros**, que são considerados as unidades funcionais do músculo esquelético (Fig. 1.19). Os sarcômeros contêm uma **banda I (isotrópi-**

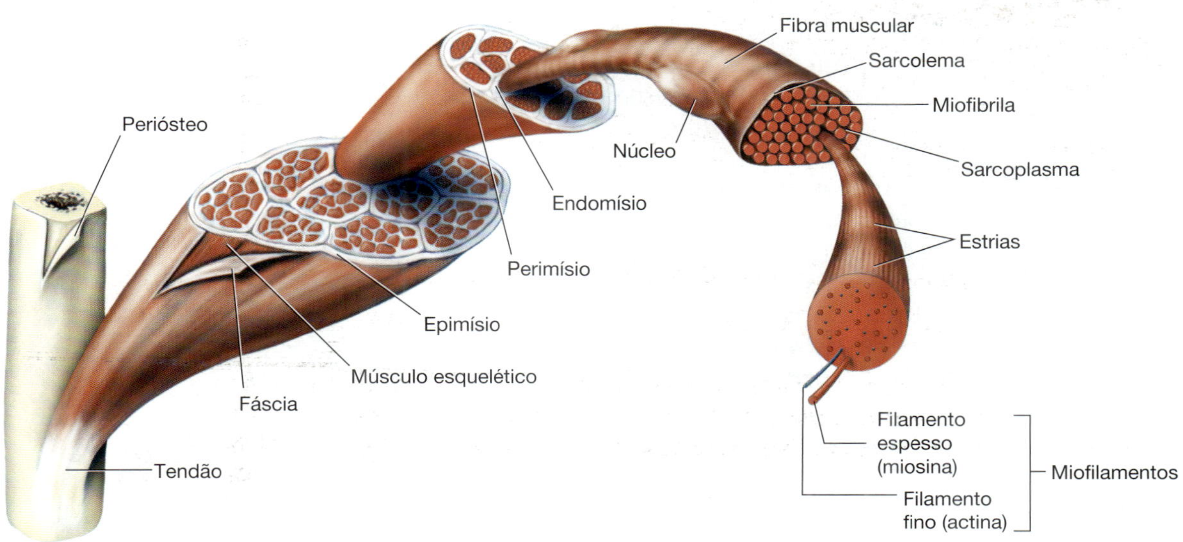

Figura 1.18 Estrutura de um músculo esquelético.

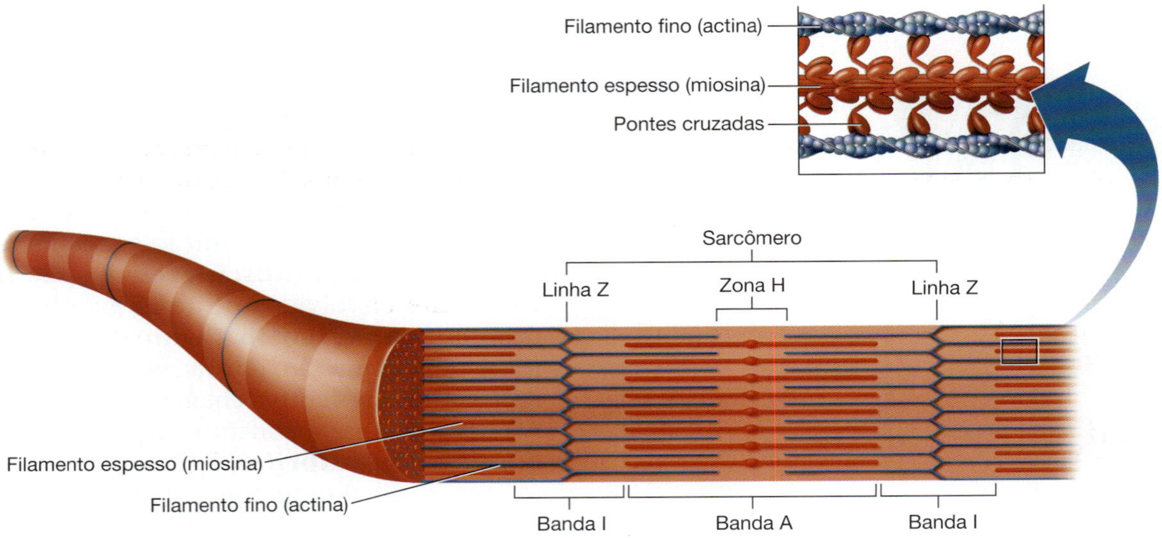

Figura 1.19 Fibra muscular e suas miofibrilas.

ca) – a porção clara, que é composta sobretudo por filamentos da proteína actina – e uma **banda A** (**anisotrópica**), a área de cor escura composta principalmente por filamentos da proteína miosina (Fig. 1.19). Um sarcômero é a porção da miofibrila que aparece entre duas **linhas Z** (que cortam as bandas I). A actina também é encontrada nas bandas A. Conforme se estendem até a banda A, os filamentos de actina sobrepõem-se aos filamentos de miosina, contribuindo para a aparência mais escura nas extremidades da banda A. A porção central de cor clara dessa banda é conhecida como **zona H**. Tal região é de cor mais clara, pois a actina não se estende para o interior dessa área e o filamento de miosina é mais fino no centro do que em suas extremidades externas. Os dois filamentos de proteína, actina e miosina, são o local do movimento muscular (contração). O filamento de miosina tem **pontes cruzadas** (pequenas extensões) que estão anguladas em relação aos filamentos de actina (Fig. 1.19).

Existem dois tipos principais de fibras musculares esqueléticas, comumente conhecidas como **fibras de contração rápida** e de **contração lenta** (Fig. 1.20). A maioria dos músculos contém ambos os tipos de fibras; contudo, dependendo da hereditariedade, da função e, em menor grau, do treinamento, alguns músculos contêm uma maior quantidade de um tipo de fibra do que de outro. As fibras de contração rápida são grandes e brancas e aparecem em músculos usados para realizar atividades de força. As de contração lenta são pequenas e mais escuras (vermelhas), sobretudo porque têm um maior suprimento de mioglobina. As fibras de contração lenta demoram a sofrer fadiga e são prevalentes em músculos envolvidos na realização de atividades de resistência. Um corredor com uma maior porcentagem de fibras de contração lenta nos músculos dos membros inferiores tem maior propensão a correr longas distâncias, enquanto aquele com predominância de fibras de contração rápida nesses mesmos músculos apresentam maior probabilidade de correr em provas de velocidade.

Alguns dos fatores que diferenciam as fibras musculares vermelhas das brancas são que (1) os músculos vermelhos geralmente são menores,

Figura 1.20 Fibras musculares de contração rápida (claras) e de contração lenta (escuras).

FOCO EM

Viscosidade do músculo

A viscosidade é mais facilmente entendida se for considerado o óleo de motor usado no automóvel. A viscosidade (espessura) do óleo depende da temperatura: ele afina (quando a temperatura aumenta) ou engrossa (quando a temperatura diminui). A viscosidade resiste ao rearranjo molecular que ocorre quando um músculo se contrai; a viscosidade do músculo é que torna necessária mais energia para realizar o movimento rápido (e superar a resistência) do que o lento. A viscosidade tende a diminuir a velocidade de contração muscular, de modo que, dependendo da atividade, diminuir a viscosidade muscular pode afetar o desempenho. Alguns especialistas acreditam que uma das vantagens de realizar um aquecimento antes da atividade física é que há uma alteração na viscosidade com o aumento da temperatura no tecido muscular, tornando o músculo mais capaz de suportar o estresse da atividade física.

O estudo da fisiologia muscular e da fisiologia do exercício revela outras funções do aquecimento. Qualquer profissional responsável pela prescrição de atividade física (médicos, treinadores, fisioterapeutas, preparadores físicos e *personal trainers*) precisa entender os fatores fisiológicos envolvidos no aquecimento, incluindo o efeito na viscosidade muscular.

(2) têm mais resistência, (3) contraem-se de forma mais lenta, (4) contêm mais mioglobina, (5) apresentam maior densidade e (6) possuem uma maior quantidade de sarcoplasma.

Várias formas de exercício têm muitos efeitos sobre os músculos. O exercício aumenta o tamanho do músculo pelo aumento no tamanho das fibras e pelo espessamento do sarcolema e do tecido conectivo. O exercício intensifica a força muscular por meio do aumento no tamanho das fibras e pelo treinamento do corpo para ativar mais fibras musculares. Durante um período de tempo, as atividades de treinamento de resistência aumentam o fluxo sanguíneo para o tecido muscular que está sendo exercitado, resultando em uma maior capacidade de continuar a trabalhar (resistência). Embora não altere a composição do músculo, esse treinamento melhora o que já existe. O exercício desenvolve o controle neuromuscular, ao melhorar a transmissão de impulsos nervosos aos músculos, resultando em aumento na resistência e na força. Pelo processo de treinamento, a coordenação muscular é aprimorada. Além disso, o exercício incrementa o fluxo sanguíneo para os músculos, o que eleva a quantidade de mioglobina presente. A combinação de aumento do fluxo sanguíneo e uma maior presença de mioglobina no músculo amplia a quantidade de nutrientes e oxigênio existente para o músculo produzir trabalho.

Antes de discutir a inervação dos músculos, para funcionarem, é necessária uma explicação simples de como as estruturas apresentadas até o momento – ossos, articulações e músculos – combinam-se para produzir movimento por um sistema de alavancas.

Alavancas

Os ossos, ligamentos e músculos são as estruturas que formam as alavancas do corpo para criar o movimento humano. Em termos simples, uma articulação (em que dois ou mais ossos se juntam) constitui o eixo (ou fulcro), e os músculos que a cruzam aplicam a força para mover um peso ou uma resistência. As alavancas normalmente são classificadas como de primeira, segunda ou terceira classe. Todos os três tipos são encontrados no corpo, mas a maioria delas é de terceira classe.

A **alavanca de primeira classe** tem o eixo (fulcro) localizado entre o peso (resistência) e a força (Fig. 1.21a). Exemplos de alavanca de primeira classe são um alicate ou uma tesoura. Essas alavancas do corpo humano são raras. Um exemplo é a articulação entre a cabeça e a primeira vértebra (a articulação atlanto-occipital) (Fig. 1.21b). O peso (resistência) é a cabeça, o eixo é a articulação e a ação muscular (força) vem de qualquer dos músculos posteriores que se inserem no crânio, como o trapézio.

Em uma **alavanca de segunda classe**, o peso (resistência) está situado entre o eixo (fulcro) e a força (Fig. 1.22a). O exemplo mais óbvio é um carrinho de mão, no qual o peso é colocado na base do carrinho, entre a roda (eixo) e as mãos da pessoa que conduz o carrinho (força). No corpo

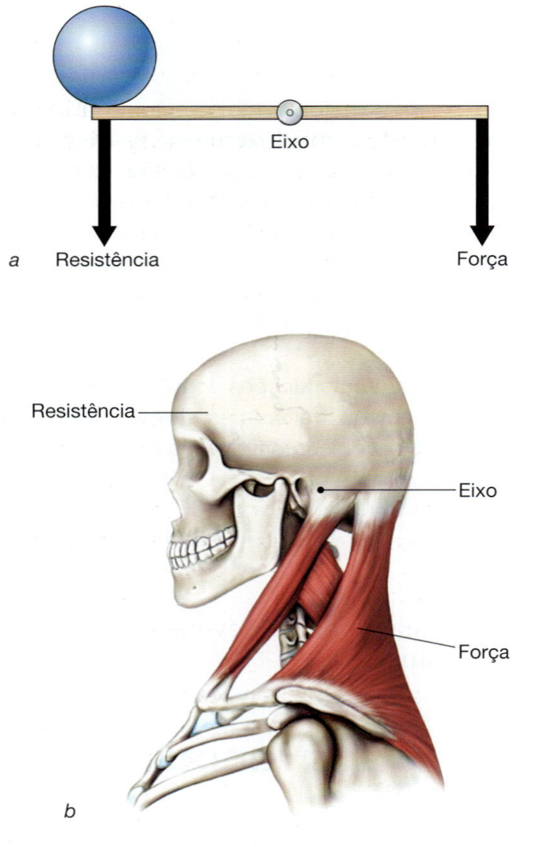

Figura 1.21 *(a)* Alavanca de primeira classe; *(b)* alavanca de primeira classe no corpo humano.

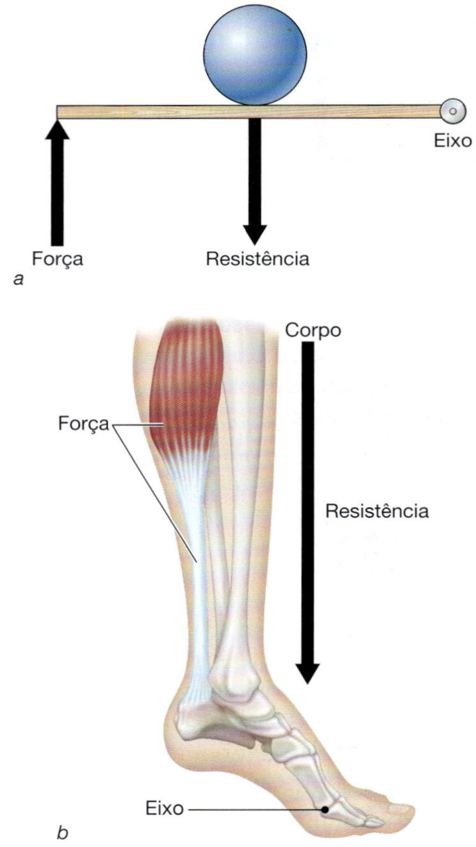

Figura 1.22 *(a)* Alavanca de segunda classe; *(b)* alavanca de segunda classe no corpo humano.
Figura 1.22b adaptada com permissão da NSCA, 2008.

humano, exemplo de uma alavanca de segunda classe é encontrado na parte inferior da perna, quando o indivíduo está na ponta dos pés (Fig. 1.22b). O eixo é formado pelas articulações metatarsofalângicas, a resistência é o peso do corpo e a força é aplicada ao osso calcâneo (calcanhar) pelos músculos gastrocnêmio e sóleo por meio do tendão calcâneo.

Em **uma alavanca de terceira classe**, a mais comum no corpo humano, a força é aplicada entre a resistência (peso) e o eixo (fulcro) (Fig. 1.23a). Imagine alguém utilizando uma pá para pegar um objeto. O eixo é a extremidade do cabo da pá que a pessoa segura com uma mão. A outra mão, colocada em algum lugar ao longo do eixo do cabo, aplica a força. Na outra extremidade da pá (a base), uma resistência (peso) está presente. Existem diversas alavancas de terceira classe no corpo humano; um exemplo pode ser ilustrado na articulação do cotovelo (Fig. 1.23b). A articulação é o eixo (fulcro). A resistência (peso) é o antebraço, o punho e a mão. A força é dada pelo músculo bíceps quando o cotovelo é flexionado.

Nervos

O corpo tem três **sistemas nervosos** principais: o **autônomo**, o **central** e o **periférico**. O **sistema nervoso autônomo** controla as glândulas e o músculo liso do corpo. Esse sistema muitas vezes é dividido em **sistema parassimpático** (porções cranial e sacral) e **sistema simpático** (porções torácica e lombar) (Cap. 10). O sistema nervoso central consiste no encéfalo e na medula espinal. O encéfalo é dividido em cérebro (lobos frontal, parietal, occipital e temporal), tronco encefálico e cerebelo. A camada externa do cérebro, que contém vários corpos celulares e dendritos, com frequência é chamada de substância cinzenta; a porção interna do encéfalo (substância bran-

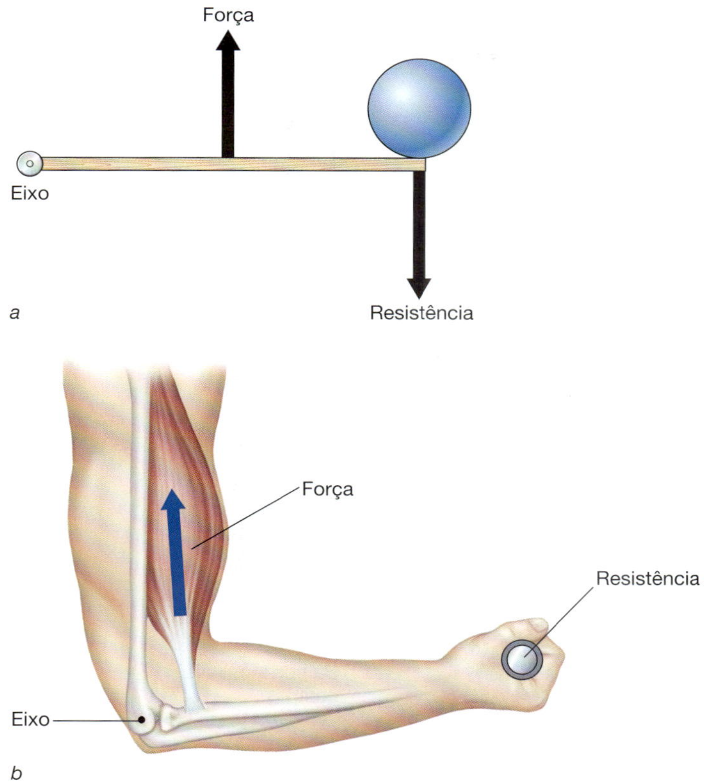

Figura 1.23 *(a)* Alavanca de terceira classe; *(b)* alavanca de terceira classe no corpo humano.
Figura 1.23 b adaptada com permissão da NSCA, 2008.

ca) contém principalmente axônios (Fig. 1.25). O sistema nervoso periférico é composto por 12 pares de nervos cranianos e 31 pares de nervos espinais. Os nervos cranianos são de natureza tanto sensitiva quanto motora; em geral, recebem um estímulo sensitivo específico externo (p. ex., olfato, visão, temperatura, dor ou pressão), ou interno (p. ex., fome, sede, fadiga ou equilíbrio) e o convertem em um impulso nervoso, que pode resultar em um efeito adequado (resposta). Os nervos espinais, divididos em plexos (redes de nervos periféricos), inervam (estimulam) os músculos para produzir movimento. Os principais plexos são o cervical, o braquial, o lombar, o sacral e, até certo ponto, o pudendo (coccígeo) (Fig. 1.24). Os níveis da coluna vertebral normalmente são denominados de acordo com a vértebra em questão. Por exemplo, CV é a quinta vértebra cervical, TVIII é a oitava vértebra torácica e LII é a segunda vértebra lombar.

O **nervo** (Fig. 1.25), ou **neurônio**, é constituído por um corpo celular e projeções a partir dele, os quais são conhecidos como **axônio** e **dendritos**, respectivamente. Em um nervo motor, os dendritos recebem informações do tecido circundante e conduzem o **impulso** nervoso *para* o **corpo da célula** nervosa (responsável pela nutrição neuronal), e o axônio conduz o impulso a partir do corpo celular *para* as fibras musculares. Um nervo inervando um músculo é chamado de **neurônio motor**; o conjunto do neurônio motor com todas as fibras musculares por ele inervadas é conhecido como **unidade motora**. Outro componente estrutural de um nervo motor é a **bainha de mielina**, que isola o axônio. As lacunas na bainha de mielina são denominadas **nódulos de neurofibrila**; os impulsos "saltam" ao longo da bainha de mielina (de um nódulo para outro), o que permite percorrerem velocidades mais altas do que seria possível pelo axônio, não mielinizado. No final do axônio, há uma estrutura conhecida como **placa motora**, que consiste em **ramos terminais** (ramificações terminais) que estão muito próximos às fibras musculares. Essa ligação entre as fibras nervosas e as musculares é chamada de **junção mioneural**. Os **nervos motores** transportam os impulsos do sistema nervoso central para os tecidos musculares, enquanto os **nervos sensitivos** (não discutidos neste capítulo) transportam os impulsos de músculos, ligamentos, tendões e outros tecidos para o sistema nervoso central. Os nervos motores também são chamados de **nervos eferentes**; os sensoriais são também referidos como **nervos aferentes**. Todos os nervos motores esqueléticos inervam músculos e estão direta ou indiretamente ligados à área motora do encéfalo, conhecida como córtex cerebral (Cap. 10).

Vasos sanguíneos

Os **vasos sanguíneos** trazem nutrientes para o tecido muscular e levam os produtos residuais produzidos, à medida que os tecidos musculares gastam energia. Quando o coração se contrai, o sangue sai dele em direção a uma enorme árvore vascular. Essa árvore consiste em **artérias**, **arteríolas** (artérias menores), **capilares**, **veias**

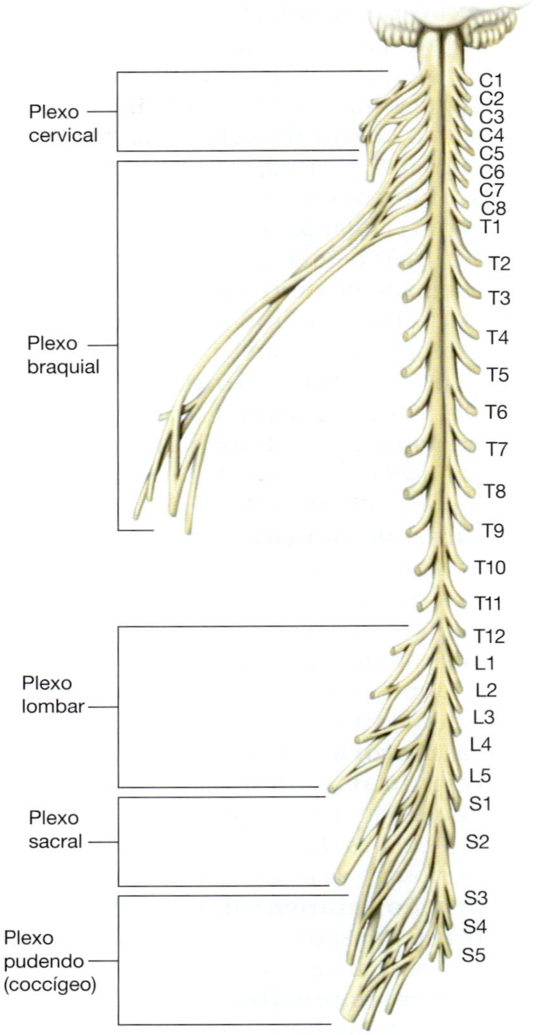

Figura 1.24 Nervos espinais e plexos.

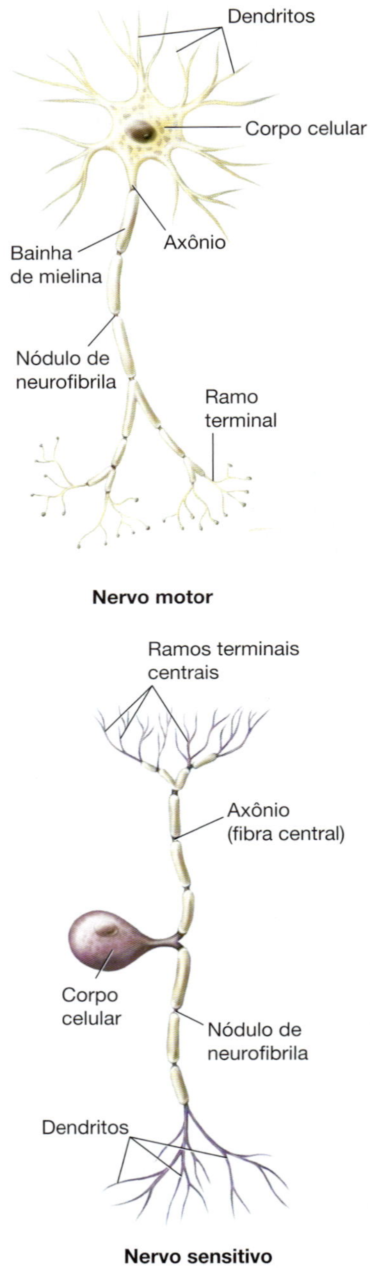

Figura 1.25 Nervos motor (eferente) e sensitivo (aferente).

e **vênulas** (pequenas veias). Há três camadas de tecido (túnicas) nas paredes de artérias, veias e capilares (túnica íntima, túnica média e túnica adventícia). A camada intermédia (túnica média) contém quantidades variadas de fibras musculares lisas, dependendo do tipo de vaso. As artérias e as arteríolas (Fig. 1.26) distribuem o sangue para os tecidos, onde os capilares entregam o sangue diretamente para as células. As veias e as vênulas (Fig. 1.27) coletam o sangue dos capilares e devolvem-no para o coração. A parede média das artérias contém uma grande quantidade de músculo liso que se contrai com o coração para bombear o sangue para todo o corpo. As veias possuem pequenas válvulas que permitem ao sangue fluir em uma única direção (para o coração). As três camadas de tecido das veias são muito mais finas em comparação com as artérias. Como resultado, as fibras musculares lisas são ausentes ou mínimas nas veias, sendo encontradas apenas algumas fibras finas na camada média. Por essa razão, os músculos esqueléticos auxiliam no retorno do sangue ao coração quando se contraem e apertam as veias

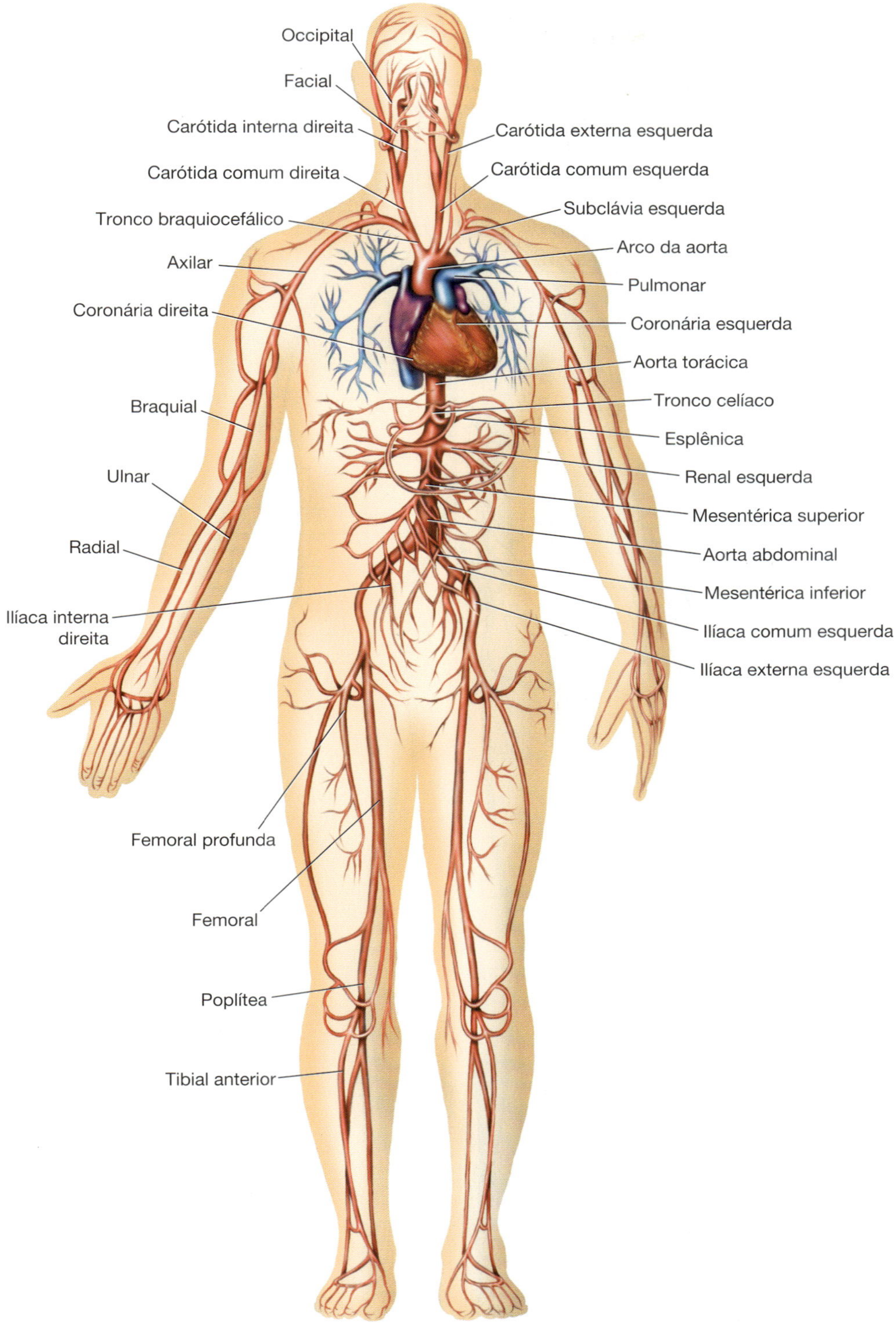

Figura 1.26 Principais artérias do corpo.

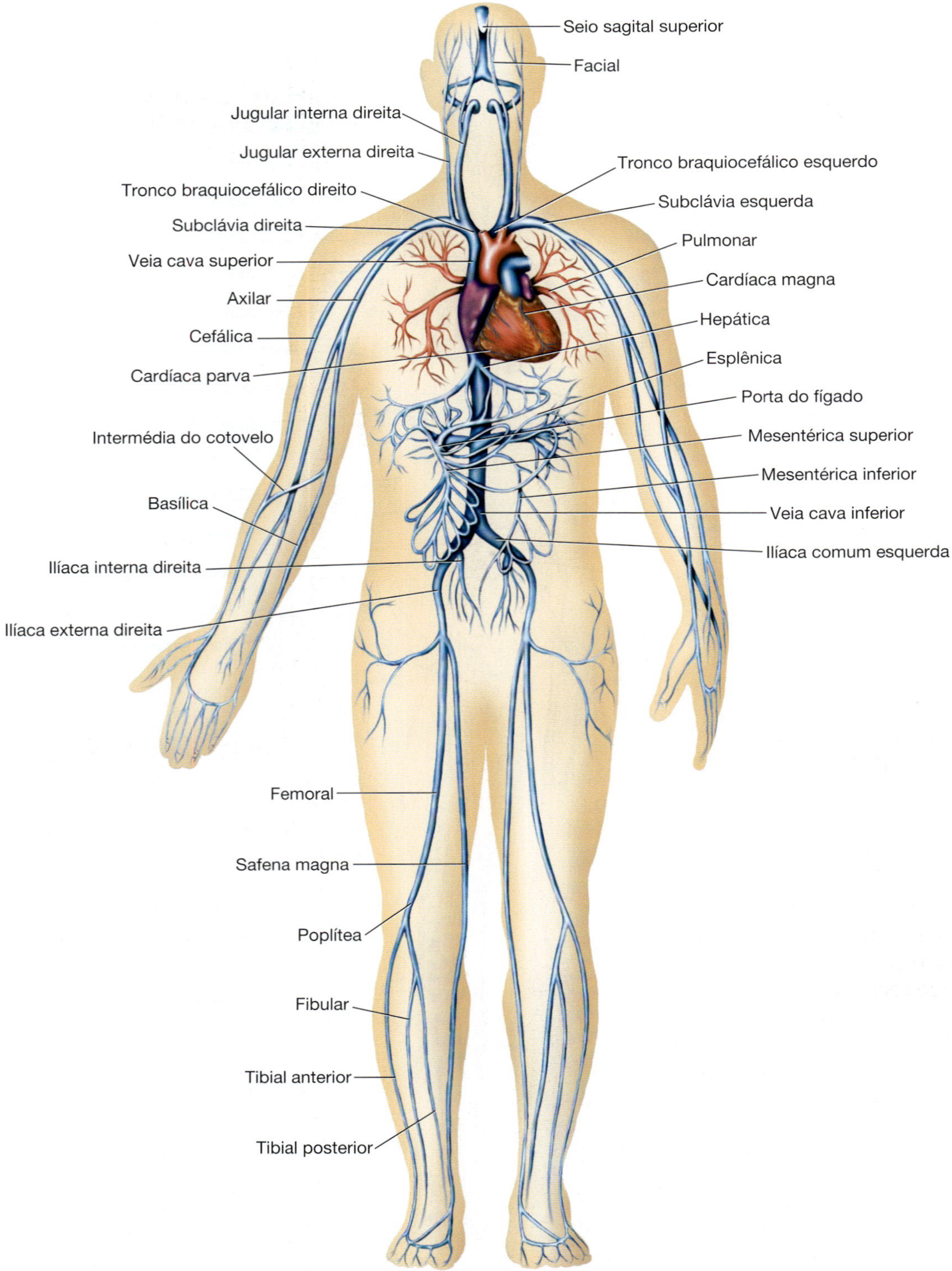

Figura 1.27 Principais veias do corpo.

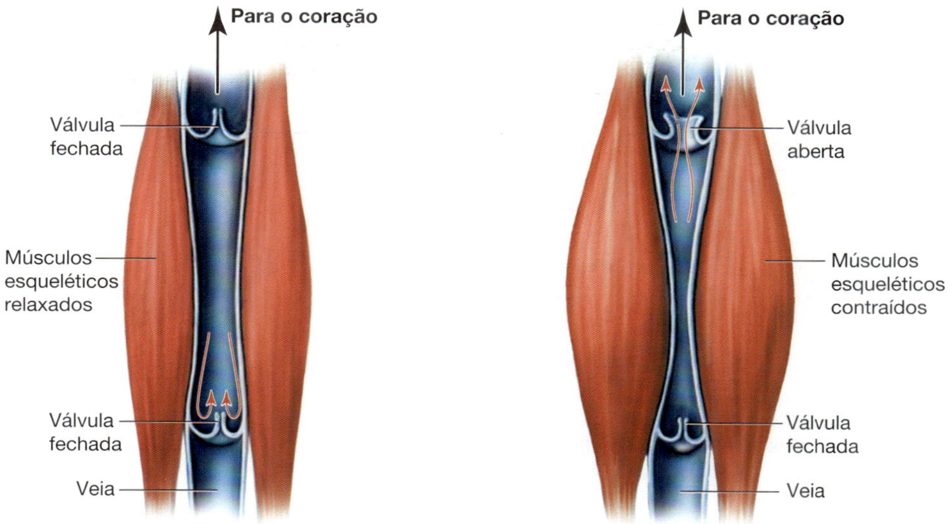

Figura 1.28 Ação da válvula venosa.

entre os músculos ou entre os músculos e os ossos (Fig. 1.28). Esses músculos agem como bombas venosas musculares que comprimem o sangue para cima, ultrapassando cada válvula. A gravidade também ajuda no retorno venoso em veias que se encontram acima do coração. Há mais válvulas nas veias dos membros, nas quais o fluxo de sangue sofre oposição da força da gravidade.

Outros tecidos

Outros tipos de tecidos associados a ossos, articulações e músculos são a fáscia e a bolsa. A **fáscia** é um tipo de tecido conectivo fibroso do corpo que recobre, conecta ou suporta outros tecidos. Uma forma de fáscia, o sarcolema do músculo, já foi discutida. A **bolsa** (Fig. 1.29) é uma estrutura em forma de saco que contém líquido bursal e protege músculos, tendões, ligamentos e outros tecidos no ponto em que cruzam as proeminências ósseas já descritas. As bolsas são superfícies lubrificadas que permitem o movimento de músculos e tendões diretamente sobre estruturas como o osso sem que haja desgaste ao longo do tempo em decorrência do atrito. O trauma a uma bolsa pode inflamá-la e criar uma condição conhecida como **bursite**. Esse trauma pode se dar por infecção, pressão ou pancada direta na área. As bolsas são identificadas por sua posição no corpo. Há bolsas subfasciais, localizadas abaixo da fáscia; bolsas subcutâneas, sob a pele; bolsas submusculares abaixo, e entre os músculos; e bolsas subtendíneas, abaixo e entre os tendões.

Unidade motora

Já foram discutidos os ossos, os ligamentos que conectam os ossos formando articulações, os músculos que cruzam articulações e criam movimen-

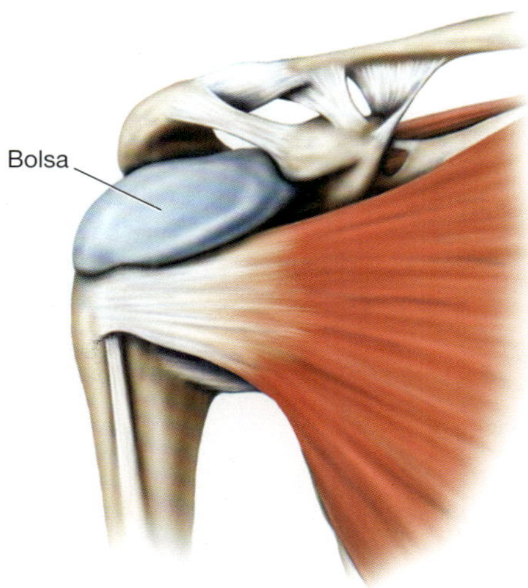

Figura 1.29 Bolsa típica.

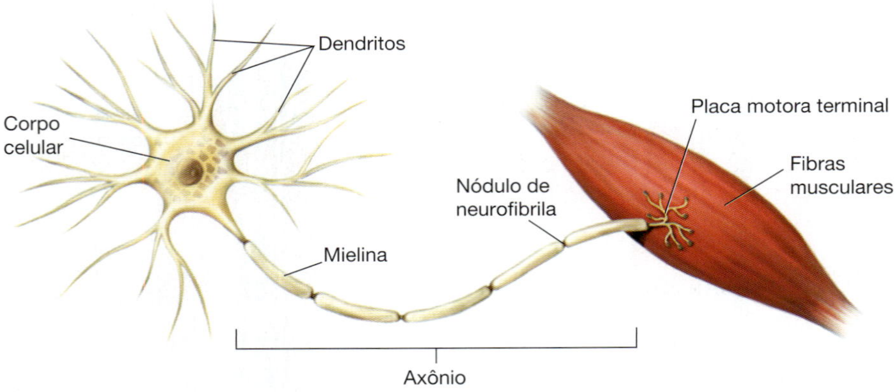

Figura 1.30 Unidade motora, constituída por um neurônio motor e fibras musculares.

to, os nervos que inervam os músculos e os vasos sanguíneos que irrigam essas estruturas – todos esses são considerados essenciais para o movimento. Agora será analisada mais atentamente a unidade motora. Alguns livros didáticos examinam a fisiologia dos impulsos nervosos que produzem contrações musculares e causam movimento. Neste livro, o foco será a anatomia das estruturas que de fato produzem o movimento.

A unidade motora é definida como um nervo motor e todas as fibras musculares por ele supridas (Figs. 1.30 e 1.31). As partes estruturais da unidade motora são o nervo motor e a fibra muscular. Todas as unidades motoras em conjunto são chamadas de **sistema neuromuscular** do organismo.

O espaço entre os ramos terminais da placa motora terminal e as fibras musculares denomina-se junção mioneural. Embora os ramos terminais não entrem efetivamente em contato direto com as fibras musculares, é na junção mioneural que ocorre a **sinapse** (conexão). Na sinapse (Fig. 1.32), os ramos terminais do axônio do nervo motor liberam uma substância química conhecida como **acetilcolina**. Esse produto químico estimula o revestimento externo (sarcolema) da fibra muscular, permitindo que o impulso prossiga para a fibra muscular, causando contração se o impulso for suficientemente grande para atingir o **limiar** da fibra. O espaço entre o ramo terminal do axônio e o sarcolema do músculo, em que a

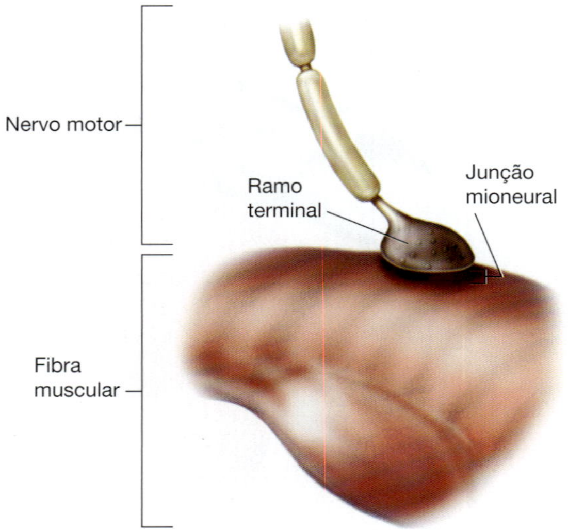

Figura 1.31 Representação esquemática de uma unidade motora.

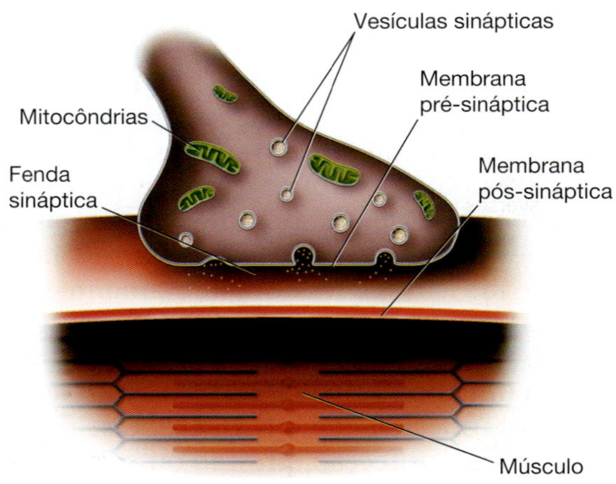

Figura 1.32 Sinapse neuromuscular e suas estruturas relacionadas.

acetilcolina passa do nervo para o tecido muscular, é denominado **fenda sináptica**. Em resumo, um impulso nervoso vai da medula espinal (ou encéfalo) até um dendrito de um nervo espinal, do dendrito até o corpo da célula nervosa e do corpo celular ao longo do axônio do nervo até o ramo terminal do axônio (placa motora terminal), onde um produto químico é liberado na sinapse.

Agora que foram abordadas as estruturas anatômicas responsáveis pela transmissão do impulso nervoso para o músculo, será analisado o componente responsável pela outra metade da unidade motora: o músculo. Conforme o impulso passa do nervo para o músculo, **cálcio** é liberado do **retículo sarcoplasmático** e dos **túbulos transversos** (Fig. 1.33) para o interior das fibras musculares, duas estruturas intimamente ligadas aos filamentos das proteínas actina e miosina. A liberação de cálcio faz as pontes cruzadas de miosina se contorcerem ou girarem, de tal forma que entrem em contato com os filamentos de actina em torno delas e façam a actina se mover em direção ao centro do sarcômero (Fig. 1.34). Essa comunicação química nas fibras musculares é responsável pela ação conhecida como mecanismo de deslizamento de filamentos.

Em resumo, o impulso do nervo motor atravessa a sinapse na junção mioneural e ativa a liberação de cálcio pelo retículo sarcoplasmático e pelos túbulos transversos, fazendo as pontes cruzadas do filamento de miosina entrarem em contato com os filamentos de actina e produzirem o movimento desses filamentos em direção ao centro do sarcômero, encurtando-o.

As unidades motoras diferem muito no número de fibras musculares inervadas por um nervo motor. A proporção de fibras musculares por

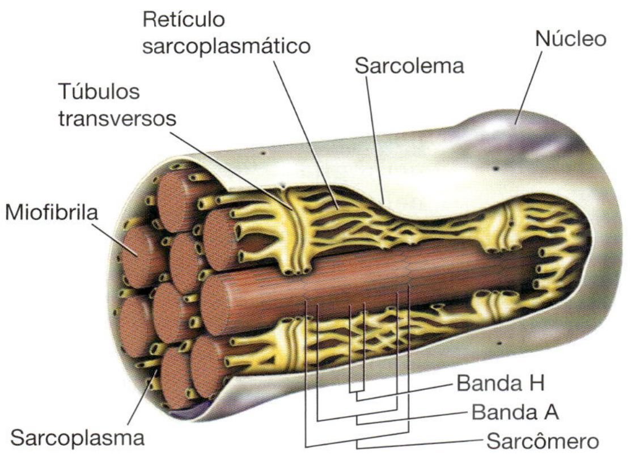

Figura 1.33 Retículo sarcoplasmático e túbulos transversos.

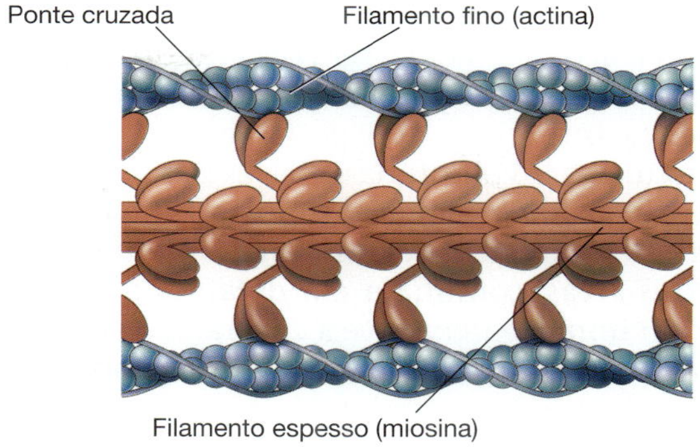

Figura 1.34 Formação de ponte cruzada e movimento.

nervo motor pode variar de tão pouco quanto 10 fibras musculares para tanto quanto 2 mil fibras musculares por nervo motor. Quanto menor a proporção de fibras por nervo, mais unidades motoras são necessárias para inervar todas as fibras em um músculo. Esse é o caso dos músculos necessários para a realização de movimentos finos, como os da mão ou do olho. Por comparação, o músculo bíceps realiza flexão do cotovelo e supinação do antebraço, que não são definitivamente considerados movimentos finos e, portanto, tem uma relação muito elevada de fibras musculares por nervo motor.

Se um estímulo de um nervo for intenso o suficiente para atingir o limiar de uma fibra muscular, todas as fibras musculares inervadas por esse nervo irão contrair-se completamente. Não há contração parcial de uma fibra muscular. Isso é chamado de teoria do tudo ou nada da contração muscular. Dependendo do esforço necessário (p. ex., levantar um pedaço de papel vs. um peso de 23 kg), recrutam-se diferentes graus de contração muscular (gradação de força) para realizar a atividade. A gradação da contração muscular depende de dois fatores principais: (1) o número de unidades motoras recrutadas e (2) a frequência com a qual elas são estimuladas. Conforme aumenta a força necessária, mais unidades motoras são recrutadas. Além disso, elas são estimuladas com mais frequência. Se os impulsos para que as fibras musculares se contraiam forem enviados com rapidez suficiente antes do relaxamento completo da contração anterior, poderá ocorrer uma maior força de contração (até certo ponto). Uma vez que esteja recebendo impulsos a um ritmo tal que não seja capaz de relaxar, o músculo atinge um estado de contração contínua, conhecido como tetania (Fig. 1.35). A aplicação do termo tetania a esse estado de contração contínua – o resultado do esforço físico – não deve ser confundida com outro uso semelhante desse termo, relacionado a uma doença infecciosa que pode causar contrações musculares involuntárias.

Cursos de biologia, fisiologia humana, fisiologia do exercício, cinesiologia, biomecânica e outras áreas examinam em detalhes a produção de um impulso nervoso e a contração do músculo resultante. O material prévio deve ser considerado uma visão geral introdutória e, de modo algum, uma análise detalhada do sistema neuromuscular e suas unidades motoras.

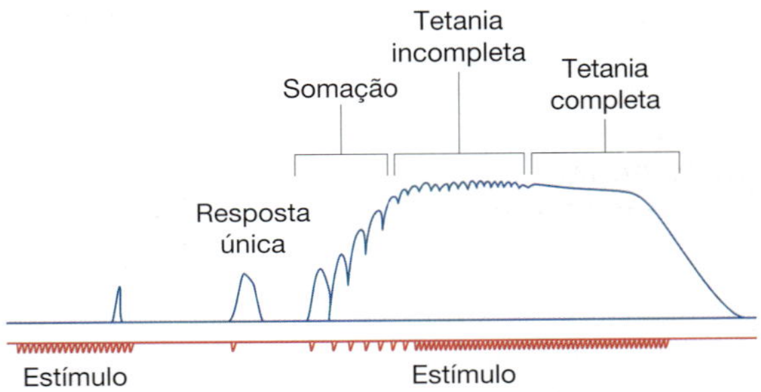

Figura 1.35 A força muscular aumenta com a frequência dos impulsos.

DICAS DE APRENDIZAGEM

REVISÃO DA TERMINOLOGIA

Os termos a seguir são discutidos neste capítulo. Definir ou descrever cada termo e, se for o caso, identificar a localização da estrutura em seu corpo ou em uma ilustração apropriada.

acetilcolina
actina
agente sinérgico
agonista
alavanca de primeira classe
alavanca de segunda classe
alavanca de terceira classe
antagonista
artérias
arteríolas
articulação
articulação biaxial
articulação cartilagínea
articulação condilar
articulação diartrodial
articulação do tipo sutura
articulação em cabeça concavidade
articulação em gínglimo
articulação em sela
articulação esferóidea
articulação ligamentar
articulação não axial
articulação plana
articulação sinartrodial
articulação sinovial
articulação triaxial
articulação uniaxial
artrologia
axônio
bainha de mielina
bainha tendínea
banda A (anisotrópica)
banda I (isotrópica)
bolsa
bursite
cálcio
capilares
cápsula
cartilagem articular
coluna vertebral
côndilo
corpo da célula
dendrito
diáfise
diástole
endomísio
epicôndilo
epífise
epimísio
faceta
fáscia
feixe
fenda sináptica
fibra de contração lenta
fibra de contração rápida
fibra muscular
fibrocartilagem
fixador
forame
fossa
fusiforme
impulso
incisura
junção mioneural
junta
ligamento
limiar
linha Z
miofibrila
miologia
miosina
motor primário
multipeniforme
músculo cardíaco
músculo esquelético
músculo liso
nervo
nervo aferente
nervo eferente
nervo motor
nervo sensitivo
neuroglia
neurônio
neurônio motor
nódulo de neurofibrila
osso longo
osteoporose
peniforme
perimísio
periósteo
placa epifisária
placa motora

ponte cruzada
processo
processo espinhoso
quadrado
ramo terminal
retículo sarcoplasmático
reto
sarcolema
sarcômero
sarcoplasma
semipeniforme
sinapse
sistema nervoso autônomo
sistema nervoso central
sistema nervoso periférico
sistema neuromuscular
sistema parassimpático
sistema simpático
sístole
superfície articular
tecido conectivo
tecido epitelial
tecido muscular
tecido nervoso
tendão
tendão de inserção
tendão de origem
terminologia anatômica
triangular
tubérculo
tuberosidade
túbulo transverso
unidade motora
vaso sanguíneo
veias
vênulas
zona H

SUGESTÃO DE ATIVIDADES DE APRENDIZAGEM

1. Feche a mão. Liste todas as estruturas anatômicas (começando com o encéfalo) que foram usadas para que essa ação ocorresse.

2. Na mesa de jantar ou no supermercado, observe uma ave em particular (peru, frango) e explique porque ela tem carne de cores diferentes em suas diversas partes (pernas, coxas, peito, asas).
   a. As atividades normais da ave levam a diferentes quantidades de esforço de certas partes do corpo?
   b. Qual tipo de fibra muscular provavelmente domina os músculos dessas diferentes partes? Por quê?

3. A partir da posição ortostática, levante-se na ponta dos dedos e permaneça assim durante alguns minutos (ou o tempo que você puder).
   a. Que tipo de músculo da perna (de contração rápida ou lenta) foi o principal responsável inicialmente por você ficar na ponta dos dedos?
   b. Que tipo de músculo da perna (de contração rápida ou lenta) foi o principal responsável por sustentar você na posição de ponta de pé?

QUESTÕES DE MÚLTIPLA ESCOLHA

1. A junção de dois ou mais ossos formando uma articulação é também conhecida como
   a. Uma epífise
   b. Uma fossa
   c. Uma articulação
   d. Uma diáfise

2. Qual dos termos a seguir não se encaixa adequadamente aos outros três?
   a. Incisura
   b. Processo
   c. Tubérculo
   d. Tuberosidade

3. A unidade funcional do músculo esquelético é conhecida como
   a. Uma miofibrila
   b. Um sarcômero
   c. A banda A
   d. A banda I

4. Uma série de sarcômeros ligados entre si é conhecida como:
   a. Uma miofibrila
   b. Um músculo
   c. Actina
   d. Miosina

(continua)

5. A liberação de qual das substâncias a seguir causa o movimento das pontes cruzadas, o que, por sua vez, encurta o sarcômero?
   a. Actina
   b. Miosina
   c. Cálcio
   d. Sarcoplasma

6. Um feixe de fibras no interior de um músculo é envolvido por uma bainha fibrosa conhecida como:
   a. Endomísio
   b. Epimísio
   c. Perimísio
   d. Sarcolema

7. A origem de um músculo é mais provavelmente definida como estando localizada na:
   a. Extremidade distal de uma articulação
   b. Extremidade distal de um tendão
   c. Inserção óssea mais estável
   d. Inserção óssea mais móvel

8. A alavanca de terceira classe impõe resistência:
   a. Entre o eixo e a força
   b. No lado externo à força e ao eixo
   c. No lado oposto ao eixo, como a força
   d. No eixo

QUESTÕES DE PREENCHIMENTO DE LACUNAS

1. As articulações sem movimento observável são conhecidas como __________.
2. As estruturas em forma de saco que protegem os tecidos moles no ponto em que passam sobre projeções ósseas são chamadas de __________.
3. A unidade motora é um neurônio motor e todas as __________ por ele supridas.
4. Os dendritos conduzem os impulsos nervosos __________ corpo celular.
5. Os axônios conduzem os impulsos nervosos __________ corpo celular.
6. O termo __________ refere-se à contração do músculo cardíaco.
7. A __________ resiste ao rearranjo molecular quando um músculo se contrai.
8. O tipo mais comum de alavanca encontrado no corpo humano é a alavanca de __________.

CAPÍTULO 2

Movimento

Agora que as estruturas envolvidas no movimento já são conhecidas (ossos, ligamentos, músculos), bem como os termos usados para descrevê-las, será analisada a linguagem universal que explica os movimentos realizados por essas estruturas.

Quando se descreve um movimento humano, há um ponto anatômico que é universalmente aceito como a posição a partir da qual todos os movimentos começam: a **posição anatômica**. Nessa posição, todas as articulações são consideradas em posição neutra, ou a 0°, sem que ainda tenha havido movimento algum. De forma ocasional, também é possível encontrar o termo **posição fundamental**. Observe com cuidado a diferença única entre as duas posições (Fig. 2.1). A posição anatômica é preferida em relação à fundamental para qualquer discussão sobre o movimento humano, porque a posição da mão na posição fundamental torna impossível certos movimentos do membro superior. Nas seções seguintes, a descrição de todo movimento começa a partir da posição anatômica.

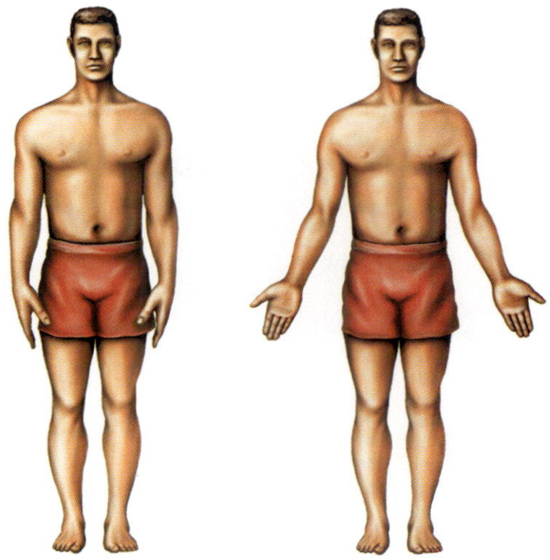

Figura 2.1 Posição fundamental e anatômica.

Localizações anatômicas

Vários termos são considerados universais para discutir a relação espacial entre uma estrutura anatômica e outra. O termo **superior** refere-se a algo que está acima ou em nível superior a outra estrutura (p. ex., a cabeça encontra-se em posição superior ao tórax). O termo oposto, **inferior**, indica algo que está abaixo ou em nível inferior a outra estrutura (p. ex., o tórax encontra-se em posição inferior à cabeça). **Lateral** refere-se a algo mais longe da linha mediana do corpo do que outra estrutura (p. ex., os braços encontram-se em posição lateral à coluna vertebral). **Medial** indica uma estrutura mais próxima da linha mediana do corpo do que outra estrutura (p. ex., o nariz encontra-se em orientação medial à orelha). **Anterior** refere-se a uma estrutura que está na frente de outra (p. ex., o abdome encontra-se em posição anterior à coluna vertebral). **Posterior** refere-se a uma estrutura que está atrás de outra (p. ex., a coluna vertebral encontra-se em posição posterior ao abdome).

Os termos **proximal** (perto) e **distal** (longe) normalmente são usados em referência a estruturas dos membros (braços e pernas). Proximal significa mais perto da linha mediana e distal, mais longe da linha mediana (p. ex., o joelho é proximal ao pé, e a mão é distal ao punho). O termo **dorsal** indica o lado de cima de um animal, como a barbatana dorsal sobre a parte superior de um peixe, ou a parte posterior do corpo humano (o aspecto dorsal da mão é, em geral, chamado de dorso da mão). O termo **volar** refere-se ao lado de baixo, ou aspecto inferior, de uma estrutura (o aspecto volar do punho ou da mão é também chamado de aspecto **palmar**, enquanto o aspecto volar do pé, ou sola, é chamado de aspecto **plantar**). Dois termos referem-se à ação do antebraço e do pé. O termo **pronação** faz referência à rotação do antebraço em direção ao corpo, o que resulta em posicionar a superfície volar, ou palmar, voltada para o corpo ou, se o cotovelo estiver flexionado, colocar a palma para baixo. Puxar o pé para cima (**flexão dorsal**) e voltá-lo para fora (**inversão**), afastando-o do outro pé, é chamado de **pronação** do pé. A **supinação**, inverso da pronação, significa virar o antebraço para fora e com a palma para cima a partir da posição pronada, abaixar o pé (**flexão plantar**) e voltá-lo para dentro (**inversão**), em direção ao outro pé.

Planos e eixos

O movimento humano que se dá a partir da posição inicial (anatômica) é descrito como ocorrendo em um **plano** (uma superfície plana) em torno de um **eixo** (linha reta em torno da qual um objeto gira). Os músculos criam movimento dos segmentos corporais em um ou mais dos três planos que dividem o corpo em diferentes partes. Esses três planos específicos são perpendiculares (em ângulo reto) entre si (Fig. 2.2). O **plano sa-**

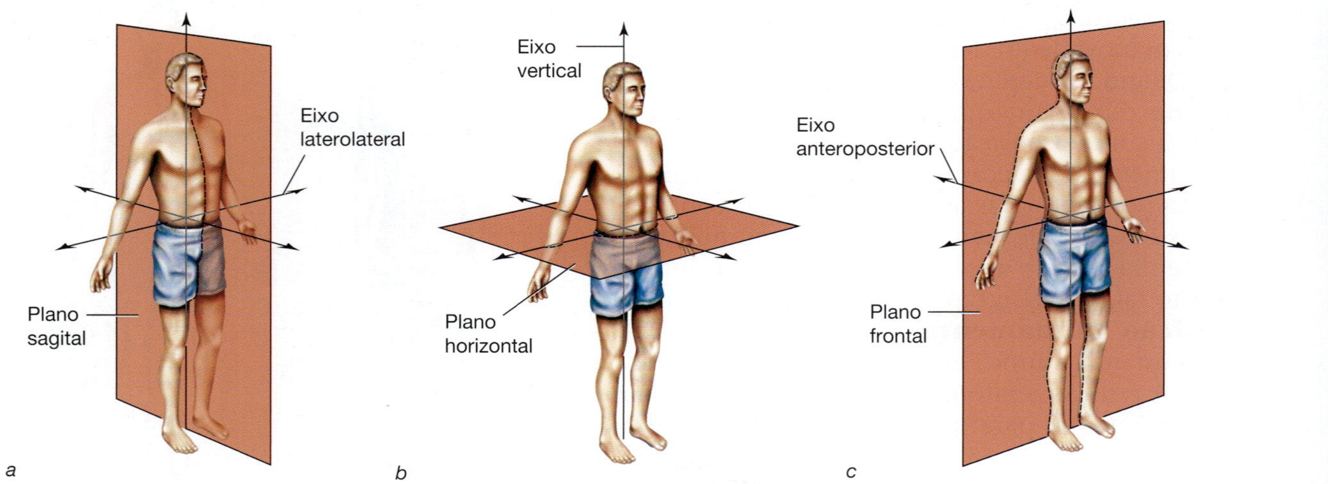

Figura 2.2 Planos e eixos de referência. *(a)* Plano sagital, *(b)* plano horizontal e *(c)* plano frontal.

gital (também conhecido como plano anteroposterior) passa da parte da frente para a de trás do corpo, criando um lado esquerdo e outro direito. Pode haver múltiplos planos sagitais; no entanto, existe apenas um plano sagital cardinal. O termo refere-se ao plano que divide o corpo em segmentos iguais, com exatamente metade do corpo em cada um dos lados do plano mediano. Portanto, o **plano sagital** divide o corpo em duas metades iguais à esquerda e à direita. O termo plano aparece em alguns textos como o *plano* principal. Os termos são intercambiáveis.

O **plano horizontal** (também chamado de plano transverso) passa pelo corpo no sentido horizontal, criando os segmentos superior e inferior. Pode haver diversos planos horizontais, mas existe um único **plano horizontal**, que divide o corpo em duas metades iguais, superior e inferior.

O **plano frontal** (também denominado plano lateral) passa de um lado a outro do corpo, criando um lado anterior e outro posterior. Mais uma vez, pode haver diversos planos frontais, mas existe apenas um **plano frontal**, que divide o corpo em duas metades iguais, anterior e posterior.

O ponto na intersecção dos três planos de referência é o **centro de gravidade** do corpo. Quando todos os segmentos do corpo são combinados e ele é considerado uma estrutura sólida em posição anatômica, o centro de gravidade situa-se aproximadamente na região lombar da coluna vertebral. À medida que as partes do corpo se movem da posição anatômica ou conforme o peso se desloca por meio do ganho de peso, perda de peso ou por carregar um objeto pesado, o centro de gravidade também muda. No entanto, não importa qual a posição do corpo ou a distribuição do peso, a metade do peso do corpo (e sua carga) estará sempre à esquerda e à direita, anterior e posterior e acima e abaixo do centro de gravidade. O centro de gravidade do corpo muda de forma costante com cada movimento, cada alteração na distribuição do peso ou ambos.

Previamente, foi definido o eixo como uma linha reta em torno da qual um objeto roda. No corpo humano, imaginam-se as articulações como eixos e os ossos como objetos que giram ao redor deles em um plano perpendicular ao eixo. Existem três eixos principais; a rotação é descrita ocorrendo em um plano em torno do eixo que é perpendicular ao plano (Fig. 2.2). O plano sagital roda em torno de um **eixo frontal (laterolateral)** (Fig. 2.2a).

Prática

A articulação do joelho é um eixo frontal, e a parte inferior da perna é o objeto que se move no plano sagital quando você flete o joelho.

O plano horizontal gira em torno de um **eixo vertical** (**longitudinal**) (Fig. 2.2b).

Prática

Conforme você gira a cabeça para a esquerda e para a direita, como se silenciosamente dissesse "não", a cabeça gira em um plano horizontal em torno do eixo vertical criado por sua coluna vertebral.

O plano frontal gira em torno do **eixo sagital (anteroposterior)** (Fig. 2.2c).

Prática

Quando você eleva o braço para o lado, a articulação do ombro é o eixo horizontal sagital e o braço é o objeto em movimento no plano frontal.

Para um resumo da relação entre os planos anatômicos e os eixos associados, consulte a Tabela 2.1.

TABELA 2.1 Planos, eixos e movimentos fundamentais

Plano	Eixo	Movimentos
Sagital (anteroposterior)	Horizontal frontal (laterolateral)	Flexão e extensão
Frontal (lateral)	Horizontal sagital (anteroposterior)	Abdução e adução
Horizontal (transverso)	Vertical	Rotação

Movimentos fundamentais

Mais uma vez, lembre-se de que o movimento ocorre em um plano em torno de um eixo. Existem três planos e três eixos com dois **movimentos fundamentais** possíveis em cada plano. No plano sagital, são possíveis os movimentos fundamentais conhecidos como flexão e extensão. A **flexão** é definida como uma redução do ângulo formado pelos ossos da articulação (Fig. 2.3). Na flexão da articulação do cotovelo, o ângulo entre o braço e o antebraço diminui. A **extensão** é um aumento do ângulo de articulação (Fig. 2.4). Retornar uma articulação em flexão para a posição anatômica é considerado uma extensão. A extensão adicional além da posição anatômica é chamada de **hiperextensão**. Os movimentos fundamentais no plano frontal são conhecidos como abdução e adução. A **abdução** é definida como o movimento para longe da linha mediana do corpo (Fig. 2.5). Ao mover o braço afastando-o da lateral do corpo no plano frontal, a articulação do ombro está sendo abduzida. O movimento em direção à linha mediana do corpo é chamado de **adução** (Fig. 2.6). Retornar o braço de uma posição de abdução do ombro para a posição anatômica é adução. O movimento fundamental no plano horizontal é descrito de modo simples como **rotação** (Fig. 2.7). O exemplo anterior de balançar a cabeça não consiste em uma rotação da cabeça. Para descrever o movimento dos membros superiores e inferiores, muitas vezes é utilizado o termo *rotação* (Fig. 2.8). Quando a superfície anterior (frontal) do braço ou da perna roda lateralmente (para longe da linha média do corpo), isso é definido como **rotação lateral**. Quando a superfície anterior do braço ou da perna roda medialmente (em direção à linha mediana do corpo), isso é definido como **rotação medial**.

As articulações capazes de criar um movimento em dois (biaxial) ou três (triaxial) planos também são capazes de produzir outro movimento, a **circundução**. Este não é considerado um movimento fundamental de uma articulação, uma vez que combina dois ou mais movimentos fundamentais. Quando ocorre o movimento em dois ou três planos em ordem sequencial, a articulação é dita circundante. Girar seu braço na articulação do ombro em um movimento de "moinho de vento" é um exemplo de circundução (Fig. 2.9).

Figura 2.3 Flexão do ombro, do quadril e do joelho.

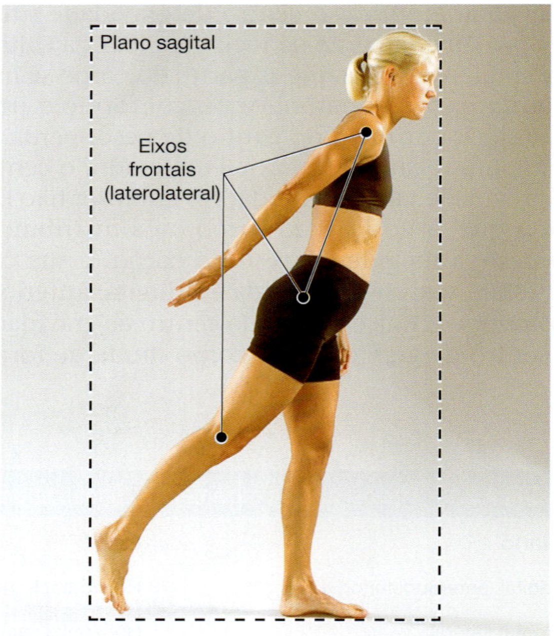

Figura 2.4 Extensão do ombro, do quadril e do joelho.

Figura 2.5 Abdução do ombro e do quadril.

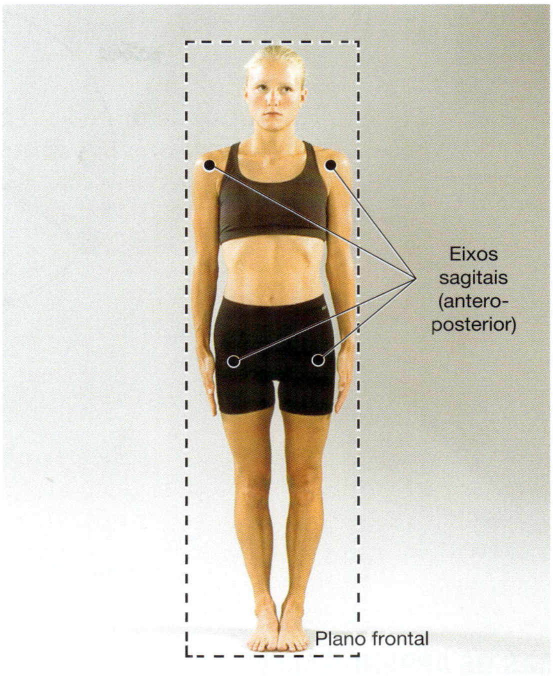

Figura 2.6 Adução do ombro e do quadril como um retorno da posição abduzida da Figura 2.5.

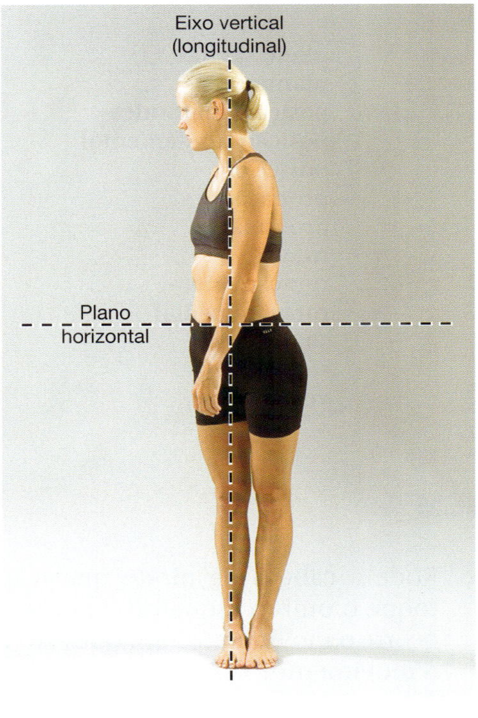

Figura 2.7 Rotação como um movimento de giro da coluna vertebral.

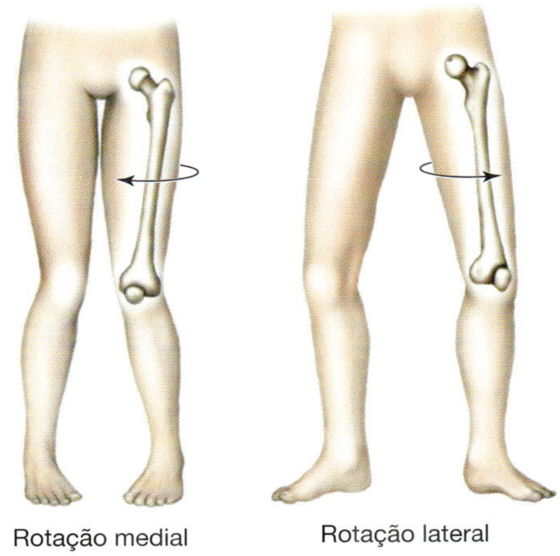

Figura 2.8 Rotação medial e lateral do membro inferior.

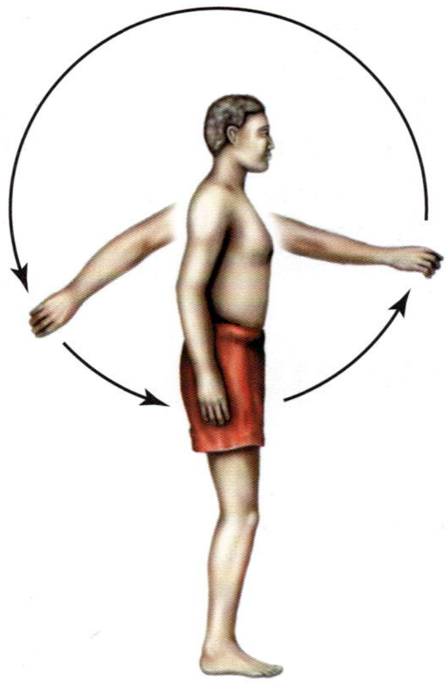

Figura 2.9 Circundução do ombro.

DICAS DE APRENDIZAGEM

REVISÃO DA TERMINOLOGIA

Os termos a seguir são discutidos neste capítulo. Definir ou descrever cada termo e, se for o caso, identificar a localização da estrutura em seu corpo ou em uma ilustração apropriada.

abdução
adução
anterior
centro de gravidade
circundução
distal
dorsal
dorsiflexão
eixo
eixo frontal (laterolateral)
eixo sagital (anteroposterior)
eixo vertical (longitudinal)
eversão
extensão
flexão
flexão plantar
hiperextensão
inferior
inversão
lateral
medial
movimento fundamental
palmar
plano
plano frontal
plano horizontal
plano sagital
plantar
posição anatômica
posição fundamental
posterior
pronação
proximal
rotação
rotação lateral
rotação medial
superior
supinação
volar

SUGESTÃO DE ATIVIDADES DE APRENDIZAGEM

1. Fique na posição anatômica.
   a. Flexione o joelho. Em que plano ocorre o movimento? Em que eixo ocorre o movimento?
   b. Abduza o quadril. Em que plano ocorre o movimento? Em que eixo ocorre o movimento?
   c. Rode a cabeça de modo que o queixo toque o ombro esquerdo. Em que plano ocorre o movimento? Em que eixo ocorre o movimento?

2. O centro de gravidade do corpo é considerado o ponto em que cruzam os três planos do corpo.

a. Para qual direção se desloca seu centro de gravidade se você colocar uma mochila cheia de livros nos ombros?
b. Para qual direção se desloca seu centro de gravidade se você carregar um livro pesado com as duas mãos na frente do corpo, abaixo da cintura?
c. Para qual direção se desloca seu centro de gravidade se você carregar uma mala pesada na mão esquerda, com o braço totalmente estendido na lateral?

QUESTÕES DE MÚLTIPLA ESCOLHA

1. Qual dos movimentos a seguir é definido como o movimento no plano frontal em relação à linha mediana do corpo?
a. Abdução
b. Adução
c. Flexão
d. Extensão

2. Para que o movimento da articulação do ombro ocorra no plano frontal, qual das ações articulares a seguir deve ocorrer?
a. Rotação medial
b. Circundução
c. Flexão
d. Abdução

3. Um movimento que ocorre no plano horizontal (transverso) em torno de um eixo vertical é conhecido como
a. Abdução
b. Rotação
c. Adução
d. Extensão

4. O movimento que ocorre no plano frontal se dá em torno do
a. Eixo frontal
b. Eixo sagital
c. Eixo vertical
d. Eixo horizontal

QUESTÕES DE PREENCHIMENTO DE LACUNAS

1. Quando o ângulo formado por uma articulação diminui e ocorre o movimento no plano sagital, o movimento é conhecido como __________.

2. O movimento articular é normalmente descrito como ocorrendo em um eixo e dentro de um __________.

3. O eixo que passa pelo corpo horizontalmente, da frente para trás, é conhecido como eixo __________.

4. Ao se referir a uma estrutura de um membro que está mais próxima do tronco do que outra, dizemos que é __________ à outra estrutura.

Membros Superiores

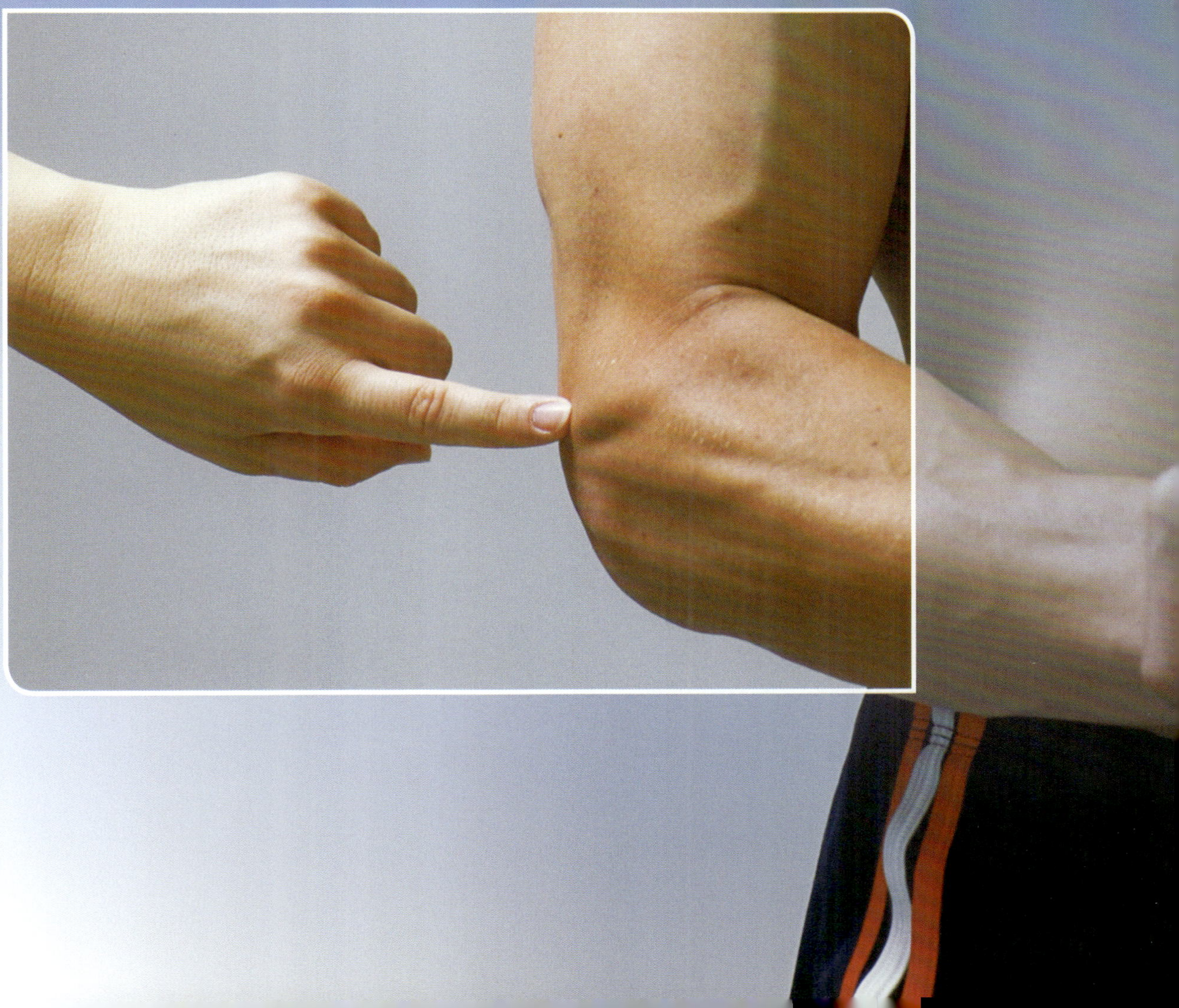

CAPÍTULO 3

Ombro

Qualquer discussão relacionada ao ombro deve começar com o fato de que ele envolve, na verdade, duas estruturas anatômicas distintas: a cintura escapular e a articulação do ombro. A **cintura escapular** é formada pelos ossos clavícula e escápula, enquanto a **articulação do ombro** é composta pelos ossos escápula e úmero. A função primária da cintura escapular é posicionar-se para acomodar os movimentos da articulação do ombro.

Ossos da cintura escapular

Dois ossos compõem a estrutura conhecida como cintura escapular: a clavícula e a escápula (Fig. 3.1). A **clavícula** é um osso longo e fino, em forma de S, que se fixa ao **esterno** na extremidade medial e à escápula na extremidade lateral. A clavícula muitas vezes é chamada de cintura escapular. É a única inserção óssea que o membro superior tem no tronco. Em razão de sua forma, de ser mantida posicionada em cada extremidade por ligamentos fortes e inflexíveis e de ter pouca proteção de forças externas (com exceção da pele), a clavícula é um osso fraturado com frequência.

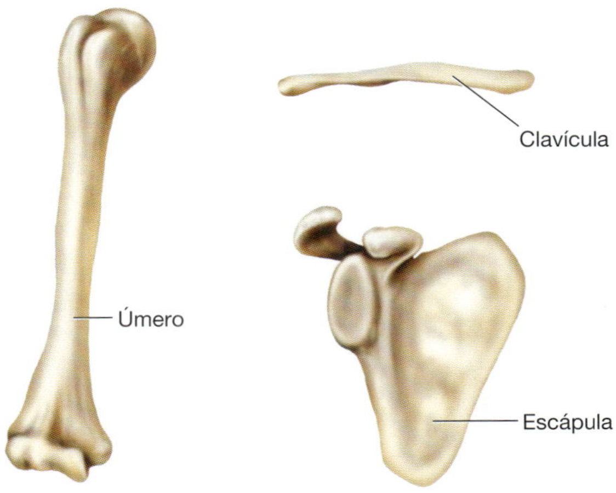

Figura 3.1 Ossos do ombro, em vista anterior.

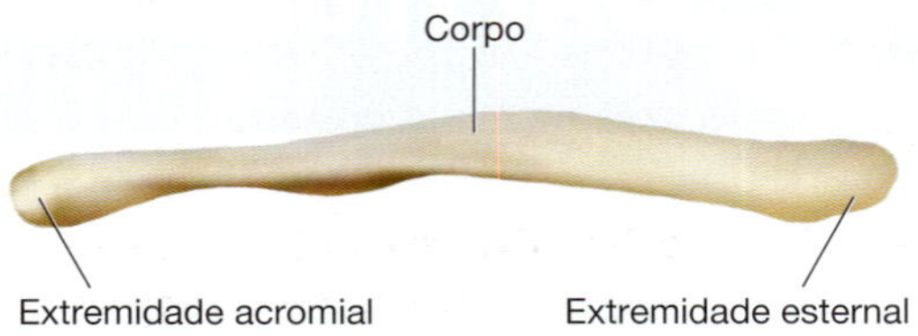

Figura 3.2 Extremidades esternal e acromial da clavícula.

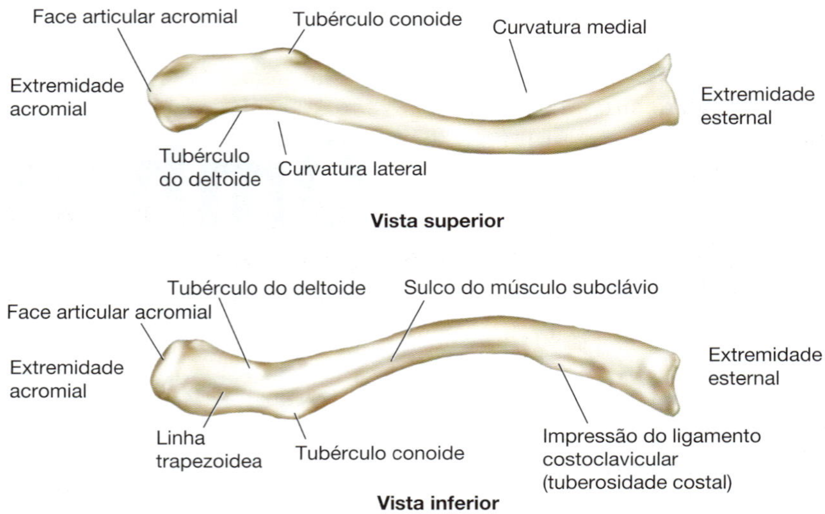

Figura 3.3 Estruturas ósseas proeminentes da clavícula, vistas superior e inferior.

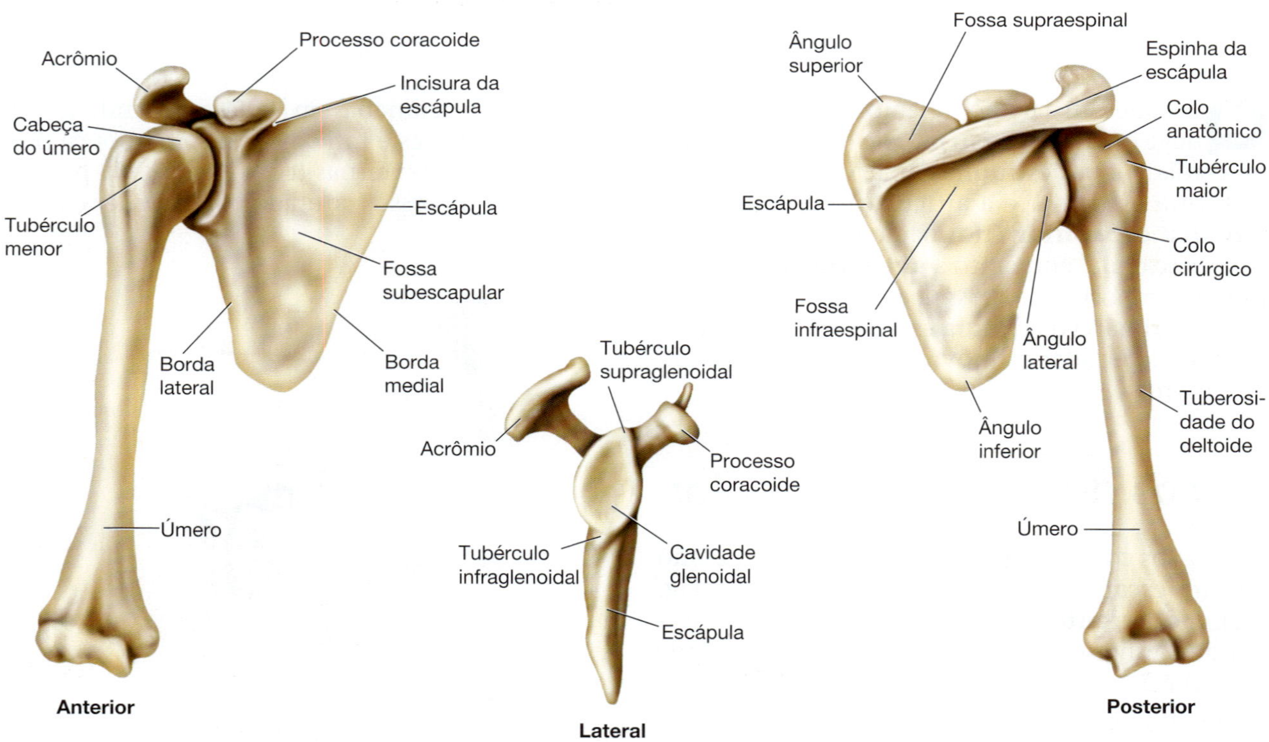

Figura 3.4 Estruturas ósseas do ombro; vistas anterior, posterior e lateral.

A extremidade lateral da clavícula é chamada de **extremidade acromial**, e a extremidade medial recebe o nome de **extremidade esternal** (Fig. 3.2). Observam-se estruturas ósseas proeminentes nas vistas superior e inferior (Fig. 3.3), que incluem o **tubérculo do deltoide**, o **tubérculo conoide**, a **linha trapezoidea**, a **impressão do ligamento costoclavicular** e o **sulco do músculo subclávio**. Essas estruturas são importantes como locais de inserção de tecidos moles.

A **escápula** é um osso em forma de asa grande e triangular situado na porção posterossuperior do tronco. Essa estrutura, às vezes chamada de osso do ombro, é considerada um osso tanto da cintura escapular quanto da articulação do ombro. A Figura 3.4 ilustra as muitas proeminências ósseas da escápula, incluindo as **bordas lateral** e **medial** e o **ângulo inferior** na junção das duas bordas.

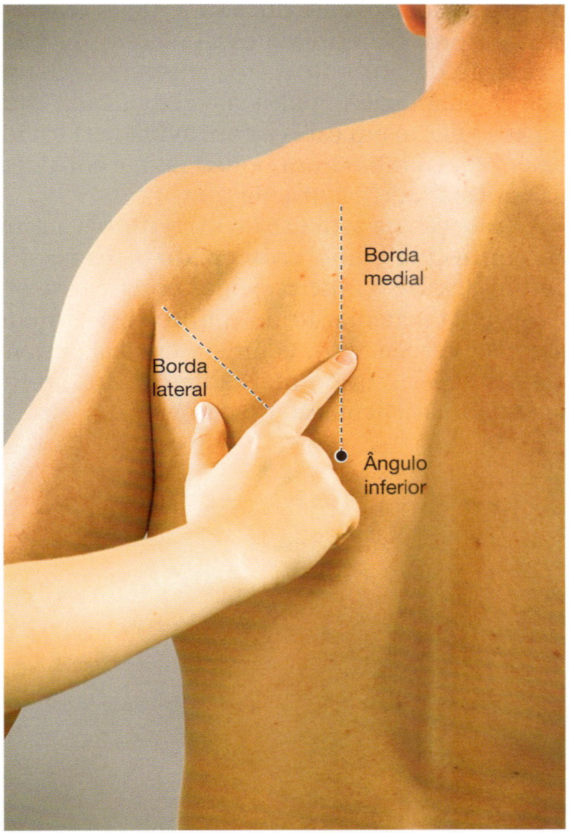

Figura 3.5 Identificação da borda lateral, da borda medial e do ângulo inferior da escápula.

Prática

Você pode localizar essas estruturas em um colega (Fig. 3.5).

Além disso, a **borda superior** na extremidade medial da escápula torna-se o **ângulo superior** e, em sua extremidade lateral, tem uma incisura denominada **incisura da escápula**. Duas grandes proeminências ósseas na porção laterossuperior da escápula são conhecidas como **processo coracoide** (anterior) e **acrômio** (posterior).

Prática

Em si mesmo ou em um colega, palpe (toque) o processo coracoide e o acrômio (Figs. 3.6 e 3.7).

O acrômio é a expansão lateral de uma crista óssea a aproximadamente um terço do percurso descendo em direção ao aspecto posterior da escápula. Essa crista óssea é conhecida como **espinha** da escápula.

Prática

Aplique pressão com os dedos indicador e médio ao longo do terço superior da escápula de seu colega e você sentirá a espinha da escápula (Fig. 3.8).

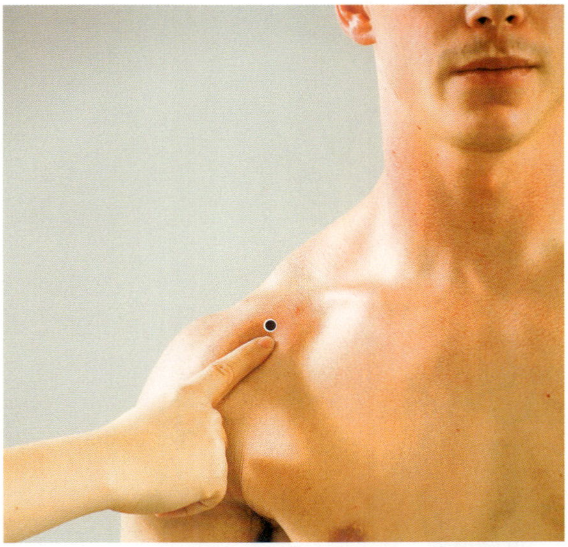

Figura 3.6 Localização do processo coracoide.

Figura 3.7 Localização do acrômio.

Em região mais lateral, a escápula forma uma superfície lisa, arredondada e ligeiramente deprimida, chamada de **cavidade glenoidal**. Essa cavidade forma a concavidade para a articulação do ombro. Acima e abaixo da cavidade glenoidal estão duas proeminências ósseas conhecidas como **tubérculos supraglenoidal** e **infraglenoidal**, respectivamente. A área lisa do osso entre as bordas lateral e medial da escápula na superfície anterior recebe o nome de **fossa subescapular**. Na superfície posterior da escápula, as superfícies ósseas lisas acima e abaixo da espinha da escápula são denominadas **fossa supraespinal** e **fossa infraespinal**, nessa ordem (Fig. 3.4).

Ossos da articulação do ombro

A articulação do ombro é a que existe entre a escápula e o **úmero** (osso do braço). Ela é conhecida como **articulação glenoumeral (GU)** devido à articulação de duas superfícies ósseas. A estrutura proeminente da escápula em relação à articulação do ombro é a área anatômica chamada de cavidade glenoidal. Ela é classificada como uma articulação em cabeça concavidade; a cavidade glenoidal, embora um pouco rasa, é considerada a concavidade da articulação.

A "cabeça" da articulação do ombro é a estrutura conhecida como **cabeça do úmero**. Este capítulo discute o úmero apenas porque esse osso faz parte da articulação do ombro (extremidade proximal; ver Fig. 3.9). O úmero em sua extremidade distal é discutido mais adiante, no capítulo relacionado à articulação do cotovelo.

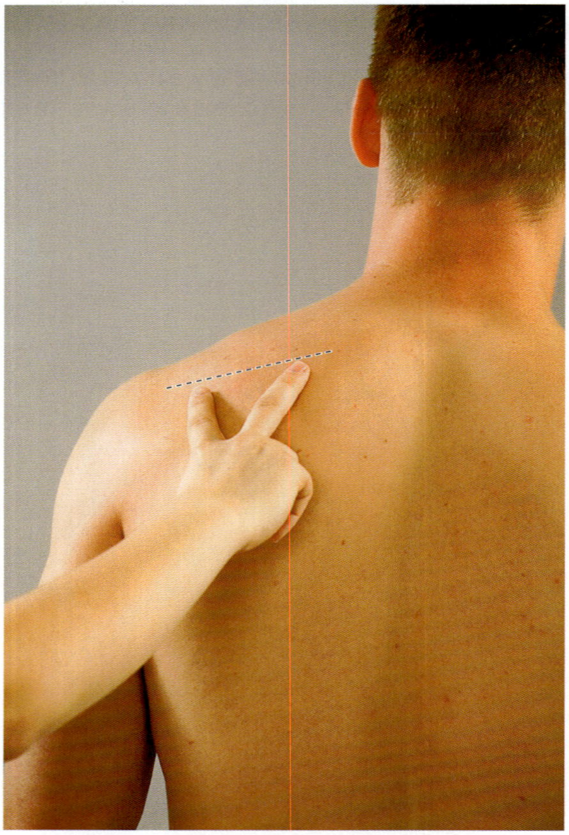

Figura 3.8 Localização da espinha da escápula.

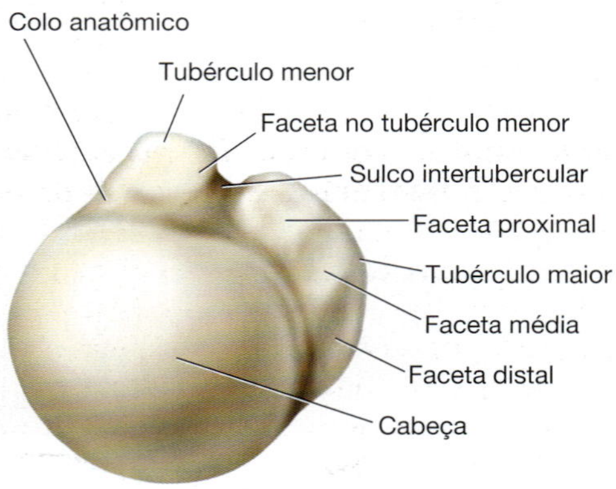

Figura 3.9 Estruturas da extremidade proximal do úmero.

A cabeça do úmero é separada da diáfise do osso por dois colos. O **colo anatômico** está localizado entre a cabeça do úmero e duas proeminências ósseas chamadas de **tubérculos maior** e **menor**. O **colo cirúrgico** (Fig. 3.4) localiza-se de fato na parte superior da diáfise do úmero. Um sulco denominado sulco intertubercular é criado pelos tubérculos maior e menor. No topo de ambos, encontram-se quatro superfícies planas, as facetas. O tubérculo menor tem uma faceta, enquanto o maior possui três: **facetas proximal**, **média** e **distal**. Aproximadamente a meio caminho para baixo, ao longo da diáfise do úmero, na superfície lateral, existe uma proeminência óssea conhecida como **tuberosidade do músculo deltoide** (Fig. 3.4).

Prática

Aplique pressão em seu próprio úmero ou no de seu colega, aproximadamente a meio caminho entre a cabeça do osso e a extremidade distal no cotovelo, no aspecto lateral; você vai sentir a tuberosidade do músculo deltoide (Fig. 3.10).

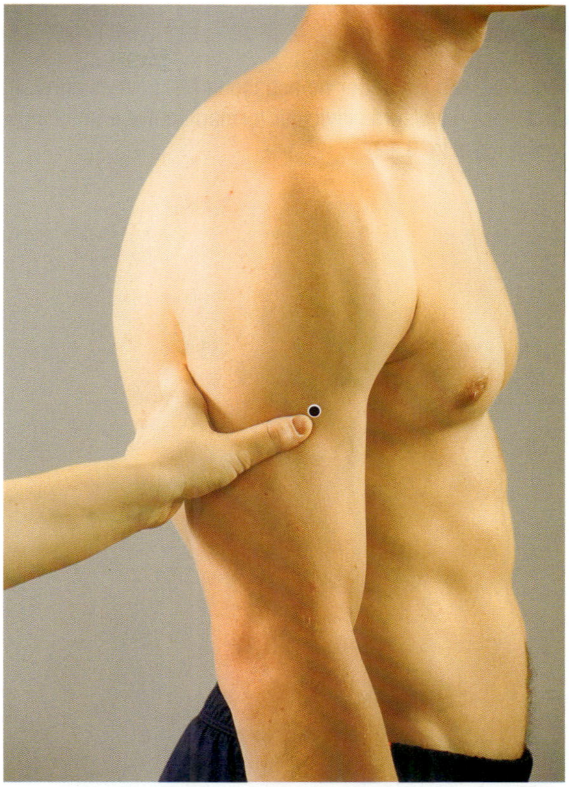

Figura 3.10 Localização da tuberosidade do músculo deltoide.

Articulações e ligamentos da cintura escapular

A cintura escapular tem duas articulações, uma em cada extremidade da clavícula, denominadas **articulações acromioclavicular (AC)** e **esternoclavicular (EC)**. O movimento na articulação EC é pequeno, em todas as direções e do tipo deslizamento, rotacional. A articulação EC tem sua estabilidade garantida tanto pela disposição óssea, porque a extremidade esternal da clavícula está na **incisura clavicular** do manúbrio do esterno (Cap. 9), quanto pelo arranjo ligamentar que une a clavícula e o esterno.

Três ligamentos principais são responsáveis pela articulação EC (Fig. 3.11). O **ligamento esternoclavicular**, com suas **fibras anteriores**, **superiores** e **posteriores**, e dois outros ligamentos ajudam a estabilizar a articulação EC: o **ligamento costoclavicular** (que liga a extremidade esternal da clavícula à primeira costela) e o **ligamento interclavicular** (que liga a extremidade esternal de ambas as clavículas à incisura clavicular do manúbrio do esterno). Além disso, há um **disco articular** entre a extremidade esternal da clavícula e a incisura clavicular do manúbrio do esterno.

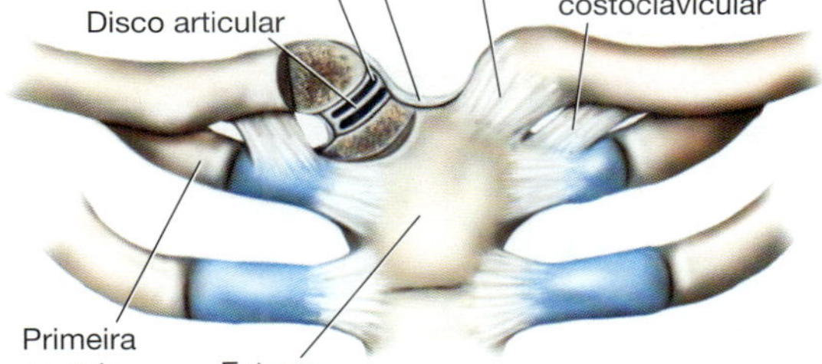

Figura 3.11 Ligamentos esternoclavicular, costoclavicular e interclavicular e disco articular.

Prática

Coloque o dedo indicador no espaço entre suas as clavículas; você sentirá a incisura clavicular formada entre ambas as articulações EC (Fig. 3.12).

Figura 3.12 Localização da articulação esternoclavicular.

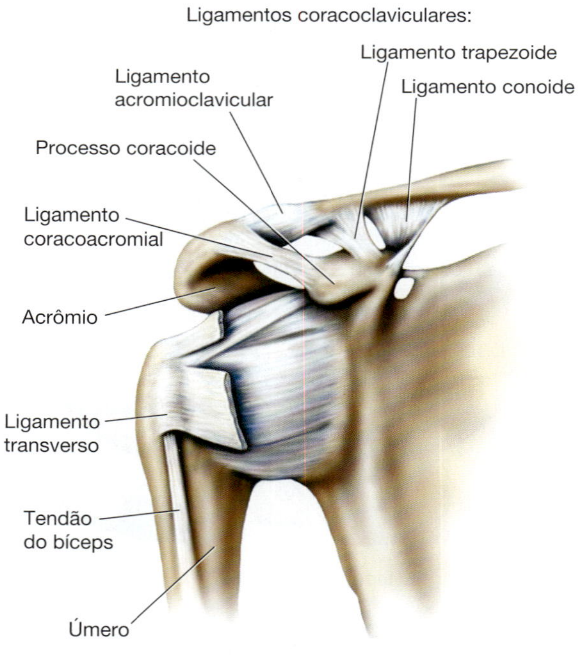

Figura 3.13 Vista anterior dos ligamentos acromioclavicular e coracoclavicular.

A articulação entre a extremidade lateral (acromial) da clavícula e a escápula é dividida em duas áreas distintas: a articulação AC e a **articulação coracoclavicular**. Descrevendo de modo simples, a extremidade lateral da clavícula articula-se com o acrômio e com o processo coracoide da escápula (Fig. 3.13).

Prática

Palpe a área na extremidade lateral da clavícula (Fig. 3.14). Você irá sentir e ver a proeminência formada pela articulação AC.

A articulação AC é aquela entre o acrômio da escápula e a extremidade acromial da clavícula. Há um tipo de movimento ligeiramente deslizante entre os dois ossos dessa articulação quando ocorre a elevação e a depressão da extremidade acromial da clavícula e do acrômio da escápula. O **ligamento acromioclavicular** funciona como a cápsula articular, ligando e circundando toda a extremidade lateral da clavícula e o acrômio da escápula.

Figura 3.14 Localização da articulação acromioclavicular.

A outra articulação da cintura escapular, a coracoclavicular, às vezes é considerada um componente da articulação AC e outras vezes é tratada como uma articulação separada. A articulação une a extremidade lateral (acromial) da clavícula e o processo coracoide da escápula. Dois ligamentos passam entre esse processo e a superfície inferior da clavícula. Esses ligamentos, o conoide e o trapezoide, muitas vezes são considerados um só, o **ligamento coracoclavicular**. Embora alguns estudiosos não considerem a articulação coracoclavicular uma articulação verdadeira, nela ocorre um pequeno movimento em todas as direções. O **ligamento trapezoide** é o componente mais lateral do ligamento coracoclavicular; liga o aspecto superior do processo coracoide da escápula à face anteroinferior da clavícula. Opõe-se ao movimento para frente, para cima e lateral da porção lateral da clavícula. O **ligamento conoide** é o componente medial do ligamento coracoclavicular; liga o aspecto superior do processo coracoide da escápula à face posteroinferior da clavícula. Opõe-se aos movimentos para trás, para cima e medial do aspecto lateral da clavícula. O ligamento coracoclavicular é um forte apoiador do ligamento acromioclavicular. A perda desses ligamentos resulta em luxação do membro superior do tronco.

Ligamentos da articulação do ombro

A articulação do ombro é aquela entre a cabeça do úmero e a cavidade glenoidal da escápula. Os **ligamentos** dessa articulação (Fig. 3.16) incluem o **capsular**, o **glenoumeral** (porções superior, inferior e média) e o **coracoumeral**. O ligamento capsular liga o colo anatômico do úmero à circunferência da cavidade glenoidal da escápula. Os ligamentos glenoumerais estão localizados abaixo da superfície anterior da cápsula articular e a reforçam. O **ligamento glenoumeral superior** corre entre a superfície

FOCO EM

Luxação do ombro

A entorse (laceração parcial ou completa) dos ligamentos acromioclavicular e coracoclavicular resulta em um intervalo visível entre a clavícula e escápula, uma ilustração clássica do que é conhecido como luxação do ombro (Fig. 3.15). Na verdade, a luxação consiste em uma ampliação do espaço entre a extremidade lateral da clavícula e o acrômio da escápula. O peso do membro superior muitas vezes revela essa lacuna quando a cintura escapular afetada é comparada com a não afetada. Quando encontrar o termo *luxação do ombro*, saiba que mais corretamente se refere à articulação acromioclavicular da cintura escapular.

A queda de uma árvore, um choque em um jogo de futebol, ser levado ao tatame em uma luta ou escorregar no gelo e cair sobre o ombro podem causar uma entorse da articulação AC. Para aprofundar o estudo relacionado a entorses, consulte livros de treinamento desportivo ou medicina esportiva e converse com treinadores e médicos especializados em medicina esportiva. O conhecimento da anatomia básica do ombro melhora sua capacidade de compreender a literatura e se comunicar com esses especialistas.

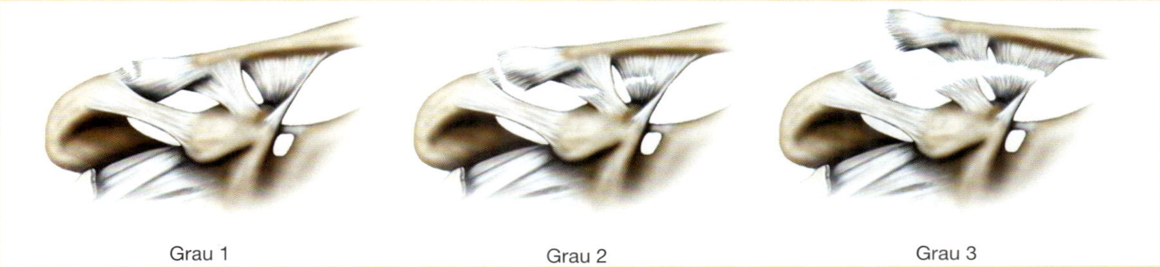

Figura 3.15 Luxação do ombro. Entorse dos ligamentos da articulação AC de grau 1 (leve), grau 2 (moderado) e grau 3 (grave), em decorrência de um trauma à articulação.

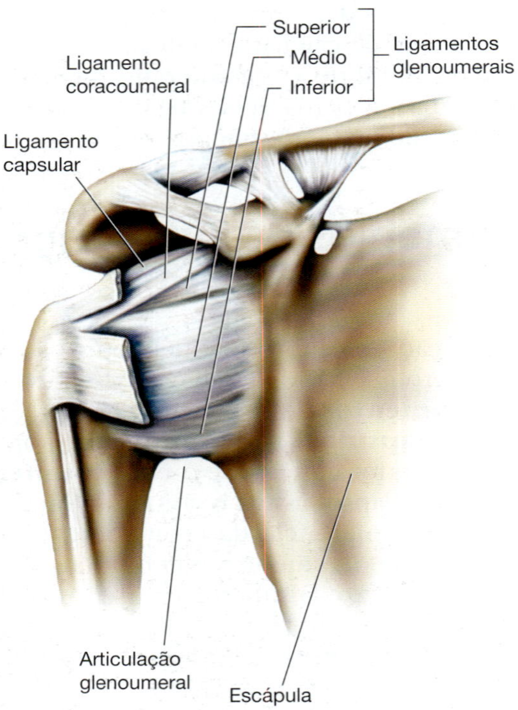

Figura 3.16 Ligamentos capsular, coracoumeral e glenoumeral.

superior do tubérculo menor do úmero e a borda superior da cavidade glenoidal da escápula. O **ligamento glenoumeral médio** corre entre a superfície anterior do tubérculo menor do úmero e a borda anterior da cavidade glenoidal da escápula. O **ligamento glenoumeral inferior** corre entre a superfície inferior anterior do tubérculo menor do úmero e a borda inferior anterior da cavidade glenoidal da escápula. O **ligamento coracoumeral** corre entre o colo anatômico do úmero, próximo do tubérculo maior, e a face lateral do processo coracoide da escápula.

Outros ligamentos do ombro

Além dos ligamentos da articulação do ombro e da cintura escapular, outros ligamentos do ombro incluem aqueles específicos da escápula e do úmero.

Ligamentos da escápula

Embora normalmente se imagine os ligamentos como estruturas que conectam ossos formando articulações, alguns vão de um aspecto de um osso a outro aspecto do mesmo osso, desempenhando outra função que não a formação de articulações. Quatro desses ligamentos são proeminentes na escápula (Fig. 3.17). O **ligamento transverso superior da escápula** cruza a incisura da escápula, convertendo a incisura em um forame pelo qual passa o nervo supraescapular. O **ligamento transverso inferior da escápula** cruza a **grande incisura da escápula** de uma ponta até a outra. Esse ligamento forma um túnel para a passagem do nervo supraescapular que inerva (estimula) o músculo infraespinal e os vasos sanguíneos transversos da escápula que irrigam esse músculo. O **ligamento coracoacromial** liga o processo coracoide e o acrômio da escápula. Embora seja um ligamento da escápula, ele limita o movimento para cima da cabeça do úmero. O **lábio glenoidal** (também conhecido como o labruma glenoidal) (Fig. 3.18), é um ligamento que forma uma borda em torno de toda a circunferência da cavidade glenoidal da escápula. Ele ajuda a

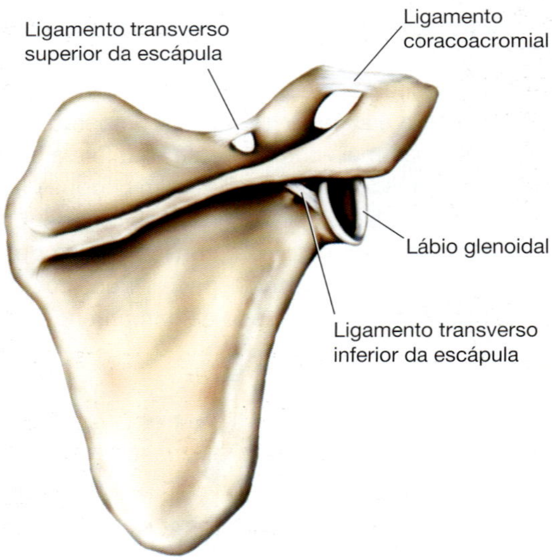

Figura 3.17 Ligamentos transversos da escápula superior e inferior, ligamento coracoacromial e lábio glenoidal.

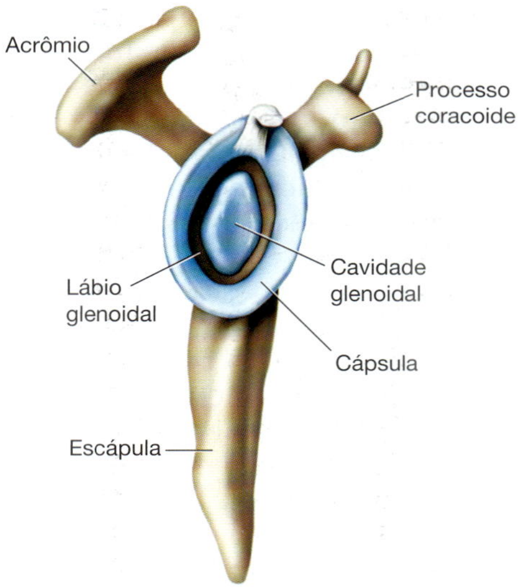

Figura 3.18 Lábio glenoidal.

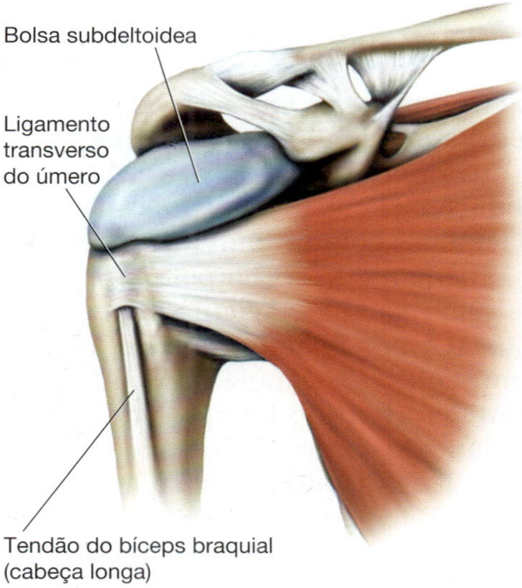

Figura 3.19 Ligamento transverso do úmero.

aprofundar a cavidade glenoidal para receber a cabeça do úmero, melhorando a estabilidade da articulação do ombro.

Ligamento do úmero

Na superfície anterior da extremidade proximal do úmero, duas estruturas foram discutidas: os tubérculos maior e menor. Também foi mencionado o **sulco intertubercular** formado entre essas estruturas. Cruzando esse sulco está um ligamento conhecido como **ligamento transverso do úmero** (Fig. 3.19). Esse ligamento tem uma função: manter o tendão de origem da cabeça longa do músculo bíceps braquial nesse sulco.

Movimentos fundamentais e músculos da cintura escapular

Neste capítulo e em todos os capítulos seguintes, os movimentos fundamentais que envolvem a área anatômica em discussão são introduzidos primeiro. É apresentada, então, uma discussão sobre os músculos envolvidos nos movimentos.

Movimentos da cintura escapular

A cintura escapular têm a finalidade principal de acomodar o movimento da articulação do ombro pela mudança de posição da cavidade glenoidal da escápula. Apesar de antes ter sido afirmado que os movimentos fundamentais são aqueles restritos a um único plano em torno de um único eixo, a cintura escapular é uma exceção. Lembre-se de que a posição inicial para a descrição de todos os movimentos fundamentais de qualquer articulação é a anatômica. Há quatro movimentos fundamentais da cintura escapular: **elevação**, **depressão**, **abdução** e **adução**. Em razão da relação entre a clavícula e a escápula e entre a escápula e o tórax, no qual a cintura escapular está posicionada, o movimento exclusivamente em um plano em torno de um eixo não é sempre possível. Os movimentos fundamentais da cintura escapular são descritos em relação à direção em que a escápula se move.

A elevação da cintura escapular é definida como um movimento superior (para cima) da escápula no plano frontal (Fig. 3.20).

A depressão da cintura escapular pode ser descrita como o movimento inferior (para baixo) da escápula no plano frontal (Fig. 3.21), mas seria definida de forma mais correta como retorno de elevação. Devido à posição anatômica inicial, a depressão da cintura escapular não é possível. A contração excêntrica (alongamento) dos músculos que se contraem concentricamente (encurtam) para promover a elevação da cintura escapular resulta em depressão da mesma (retorno à posição anatômica).

A abdução da cintura escapular não pode ser definida apenas como o movimento para longe da linha mediana do corpo pela escápula. Uma vez que está ligada à clavícula (no nível da articulação AC) por ligamentos e ao **tórax** pelo tecido muscular, a escápula não pode mover-se puramente em sentido lateral para longe da linha mediana do corpo. Ela deve rodar em torno da extremidade distal da clavícula (no nível da articulação AC) e inclinar-se conforme desliza ao longo do tórax. Assim, a abdução da cintura escapular é definida de maneira mais precisa como **rotação superior** e **inclinação lateral** da escápula (Fig. 3.22). A rotação para cima é definida como o movimento ascendente da cavidade glenoidal da escápula, que acomoda o movimento da articulação do ombro. Além disso, a escápula inclina-se lateralmente conforme desliza ao longo da curvatura do tórax. Esse movimento, quando realizado por ambas as escápulas, é também chamado de **protração**. Abraçar alguém, colocando os braços em torno dessa pessoa, exige que ambas as cinturas escapulares se protraiam.

A adução da cintura escapular não pode ser definida apenas como o movimento em direção à linha mediana do corpo pela escápula. Novamente, visto estar ligada à clavícula (no nível da articulação AC) por ligamentos e ao tórax por tecido muscular, a escápula não pode mover-se puramente no sentido medial em direção à linha mediana do corpo. Ela gira em torno da extremidade distal da clavícula (no nível da articulação AC) e inclinam-se à medida que desliza ao longo do tórax. Assim, a adução da cintura escapular é mais bem definida como **rotação inferior** e **inclinação medial** da escápula (Fig. 3.23). A rotação para baixo é definida como o movimento

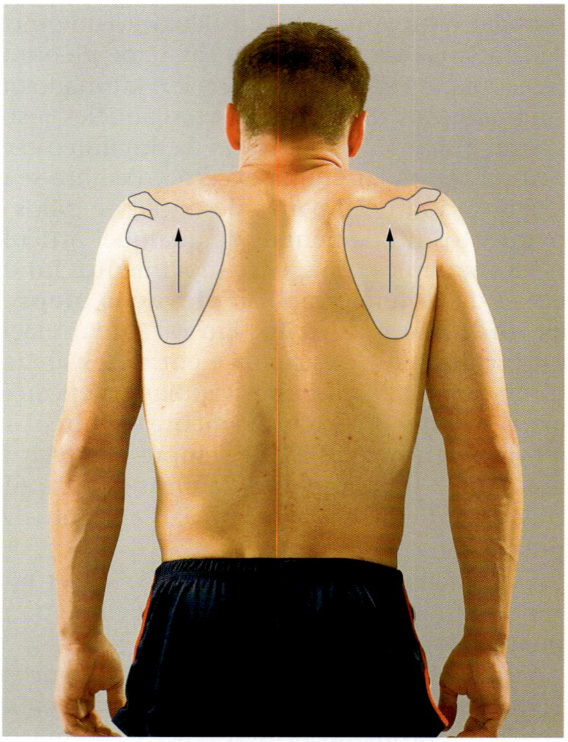

Figura 3.20 Elevação da escápula.

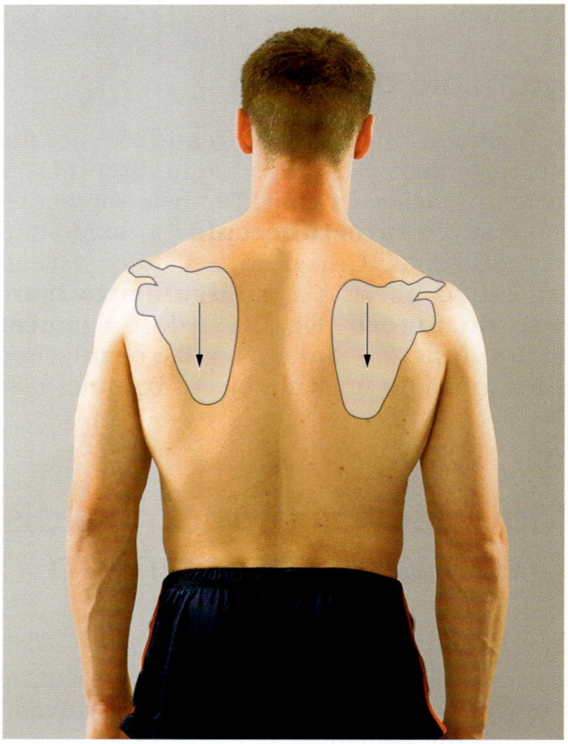

Figura 3.21 Depressão da escápula.

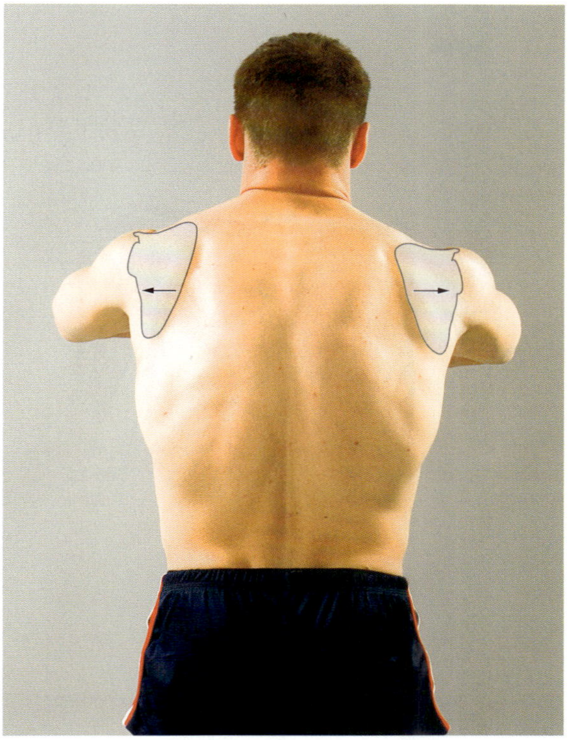

Figura 3.22 Abdução da escápula.

para baixo da cavidade glenoidal da escápula que acomoda o movimento da articulação do ombro. Ainda, a escápula inclina-se em sentido medial conforme desliza ao longo da curvatura do tórax. Esse movimento, quando realizado por ambas as escápulas, também é chamado de **retração**. Trazer os ombros para trás, como quando em posição de sentido, exige que ambas as cinturas escapulares sejam retraídas.

Músculos anteriores da cintura escapular

Seis músculos estão primariamente envolvidos na produção dos movimentos fundamentais da cintura escapular. Do ponto de vista anatômico, três estão anteriores aos ossos da cintura escapular e três estão posteriores a eles. Os músculos anteriores incluem o peitoral menor, o serrátil anterior e o subclávio.

- **Peitoral menor.** O músculo peitoral menor origina-se a partir da terceira, quarta e quinta costelas e insere-se no processo coracoide da escápula (Fig. 3.24). Uma vez que as costelas são as inserções mais estáveis, a contração do peitoral menor resulta em tração do processo coracoide da escápula em direção às costelas

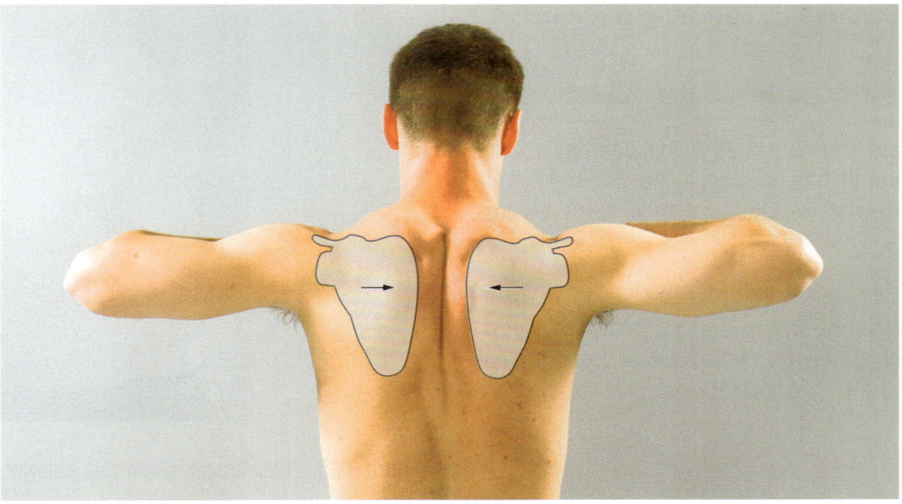

Figura 3.23 Adução da escápula.

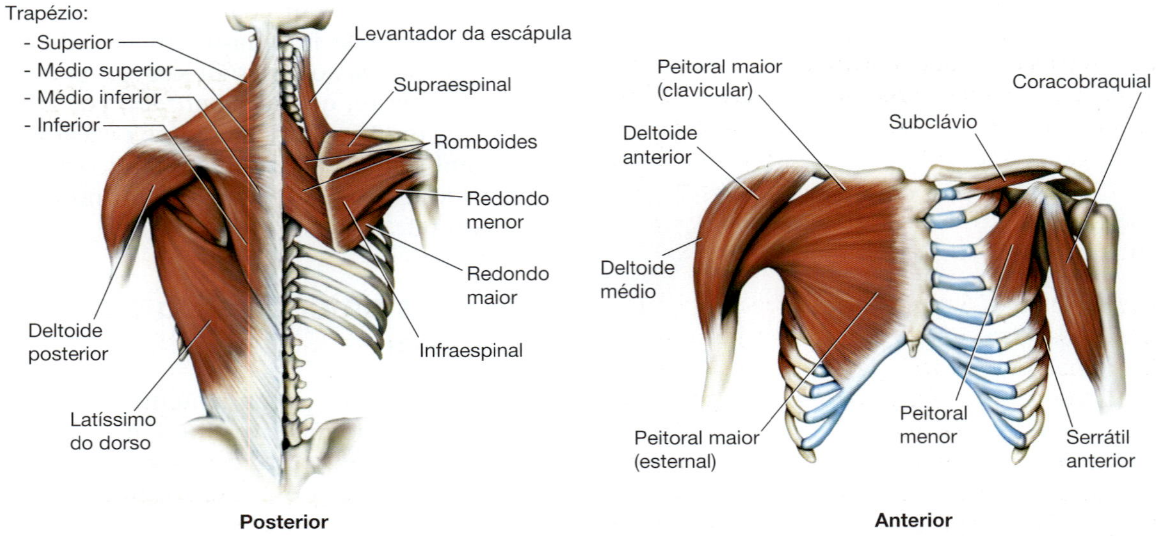

Figura 3.24 Músculos que atuam na escápula e no úmero.

(rotação para baixo da cintura escapular, ou adução).

- **Serrátil anterior.** Originando-se dos aspectos lateroanteriores das nove costelas superiores, o serrátil anterior insere-se na superfície anterior da borda medial da escápula (Fig. 3.24). Visto que a inserção mais estável do serrátil anterior se dá nas costelas, a contração do músculo resulta em abdução (rotação superior e inclinação lateral) da cintura escapular.

Prática

Peça a seu colega que levante o braço acima da cabeça, colocando a mão na parte de trás da cabeça (Fig. 3.25). O serrátil anterior deve estar bem visível lateralmente ao longo das costelas.

- **Subclávio.** O subclávio origina-se na primeira costela e insere-se em seu sulco na clavícula. Sua principal função é ajudar os ligamentos da articulação EC a fornecer-lhe estabilidade (Fig. 3.24).

Músculos posteriores da cintura escapular

Os músculos posteriores da cintura escapular incluem o levantador da escápula, os romboides e o trapézio (Fig. 3.24).

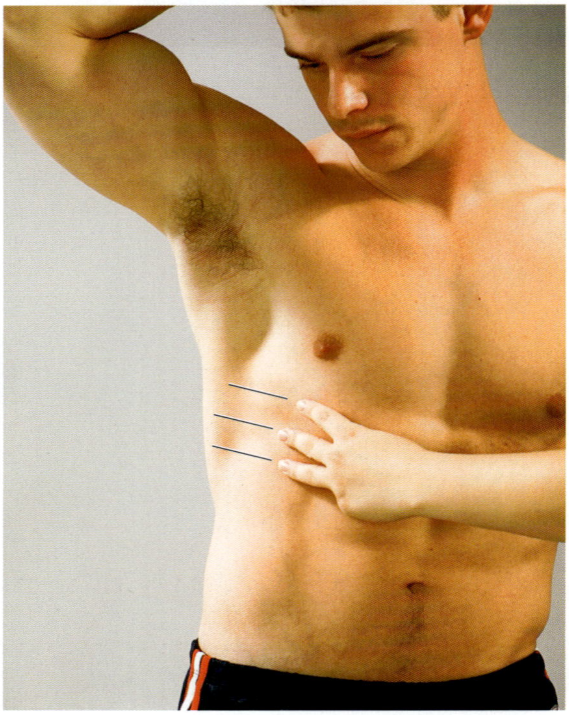

Figura 3.25 Localização do serrátil anterior.

- **Levantador da escápula.** O nome deste músculo é inspirado em sua função de levantar a escápula. Sua origem está nos processos transversos das quatro primeiras vértebras cervicais, e ele insere-se na parte superior da borda medial da escápula. Visto as inserções cervicais desse músculo serem as mais estáveis, a contração do levantador da escápula resulta em elevação (rotação para baixo e adução) da cintura escapular.
- **Romboides.** Estes são, na verdade, dois músculos (maior e menor) que geralmente são considerados um porque desempenham a mesma função. Originam-se nos processos espinhosos da sétima vértebra cervical até a quinta vértebra torácica e inserem-se na borda medial da escápula. Uma vez que as inserções nos processos espinhosos são as mais estáveis, a contração dos romboides resulta em elevação e adução (rotação para baixo) da cintura escapular.
- **Trapézio.** Este músculo grande e triangular tem origem na protuberância occipital externa na base do crânio e nos processos espinhosos de todas as **vértebras** cervicais e **torácicas** e se insere na espinha da escápula e na superfície posterior da clavícula. Devido ao tamanho do músculo, ao variado ângulo de suas fibras e a suas diversas funções, a discussão da ação do músculo normalmente o divide em quatro porções separadas (média, média superior, média inferior e inferior). As fibras superiores do trapézio desempenham funções elevação e de (rotação para cima) da cintura escapular. As fibras médias superiores do trapézio também auxiliam na elevação da cintura escapular, mas atuam em maior grau na adução da cintura escapular. Suas fibras médias inferiores atuam quase exclusivamente na adução da cintura escapular. Suas fibras inferiores, em razão do ângulo em que se encontram a partir da coluna torácica até a espinha da escápula, contribuem para a abdução (rotação para cima) da cintura escapular.

Prática

Em seu colega, localize as quatro porções do músculo trapézio (Fig. 3.26).

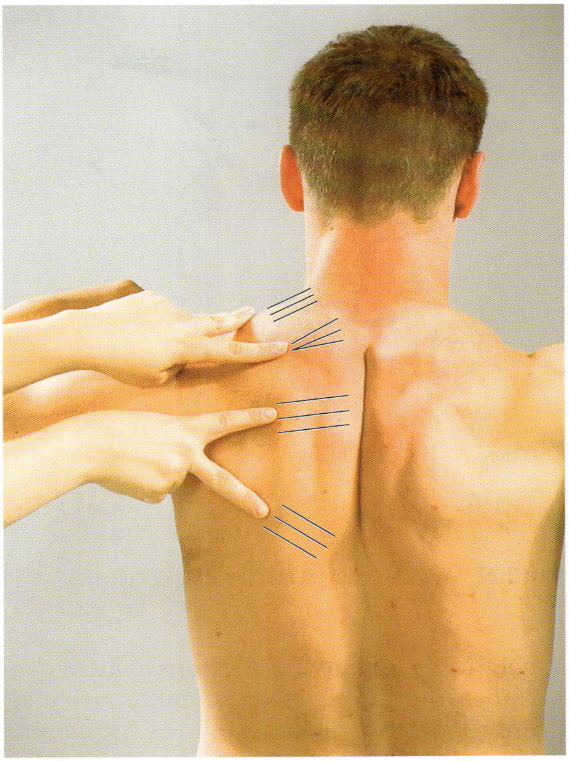

Figura 3.26 Localização das quatro partes do trapézio.

Movimentos fundamentais e músculos da articulação do ombro

Primeiro, observam-se os movimentos fundamentais da articulação do ombro e depois analisam-se os músculos responsáveis por esses movimentos.

Movimentos da articulação do ombro

A articulação do ombro (GU) (Fig. 3.27) é classificada como uma articulação triaxial porque é capaz de realizar movimento nos três planos: flexão (movimento anterior do braço) e extensão (retorno da flexão) no plano sagital em torno de um eixo frontal; abdução (movimento para longe da linha mediana do corpo) e adução (movimento em direção à linha mediana do corpo) no plano frontal em torno de um eixo horizontal sagital; e rotação medial (para dentro) e lateral (para fora) no plano horizontal em torno de um eixo longi-

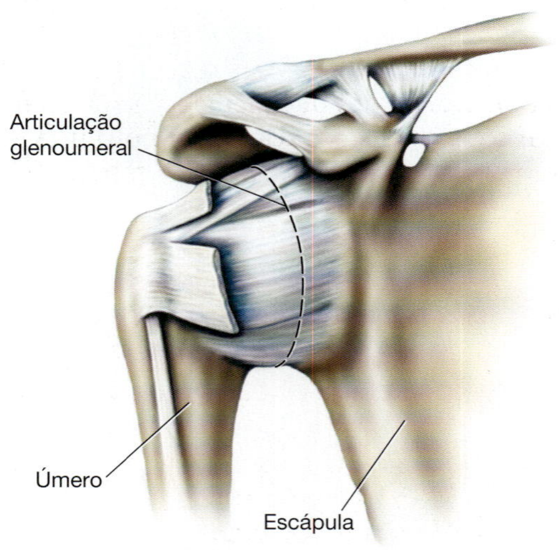

Figura 3.27 Vista anterior da articulação glenoumeral.

tudinal. A hiperextensão é a extensão além da posição anatômica. Visto ser triaxial, a articulação do ombro é capaz de combinar os movimentos fundamentais para produzir **circundução**. Onze principais músculos atuam para realizar os seis movimentos fundamentais da articulação do ombro: quatro anteriores, dois superiores, dois posteriores e três inferiores à articulação.

Músculos anteriores da articulação do ombro

Os músculos a seguir estão localizados na face anterior da articulação do ombro.

- **Peitoral maior.** O músculo peitoral maior tem origem na segunda à sexta costelas, no esterno e na metade medial da clavícula; insere-se na região anterior do colo cirúrgico do úmero, distalmente ao tubérculo maior (Fig. 3.24). A porção superior do músculo muitas vezes é chamada de porção clavicular, enquanto a inferior recebe o nome de porção esternal. A contração do músculo peitoral maior produz flexão, adução e rotação medial da articulação do ombro.

Prática

Localize o músculo peitoral maior de seu parceiro usando a Figura 3.28 como guia.

- **Coracobraquial.** O coracobraquial origina-se no processo coracoide da escápula (onde o tendão de origem é conjugado com o tendão de origem da cabeça curta do músculo bíceps braquial) e se insere na metade medial do úmero, opostamente à tuberosidade do deltoide na face lateral (Figs. 3.24 e 3.29). O coracobraquial flexiona a articulação do ombro e, devido a seu ângulo de tração, auxilia na adução da articulação.

Prática

Peça a seu colega que coloque o braço em um ângulo reto com o corpo (abdução) enquanto você palpa o músculo coracobraquial (Fig. 3.30).

Figura 3.28 Localização do peitoral maior.

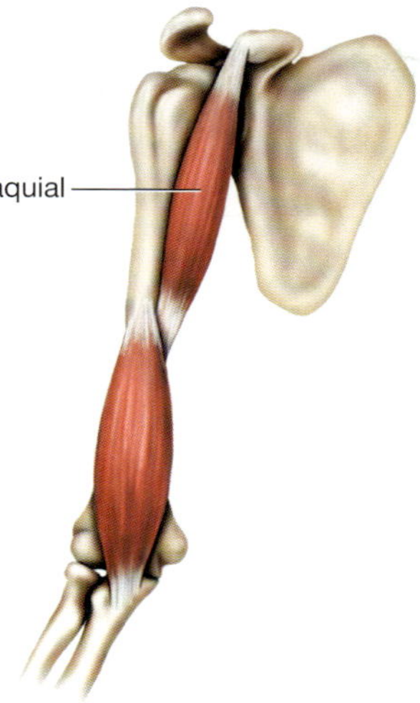

Figura 3.29 Vista anterior do coracobraquial.

- **Bíceps braquial.** Embora o bíceps braquial seja frequentemente considerado um flexor do cotovelo (Fig. 3.31), tanto o tendão da cabeça longa quanto da cabeça curta desse músculo cruzam a articulação do ombro. A cabeça longa tem origem no tubérculo supraglenoidal, na borda superior da cavidade glenoidal da escápula; a cabeça curta origina-se no processo coracoide da escápula (e é conjugada com o tendão de origem do coracobraquial). Ambas as cabeças se combinam para formar o ventre do músculo e se inserirem na tuberosidade do **rádio**, que é um dos dois ossos do antebraço. As ações produzidas pela contração do músculo na articulação do ombro incluem flexão e abdução pelo tendão da cabeça longa e flexão, adução e rotação medial do tendão da cabeça curta.

- **Subescapular.** O músculo subescapular (Fig. 3.31) situa-se sobre a superfície anterior da escápula, entre ela e o tórax. Origina-se na grande fossa subescapular, na superfície anterior da escápula, e insere-se no tubérculo menor do úmero. Quando se contrai, produz rotação medial e flexão na articulação do ombro. Esse músculo é um dos quatro envolvidos na articulação do ombro que se insere em uma estrutura musculotendínea muitas vezes chamada de **manguito rotador** (discutido mais adiante neste capítulo).

Músculos superiores da articulação do ombro

Os músculos a seguir encontram-se na superfície superior da articulação do ombro.

- **Deltoide.** O deltoide é um músculo muito grande, composto por três partes: clavicular, acromial e espinal (Fig. 3.24). Ele recobre a

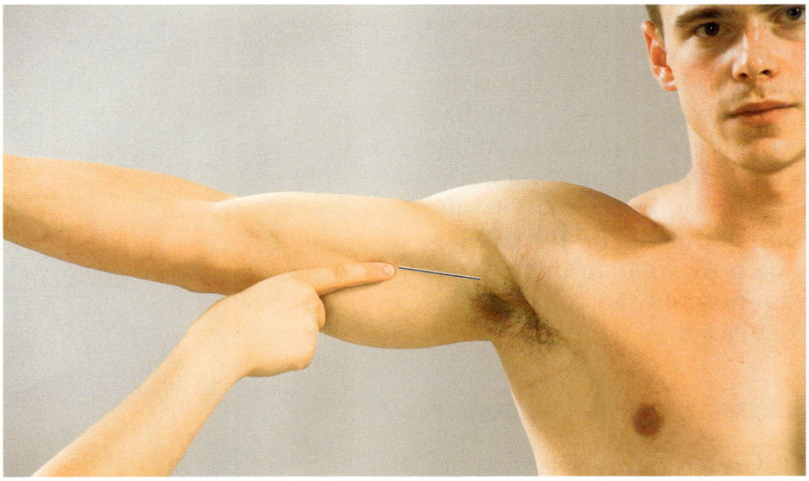

Figura 3.30 Localização do coracobraquial.

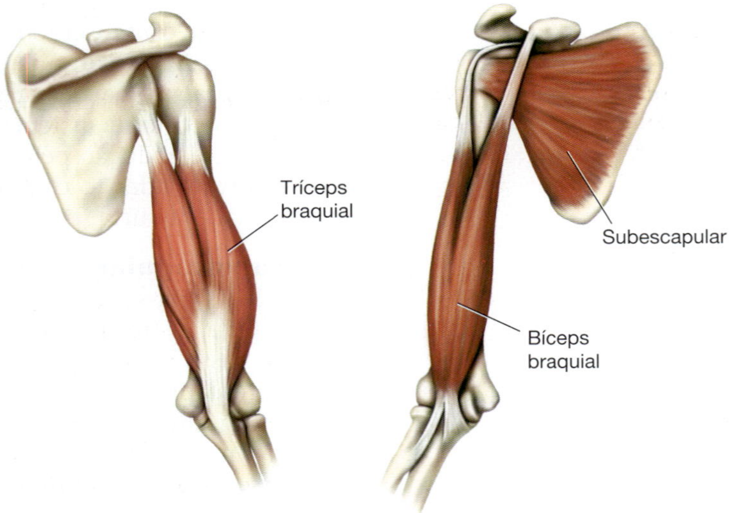

Figura 3.31 Vistas anterior e posterior dos dois músculos superficiais da articulação do ombro e do músculo subescapular.

articulação do ombro, por isso muitas vezes é chamado de capa do ombro. As fibras anteriores (claviculares) originam-se da porção lateral do aspecto anterior da clavícula; as médias (acromiais) têm origem da borda lateral do acrômio da escápula; e as posteriores (espinais) surgem da borda inferior da espinha da escápula. Todas as três porções se combinam para a inserção na tuberosidade do músculo deltoide na superfície lateral do meio do úmero. A contração do músculo deltoide como um todo resulta em abdução da articulação do ombro; a contração isolada da porção posterior resulta em extensão e rotação lateral; a contração isolada das fibras anteriores resulta em flexão e rotação medial. Normalmente, considera-se que suas fibras médias estejam envolvidas apenas na abdução da articulação do ombro. Uma vez que o braço tenha sido abduzido até o nível horizontal a partir da posição anatômica, todas as três porções do músculo são consideradas abdutoras da articulação.

Prática

Peça a seu colega que abduza o braço, de preferência com alguma forma de resistência, como ao segurar um livro ou um peso, à medida que você localiza todas as três porções do músculo deltoide (Fig. 3.32).

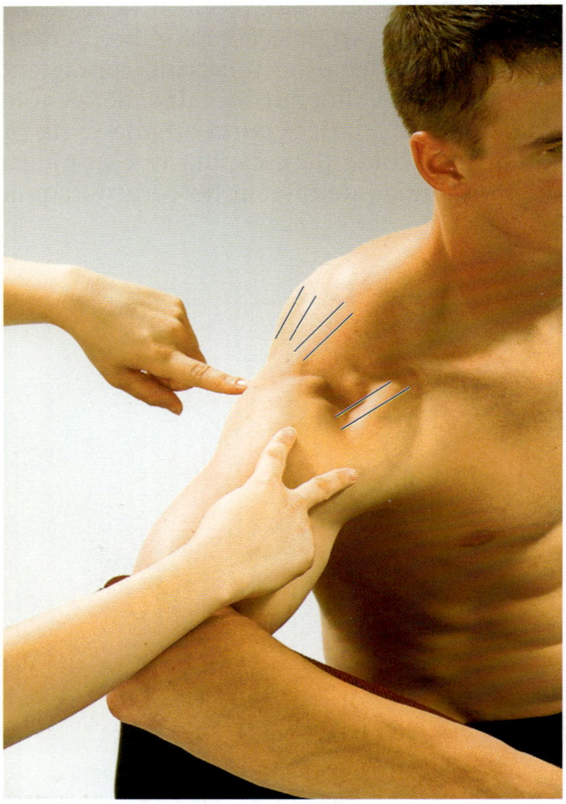

Figura 3.32 Localização do deltoide.

- **Supraespinal.** Localizado abaixo do músculo deltoide, o músculo supraespinal (Fig. 3.33) deriva da fossa supraespinal da escápula e insere-se na faceta proximal do tubérculo maior do úmero. Ele abduz a articulação do ombro. Embora se contraia em toda a amplitude de abdução, é considerado o iniciador primário da abdução até aproximadamente 30° do movimento, quando o músculo deltoide assume a função de abdutor principal. O supraespinal é também um dos músculos do manguito rotador.

Músculos posteriores da articulação do ombro

Os músculos a seguir encontram-se no aspecto posterior da articulação do ombro.

- **Infraespinal.** O músculo infraespinal (Fig. 3.33) recebe esse nome em decorrência da estrutura anatômica em que se origina: a fossa infraespinal, sob a superfície inferior da espinha da escápula. Ele insere-se na faceta média do tubérculo maior do úmero. A contração do infraespinal produz rotação lateral e extensão da articulação do ombro. Esse músculo também faz parte do manguito rotador.

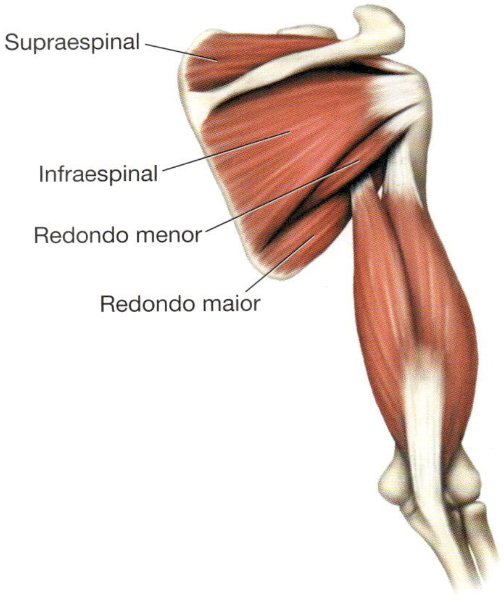

Figura 3.33 Vista posterior dos músculos supraespinal, infraespinal, redondo menor e redondo maior.

Prática

Coloque a articulação do ombro de seu colega em abdução, rotação externa e extensão, e localize o músculo infraespinal (Fig. 3.34).

- **Redondo menor.** O músculo redondo menor muitas vezes é analisado em conjunto com o infraespinal porque compartilham a mesma função. O redondo menor (Fig. 3.33) tem origem nas partes superior e média da borda lateral da escápula e insere-se na faceta distal do tubérculo maior do úmero. A contração do músculo redondo menor, como a do músculo infraespinal, produz rotação lateral e extensão da articulação do ombro. Esse músculo também compõe o manguito rotador da articulação do ombro.

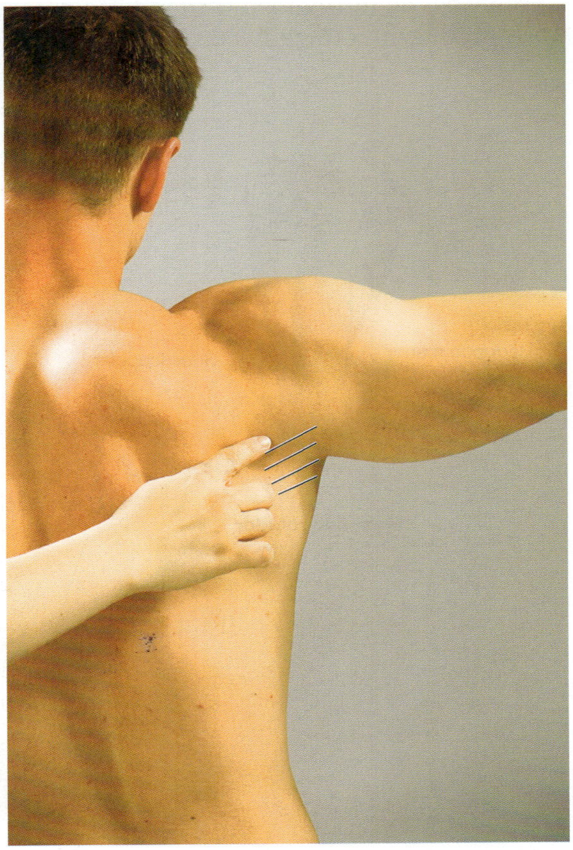

Figura 3.34 Localização do infraespinal e do redondo menor.

Prática

Coloque a articulação do ombro de seu colega em abdução, rotação externa e extensão, e, em seguida, localize o músculo redondo menor (Fig. 3.34).

Manguito rotador

Quatro dos músculos da articulação do ombro inserem-se em uma estrutura musculotendínea que vai de um lado a outro das facetas localizadas nos tubérculos maior e menor do úmero. Essa estrutura em geral é chamada de manguito rotador (Fig. 3.35). Foram apresentados os movimentos produzidos na articulação do ombro por esses quatro músculos (subescapular, supraespinal, infraespinal e redondo menor), mas eles também são responsáveis por manter a estabilidade da articulação do ombro, o que é particularmente necessário porque a cavidade dessa articulação em cabeça concavidade é muito superficial e, portanto, proporciona pouca estabilidade. Em uma ação como o arremesso, os músculos do manguito rotador não só produzem a força necessária para o movimento, mas também desaceleram a força produzida. Em outras palavras, as ações dos músculos do manguito rotador na verdade impedem que todo o membro superior siga o objeto lançado mantendo a cabeça do úmero na cavidade glenoidal.

FOCO EM

Manguito rotador

Entender a ação do manguito rotador torna mais fácil compreender por que algumas pessoas envolvidas em atividades repetitivas de arremesso (p. ex., arremessadores, *quarterbacks*) desenvolvem problemas nessa estrutura. Os músculos não só produzem a força necessária para a atividade de arremesso ao contraírem-se concentricamente (encurtamento), mas também aplicam uma ação de travamento pela contração excêntrica (alongamento) para impedir que o membro superior "saia do corpo" dissipando a força que foi produzida.

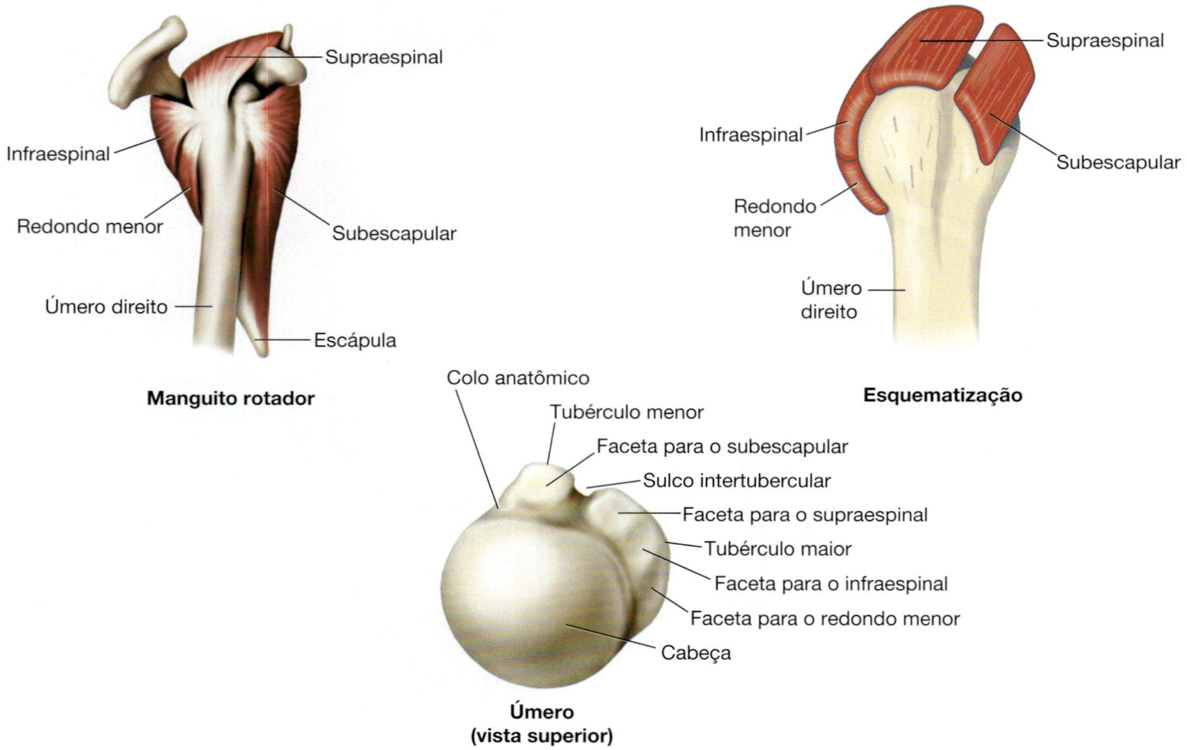

Figura 3.35 Inserções umerais dos quatro músculos do manguito rotador.

Músculos inferiores

Os músculos a seguir cruzam inferiormente a articulação do ombro (por baixo).

- **Latíssimo do dorso.** Este vasto músculo das costas (Fig. 3.24), origina-se nos processos espinhosos das seis vértebras torácicas inferiores e em todas as cinco **vértebras lombares**, na parte posterior do **ílio** (Cap. 8), nas três costelas inferiores e no ângulo inferior da escápula; passa sob a axila e se insere na borda do sulco intertubercular, na face anterior do úmero. A contração desse músculo produz rotação medial, extensão e adução da articulação do ombro.

Prática

Coloque o braço de seu colega na posição de rotação lateral e abdução, e localize o músculo latíssimo do dorso (Fig. 3.36).

> **FOCO EM**
>
> **Latíssimo do dorso**
>
> Se for considerada a braçada do estilo *crawl* na natação, é possivel observar que mover o braço na água exige força nos músculos que rodam internamente, estendem e aduzem a articulação do ombro: o latíssimo do dorso. O aparelho multiestação, que há na sala de musculação de toda equipe de natação, é usado para aumentar a força do músculo que alguns chamam de "o músculo da natação".

- **Redondo maior.** Este músculo (Fig. 3.33) tem origem na parte inferior da borda lateral da escápula e de seu ângulo inferior, cruza por baixo da axila e insere-se na área ligeiramente inferior ao tubérculo menor do úmero. Sua contração produz a mesma ação que a do latíssimo do dorso: rotação medial, extensão e

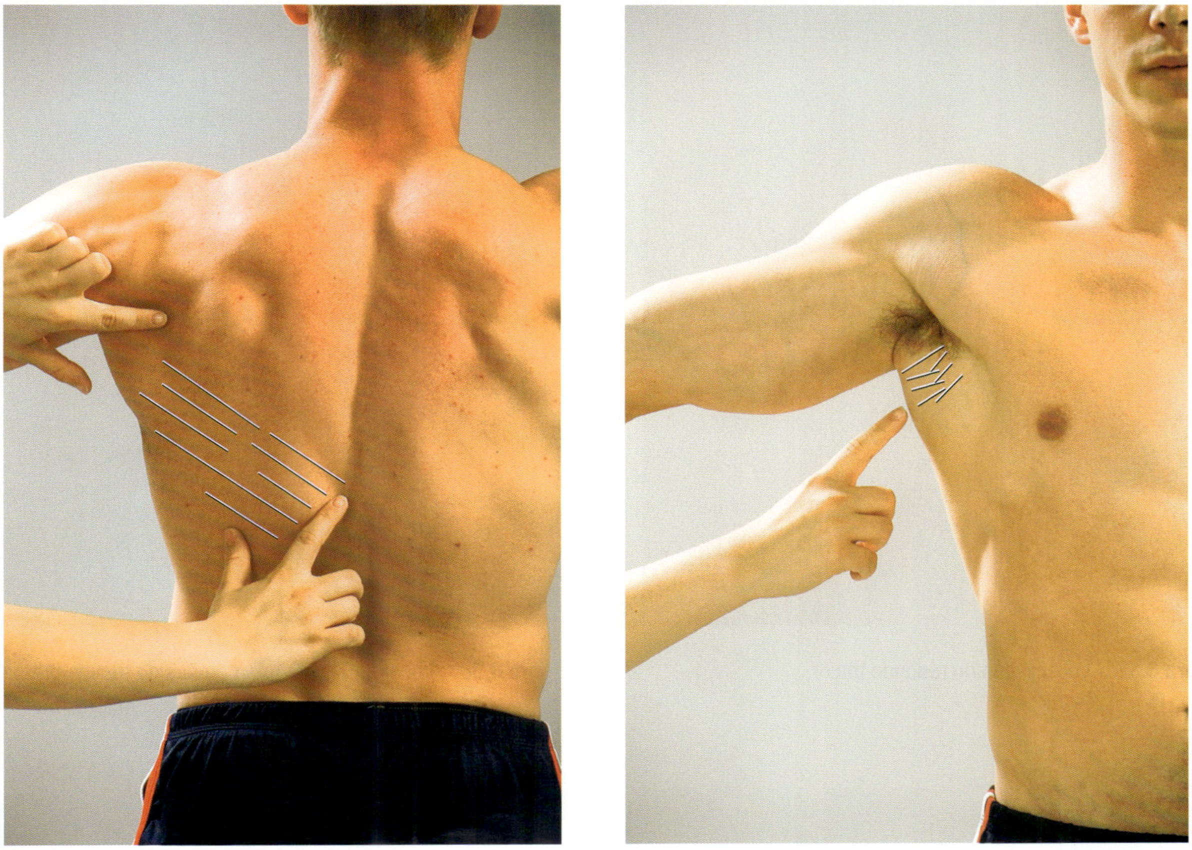

Figura 3.36 Localização do latíssimo do dorso.

adução da articulação do ombro. Como a ação desses dois músculos é idêntica, o redondo maior muitas vezes é chamado de "pequeno ajudante" do latíssimo do dorso.

Prática

Colocando o braço de seu colega na posição de abdução, observe o aspecto posterior da articulação do ombro e localize o músculo redondo maior (Fig. 3.37).

- **Tríceps braquial.** Embora o tríceps braquial esteja mais frequentemente associado à ação da articulação do cotovelo, uma de suas três cabeças tendíneas atravessa a articulação do ombro e auxilia em seu movimento (Fig. 3.31). Dos tendões de origem das cabeças curta, longa e medial do tríceps braquial, a cabeça longa procede do tubérculo infraglenoidal do lábio glenoidal da escápula e une-se às cabeças curta e medial para inserção, por um tendão comum, no olécrano da **ulna**, um dos dois ossos do antebraço. A contração da cabeça longa do tríceps braquial auxilia na extensão e adução da articulação do ombro.

Prática

Em si mesmo ou em um colega, localize todas as três partes do músculo tríceps braquial (Fig. 3.38).

Ações combinadas da cintura escapular e da articulação do ombro

Cada ação da articulação do ombro (flexão, extensão, abdução, adução, rotações medial e lateral) possui certos graus de movimento. Quando algum

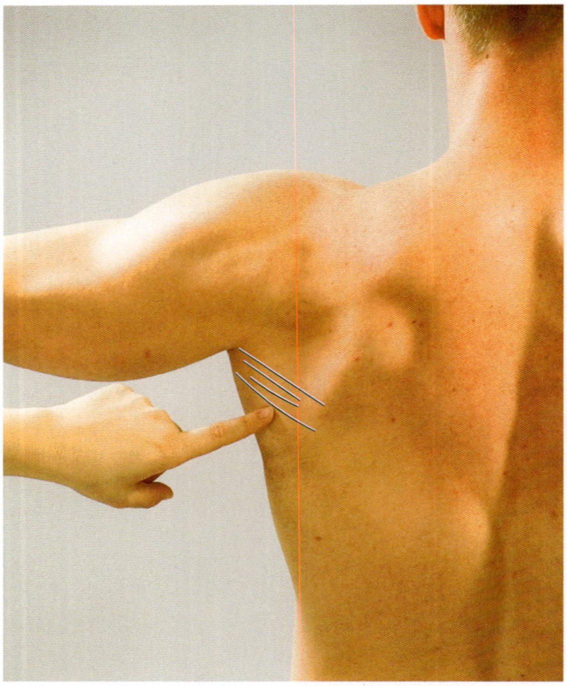

Figura 3.37 Localização do redondo maior.

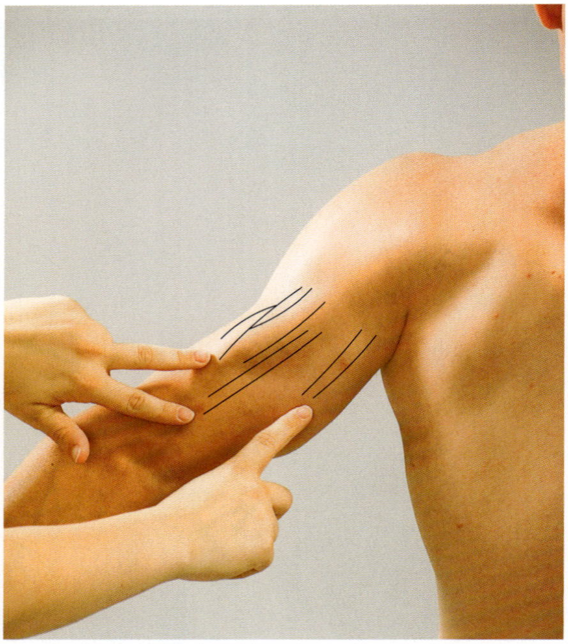

Figura 3.38 Localização das três porções do tríceps braquial.

FOCO EM

Articulação glenoumeral

A **luxação** de qualquer articulação normalmente resulta em entorse grave dos ligamentos e estiramento dos músculos que a cruzam. A seguir, estão três das luxações mais comuns da articulação glenoumeral.

O movimento excessivo em qualquer articulação pode resultar em imposição de tensão às estruturas ligamentares que unem os ossos que a formam. Conforme já foi observado em relação à articulação AC da cintura escapular, uma entorse de um ligamento consiste em sua ruptura parcial ou completa. Se os ligamentos de uma articulação forem interrompidos até o ponto em que os ossos da articulação efetivamente se desloquem, ocorre uma luxação. As luxações da articulação glenoumeral não são incomuns. Os três modos mais observados são as luxações anterior (subcoracoide), posterior (subespinal) e inferior (subglenoidal) (Fig. 3.39).

A luxação anterior é a forma mais comum de luxação do ombro, em geral resultante da abdução excessiva e rotação medial da articulação do ombro. A cabeça do úmero desloca-se anteriormente da cavidade glenoidal da escápula e permanece em posição anterior à glenoide, logo abaixo do processo coracoide da escápula (o que explica o nome luxação subcoracoide). Um segundo modo de luxação da articulação do ombro é a posterior (subespinal), que pode resultar de uma rotação lateral e adução excessiva dessa articulação. A cabeça do úmero desloca-se na região posterior da cavidade glenoidal da escápula e permanece em posição posterior à glenoide, logo abaixo da espinha da escápula (o que explica o nome luxação subespinal). O terceiro modo de luxação nessa articulação é conhecido como luxação inferior (subglenoidal), que pode resultar da abdução excessiva da articulação do ombro, com o úmero contíguo ao acrômio da escápula e a cabeça do úmero sendo forçada para baixo (subglenoidal), sob a borda inferior da cavidade glenoidal da escápula.

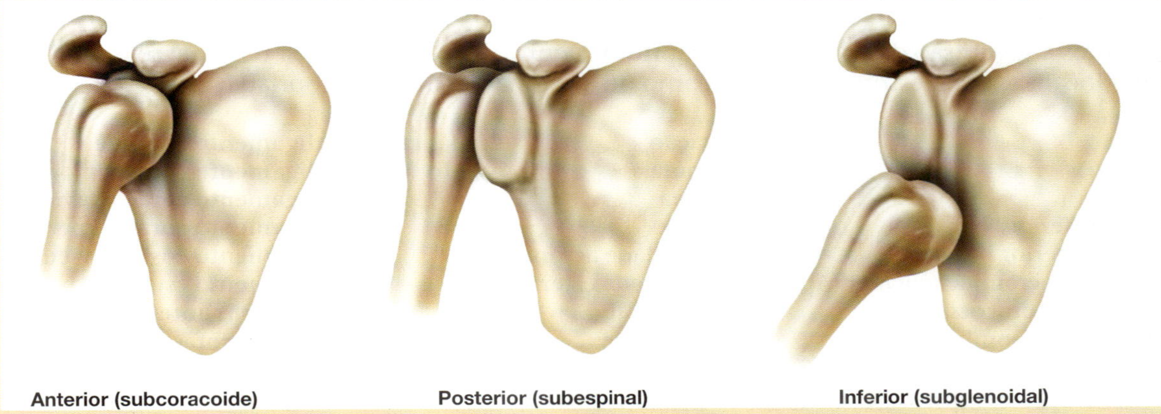

Figura 3.39 Luxação glenoumeral anterior (subcoracoide), posterior (subespinal) e inferior (subglenoidal).

movimento específico dessa articulação atinge seu ponto máximo, para se mover mais nessa direção, a cavidade glenoidal da escápula deve mudar sua posição para acomodar a movimentação adicional do úmero. A cintura escapular facilita uma maior amplitude de movimento em todos os movimentos fundamentais da articulação do ombro pela alteração na posição da glenoide. Isso é conseguido pelo movimento da escápula sobre o tórax (ao longo das **costelas**) por meio do movimento nas articulações AC e EC. O principal exemplo dessa relação é chamado de **ritmo escapuloumeral**. Embora a abdução inicial da articulação do ombro seja atribuída apenas à ação da articulação GU (aproximadamente 120° de abdução), a combinação da abdução dessa articulação e da rotação da escápula resulta em cerca de 180° de abdução do ombro. A amplitude de movimento em geral aceita entre a articulação GU e a escápula (movimento escapulotorácico) é que a cada 2° de abdução da articulação GU, a escápula gira 1°.

Conforme ocorre na abdução da articulação do ombro, a escápula se move a fim de posicionar a glenoide para acomodar todos os outros movimentos fundamentais dessa articulação. Observe essa cooperação entre os movimentos articulares da cintura escapular e do ombro com as atividades de aprendizagem sugeridas no final do capítulo.

DICAS DE APRENDIZAGEM

REVISÃO DA TERMINOLOGIA

Os termos a seguir são discutidos neste capítulo. Definir ou descrever cada termo e, se for o caso, identificar a localização da estrutura em seu corpo ou em uma ilustração apropriada.

abdução
acrômio
adução
ângulo inferior
ângulo superior
articulação acromioclavicular (AC)
articulação coracoclavicular
articulação do ombro
articulação esternoclavicular (EC)
articulação glenoumeral (GU)
bíceps braquial
borda lateral
borda medial
borda superior
cabeça do úmero
cavidade glenoidal
cintura escapular
circundução
clavícula
colo anatômico
colo cirúrgico
coracobraquial
costela
deltoide
depressão
disco articular
elevação
escápula
espinha
esterno
extremidade acromial
extremidade esternal
faceta distal
faceta média
faceta proximal
fossa infraespinal
fossa subescapular
fossa supraespinal
grande incisura da escápula
ílio
impressão do ligamento costoclavicular
incisura clavicular
incisura da escápula
inclinação lateral
inclinação medial
infraespinal
lábio glenoidal
latíssimo do dorso
levantador da escápula
ligamento acromioclavicular
ligamento capsular
ligamento conoide
ligamento coracoacromial
ligamento coracoclavicular
ligamento coracoumeral
ligamento costoclavicular
ligamento esternoclavicular (fibras anteriores, posteriores e superiores)
ligamento glenoumeral
ligamento glenoumeral inferior
ligamento glenoumeral médio
ligamento glenoumeral superior
ligamento interclavicular
ligamento transverso do úmero
ligamento transverso inferior da escápula
ligamento transverso superior da escápula
ligamento trapezoide
linha trapezoidea
luxação
manguito rotador
peitoral maior
peitoral menor
processo coracoide
protração

rádio
redondo maior
redondo menor
retração
ritmo escapuloumeral
romboides
rotação inferior
rotação superior
serrátil anterior
subclávio
subescapular
sulco do músculo subclávio
sulco intertubercular
supraespinal
tórax
trapézio
tríceps braquial
tubérculo conoide
tubérculo do deltoide
tubérculo infraglenoidal
tubérculo maior
tubérculo menor
tubérculo supraglenoidal
tuberosidade do músculo deltoide do úmero
ulna
úmero
vértebra lombar
vértebra torácica

SUGESTÃO DE ATIVIDADES DE APRENDIZAGEM

1. Coloque as mãos na escápula de um colega. Peça-lhe que abduza lentamente ambas as articulações do ombro. À medida que o úmero se move para longe do corpo, determine quando a escápula começa a se mover. A escápula se movimenta durante a abdução do ombro? Por que ela se move? Qual músculo iniciou essa ação? Repita essa atividade durante a flexão, a extensão e a hiperextensão, e as rotações medial e lateral da articulação do ombro e faça a si mesmo as mesmas perguntas.
2. Peça ao colega em posição anatômica que abduza ambas as articulações do ombro até o ponto em que as mãos dele se toquem acima da cabeça enquanto você coloca suas mãos em ambas as escápulas. Que movimento as escápulas realizaram? O colega alcançou o ponto máximo apenas pela abdução ou precisou rodar cada ombro? Se positivo, por que isso foi necessário? Em qual direção?
3. Flexione o cotovelo de seu colega a 90°. De forma passiva, abduza e rode externamente a articulação do ombro até o ponto em que sinta uma resistência. Quais músculos estão fornecendo essa resistência? (Realize essa atividade com delicadeza. O excesso de força pode lesionar estruturas articulares.)
4. Flexione o cotovelo de seu colega a 90°. De forma passiva, aduza e rode internamente a articulação do ombro até o ponto em que sinta uma resistência. Quais músculos estão fornecendo essa resistência? (Realize essa atividade com delicadeza. O excesso de força pode lesionar estruturas articulares.)
5. Coloque as mãos em cima dos ombros de seu colega (na clavícula e na escápula) e empurre para baixo, pedindo-lhe, ao mesmo tempo, que eleve (levante) os ombros. Quais músculos realizam essa atividade? Quais músculos estão sendo usados para opor sua resistência?

QUESTÕES DE MÚLTIPLA ESCOLHA

1. Em posição anatômica, a depressão da cintura escapular é definida como:
   a. Ativa
   b. Passiva
   c. Isométrica
   d. Impossível
2. A única parte do músculo tríceps braquial que atravessa a articulação do ombro é o:
   a. Tendão da cabeça medial
   b. Tendão da cabeça lateral
   c. Tendão da cabeça curta
   d. Tendão da cabeça longa
3. Que parte do músculo deltoide está envolvida apenas na abdução da articulação do ombro?
   a. Fibras acromiais
   b. Fibras espinais
   c. Fibras claviculares
   d. Fibras inferiores
4. Além da elevação da escápula, o músculo levantador da escápula realiza qual outra ação na cintura escapular?
   a. Rotação superior
   b. Flexão
   c. Rotação inferior
   d. Extensão

5. A articulação formada pela clavícula e escápula muitas vezes é chamada de:
a. Articulação AC
b. Articulação EC
c. Articulação GU
d. Articulação EU

6. O movimento da escápula para longe da linha mediana do corpo é definido como:
a. Rotação superior
b. Adução
c. Rotação descendente
d. Elevação

7. Qual dos músculos a seguir não atua no manguito rotador, que fornece tanto movimento quanto estabilidade à articulação glenoumeral?
a. Supraespinal
b. Subescapular
c. Infraespinal
d. Redondo maior

8. Qual é o tipo da articulação glenoumeral?
a. Não axial
b. Uniaxial
c. Biaxial
d. Triaxial

09. Qual músculo, conhecido como o "pequeno ajudante" do latíssimo do dorso, estende, aduz e roda internamente a articulação do ombro?
a. Supraespinal
b. Infraespinal
c. Redondo menor
d. Redondo maior

10. O principal movimento da cintura escapular produzido pela contração dos romboides é:
a. Abdução
b. Adução
c. Rotação superior
d. Depressão

11. Qual dos músculos a seguir não é considerado um músculo anterior da articulação do ombro?
a. Peitoral maior
b. Peitoral menor
c. Subescapular
d. Coracobraquial

12. A cabeça curta do bíceps braquial tem origem:
a. No acrômio
b. Na cavidade glenoidal
c. No processo coracoide
d. No tubérculo maior

13. Quando o úmero é abduzido até o ponto em que o braço fique na vertical sobre a cabeça, a escápula está
a. Abduzida
b. Aduzida
c. Flexionada
d. Estendida

14. O ângulo inferior, a borda medial, a borda lateral e a coluna vertebral são estruturas ósseas associados a qual dos seguintes ossos?
a. Esterno
b. Clavícula
c. Escápula
d. Úmero

15. Qual dos ligamentos a seguir não está presente na articulação AC da cintura escapular?
a. Acromioclavicular
b. Trapezoide
c. Conoide
d. Costoclavicular

16. O processo coracoide da escápula serve como inserção para o tendão conjunto do músculo coracobraquial e de qual outro músculo?
a. Cabeça longa do bíceps
b. Braquiorradial
c. Braquial
d. Cabeça curta do bíceps

17. Qual dos seguintes músculos não é considerado um músculo posterior da cintura escapular?
a. Romboides
b. Latíssimo do dorso
c. Trapézio
d. Levantador da escápula

18. A função primária do bíceps braquial na articulação do ombro é a flexão, mas o tendão de sua cabeça longa também auxilia em qual outro movimento dessa articulação?
a. Abdução
b. Adução
c. Extensão
d. Rotação lateral

19. O músculo serrátil anterior está envolvido principalmente em qual ação da cintura escapular?
a. Abdução
b. Adução
c. Elevação
d. Depressão

20. O músculo infraespinal e qual dos músculos a seguir geralmente são considerados os rotadores externos primários da articulação do ombro?
a. Supraespinal
b. Subescapular
c. Redondo maior
d. Redondo menor

21. Os músculos romboides ajudam a elevar a escápula, bem como a girá-la para baixo, para produzir qual outro movimento escapular?
a. Abdução
b. Adução
c. Flexão
d. Extensão

22. O tubérculo menor do úmero serve como ponto de inserção para qual dos seguintes músculos?
a. Infraespinal
b. Subescapular
c. Supraespinal
d. Redondo menor

23. Qual das ações da cintura escapular a seguir é realizada pelo músculo peitoral maior?
a. Rotação superior
b. Adução
c. Elevação
d. Nenhuma

24. A parte inferior do músculo trapézio auxilia em qual dos seguintes movimentos da cintura escapular (quando realizado a partir da posição anatômica)?
a. Elevação
b. Depressão
c. Rotação inferior
d. Rotação superior

25. Para que o movimento da articulação do ombro ocorra no plano frontal, qual das ações articulares a seguir deve ser realizada?
a. Rotação medial
b. Circundução
c. Flexão
d. Abdução

26. O ligamento costoclavicular é encontrado em qual das seguintes articulações da cintura escapular?
a. Esternoclavicular
b. Umeroclavicular
c. Acromioclavicular
d. Toracoclavicular

27. Um dos tendões de qual dos músculos a seguir encontra-se na estrutura anatômica conhecida como sulco intertubercular?
a. Bíceps braquial
b. Coracobraquial
c. Deltoide
d. Supraespinal

QUESTÕES DE PREENCHIMENTO DE LACUNAS

1. Dois ligamentos denominados conoide e trapezoide, que unem a escápula à clavícula, são comumente chamados de ligamento ________.
2. O músculo que se origina da base do crânio (protuberância occipital externa) e vai até a extremidade das vértebras torácicas (cerca de dois terços do trajeto para baixo nas costas) é conhecido como ________.
3. Um músculo do manguito rotador que cruza a porção anterior da articulação do ombro e é um rotador interno principal dessa articulação é o ________.
4. O músculo conhecido como o iniciador da abdução da articulação do ombro é o ________.
5. Na extremidade lateral da espinha da escápula existe uma larga projeção óssea chamada de________.
6. O músculo que vai do processo coracoide da escápula à face medial do úmero, oposto à tuberosidade do músculo deltoide, é conhecido como ________.
7. A cavidade glenoidal (concavidade da articulação do ombro) está localizada na face lateral do ________.
8. Quando as três partes do músculo deltoide contraem-se ao mesmo tempo, o ombro se move em________.
9. O músculo peitoral maior tem duas partes distintas: uma porção inferior, conhecida como porção esternal, e uma porção superior, denominada porção ________.
10. O processo coracoide é encontrado no(a) ________.
11. Um músculo superficial volumoso da parte inferior das costas, lateral e inferior ao trapézio, que é um potente rotador interno da articulação do ombro, recebe o nome de________.

EXERCÍCIO FUNCIONAL

A abdução é definida como o movimento para longe da linha mediana do corpo. A figura ao lado mostra 90° de abdução do braço (a partir da posição anatômica). Para que esta ação ocorra, o movimento acontece tanto na articulação do ombro quanto na cintura escapular. Liste um músculo que atua como um motor primário, um como um antagonista, um como um fixador e um como sinergista para que a abdução do ombro ocorra.

	Articulação do ombro	Cintura escapular
Motor primário		
Antagonista		
Fixador		
Sinergista		

Capítulo 4

Cotovelo e Antebraço

O cotovelo e o antebraço são compostos por três ossos: o **úmero**, a **ulna** e o **rádio**. Juntos, eles formam quatro articulações, três na extremidade proximal do antebraço (**umerorradial**, **umeroulnar** e **radioulnar proximal**) e uma na extremidade distal do antebraço (**radioulnar distal**).

Ossos do cotovelo e do antebraço

O úmero, a ulna e o rádio encontram-se para formar a estrutura conhecida como **cotovelo**; a ulna e o rádio compõem o **antebraço** (Fig. 4.1). A extremidade proximal do úmero foi discutida no Capítulo 3, na abordagem da articulação do ombro. A extremidade distal do úmero fornece as inserções ósseas para os tecidos moles que se estendem pelo braço e antebraço para formar a articulação do cotovelo. Na extremidade distal do úmero, a diáfise alarga-se para formar duas proeminências ósseas: os **epicôndilos lateral** e **medial**.

Prática

Encontre essas estruturas em seu próprio cotovelo ou no cotovelo de seu colega (Fig. 4.2). Os epicôndilos são facilmente palpáveis e visíveis na maioria das pessoas.

As partes do úmero entre a diáfise e os epicôndilos, onde o osso de fato se alarga, são conhecidas como **cristas supraepicondilares lateral** e **medial**. Há três fossas (depressões) no úmero distal que fornecem espaço para o movimento de outras estruturas ósseas durante os movimentos da articulação do cotovelo. Na superfície anterior, entre os dois epicôndilos, encontra-se a **fossa coronoidea**. Esse é o local em que se posiciona o processo coronoide da ulna durante a flexão do

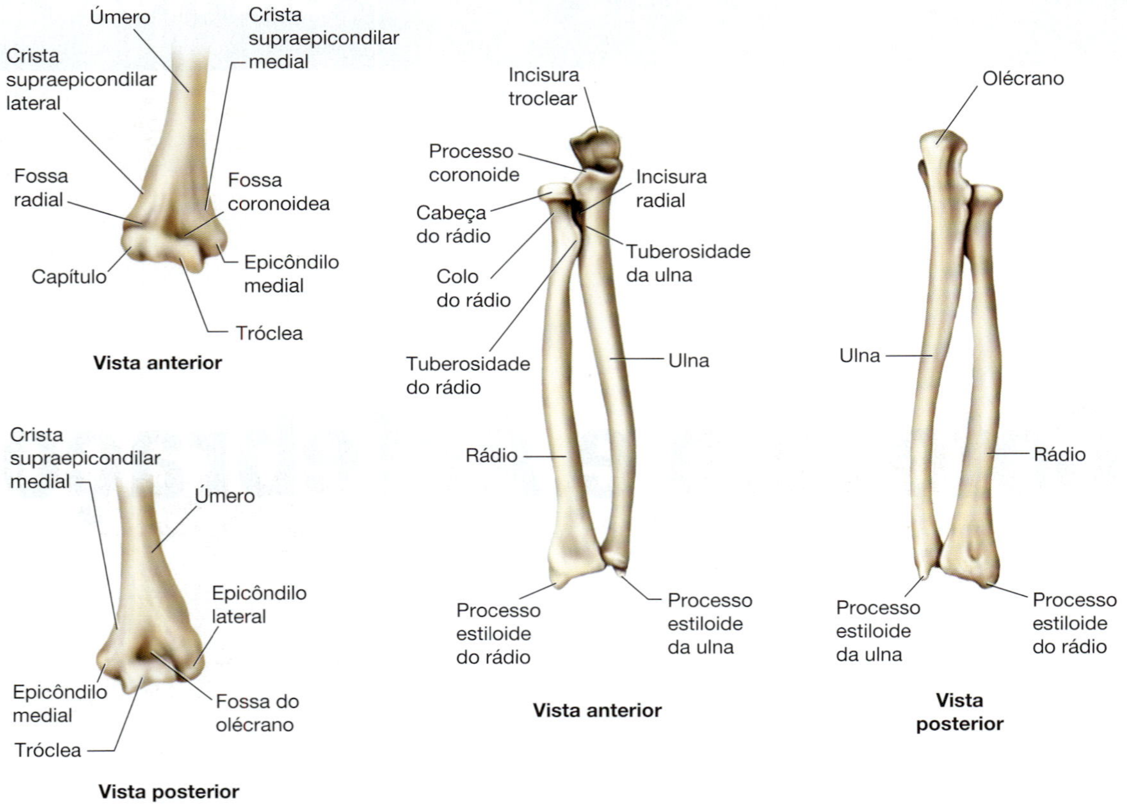

Figura 4.1 Ossos do cotovelo e do antebraço e suas estuturas.

cotovelo. Lateral à fossa coronoidea, está localizada a **fossa radial**. A cabeça do rádio move-se para essa fossa durante a flexão do cotovelo. Ligeiramente distal ao epicôndilo lateral, existe uma superfície lisa e redonda conhecida como **capítulo**. Essa superfície é para onde a cabeça do rádio gira durante o movimento do antebraço. No extremo da porção distal do úmero, encontra-se uma estrutura em forma de carretel denominada **tróclea**. Essa é a estrutura na qual o **olécrano** da ulna se articula.

A vista posterior da extremidade distal do úmero também revela algumas estruturas discutidas anteriormente: as cristas supraepicondilares, os epicôndilos e a tróclea. Além disso, existe a **fossa do olécrano**, que é formada entre os dois epicôndilos. Essa é a depressão para a qual o **olécrano** da ulna move-se quando a articulação do cotovelo sofre uma extensão.

Em condições normais, quando a articulação do cotovelo está em extensão completa, é possível observar o epicôndilo lateral, o olécrano e o epicôndilo medial formando uma linha reta. Se a articulação do cotovelo normal for flexionada a 90°, essas três estruturas devem formar um triângulo isósceles, com o olécrano distal aos epicôndilos (Fig. 4.2).

Os dois ossos do antebraço são conhecidos como rádio e ulna. A partir da posição anatômica, o rádio está localizado lateralmente; e a ulna, medialmente no antebraço. Na articulação do cotovelo, a ulna desempenha o importante papel de articulação com o úmero, enquanto a principal função do rádio é de articulação com os ossos do punho. A extremidade proximal do rádio consiste na **cabeça**, no **colo** e na **tuberosidade do rádio**, distal ao colo no aspecto medial da porção superior da diáfise do osso.

Prática

Você pode facilmente palpar a cabeça do rádio, no aspecto lateral do cotovelo (Fig. 4.3).

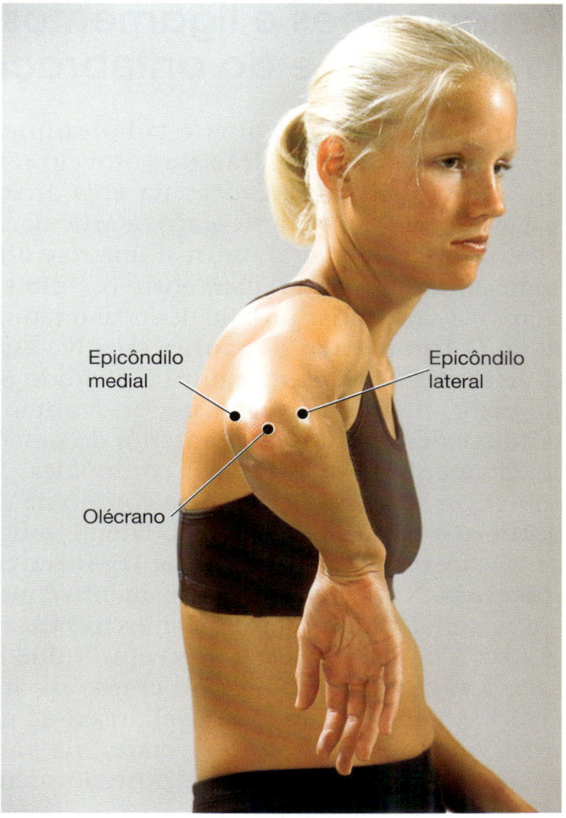

Figura 4.2 Localização dos epicôndilos medial e lateral.

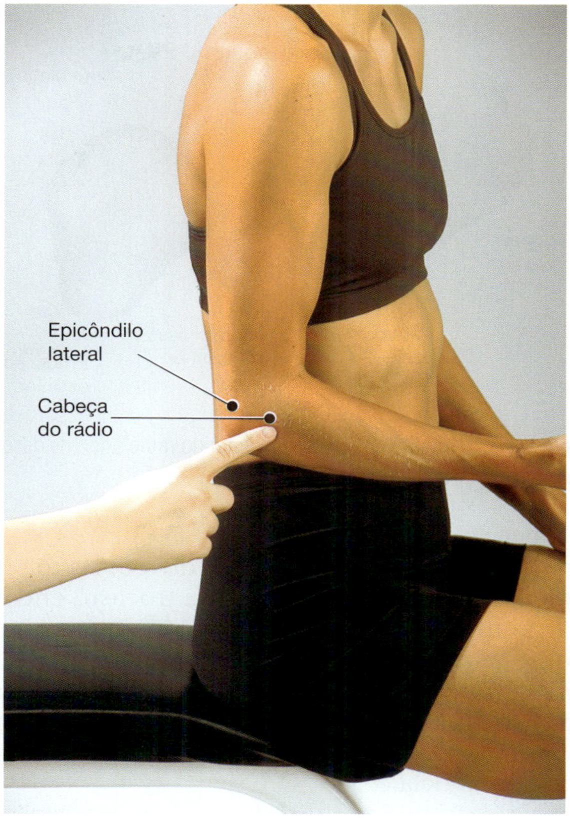

Figura 4.3 Localização da cabeça do rádio.

Na extremidade distal da diáfise do rádio, no aspecto lateral, encontra-se uma grande proeminência chamada de **processo estiloide do rádio**.

Prática

Essa estrutura pode ser facilmente palpada na área em que a mão e o antebraço unem-se (punho), no lado do polegar (Fig. 4.4).

No aspecto medial da extremidade distal do rádio está a **incisura ulnar**. Na superfície distal do rádio, há duas facetas distintas onde os ossos do punho se articulam (Fig. 4.5).

O osso medial do antebraço, a ulna, tem uma proeminência muito grande na extremidade proximal denominada olécrano (Fig. 4.1). Essa estrutura tem uma superfície em forma de cúpula conhecida como incisura troclear. Essa incisura roda em torno da tróclea do úmero para formar a articulação entre o úmero e a ulna, em geral

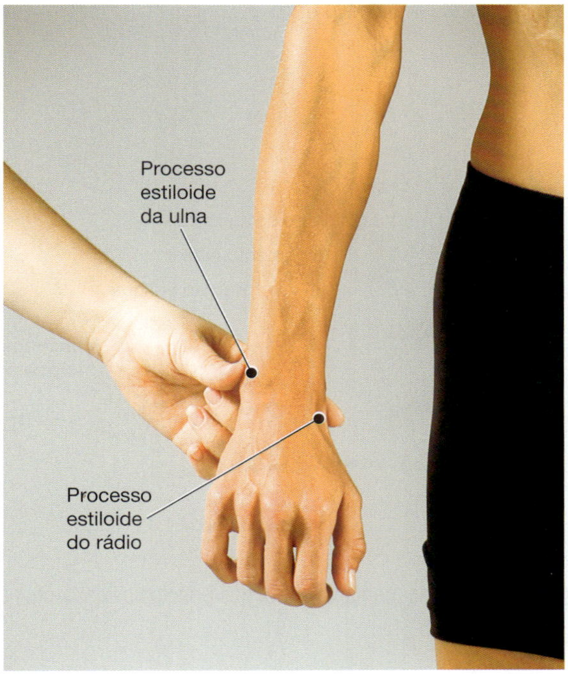

Figura 4.4 Localização dos processos estiloides do rádio e da ulna.

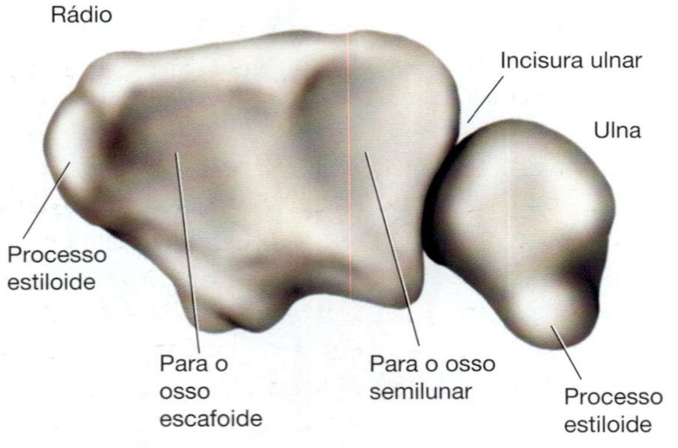

Figura 4.5 Facetas na superfície distal do rádio onde os ossos do punho se articulam.

conhecida como articulação do cotovelo. Na porção mais anterior da incisura troclear, encontra-se uma pequena proeminência que recebe o nome de **processo coronoide**. Ligeiramente lateral ao processo coronoide, está a **incisura radial** da ulna. A cabeça do rádio articula-se com a ulna (articulação radioulnar proximal) na incisura radial dela.

Na extremidade distal da ulna, no aspecto medial, encontra-se uma proeminência fácil de palpar, conhecida como **processo estiloide da ulna** (também chamado de processo estiloide medial; Figs. 4.1 e 4.4).

Articulações e ligamentos do cotovelo e do antebraço

Com três ossos (úmero, ulna e rádio) unindo-se para formar a articulação do cotovelo (Fig. 4.6), existem três articulações na área anatômica entre o braço e o antebraço: a articulação do cotovelo "verdadeira", entre o úmero e ulna (umeroulnar); a umeroradial, entre o rádio e o úmero; e a radioulnar proximal, entre o rádio e a ulna. O **ligamento capsular** envolve essas três articulações. Esse ligamento é dividido em uma parte anterior e outra posterior. A anterior estende-se desde a superfície anterior do úmero, imediatamente proximal à fossa coronóidea, até a superfície anterior do processo coronoide e o **ligamento anular**. Na posição lateral, o ligamento capsular funde-se com os **ligamentos colaterais**. Na posterior, esse ligamento conecta-se ao tendão de inserção do músculo tríceps braquial, à borda do olécrano, ao epicôndilo lateral e à superfície posterior do úmero na área da tróclea e do capítulo. Na distal, insere-se nas bordas lateral e superior do olécrano, na parte posterior do ligamento anular e posteriormente à incisura radial da ulna.

Os ligamentos que se fundem com a porção anterior do ligamento capsular são conhecidos como **ligamentos colateral radial** (lateral) e **ulnar** (medial). O ligamento colateral radial vai

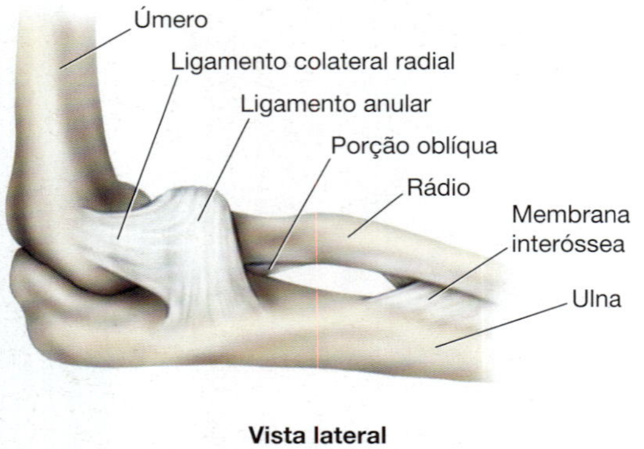

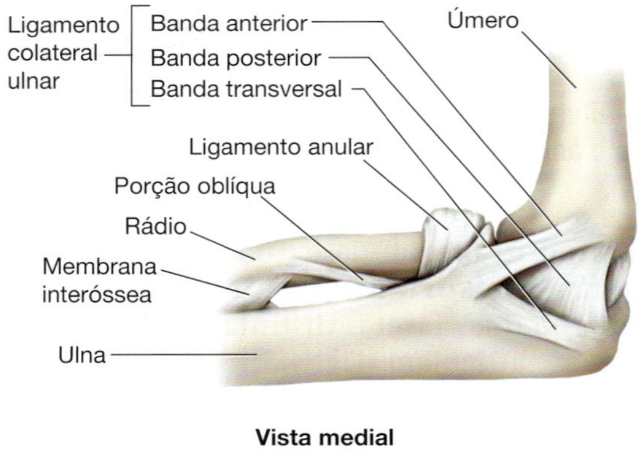

Figura 4.6 Vistas medial e lateral dos principais ligamentos do cotovelo.

da borda inferior do epicôndilo lateral do úmero até o ligamento anular e a incisura radial da ulna.

O ligamento colateral ulnar tem três partes distintas (Fig. 4.6): uma **banda anterior**, que passa entre a região anteroinferior do epicôndilo medial do úmero e a face medial do processo coronoide da ulna; **uma banda posterior**, entre o epicôndilo medial do úmero e a borda medial do olécrano da ulna; e uma **banda transversal**, que não cruza a articulação do cotovelo e passa entre a banda anterior no processo coronoide da ulna e a banda posterior no olécrano da ulna.

O restante da articulação do cotovelo – a articulação radioulnar proximal – é, na verdade, uma articulação entre os ossos do antebraço. Ela ocorre entre a cabeça do rádio e a incisura radial da ulna. O ligamento anular segue entre as bordas anterior e posterior da incisura radial da ulna e forma um anel envolvendo toda a cabeça do rádio.

Entre as diáfises da ulna e do rádio, encontra-se uma banda ligamentar de tecido conectivo denominada **ligamento interósseo** (também chamada de **membrana interóssea**) que ajuda a distribuir a pressão entre a ulna e o rádio quando é aplicada força e serve como um local de inserção para vários músculos do antebraço. Na extremidade proximal do ligamento interósseo (membrana), há um ligamento conhecido como **porção oblíqua**, que impede a separação da ulna e do rádio.

Na extremidade distal da ulna e do rádio, imediatamente proximal ao punho, está localizada a articulação radioulnar distal. Na incisura ulnar côncava do rádio, a cabeça redonda da ulna gira, formando uma articulação trocóidea. Os ligamentos dessa articulação são o **radioulnar dorsal** e o **radioulnar palmar** (Fig. 4.7).

Movimentos fundamentais e músculos do cotovelo e do antebraço

Lembre-se de que a posição de partida para a descrição de todos os movimentos fundamentais de qualquer articulação é a anatômica. O cotovelo (entre a tróclea do úmero e o olécrano da ulna) é uma articulação uniaxial capaz de realizar flexão e extensão no plano sagital em torno do eixo laterolateral. Cinco músculos principais produzem os movimentos de flexão

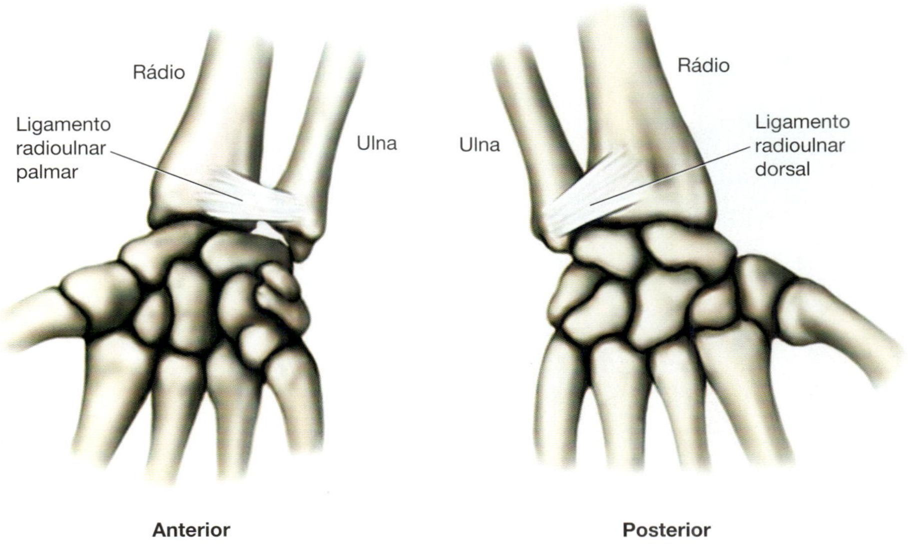

Figura 4.7 Ligamentos radioulnares dorsal e palmar.

e extensão dessa articulação. São eles o braquial (flexão), o braquiorradial (flexão), o bíceps braquial (flexão), o tríceps braquial (extensão) e o ancôneo (extensão). Os músculos braquial, braquiorradial e bíceps braquial são anteriores à articulação do cotovelo, e o tríceps braquial e o ancôneo são posteriores a ela. Quatro músculos são responsáveis pelos movimentos de supinação e pronação do antebraço (Fig. 4.8). O bíceps braquial (supinação) já foi mencionado em seu outro papel na articulação do cotovelo (flexão). Os outros três músculos envolvidos no movimento do antebraço são o supinador (supinação), o pronador quadrado e o pronador redondo (pronação).

Músculos anteriores do cotovelo

Os músculos anteriores do cotovelo são três: o braquial, o braquiorradial e o bíceps braquial. Dois deles (o braquial e o braquiorradial) estão envolvidos exclusivamente em um movimento único da articulação do cotovelo (flexão), enquanto o terceiro (bíceps braquial) participa do movimento da articulação do cotovelo e também do movimento do antebraço.

- **Braquial.** O músculo braquial origina-se no meio da porção anterior da diáfise do úmero e insere-se no processo coronoide da ulna. Em razão de sua origem e inserção, sua única função é a flexão da articulação do cotovelo. Está localizado abaixo do músculo bíceps braquial (Figs. 4.9 e 4.10).

Prática

Peça a seu colega que abduza e rode externamente a articulação do ombro para que você possa localizar o músculo braquial (Fig. 4.11).

- **Braquiorradial.** O músculo braquiorradial origina-se na crista supraepicondilar lateral do úmero e insere-se no processo estiloide do rádio. Ele cruza o aspecto anterior do cotovelo e, portanto, é um flexor dessa articulação (Fig. 4.9).

Figura 4.8 Pronação e supinação da articulação radioulnar.

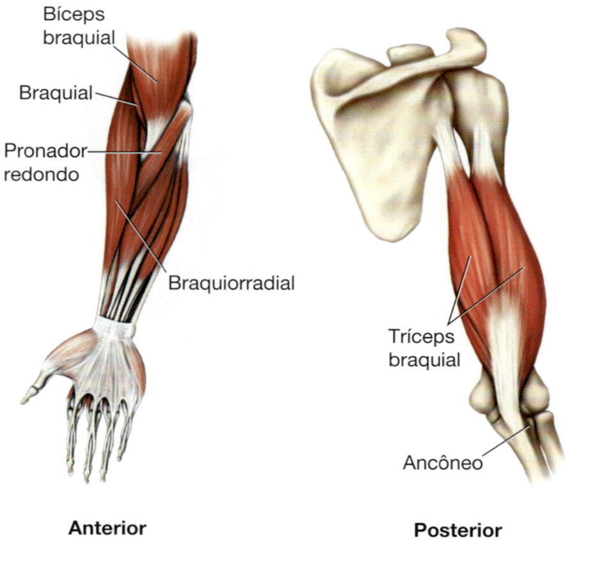

Figura 4.9 Músculos superficiais do cotovelo e do antebraço.

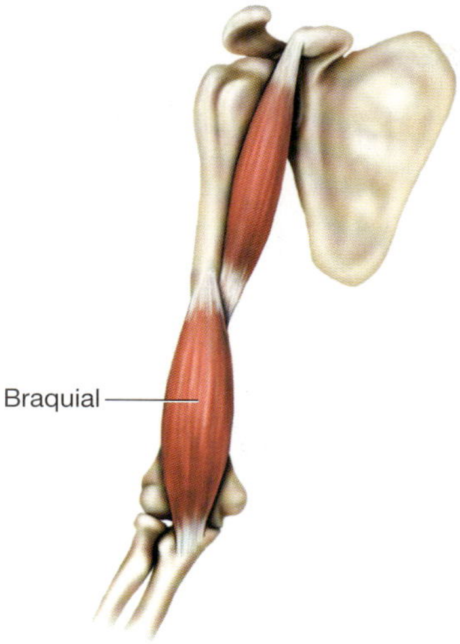

Figura 4.10 Vista anterior do braquial.

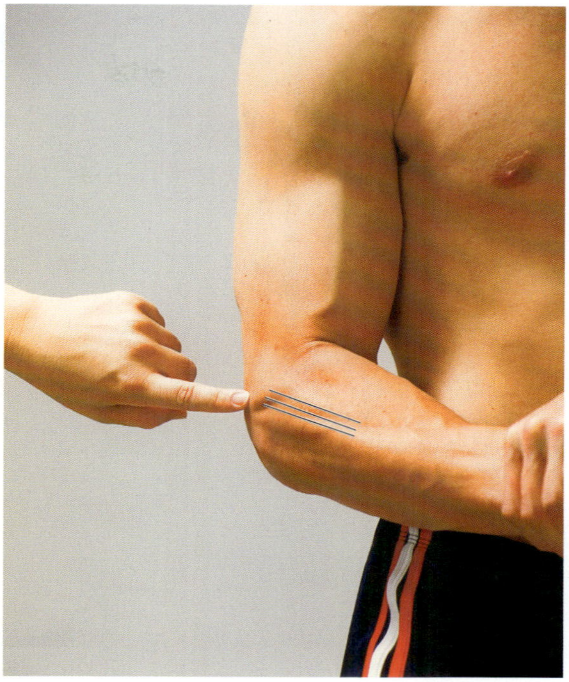

Figura 4.12 Localização do braquiorradial.

Prática

Peça a seu colega que flexione o cotovelo contra uma resistência leve aplicada pela mão oposta, enquanto você localiza o músculo braquiorradial (Fig. 4.12).

- **Bíceps braquial.** O bíceps braquial é comumente considerado um flexor do cotovelo (Fig. 4.9), mas tanto o tendão de sua cabeça longa quanto o da curta também cruzam a articulação do ombro e contribuem para o movimento dessa articulação (Fig. 4.13). A cabeça longa tem origem no tubérculo su-

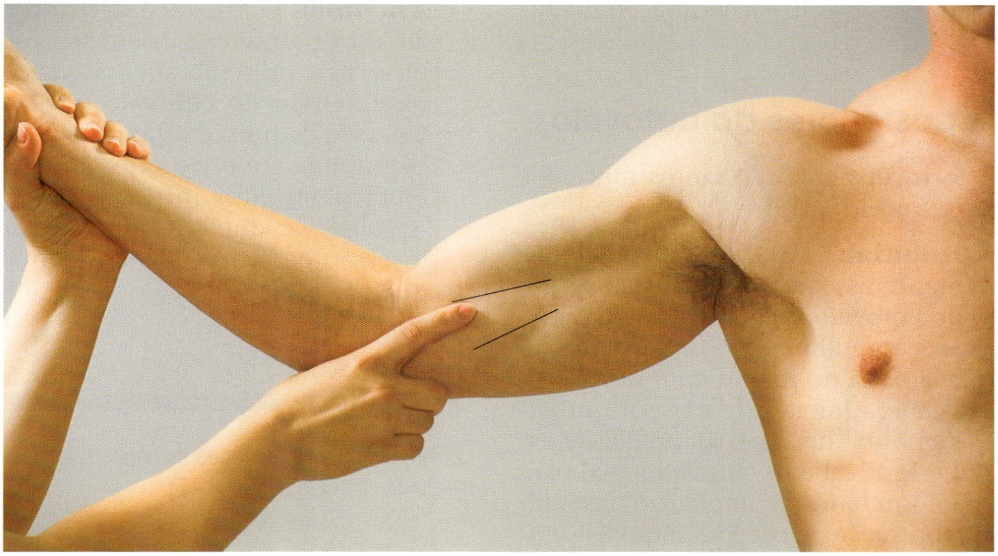

Figura 4.11 Identificação do braquial.

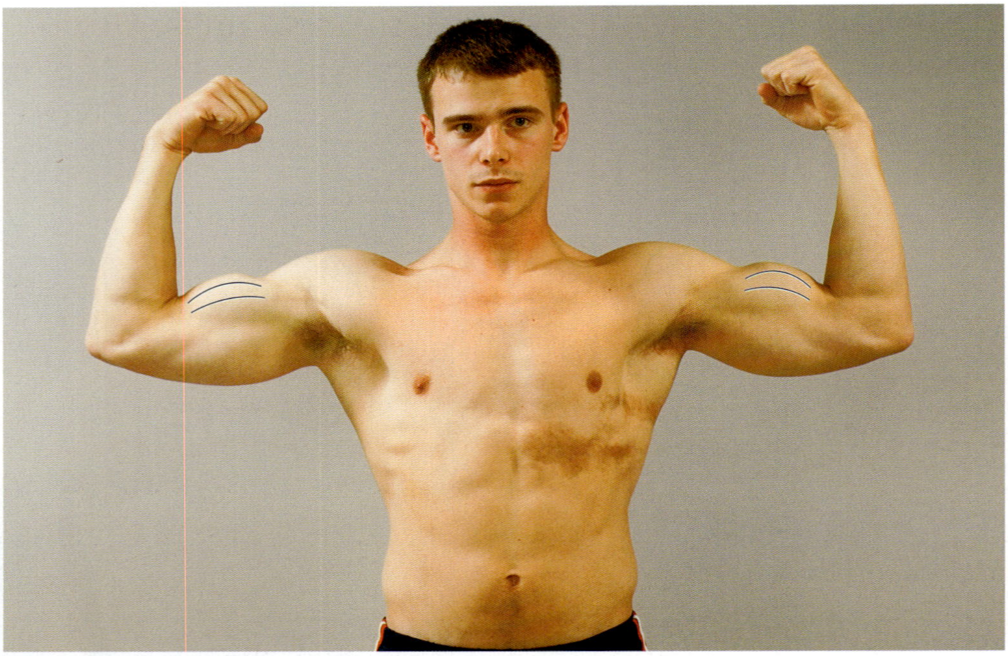

Figura 4.13 Identificação do bíceps braquial.

praglenoidal na borda superior da glenoide da escápula; e a cabeça curta, no processo coracoide da escápula (e é conjugada com o tendão de origem do coracobraquial). Ambas as cabeças se combinam no ventre do músculo, que se insere na tuberosidade do rádio. As ações produzidas pela contração do músculo são a flexão no cotovelo e a supinação no antebraço.

Músculos posteriores do cotovelo

O ancôneo e o tríceps braquial são os músculos posteriores do cotovelo.

- **Tríceps braquial.** O tríceps braquial é mais frequentemente associado à extensão da articulação do cotovelo (Fig. 4.9), mas uma de suas três cabeças tendíneas cruza a articulação do ombro e auxilia no movimento dessa articulação. A cabeça longa origina-se no tubérculo infraglenoidal do lábio glenoidal da escápula e une-se às cabeças curta e medial para inserção, por um tendão comum, no olécrano da ulna. A contração do tríceps braquial estende a articulação do cotovelo.

Prática

Para palpar as três cabeças do tríceps braquial (curta, longa e medial), peça a seu colega que estenda o cotovelo contra uma resistência, ao mesmo tempo em que estende a articulação do ombro, (Fig. 4.14).

- **Ancôneo.** O ancôneo deriva do epicôndilo lateral do úmero e insere-se no olécrano da ulna. Esse músculo auxilia o tríceps braquial na extensão do cotovelo (Figs. 4.9 e 4.14). Um erro comum é supor que o ancôneo também esteja envolvido no movimento do antebraço; em uma inspeção cuidadosa, pode-se observar que seu ponto de origem e sua inserção permitem somente uma ação única quando o músculo se contrai: a extensão do cotovelo.

Prática

Localize o músculo ancôneo no aspecto lateroposterior do cotovelo de seu colega (Fig. 4.15).

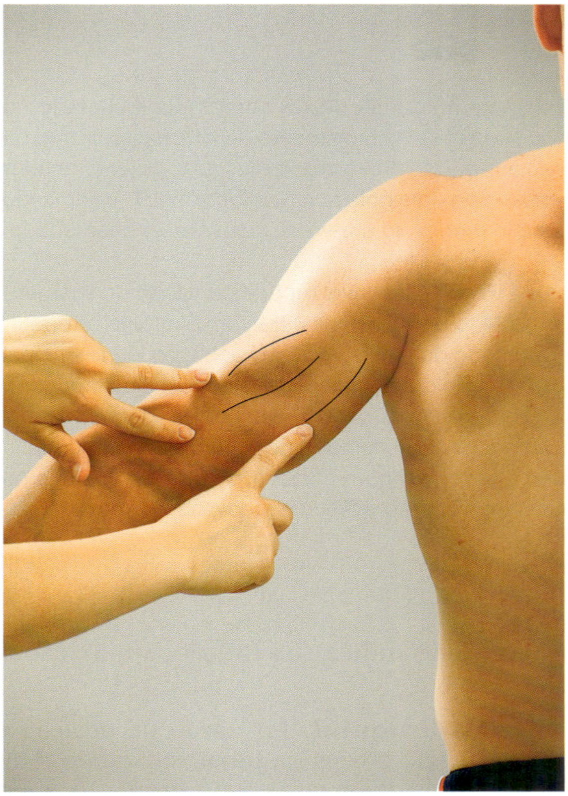

Figura 4.14 Localização das três porções do tríceps braquial.

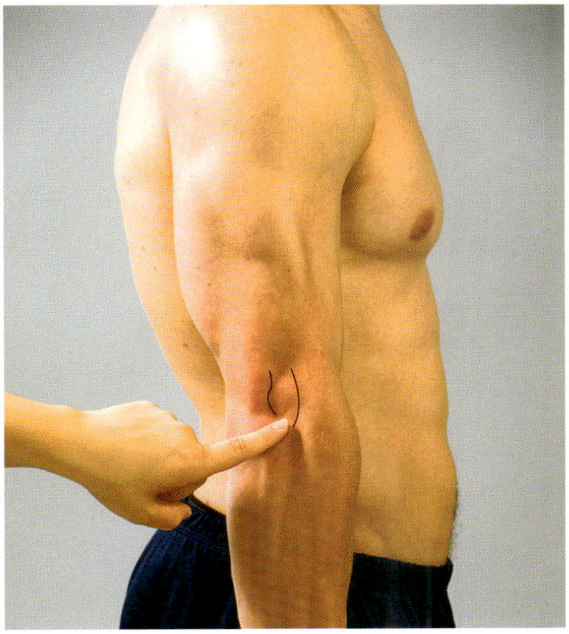

Figura 4.15 Localização do ancôneo.

Músculos do antebraço

Os músculos do antebraço incluem dois pronadores e dois supinadores. Todos são grandes produtores do movimento do antebraço. Apenas o bíceps tem outra função, a de flexão do cotovelo, conforme já foi mencionado.

- **Pronador redondo.** Originando-se no epicôndilo medial do úmero no processo coronoide da ulna e inserindo-se na superfície lateral do rádio, o pronador redondo, como indicado por seu nome, é responsável pela pronação do antebraço (Fig. 4.9).

Prática

Resista manualmente à tentativa de seu colega de flexionar o cotovelo e pronar o antebraço, enquanto você observa o músculo pronador redondo (Fig. 4.16).

- **Pronador quadrado.** Esse músculo origina-se no rádio e insere-se na ulna, proximal ao punho (Fig. 4.17). Seu nome reflete sua função e sua forma. Uma vez que a ulna é

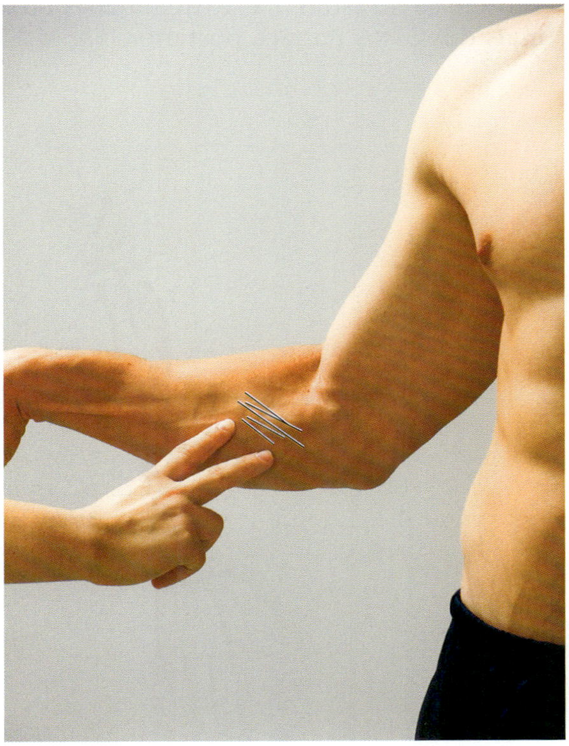

Figura 4.16 Localização do músculo pronador redondo.

FOCO EM

Ação de arremesso

O pronador redondo e um grupo de músculos que se originam no tendão flexor comum, apresentado no Capítulo 5 (relacionado ao punho e à mão), estão sob grande estresse no movimento de arremesso acima da cabeça, especialmente no final do estágio de preparação do arremesso. Esse grupo muscular flexor-pronador também é sobrecarregado na fase de lançamento do arremesso de uma bola curva no beisebol. A inflamação do grupo flexor-pronador em sua origem na área do epicôndilo medial do úmero muitas vezes é chamada de cotovelo do arremessador ou cotovelo da *Little League*.

Uma complicação adicional dessa ação de arremesso é a torção e possível ruptura completa do ligamento colateral medial ou ulnar da articulação do cotovelo. Em 1974, o doutor Frank Jobe, um cirurgião ortopédico de Los Angeles, reconstruiu o ligamento colateral ulnar lacerado do jogador Tommy John, da Liga Principal de Beisebol. O doutor Jobe usou uma porção do tendão de inserção do palmar longo, um músculo anterior do antebraço, e suturou-o em furos realizados no úmero e na ulna, tornando-o um substituto de ligamento rompido. Hoje, essa técnica de reconstrução do ligamento colateral ulnar é chamada de "cirurgia Tommy John".

A compreensão apropriada da mecânica do arremesso é essencial para prevenir problemas comuns no cotovelo e no ombro. Estudos em cinesiologia, biomecânica, treinamento atlético e medicina esportiva fornecem esse entendimento.

um osso estável na articulação radioulnar distal, quando o músculo pronador quadrado se contrai, o rádio é puxado ao longo da ulna e ocorre a pronação do antebraço.

- **Supinador.** O supinador origina-se na ulna e insere-se no rádio, nas extremidades proximais dos ossos na face posterior (Fig. 4.17). Seu nome indica sua função: supinação do antebraço.
- **Bíceps braquial.** Em razão da posição de inserção do bíceps na tuberosidade do rádio, quando o antebraço está em pronação, a contração do músculo faz o rádio rodar lateralmente, causando a supinação do antebraço (Figs. 3.31 e 4.9).

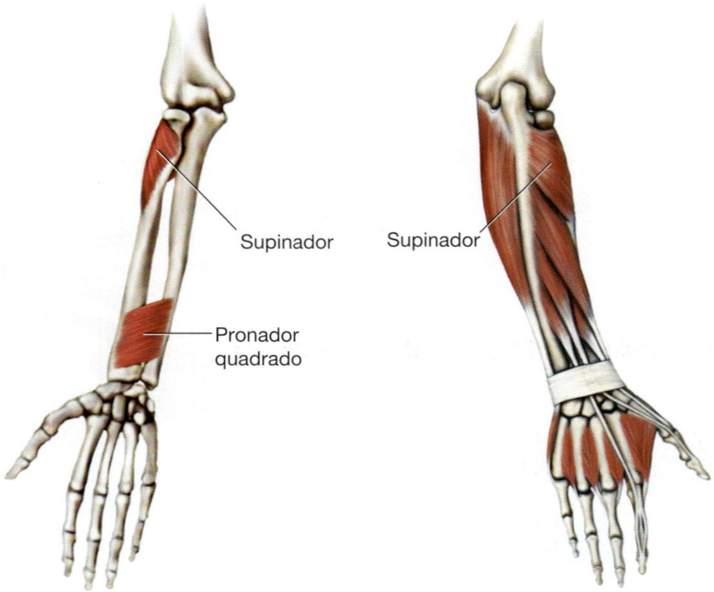

Figura 4.17 Músculos pronador quadrado e supinador.

FOCO EM

Cotovelo de tenista

O cotovelo de tenista é a ruína do jogador de tênis. Nesse esporte, quando se golpeia a bola com um *backhand*, especialmente ao tentar um efeito *topspin*, o antebraço se move de pronação para supinação, o punho passa de flexão a extensão e o músculo supinador se contrai com os músculos que se originam no tendão extensor comum (apresentado no Cap. 5: punho e mão). Se a bola for rebatida fora do centro da raquete (fora do local chamado de "ponto doce" [*sweet spot*]), é aplicado um torque (força de rotação) à raquete que se opõe à força exercida pelo grupo muscular supinador-extensor. Isso pode resultar em cotovelo de tenista, uma inflamação na área de origem do grupo muscular supinador-extensor no epicôndilo lateral do úmero. A compreensão da técnica adequada de rebatida é essencial para evitar o desenvolvimento desse problema.

Como um desafio, pense sobre como o *backhand* com duas mãos pode ajudar a prevenir o cotovelo de tenista. Dica: a ação biomecânica do antebraço é diferente no *backhand* com uma mão do realizado com duas mãos. De que modo a sobrecarga é reduzida?

DICAS DE APRENDIZAGEM

REVISÃO DA TERMINOLOGIA

Os termos a seguir são discutidos neste capítulo. Definir ou descrever cada termo e, se for o caso, identificar a localização da estrutura em seu corpo ou em uma ilustração apropriada.

ancôneo
antebraço
articulação radioulnar distal
articulação radioulnar proximal
articulação umerorradial
articulação umeroulnar
banda anterior
banda posterior
banda transversal
bíceps braquial
braquial
braquiorradial
cabeça do rádio
capítulo
colo do rádio
cotovelo
crista supraepicondilar lateral
crista supraepicondilar medial
epicôndilo lateral
epicôndilo medial
fossa coronoidea
fossa do olécrano
fossa radial
incisura radial
incisura ulnar
ligamento anular
ligamento capsular
ligamento colateral
ligamento colateral radial
ligamento colateral ulnar
ligamento interósseo (membrana interóssea)
ligamento radioulnar dorsal
ligamento radioulnar palmar
olécrano
porção oblíqua
processo coronoide
processo estiloide da ulna
processo estiloide do rádio
pronador quadrado
pronador redondo
rádio
supinador
tríceps braquial
tróclea
tuberosidade do rádio
ulna
úmero

SUGESTÃO DE ATIVIDADES DE APRENDIZAGEM

1. Em um modelo de esqueleto ou em um colega, observe a relação entre os epicôndilos lateral e medial do úmero e o olécrano da ulna, tanto em posição anatômica quanto com o cotovelo flexionado a 90°. Em que posição esses três pontos formam uma linha reta? Em que posição formam um triângulo isósceles?

2. Segure um cabo de vassoura, uma vara, uma barra ou um objeto semelhante com ambas as mãos. Primeiro com as palmas das mãos para cima (supinação dos antebraços) e depois com as palmas das mãos para baixo (pronação dos antebraços), realize um movimento de rosca (flexione os cotovelos a

partir da posição anatômica de extensão do cotovelo a uma posição de flexão de cotovelo completa). Observe a diferença na sensação em seus antebraços, punhos e mãos quando o movimento é realizado em pronação e em supinação do antebraço. O que causa a diferença quando os braços estão em pronação, no início do movimento?

3. Aplique resistência à tentativa de seu colega de flexionar o cotovelo. Coloque os dedos da outra mão em cada lado do músculo bíceps braquial dele. Qual é o nome do músculo que você sente contraindo sob o bíceps braquial?

4. Segure uma raquete de tênis ou um objeto semelhante e realize lentamente um golpe de *backhand*. Observe a posição de seu antebraço (pronada ou supinada) e seu punho (flexionado ou estendido). Pare o movimento no ponto em que você acha que a raquete vai tocar a bola. Imagine a bola sendo golpeada próximo da borda superior da raquete, em vez de em sua porção média (o denominado "ponto doce"). Em qual direção a raquete irá girar em sua mão no momento em que a bola for rebatida? É provável que o punho seja forçado a flexionar ou estender pelo contato com a bola? O antebraço provavelmente será forçado em pronação ou supinação com o contato? Quais músculos do antebraço e do punho contraem-se quando você realiza um *backhand*? O que acontecerá com esses músculos se a bola for rebatida fora do centro, levando à rotação (torque) da raquete e do antebraço? Que condição traumática pode ser causada por essa ação se ela se repetir toda vez que você realizar um *backhand*? Qual dos fatores a seguir pode afetar (positiva ou negativamente) essa condição: tamanho da cabeça da raquete, tamanho do cabo da raquete, mecânica da rebatida ou *backhand* com duas mãos?

QUESTÕES DE MÚLTIPLA ESCOLHA

1. Qual dos músculos anteriores a seguir está envolvido na supinação do antebraço?
   a. Pronador redondo
   b. Braquiorradial
   c. Bíceps braquial
   d. Braquial

2. Qual dos músculos a seguir auxilia o tríceps braquial na extensão da articulação do cotovelo?
   a. Extensor dos dedos
   b. Extensor radial do carpo
   c. Ancôneo
   d. Supinador

3. A relação entre o processo estiloide da ulna e o processo estiloide do rádio (lateral) é de tal ordem que o do rádio é mais:
   a. Proximal
   b. Distal
   c. Anterior
   d. Posterior

4. O ligamento que passa entre as diáfises da ulna e do rádio é conhecido como:
   a. Ligamento colateral ulnar
   b. Ligamento colateral radial
   c. Ligamento anular
   d. Ligamento interósseo (membrana interóssea)

5. A cabeça do rádio gira sobre qual parte do úmero?
   a. Fossa coronoidea
   b. Capítulo
   c. Fossa do olécrano
   d. Tubérculo dorsal do rádio

6. Onde estão localizadas as estruturas conhecidas como cristas supraepicondilares em relação aos epicôndilos?
   a. Proximalmente aos epicôndilos
   b. Distalmente aos epicôndilos
   c. Lateralmente aos epicôndilos
   d. Medialmente aos epicôndilos

7. Dos músculos a seguir envolvidos na pronação-supinação do antebraço, qual atravessa a articulação do cotovelo?
   a. Supinador
   b. Bíceps braquial
   c. Pronador redondo
   d. Pronador quadrado

8. O ligamento colateral lateral da articulação do cotovelo é também conhecido como:
   a. Ligamento colateral ulnar
   b. Ligamento colateral radial
   c. Ligamento anular
   d. Ligamento interósseo (membrana interóssea)

9. O olécrano da articulação do cotovelo está localizado na face posterior do(a):
   a. Úmero distal
   b. Úmero proximal
   c. Rádio proximal
   d. Ulna proximal

10. O ligamento colateral medial da articulação do cotovelo é também chamado de:
    a. Ligamento colateral ulnar
    b. Ligamento colateral radial
    c. Ligamento anular
    d. Ligamento interósseo (membrana interóssea)

11. O grupo flexor-pronador dos músculos do antebraço origina-se no:
    a. Epicôndilo lateral do úmero
    b. Processo coronoide
    c. Epicôndilo medial do úmero
    d. Olécrano

12. O grupo de músculos do antebraço supinador-extensor origina-se no:
    a. Epicôndilo lateral do úmero
    b. Processo coronoide
    c. Epicôndilo medial do úmero
    d. Olécrano

QUESTÕES DE PREENCHIMENTO DE LACUNAS

1. A fossa do olécrano encontra-se no osso ________.
2. O ligamento que estabiliza a cabeça do rádio na ulna é conhecido como ligamento________.
3. O processo coronoide da articulação do cotovelo está localizado na parte anterior da________.
4. A função do músculo braquial é ________.
5. A estrutura em forma de carretel da extremidade distal do úmero é conhecida como ________.
6. Quando a articulação do cotovelo é mantida em extensão completa, o olécrano e os epicôndilos formam uma________.
7. A partir da posição anatômica, a rotação em direção medial do antebraço é chamada de________.
8. O *principal* músculo responsável pela extensão da articulação do cotovelo é o________.
9. Um músculo encontrado imediatamente proximal ao punho que auxilia na ação de girar o antebraço e a palma da mão para baixo é o________.

EXERCÍCIOS DE MOVIMENTO FUNCIONAL

A pronação do antebraço é definida como o movimento do rádio sobre a ulna. A figura ao lado mostra a flexão do cotovelo a 90° (a partir da posição anatômica) e a pronação do antebraço. Para que essa ação ocorra, o movimento acontece tanto na articulação do cotovelo quanto na do antebraço. Liste um músculo que atue como um motor primário, um antagonista, um fixador e um sinergista para que a flexão do cotovelo e a pronação do antebraço ocorram.

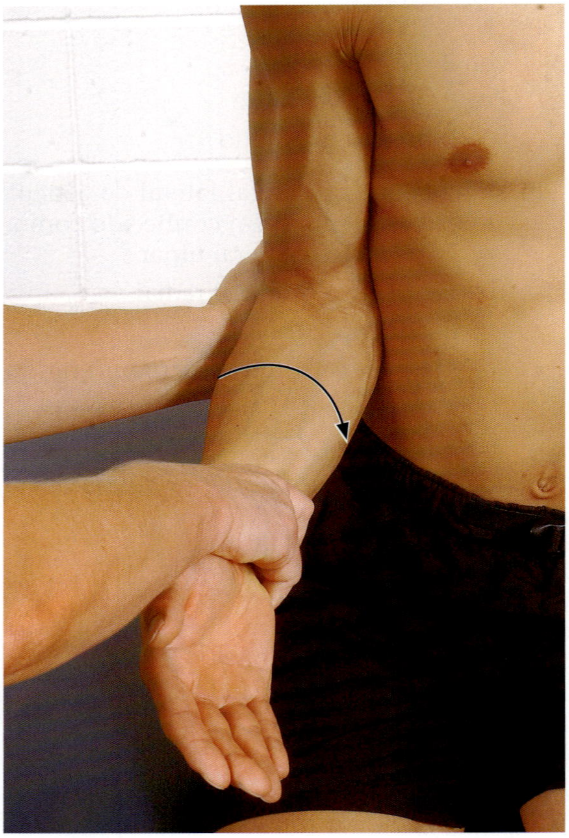

	Flexão de cotovelo	Pronação do antebraço
Motor primário		
Antagonista		
Fixador		
Sinergista		

CAPÍTULO 5

Punho e Mão

O punho e a mão são estruturas complexas, com diversos ossos (Fig. 5.1), ligamentos, articulações e músculos. Devido aos movimentos finos realizados pela mão e pelo polegar, essas áreas são muito intrincadas e exigem mais tempo e esforço para serem conhecidas do que as já apresentadas. Embora o polegar seja muitas vezes considerado um dos cinco dedos da mão, seus movimentos são únicos, portanto ele é discutido separadamente. Os seres humanos têm **mãos preênseis** (i.e., capazes de pegar). A capacidade de pegar é um resultado direto da capacidade do polegar de realizar a oposição, que é discutida com os movimentos desse dedo. A estrutura da articulação do polegar e seus músculos da eminência tenar (e, em menor extensão, a eminência hipotenar do dedo mínimo) contribuem para a capacidade dos primatas (a ordem dos mamíferos que inclui os macacos, os chimpanzés e os seres humanos) de prender coisas em suas mãos. Essas estruturas são apresentadas em detalhes neste capítulo.

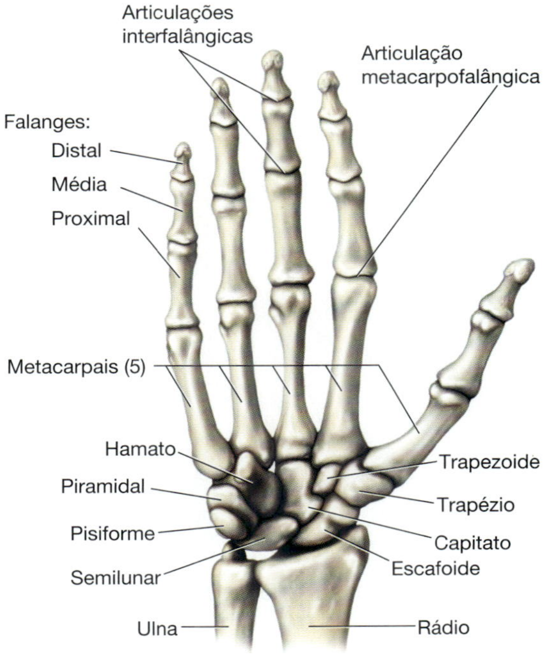

Figura 5.1 Ossos do punho e da mão.

Ossos do punho e da mão

O punho contém oito ossos, aproximadamente alinhados em duas fileiras, conhecidos como **ossos do carpo**. A fileira proximal desses ossos englobam os ossos que se articulam com o antebraço (rádio e ulna). A fileira distal articula-se com os ossos longos da mão (**os metacarpais**). Os ossos da fileira proximal do carpo, de lateral para medial, são identificados como **escafoide**, **semilunar**, **piramidal** e **pisiforme**. Os ossos pisiforme e escafoide da fileira proximal são fáceis de palpar.

Prática

Coloque o dedo indicador sobre os pontos ilustrados nas Figuras 5.2 e 5.3 e aplique pressão para baixo para sentir os ossos.

O escafoide apresenta forma de navio; é o osso do punho fraturado com mais frequência, em geral quando forçado em direção à extremidade distal do rádio por uma queda com o punho estendido. O semilunar, devido a sua extremidade proximal lisa em forma de cúpula, é o osso mais frequentemente luxado do punho, de modo geral quando é forçado em direção à extremidade distal do rádio por uma queda sobre o punho fletido. Os ossos da fileira distal do carpo articulam-se com os da mão. Eles são, de lateral para medial: o **trapézio**, o **trapezoide**, o **capitato** e o **hamato**.

Prática

A pressão para baixo sobre o local ilustrado na Figura 5.2 levará ao contato com o osso hamato na fileira distal dos ossos do carpo.

Existem cinco ossos na mão denominados metacarpais. O osso metacarpal do polegar normalmente é chamado de primeiro metacarpal. O segundo metacarpal é o do dedo indicador, o terceiro é o do dedo médio, o quarto é o do dedo anelar e o quinto é o do dedo mínimo. Em posição distal a cada um dos ossos do metacarpo da mão, estão as **falanges** dos dedos. O polegar tem duas falanges, conhecidas como proximal e distal.

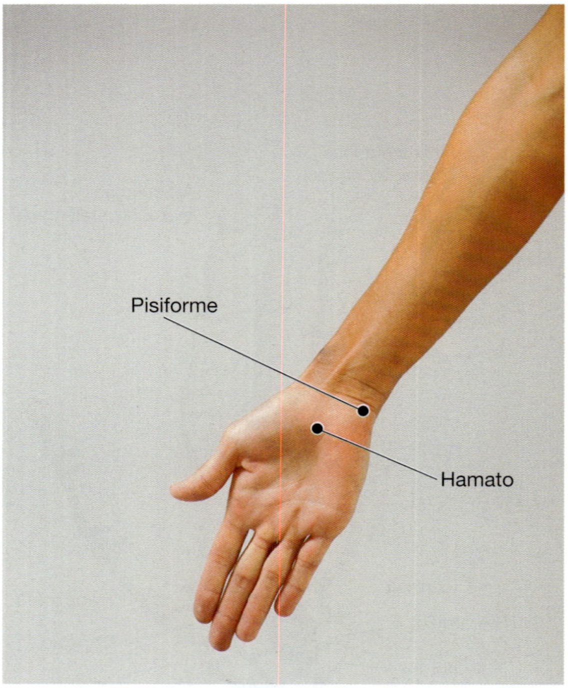

Figura 5.2 Localização do pisiforme e do hamato.

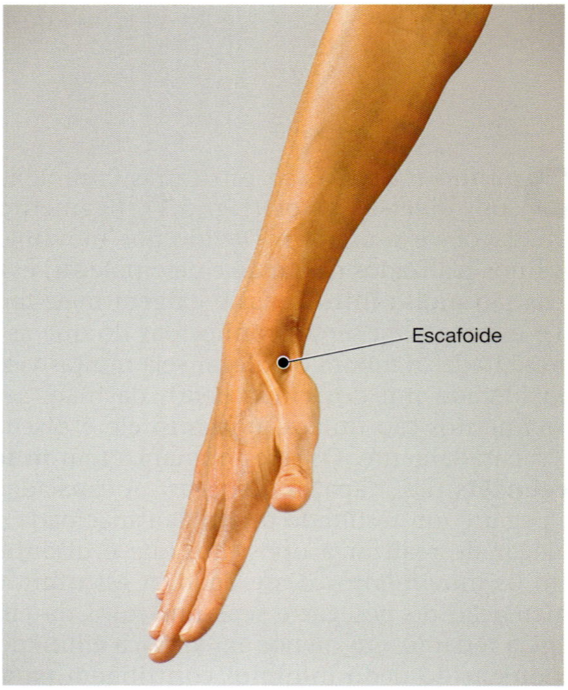

Figura 5.3 Localização do escafoide.

Os outros dedos contêm três falanges cada: uma proximal, uma média e uma distal.

Articulações e ligamentos do punho e da mão

Devido ao grande número de ossos que compõem o punho (ulna, rádio, oito carpais e cinco metacarpais), faz sentido que existam muitas articulações na composição de tal estrutura (Fig. 5.4). Existem articulações entre os ossos do antebraço e a fileira proximal do carpo (**radiocarpais**), articulações entre as fileiras proximal e distal do carpo (**mediocarpais**) e articulações entre a fileira distal do carpo e os cinco ossos metacarpais da mão (**carpometacarpais**). Além dessas articulações do punho, há articulações entre os ossos do carpo em cada fileira (**intercarpais**).

A articulação vulgarmente chamada de punho envolve a extremidade distal do rádio e sobretudo dois ossos da fileira proximal do carpo: o escafoide e o semilunar. O movimento entre esses ossos produz uma ação do tipo deslizamento, à medida que escorregam um sobre o outro. As radiocarpais são classificadas como articulações condiloides em decorrência de seus movimentos.

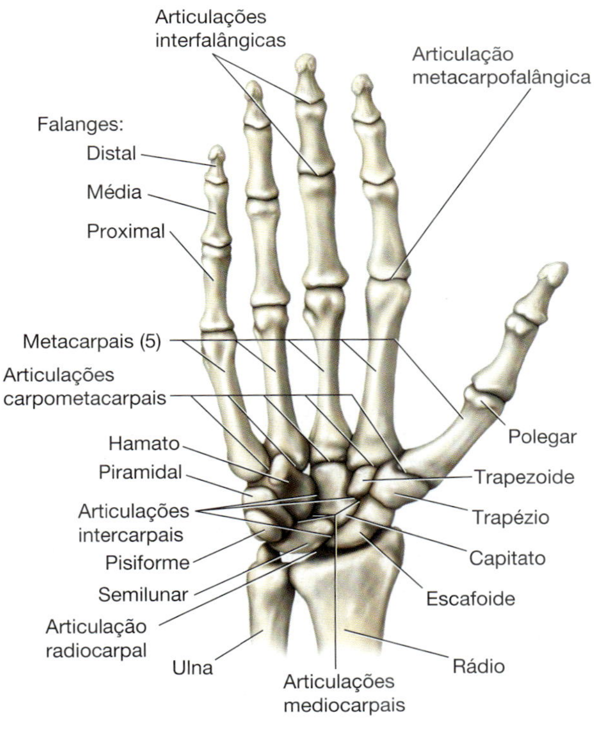

Figura 5.4 Articulações do punho e intercarpais.

Há cinco ligamentos principais no punho (Fig. 5.5). O **ligamento capsular** vai das extremidades distais da ulna e do rádio até a fileira proximal dos ossos do carpo. Há um **ligamento radiocarpal palmar** e **um ligamento radiocarpal dorsal**. O ligamento radiocarpal palmar está localizado entre a superfície anterior do rádio e seu processo estiloide e a fileira proximal dos ossos do carpo (Fig. 5.5). O ligamento radiocarpal dorsal é encontrado entre a extremidade distal do rádio e a fileira proximal dos ossos do carpo (Fig. 5.5). Os dois ligamentos adicionais do punho são os colaterais: o **colateral radial do carpo** (lateral) e o **ulnar do carpo** (medial) (Fig. 5.5). O ligamento colateral radial do carpo passa entre o processo estiloide do rádio e o osso escafoide do carpo. O colateral ulnar do carpo passa entre o processo estiloide da ulna e a porção medial dos ossos pisiforme e piramidal.

As articulações intercarpais entre os ossos do carpo do punho são conectadas por três formas de **ligamentos intercarpais**: os que ligam os quatro ossos da fileira proximal do carpo, os que ligam os quatro ossos na fileira distal do carpo e aqueles que ligam os carpais da fileira proximal aos carpais da fileira distal. Os ligamentos intercarpais ainda podem ser divididos em palmar, dorsal (Fig. 5.5), interósseo, colateral radial e ulnar, piso-hamato e pisometacarpal. Neste livro, todos esses ligamentos são denominados, de modo simplificado, intercarpais. As articulações intercarpais movem-se em deslizamento.

O último grupo de articulações consideradas parte do punho são as carpometacarpais. Há cinco articulações carpometacarpais: quatro entre os quatro ossos da fileira distal do carpo e as bases dos quatro metacarpais da mão e uma entre o trapézio e a base do primeiro osso metacarpal (polegar). O movimento dessas articulações é de deslizamento. Os ligamentos das quatro articulações carpometacarpais da mão são os **ligamentos carpometacarpais dorsais**, **ventrais**, **interósseos** e **capsulares**. Os dorsais e ventrais (Fig. 5.5) são encontrados entre as superfícies dorsal e palmar da fileira distal dos ossos do carpo

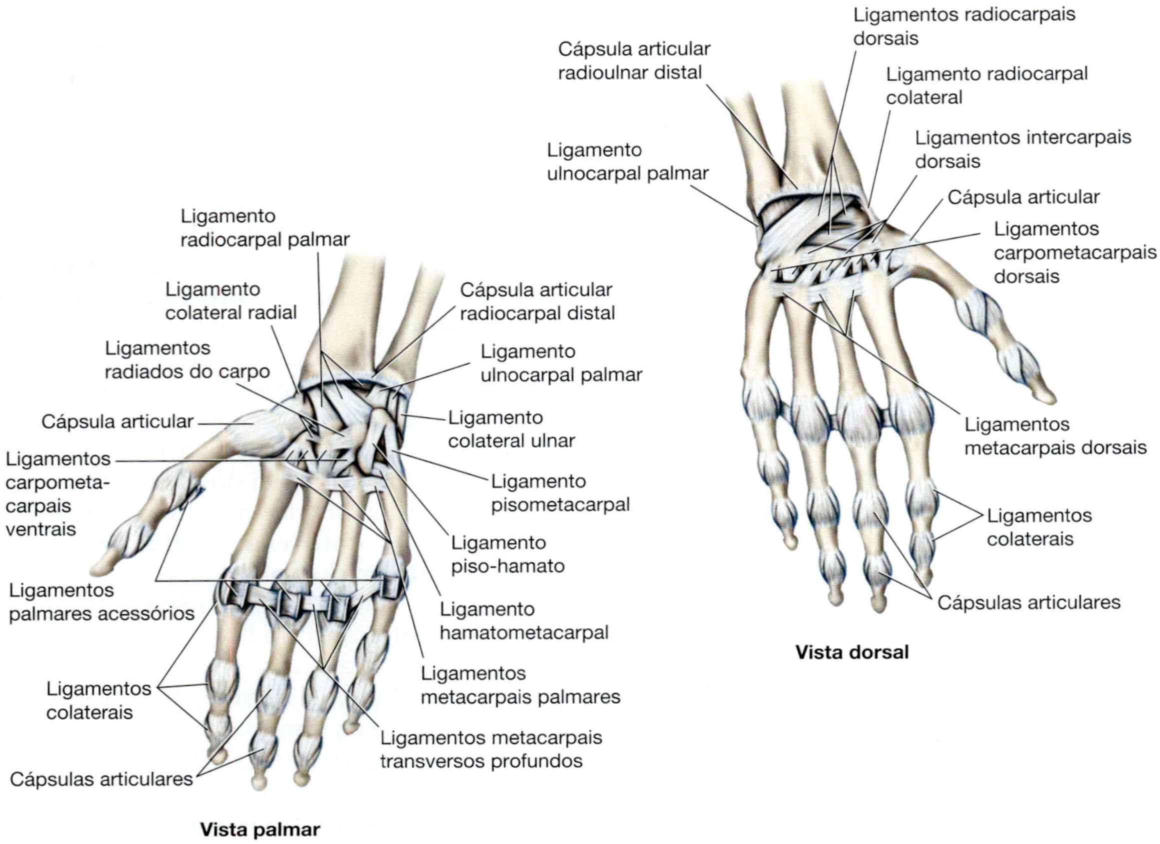

Figura 5.5 Ligamento capsular entre as extremidades distais da ulna e do rádio; ligamento radiocarpal palmar; ligamento radiocarpal dorsal; ligamentos colaterais radial e ulnar do punho; e ligamentos capsulares e colaterais das articulações interfalângicas.

e as bases dos ossos metacarpais. Os interósseos são observados entre os ossos hamato e capitato e as bases do terceiro e quarto ossos metacarpais. Os capsulares estão localizados entre a fileira distal do carpo e as bases dos quatro metacarpais da mão. A primeira articulação carpometacarpal (polegar) é única em comparação com as outras quatro articulações carpometacarpais; sua estrutura ligamentar consiste em um ligamento carpometacarpal capsular frouxo, que é encontrado entre o trapézio e a base do primeiro osso metacarpal (polegar). A articulação carpometacarpal do polegar é chamada de articulação em sela devido a sua forma.

As duas outras estruturas ligamentares do punho são os **retináculos flexor** (palmar) e **extensor** (dorsal) (Fig. 5.6), que são bandas de tecido conectivo sobre a superfície palmar (retináculo flexor) e a superfície dorsal (retináculo extensor) do punho. O retináculo flexor forma uma ponte sobre os ossos do carpo para formar o túnel do carpo, pelo qual passam os tendões flexores dos músculos do punho e da mão. Há um espaço muito menor entre o retináculo extensor e os ossos do carpo por onde passam os tendões extensores do punho e da mão.

Entre a mão e os dedos, há cinco **articulações metacarpofalângicas (MF)**, que são articulações entre os cinco ossos metacarpais longos da mão e as cinco falanges proximais dos dedos. Os quatro dedos, com três falanges cada, têm **articulações interfalângicas proximais (IFP)** e **distais (IFD)**. O polegar, com apenas duas falanges, tem apenas uma articulação interfalângica (IF). As cinco articulações MF, as quatro IFP e todas as IFD dos quatro dedos e a IF do polegar têm ligamentos capsulares e colaterais ulnar e radial (Fig. 5.5).

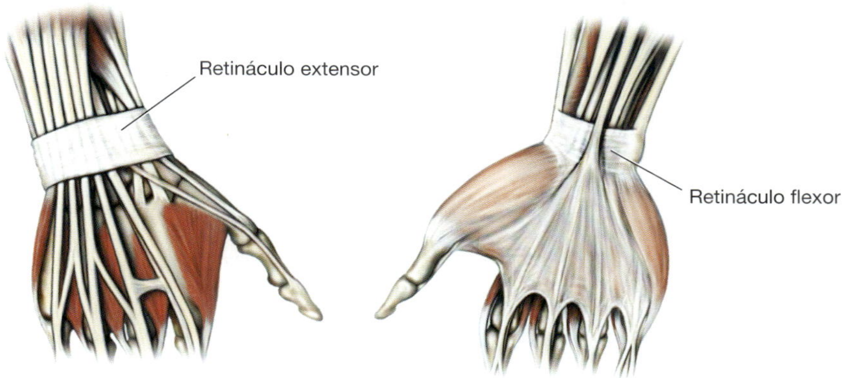

Figura 5.6 Retináculo extensor e flexor.

FOCO EM

Síndrome do túnel do carpo

Além dos vários tendões, passam vasos sanguíneos e nervos pelo túnel do carpo. Qualquer situação que cause uma inflamação desses tecidos no túnel, como um trauma direto ou o uso excessivo dos músculos cujos tendões passam pelo túnel, pode produzir inchaço dentro dele. A pressão sobre os tendões, os vasos sanguíneos ou os nervos pode resultar em dor e diminuição da função de qualquer desses tecidos. Essa condição muitas vezes é chamada de síndrome do túnel do carpo.

Movimentos repetitivos que sobrecarregam o punho podem levar à síndrome do túnel do carpo. Uma causa comum dessa síndrome é a digitação em um teclado de computador. Em um esforço para aliviar esse estresse, engenheiros de projeto e biomecânica utilizam conhecimentos da anatomia para produzir teclados novos e mais seguros. O campo de estudo que tenta melhorar as condições biomecânicas de trabalho é conhecido como ergonomia.

Movimentos fundamentais do punho e da mão

Lembre-se de que o movimento primário entre todas as diversas articulações do punho é definido como deslizante. A combinação dessas ações de deslizamento articular leva a quatro movimentos fundamentais no punho (Figs. 5.7 e 5.8): flexão e extensão (que ocorre sobretudo nas articulações radiocarpal e na mediocarpal), adução e abdução (sendo adução o desvio da mão na direção da ulna, e abdução o desvio da mão em direção ao rádio).

Embora possa ser considerado uma adução, o movimento do punho que resulta no movimento da mão em direção à linha média do corpo é conhecido como **desvio ulnar**. Da mesma forma, mover a mão para longe da linha média do corpo pode ser considerada uma abdução, mas é conhecida como **desvio radial**. Tenha em mente que o punho é uma articulação biaxial (i.e., pode se mover em dois planos, em torno de dois eixos) e é capaz de realizar a circundução. A circundução foi definida no Capítulo 2 como uma combinação de movimentos fundamentais de uma articulação biaxial ou triaxial. As articulações MF, IFP, IFD e IF dos dedos e do polegar são capazes de realizar flexão e extensão. As articulações MF também têm capacidade de externar abdução e adução. O polegar é capaz de executar movimentos adicionais, os quais serão apresentados mais adiante, na discussão dos músculos do polegar.

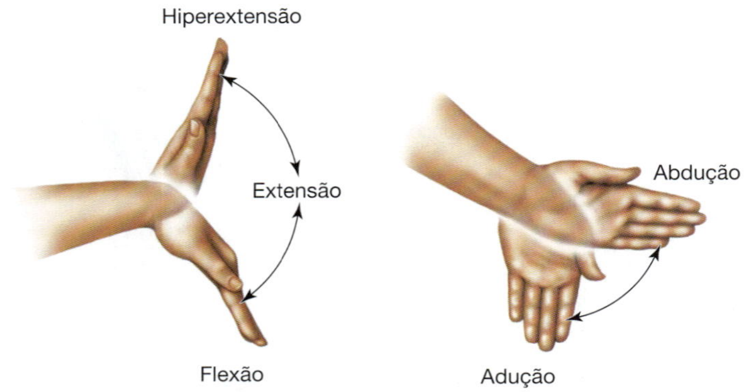

Figura 5.7 Movimentos do punho.

Figura 5.8 Desvio radial e ulnar.

Músculos extrínsecos do punho e da mão

Vários dos músculos que são responsáveis pelo movimento do punho se originam, na verdade, acima da articulação do cotovelo, no epicôndilo medial ou lateral do úmero. Embora eles atravessem a articulação do cotovelo, não costumam ser considerados músculos que criam movimento em tal articulação. São considerados músculos do punho e da mão. Aqueles que se originam externamente à mão (no úmero, na ulna ou no rádio) e se inserem nela são chamados de **músculos extrínsecos** da mão.

Músculos anteriores

Existem cinco músculos principais da mão e do punho que se encontram na superfície anterior (palmar) do antebraço. Quatro deles (Fig. 5.9) têm origem no epicôndilo medial do úmero, em uma estrutura conhecida como **tendão flexor comum**: o flexor radial do carpo, o flexor ulnar do carpo, o flexor superficial dos dedos e o palmar longo. O quinto músculo, que não faz parte do tendão flexor comum, é o flexor profundo dos dedos.

- **Flexor radial do carpo.** Faz parte do grupo de músculos que se originam no epicôndilo medial do úmero fora da estrutura conhecida como tendão flexor comum. Este músculo insere-se nas bases dos segundo e terceiro ossos metacarpais da mão (Fig. 5.9). Sua contração produz flexão e abdução do punho.

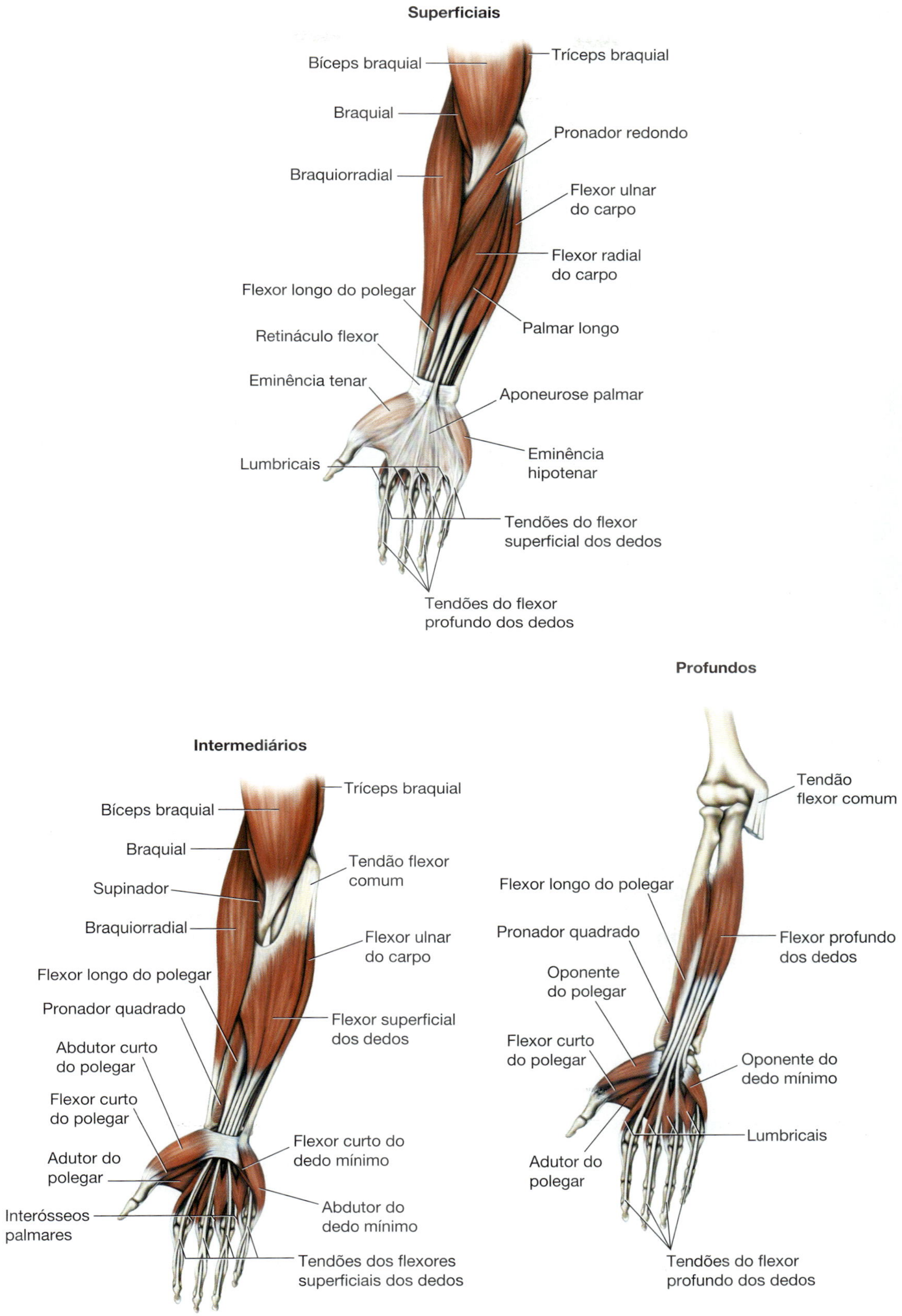

Figura 5.9 Músculos superficiais, intermediários e profundos do punho e da mão, em vista anterior.

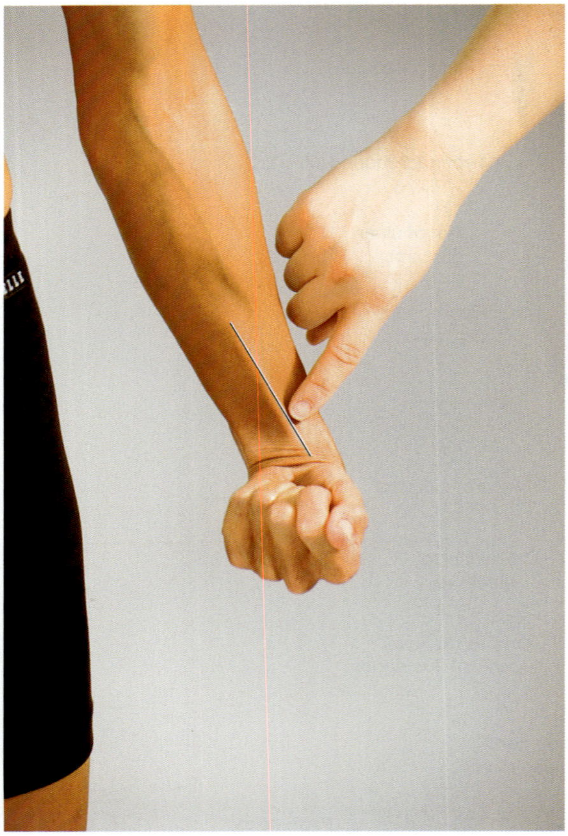

Figura 5.10 Localização do flexor radial do carpo.

Figura 5.11 Localização do flexor ulnar do carpo.

Prática

Feche a mão e flexione o punho, encontre o tendão do flexor radial e acompanhe-o em toda a sua extensão com o dedo, até sentir o ventre do músculo (Fig. 5.10).

- **Flexor ulnar do carpo.** Com origem no tendão flexor comum, o flexor ulnar do carpo insere-se nos ossos carpais pisiforme e hamato do punho e na base do quinto osso metacarpal da mão (Fig. 5.9). Este músculo produz flexão e adução do punho.

Prática

Flexione o punho contra uma resistência e observe o tendão do flexor ulnar do carpo (Fig. 5.11).

- **Flexor superficial dos dedos.** Este músculo tem origem no tendão flexor comum; seu tendão de inserção divide-se em quatro tendões separados que se dividem novamente e se inserem nas laterais das bases das falanges médias dos quatro dedos (Fig. 5.9). Este músculo flexiona o punho, a articulação MF e a articulação IFP dos quatro dedos.

Prática

Aplique pressão à área do antebraço que contém o tendão do flexor superficial dos dedos e flexione e estenda os dedos. Você deve sentir ou visualizar o movimento que é produzido por este músculo (Fig. 5.12).

- **Palmar longo.** Este é o quarto, e último, músculo que tem sua origem no tendão flexor comum. Insere-se na aponeurose palmar (Fig. 5.9). O tendão bastante longo deste músculo passa acima do retináculo flexor, ao contrário dos tendões dos outros músculos flexores do tendão comum, que passam por baixo do retináculo e pelo túnel do carpo. Sua contração resulta em flexão do punho e retesamento da fáscia palmar.

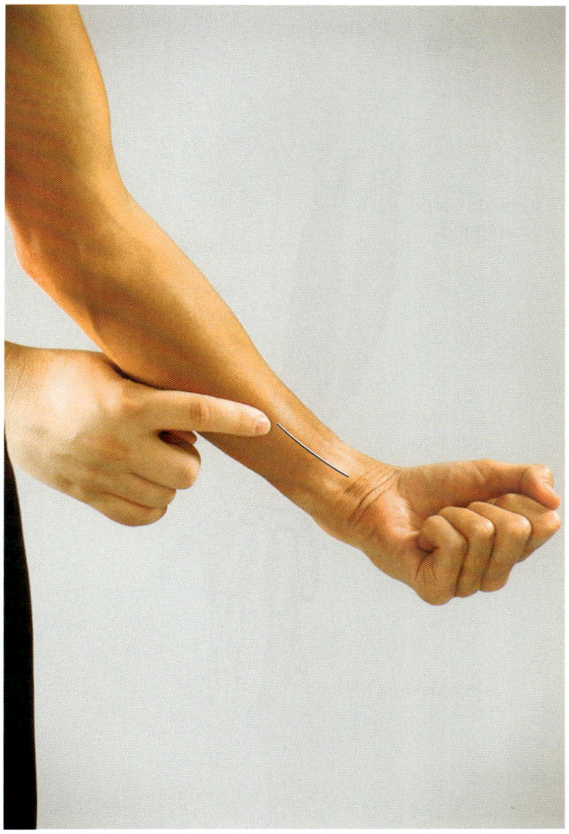

Figura 5.12 Localização do flexor superficial dos dedos.

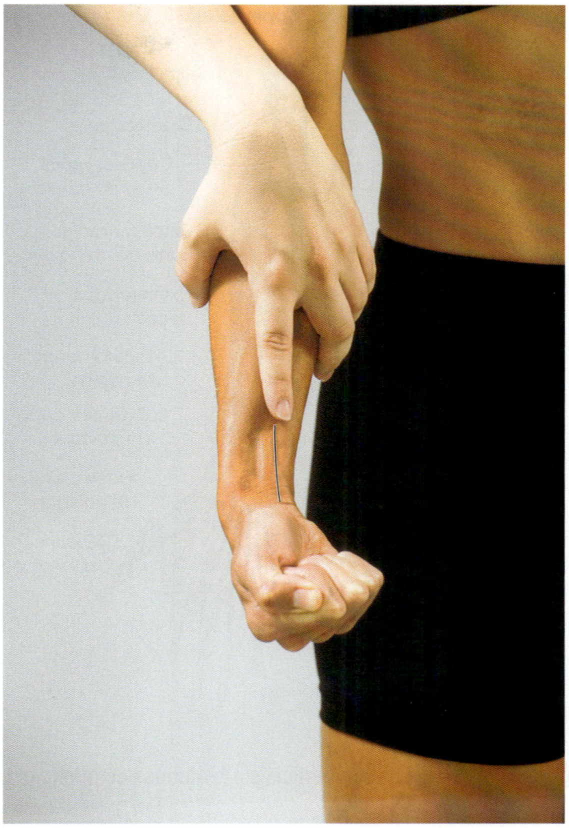

Figura 5.13 Localização do palmar longo.

O palmar longo está ausente em 20% dos indivíduos, mas isso não é problemático porque sua função envolve auxiliar os outros flexores, e ele não atua como um flexor primário. O tendão do músculo é frequentemente utilizado para reforçar os ligamentos do cotovelo que necessitam de reconstrução cirúrgica.

Prática

Pressione o polegar e os dedos um contra o outro, flexione o punho e sinta o movimento no terço inferior da face anterior do antebraço (Fig. 5.13). O músculo palmar longo é responsável por esse movimento.

- **Flexor profundo dos dedos.** Este músculo não faz parte do grupo do tendão flexor comum. Origina-se na porção proximal da superfície palmar da ulna e divide-se em quatro tendões que passam pelo túnel do carpo e se dividem para inserção em ambos os lados das bases das falanges distais dos quatro dedos (Fig. 5.9). Este músculo está envolvido na flexão do punho, das quatro articulações MF, das quatro articulações IFP e das quatro articulações IFD dos dedos.

Músculos posteriores

Seis músculos principais da mão e do punho aparecem na superfície posterior (dorsal) do antebraço (Fig. 5.14). Quatro deles originam-se no epicôndilo lateral do úmero, em uma estrutura conhecida como **tendão extensor comum**: o extensor radial curto do carpo, o extensor ulnar do carpo, o extensor dos dedos e o extensor do dedo mínimo. O quinto e o sexto músculos não fazem parte do tendão extensor comum: o extensor radial longo do carpo e o extensor do indicador.

- **Extensor radial curto do carpo.** Este músculo (Fig. 5.14) é um dos quatro que se originam no tendão extensor comum no epicôndilo lateral do úmero e se insere no dorso

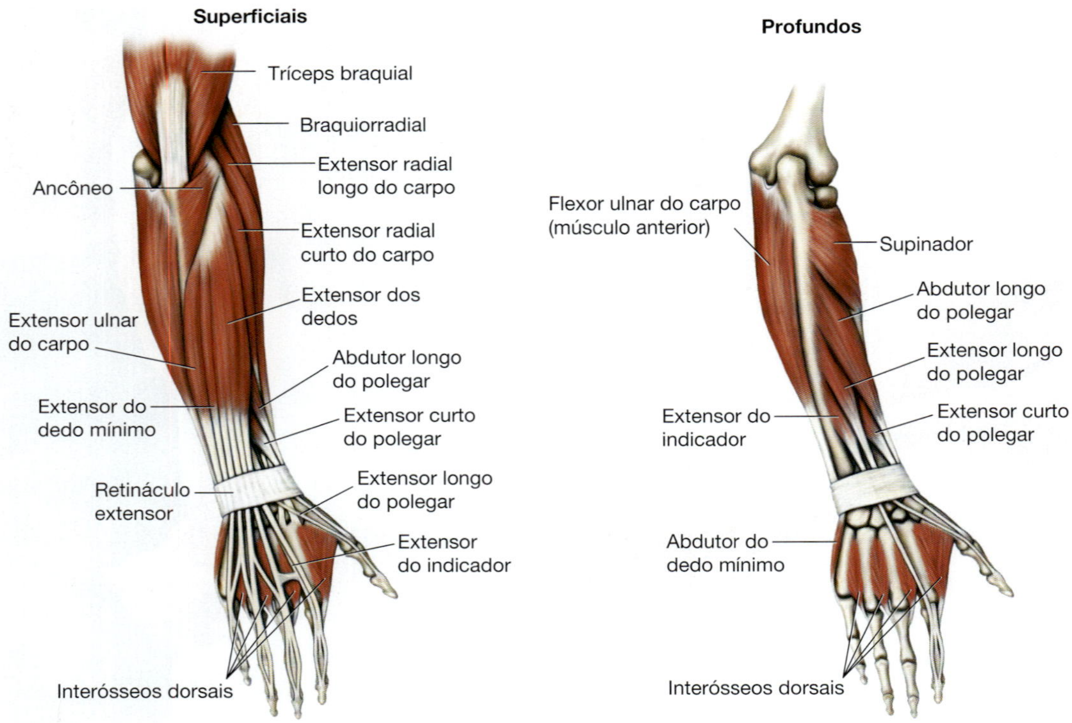

Figura 5.14 Músculos superficiais e profundos do punho e da mão, vista posterior.

do terceiro osso metacarpal. Sua função é a extensão e abdução do punho.

Prática

Estenda o punho contra uma resistência. No lado radial do aspecto dorsal do terço inferior do antebraço, você deve visualizar e sentir dois tendões: o extensor radial longo do carpo e o extensor radial curto do carpo (Fig. 5.15).

- **Extensor ulnar do carpo.** Outro dos quatro músculos que se originam no tendão extensor comum. Este músculo (Fig. 5.14) se insere no dorso do quinto osso metacarpal. Estende e realiza a adução do punho.

Prática

Estenda o punho quando estiver em adução e você sentirá o músculo extensor ulnar do carpo (Fig. 5.16).

- **Extensor dos dedos.** Terceiro músculo proveniente do tendão extensor comum. Divide-se em quatro tendões e insere-se nas bases das falanges distais dos quatro dedos (Fig. 5.14). O

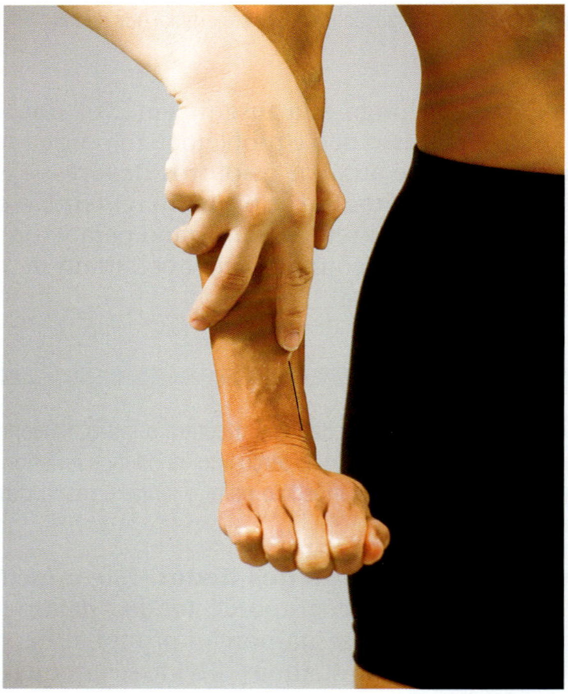

Figura 5.15 Localização dos extensores radiais longo e curto do carpo.

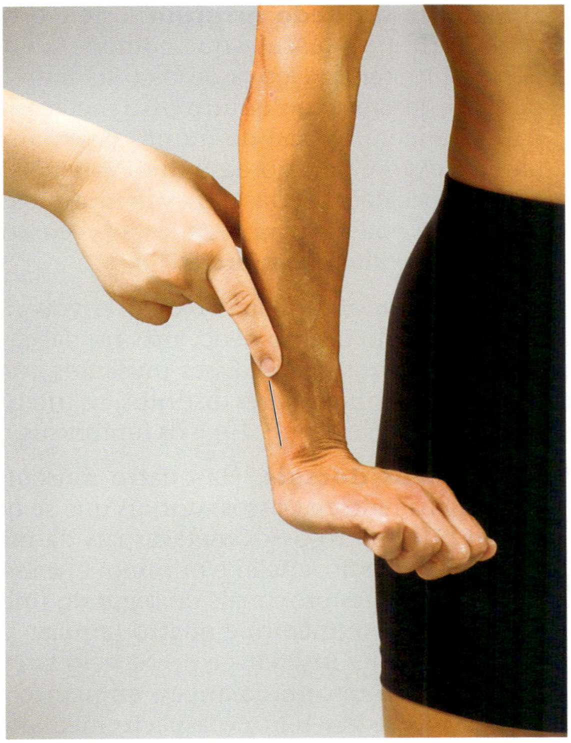

Figura 5.16 Localização do extensor ulnar do carpo.

músculo estende o punho, as articulações MF, as IFP e as IFD dos quatro dedos.

Prática

Estenda o punho e flexione e estenda os dedos. Observe o movimento dos quatro tendões do extensor dos dedos no dorso da mão (Fig. 5.17).

- **Extensor do dedo mínimo.** O quarto músculo originário do tendão extensor comum que estende o quinto dedo (dedo mínimo). Insere-se na base da falange proximal do quinto dedo e estende o punho e a articulação MF deste mesmo dedo (Fig. 5.14).

Prática

Estenda o dedo mínimo e sinta o movimento colocando pressão sobre a quinta articulação MF. Esse movimento é produzido pelo extensor do dedo mínimo (Fig. 5.18).

- **Extensor radial longo do carpo.** Este não é um músculo do tendão extensor comum.

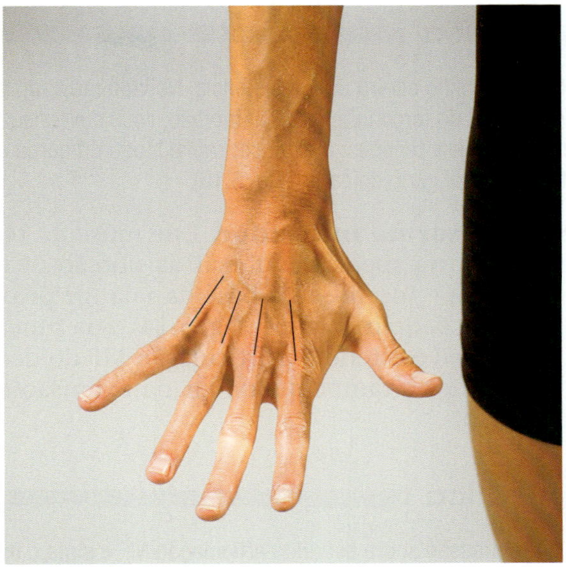

Figura 5.17 Localização do extensor dos dedos.

Origina-se na crista supracondiliana lateral do úmero e insere-se na face lateral da base do segundo osso metacarpal. Suas ações incluem a extensão e a abdução do punho.

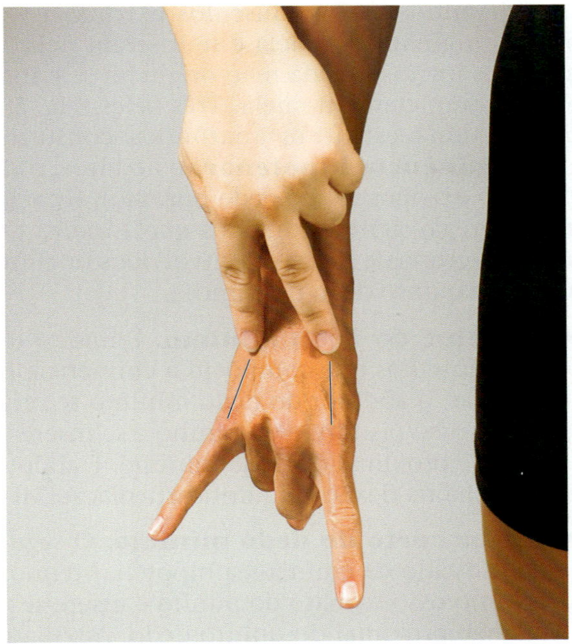

Figura 5.18 Localização do extensor do indicador e do extensor do dedo mínimo.

Prática

Estenda o punho contra uma resistência. No lado radial do aspecto dorsal do terço inferior do antebraço, você deve visualizar e sentir dois tendões: o extensor radial longo do carpo e o extensor radial curto do carpo (Fig. 5.15).

- **Extensor do indicador.** Este músculo têm origem na superfície dorsal da porção distal da ulna e insere-se na base da falange proximal do dedo indicador (Fig. 5.14). Sua função principal é estender a articulação MF do dedo indicador e também auxiliar na extensão do punho.

Prática

Coloque pressão sobre segunda articulação MF e sinta o movimento conforme você flexiona e estende o dedo indicador. O movimento é gerado pelos tendões do extensor dos dedos e, ligeiramente medial a ele, do extensor do indicador (Fig. 5.18).

Músculos intrínsecos da mão

Considerando que os músculos extrínsecos da mão se originam fora dela e se inserem nela, os músculos intrínsecos da mão originam-se e inserem-se completamente nela. Três deles (Fig. 5.9) formam uma estrutura anatômica conhecida como **eminência hipotenar** (o abdutor, o flexor curto e o opositor do dedo mínimo). *Hypo* (de origem grega, significa "menos que") indica que este é um grupo de músculos envolvidos no movimento do quinto dedo (mínimo).

- **Abdutor do dedo mínimo.** Primeiro dos três músculos que compõem a eminência hipotenar, o abdutor do dedo mínimo se origina no osso pisiforme do punho e se insere na falange proximal do dedo mínimo. É abdutor e auxilia na flexão da quinta articulação MF.
- **Flexor curto do dedo mínimo.** O segundo músculo da eminência hipotenar tem origem no osso hamato do punho e insere-se na falange proximal do quinto dedo. Auxilia na flexão da quinta articulação MF.
- **Oponente do dedo mínimo.** Este é o terceiro e último músculo que compõe a eminência hipotenar. Deriva do osso hamato do punho e insere-se no quinto osso metacarpal e na falange proximal do quinto dedo; auxilia na flexão e adução da quinta articulação MF. A capacidade de trazer o dedo mínimo em direção ao polegar para permitir a preensão é conhecida como **oponência**.

Alguns músculos da mão não estão envolvidos no movimento do quinto dedo, mas no das articulações dos outros dedos. Esses músculos compõem três grupos musculares distintos: os interósseos dorsal e palmar (Fig. 5.19) e os lumbricais.

- **Interósseos dorsais.** Há quatro músculos interósseos (entre os ossos) dorsais que se originam nos quatro ossos metacarpais da mão (indicador, médio, anelar e mínimo) e se inserem nas falanges proximais do segundo (indicador), terceiro (médio) e quarto (anular) dígitos. Dois deles inserem-se no aspecto lateral da segunda e terceira falanges, enquanto os outros dois se inserem no aspecto medial da terceira e quarta falanges. O primeiro interósseo pode ser facilmente localizado no aspecto dorsal da mão (Fig. 5.20).

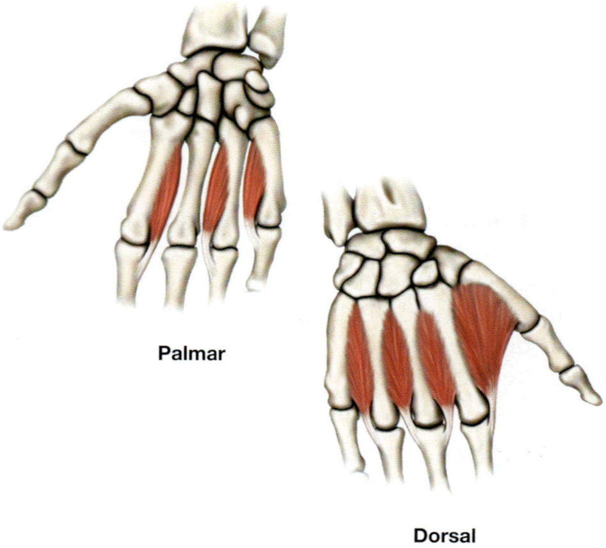

Figura 5.19 Músculos interósseos dorsais e palmares da mão.

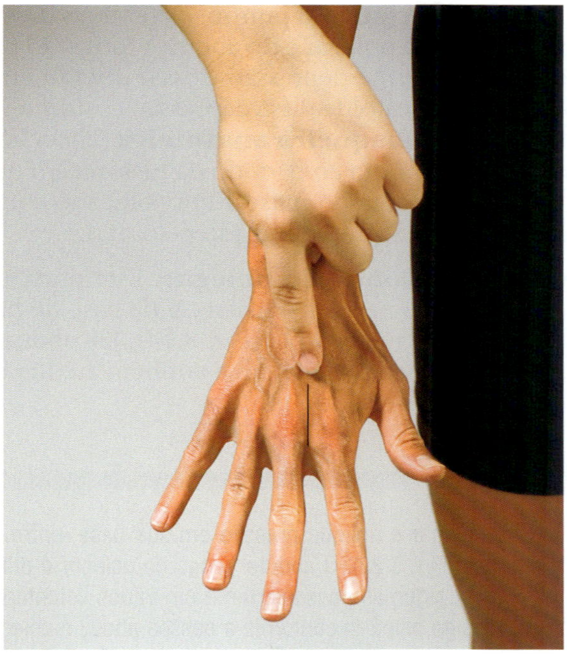

Figura 5.20 Localização do primeiro interósseo dorsal.

Prática

Abra os dedos e observe o que ocorre na segunda, terceira e quarta articulação MF. Os músculos interósseos dorsais fazem a segunda articulação MF abduzir a segunda e a quarta articulação MF abduzirem (moverem-se lateralmente a partir da linha média da mão), enquanto a terceira articulação MF produz desvio radial e desvio ulnar. Por quê? Dependendo do ângulo dessas articulações, esses músculos também auxiliam na flexão e na extensão delas.

- **Interósseos palmares.** Há três músculos interósseos palmares que se originam no segundo, quarto e quinto metacarpais da mão e se inserem na segunda, quarta e quinta falanges proximais. Dois deles inserem-se medialmente na quarta e quinta falanges, enquanto o terceiro insere-se lateralmente na segunda falange.

Prática

Abra os dedos da mão. Conforme você retorna os dedos em direção ao dedo médio, observe o movimento realizado pela segunda, quarta e quinta articulação MF. Os músculos interósseos palmares fazem a segunda articulação MF aduzir (mover medialmente em direção à linha média da mão) fazem a segunda, a quarta e a quinta articulações MF aduzir (mover lateralmente em direção à linha média da mão), enquanto a terceira articulação MF permanece estacionária. Por quê? Dependendo do ângulo dessas articulações, esses músculos também auxiliam na flexão e na extensão delas.

- **Lumbricais.** Estes quatro músculos encontram-se na parte profunda da mão; originam-se nos tendões do flexor profundo dos dedos e inserem-se nos tendões dos extensores dos dedos, na área das falanges proximais (Fig. 5.9). Este grupo de músculos auxilia na flexão das articulações MF e na extensão das IFP e IFD (Fig. 5.21).

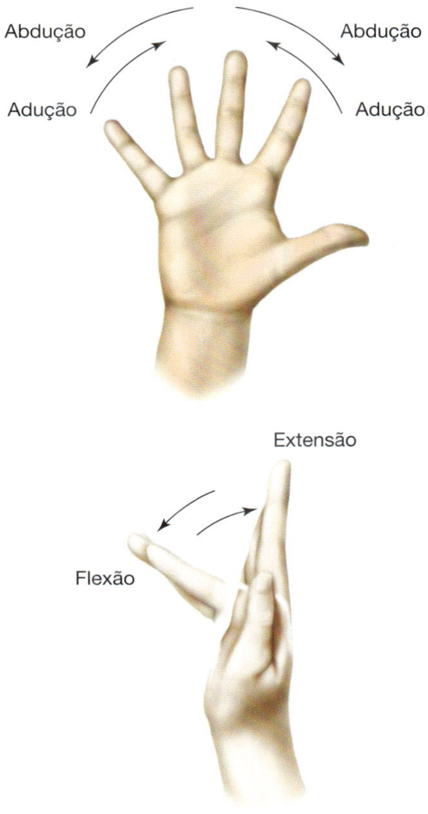

Figura 5.21 Movimentos das articulações MF.

Músculos do polegar

Os músculos envolvidos no movimento do polegar são divididos em extrínsecos (originários de fora e que se inserem na mão) e intrínsecos (origem e inserção na mão).

Músculos extrínsecos

Todos esses músculos originam-se extrinsecamente, proximal ao polegar, e se inserem no polegar. Observe que todos contêm o termo *polegar* (da palavra latina *pollex*) em seus nomes.

- **Extensor longo do polegar.** Este músculo tem origem na ulna e insere-se na falange distal do polegar; estende tanto a articulação IF quanto a MF do polegar (Fig. 5.14). Também auxilia na abdução do punho e na supinação do antebraço.
- **Extensor curto do polegar.** Este músculo tem origem no rádio e insere-se na falange proximal do polegar (Fig. 5.14). Estende a articulação MF e auxilia na abdução do punho.

Conforme cruzam o punho, os tendões do extensor curto do polegar e do abdutor longo do polegar formam uma depressão (fossa) diretamente sobre o osso escafoide. Essa depressão costuma ser chamada de **tabaqueira anatômica** (Fig. 5.22). Esse termo remonta ao período da história em que o tabaco na forma de mascar era colocado sobre essa área e, em seguida, inalado pelo nariz.

- **Abdutor longo do polegar.** Este músculo têm origem na ulna e insere-se na base do primeiro osso metacarpal (Fig. 5.14). Ele abduz o primeiro osso metacarpal e também auxilia na abdução e flexão do punho.

Prática

Abduza o polegar e aplique pressão em sua base, entre os dois tendões (Fig. 5.22). O abdutor longo do polegar é difícil de palpar em algumas pessoas; tente em vários voluntários até que consiga palpá-lo conforme a pessoa abduz o polegar (Fig. 5.23).

- **Flexor longo do polegar.** Este músculo tem origem no rádio e insere-se na falange distal do polegar (Fig. 5.9). Ele flexiona as articu-

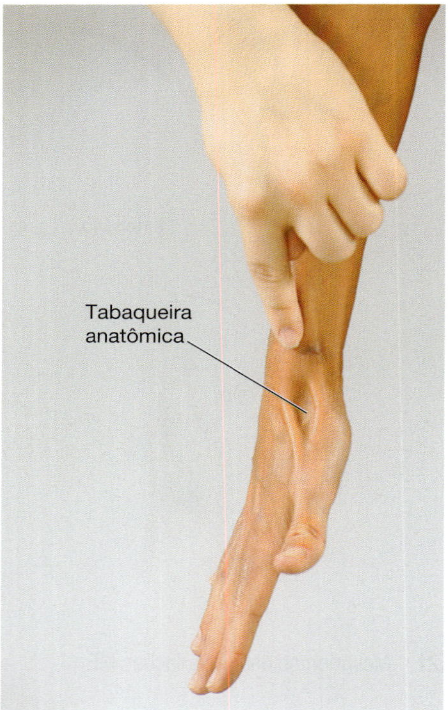

Figura 5.22 Localização dos extensores longo e curto do polegar e da tabaqueira anatômica.

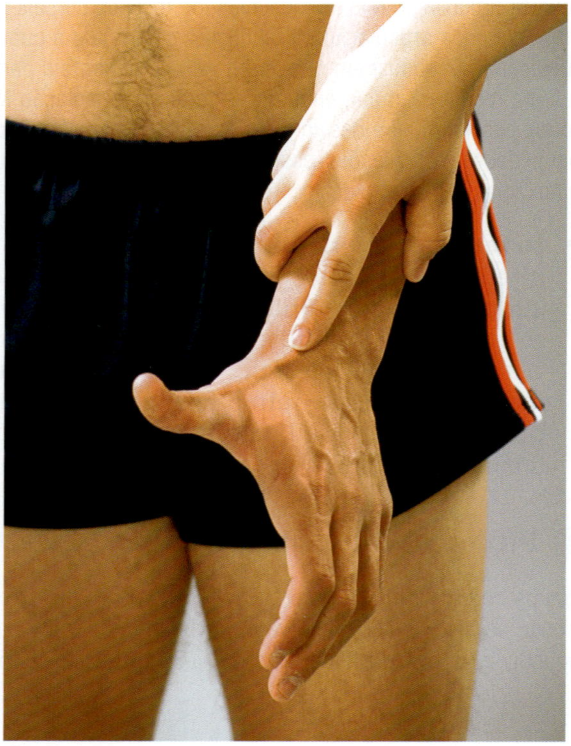

Figura 5.23 Localização do abdutor longo do polegar.

lações IF e MF do polegar e também auxilia na flexão do punho (Fig. 5.24).

Músculos intrínsecos

Os músculos a seguir têm origem e inserem-se por completo na mão (intrinsecamente a ela). Os ventres desses músculos formam um coxim espesso de tecido, ligeiramente proximal ao polegar, constituindo o que costuma ser chamado de **eminência tenar** (Fig. 5.9). Novamente, todos os quatro músculos têm o termo *polegar* em seus nomes.

- **Abdutor curto do polegar.** Origina-se nos ossos trapézio e escafoide e insere-se na base da falange proximal do polegar. Este músculo auxilia na abdução do polegar (Fig. 5.9).

Prática

Abduza o polegar e observe ou sinta o movimento no aspecto lateral da eminência tenar. Esse movimento é produzido pelo abdutor curto do polegar.

- **Flexor curto do polegar.** Este músculo (Fig. 5.9) origina-se no osso trapézio e insere-se na falange proximal do polegar. Ele auxilia o flexor longo do polegar na flexão da articulação MF desse dedo.

Prática

Flexione o polegar em direção ao segundo dedo e sinta o movimento do flexor curto do polegar (Fig. 5.25).

- **Oponente do polegar.** Origina-se no trapézio e insere-se no primeiro osso metacarpal. Este músculo aduz (opõe) o polegar (Fig. 5.9).

Prática

Mova o polegar em direção aos quatro dedos e palpe ao longo do aspecto lateral da articulação MF do polegar. O movimento que você sente é produzido pelo oponente do polegar (Fig. 5.26).

- **Adutor do polegar.** Este músculo de duas cabeças tem a primeira cabeça (oblíqua) originada no capitato e segundo e terceiro ossos metacarpais e a segunda (transversa) originada no terceiro osso metacarpal. As duas cabeças combinam-se e inserem-se na base da falange proximal do polegar (Fig. 5.9). A ação deste músculo é a adução (oposição) do polegar.

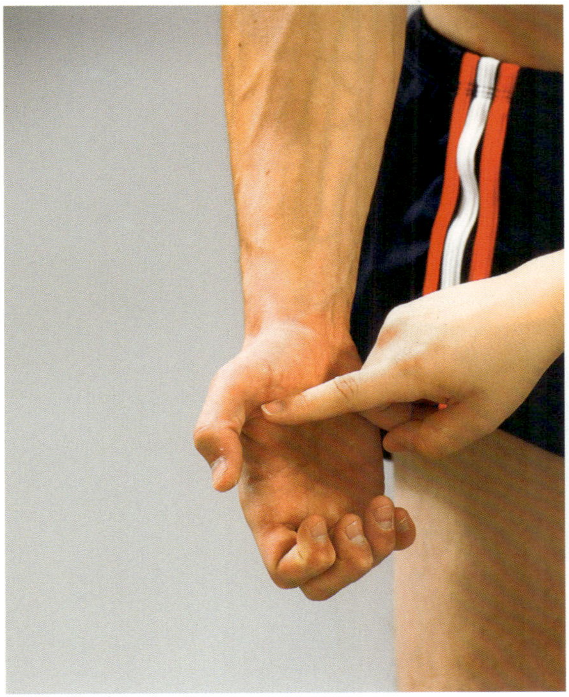

Figura 5.24 Localização do flexor longo do polegar.

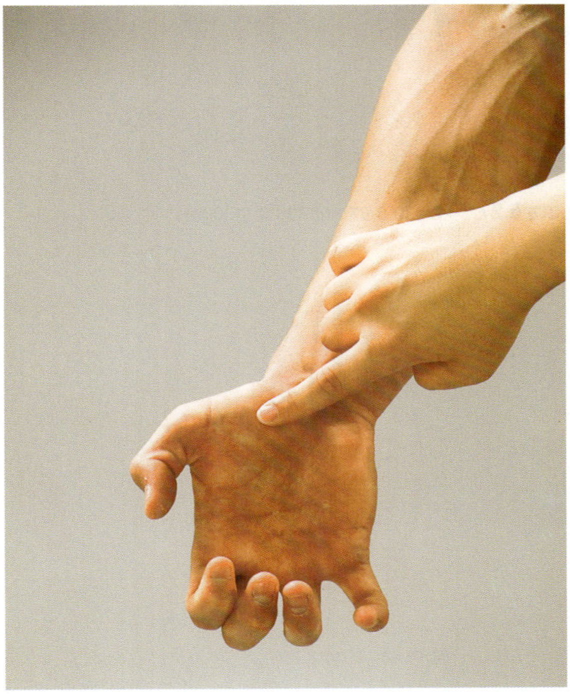

Figura 5.25 Localização do flexor curto do polegar.

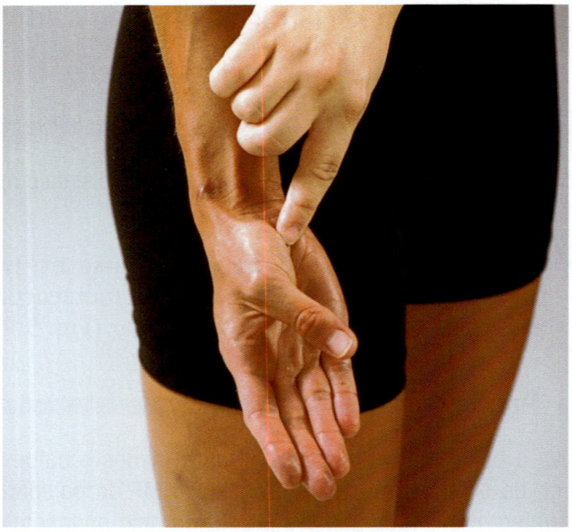

Figura 5.26 Localização do oponente do polegar.

Prática

Coloque o polegar e o dedo indicador de sua mão oposta no espaço entre o polegar e o dedo indicador, sentindo o tendão do adutor do polegar.

As Figuras 5.27 a 5.29 ilustram os movimentos que o polegar é capaz de realizar em decorrência das ações de seus músculos extrínsecos e intrínsecos. Ele tem capacidade de executar os movimentos de flexão e extensão (Fig. 5.27), adução e abdução (Fi.5.28) e oposição (Fig. 5.29). Observe que, ao descrever os movimentos do polegar na posição anatômica, existem exceções às referências habituais. A flexão e a extensão do polegar parecem ocorrer no plano frontal; enquanto a abdução e a adução, no plano sagital.

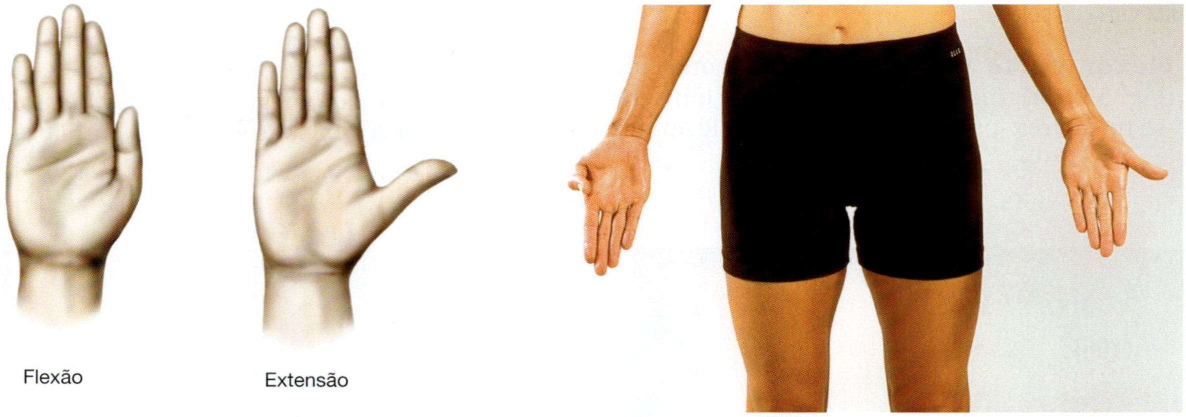

Figura 5.27 Flexão e extensão do polegar.

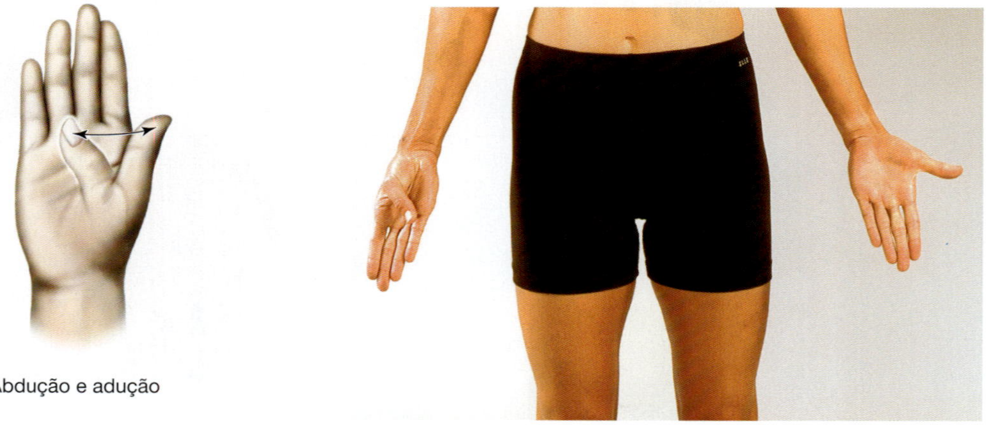

Figura 5.28 Abdução e adução do polegar.

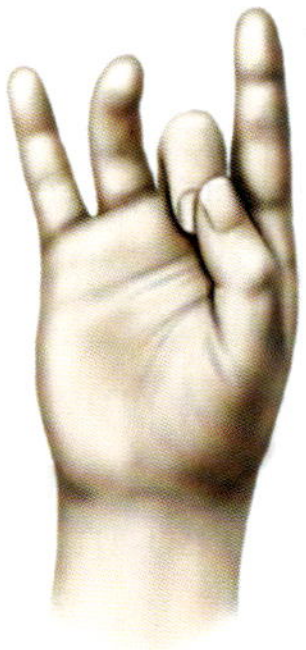

Oposição

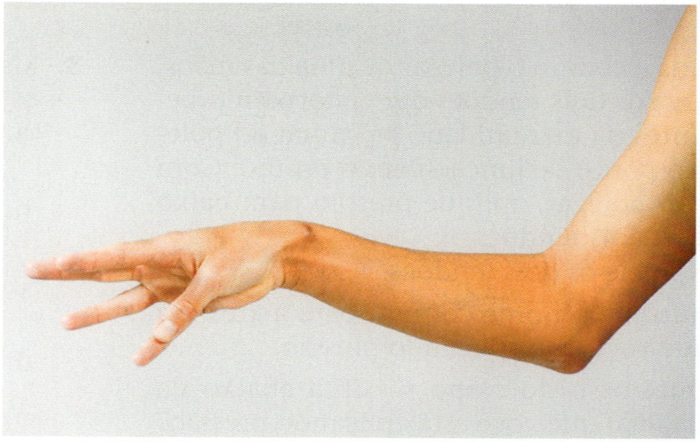

Figura 5.29 Oposição do polegar.

DICAS DE APRENDIZAGEM

REVISÃO DA TERMINOLOGIA

Os termos a seguir são discutidos neste capítulo. Definir ou descrever cada termo e, se for o caso, identificar a localização da estrutura em seu corpo ou em uma ilustração apropriada.

abdutor curto do polegar
abdutor do dedo mínimo
abdutor longo do polegar
adutor do polegar
articulação carpometacarpal
articulação intercarpal
articulação interfalângica distal (IFD)
articulação interfalângica proximal (IFP)
articulação mediocarpal
articulação metacarpofalângica
articulação radiocarpal
capitato
desvio radial
desvio ulnar
eminência hipotenar
eminência tenar
escafoide
extensor curto do polegar
extensor do dedo mínimo
extensor do indicador
extensor dos dedos
extensor longo do polegar
extensor radial curto do carpo
extensor radial longo do carpo
extensor ulnar do carpo
falange
flexor curto do dedo mínimo
flexor curto do polegar
flexor longo do polegar
flexor profundo dos dedos
flexor radial do carpo
flexor superficial dos dedos
flexor ulnar do carpo
hamato
interósseos dorsais
interósseos palmares
ligamento capsular
ligamento capsular carpometacarpal
ligamento carpometacarpal dorsal
ligamento carpometacarpal ventral
ligamento colateral radial
ligamento colateral ulnar
ligamento intercarpal
ligamento interósseo carpometacarpal
ligamento radiocarpal dorsal
ligamento radiocarpal palmar
lumbricais
mãos preênseis
metacarpal
oponência
oponente do dedo mínimo
oponente do polegar
ossos do carpo
palmar longo
piramidal
pisiforme
retináculo extensor
retináculo flexor
semilunar
tabaqueira anatômica
tendão extensor comum
tendão flexor comum
trapézio
trapezoide

SUGESTÃO DE ATIVIDADES DE APRENDIZAGEM

1. Estenda e abduza o polegar de uma das mãos. Observe os dois tendões que se tornam proeminentes na extremidade proximal do polegar, no ponto de junção com o punho. Com o outro polegar, aplique pressão para baixo entre os dois tendões.
   a. Nomeie os dois tendões.
   b. Informe o nome comum para a área em que você está aplicando pressão.
   c. Qual osso do carpo se situa abaixo da área em que você está aplicando pressão?
2. Flexione ambos os punhos o máximo que conseguir e, então, estenda-os ao máximo. Faça isso a partir da posição anatômica. Repita ambos os movimentos, desta vez começando com as mãos fechadas.
   a. Qual movimento, a partir da posição anatômica, apresentou maior amplitude: a flexão ou a extensão?
   b. O que aconteceu com a amplitude de movimento tanto na flexão como na extensão quando o exercício foi realizado com a mão fechada? Se não houvesse alteração na amplitude de movimento do punho entre a posição neutra e quando a mão foi fechada, quais estruturas anatômicas seriam responsáveis por essas mudanças?
3. Mantendo a mão na posição anatômica, abra os dedos. O movimento ocorreu na:
   a. Articulação MF do dedo indicador (pela ação de qual músculo)?
   b. Articulação MF do dedo médio (pela ação de qual músculo)?
   c. Articulação MF do dedo anular (pela ação de qual músculo)?
   d. Articulação MF do dedo mínimo (pela ação de qual músculo)?
4. Com os dedos abertos, retorne-os à posição anatômica. O movimento ocorreu na:
   a. Articulação MF do dedo indicador (pela ação de qual músculo)?
   b. Articulação MF do dedo médio (pela ação de qual músculo)?
   c. Articulação MF do dedo anular (pela ação de qual músculo)?
   d. Articulação MF do dedo mínimo (pela ação de qual músculo)?
5. Encoste a ponta do polegar na ponta do dedo mínimo.
   a. Que movimentos ocorreram nas articulações do polegar?
   b. Que músculos realizaram esses movimentos?

QUESTÕES DE MÚLTIPLA ESCOLHA

1. Qual das articulações a seguir não é capaz de realizar a circundução?
   a. Interfalângica distal
   b. Metacarpofalângica
   c. Punho
   d. Glenoumeral
2. O movimento do punho em abdução é um desvio:
   a. Ulnar
   b. Radial
   c. Flexão
   d. Extensão
3. Qual dos ossos a seguir encontra-se na fileira distal do carpo?
   a. Hamato
   b. Escafoide
   c. Pisiforme
   d. Semilunar
4. A estrutura conhecida como tabaqueira anatômica é formada pelos tendões do extensor curto do polegar e do:
   a. Flexor longo do polegar
   b. Abdutor longo do polegar
   c. Extensor longo do polegar
   d. Adutor longo do polegar

5. Os lumbricais, localizados profundamente na mão, estendem as articulações interfalângicas e flexionam as:
   a. Articulações metacarpofalângicas
   b. Articulações intercarpais
   c. Articulações carpometacarpais
   d. Articulações mediocarpais
6. Qual dos músculos a seguir não se origina no tendão extensor comum?
   a. Extensor ulnar do carpo
   b. Extensor radial longo do carpo
   c. Extensor dos dedos
   d. Extensor radial curto do carpo
7. Os músculos do antebraço que flexionam e estendem somente o punho se inserem nos ossos do carpo ou nos(as):
   a. Metacarpais
   b. Falanges proximais
   c. Falanges médias
   d. Falanges distais
8. A eminência hipotenar é formada por músculos que movem o:
   a. Polegar
   b. Dedo indicador
   c. Dedo mínimo
   d. Dedo anular
9. Qual dos ossos do carpo a seguir tem a forma navicular?
   a. Pisiforme
   b. Escafoide
   c. Hamato
   d. Semilunar
10. Qual dos músculos a seguir não tem origem no tendão flexor comum?
   a. Flexor ulnar do carpo
   b. Flexor superficial dos dedos
   c. Flexor profundo dos dedos
   d. Flexor radial do carpo
11. Qual dos músculos a seguir é considerado um músculo extrínseco do dedo mínimo?
   a. Extensor do dedo mínimo
   b. Flexor curto do dedo mínimo
   c. Abdutor do dedo mínimo
   d. Oponente do dedo mínimo
12. Qual das articulações a seguir é considerada biaxial?
   a. Interfalângica
   b. Interfalângica proximal
   c. Metacarpofalângica
   d. Interfalângica distal
13. Qual dos músculos a seguir não é considerado um músculo intrínseco do polegar (eminência tenar)?
   a. Flexor curto do polegar
   b. Abdutor curto do polegar
   c. Flexor longo do polegar
   d. Adutor do polegar
14. O músculo opositor do polegar move o polegar:
   a. Em direção ao dedo mínimo
   b. Em direção ao rádio
   c. Em flexão
   d. Em extensão
15. Qual dos movimentos a seguir não é considerado um movimento fundamental do punho?
   a. Flexão
   b. Adução
   c. Abdução
   d. Circundução

QUESTÕES DE PREENCHIMENTO DE LACUNAS

1. O único músculo flexor do punho cujo tendão de inserção não passa sob o retináculo flexor (palmar) é o _______.
2. A extensão do punho ocorre principalmente nas articulações_______.
3. Os tendões que passam pelo túnel do carpo são considerados principalmente _______ do punho e da mão.

4. A eminência tenar é formada pelos músculos intrínsecos do(a)_______.
5. A flexão do punho ocorre principalmente nas articulações_______.
6. O desvio em direção ulnar do punho no plano frontal é conhecido como _______ do punho.
7. O extensor do indicador estende as articulações MF, IFP e IFD do dedo _________.
8. O osso mais lateral da fileira proximal do carpo é o_________.
9. O movimento do polegar que permite segurar objetos é conhecido como _________.
10. Radiocarpal é a articulação entre o rádio, o semilunar e o osso_________.
11. A banda de tecido no punho que mantém os flexores do punho e da mão sob tensão é conhecida como ________.
12. A articulação do punho é estabilizada nos aspectos medial e lateral pelos ligamentos ________do rádio e da ulna.
13. As articulações entre os ossos do punho e os da mão são conhecidas como as__________.
14. O osso do carpo que está logo abaixo da tabaqueira anatômica é conhecido como ___________.

EXERCÍCIOS DE MOVIMENTO FUNCIONAL

É necessário algum grau de extensão do punho e flexão dos dedos para segurar uma raquete de tênis ao realizar uma jogada de *backhand*, conforme ilustrado na figura ao lado. Para que essa ação ocorra, há um movimento tanto nas articulações do punho (radiocarpais, mediocarpais, intercarpais e carpometacarpais) quanto nas articulações dos dedos (MF, IFP e IFD). Liste um músculo que atua como um motor primário, um antagonista, um fixador e um sinergista envolvidos na extensão do punho e dos dedos.

	Articulações do punho	Articulações dos dedos (MF, IFP, IFD)
Motor primário		
Antagonista		
Fixador		
Sinergista		

CAPÍTULO 6

Nervos e Vasos Sanguíneos dos Membros Superiores

As estruturas conhecidas como nervos, artérias e veias foram apresentadas no Capítulo 1. Essas estruturas são importantes para o movimento porque fornecem estímulo para contrair (nervos), providenciam o suprimento sanguíneo que transporta nutrientes (artérias) e removem os subprodutos do esforço dos músculos (veias) para movimentar os ossos. Os sistemas nervoso e vascular são muito complexos e têm várias funções. Depois de discutidos os ossos, os ligamentos e os músculos, são apresentados os nervos e vasos sanguíneos pertinentes à musculatura de cada seção anatômica deste livro (membros superiores; cabeça; coluna vertebral e tórax, incluindo o coração e os pulmões; e membros inferiores).

Os **nervos** dos membros superiores originam-se na medula espinal da primeira vértebra cervical à primeira vértebra torácica; em geral são classificados como nervos motores, nervos sensitivos ou nervos mistos, que contêm tanto habilidades motoras quanto sensitivas. Os nervos motores inervam músculos; quando estimulados voluntária ou involuntariamente, levam à contração das fibras musculares e à elaboração de movimento nas articulações atravessadas por essas fibras. Esses nervos são apresentados na tabela-resumo no final deste capítulo.

As grandes artérias dos membros superiores fornecem o combustível essencial para contração muscular, e as grandes veias transportam os produtos residuais dessa contração. As grandes artérias que irrigam os músculos também estão listadas na tabela-resumo no final deste capítulo.

A finalidade deste capítulo é examinar a anatomia das estruturas dos sistemas nervoso e vascular que são essenciais para o funcionamento da musculatura do corpo. A Figura 6.1 mostra alguns dos nervos relevantes que são abordados aqui.

Os nervos espinais que inervam a musculatura formam **plexos**, ou redes. Nos membros superiores, os nervos surgem do **plexo braquial** (raízes nervosas C5, C6, C7, C8 e T1 e muitas vezes das raízes nervosas de C4 e T2) (Fig. 6.2). Embora existam apenas sete vértebras cervicais, há oito raízes

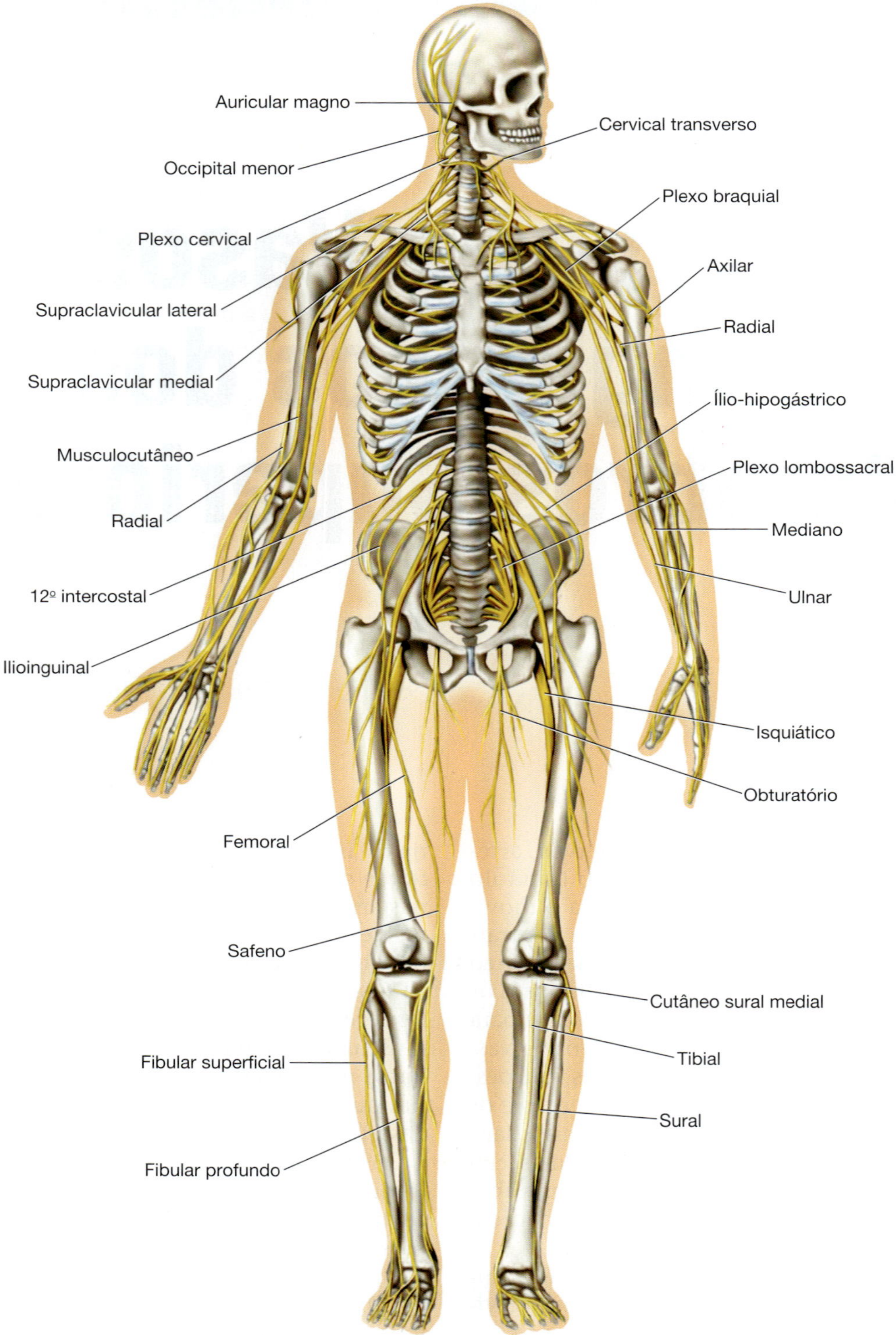

Figura 6.1 Sistema nervoso sobreposto ao esqueleto.

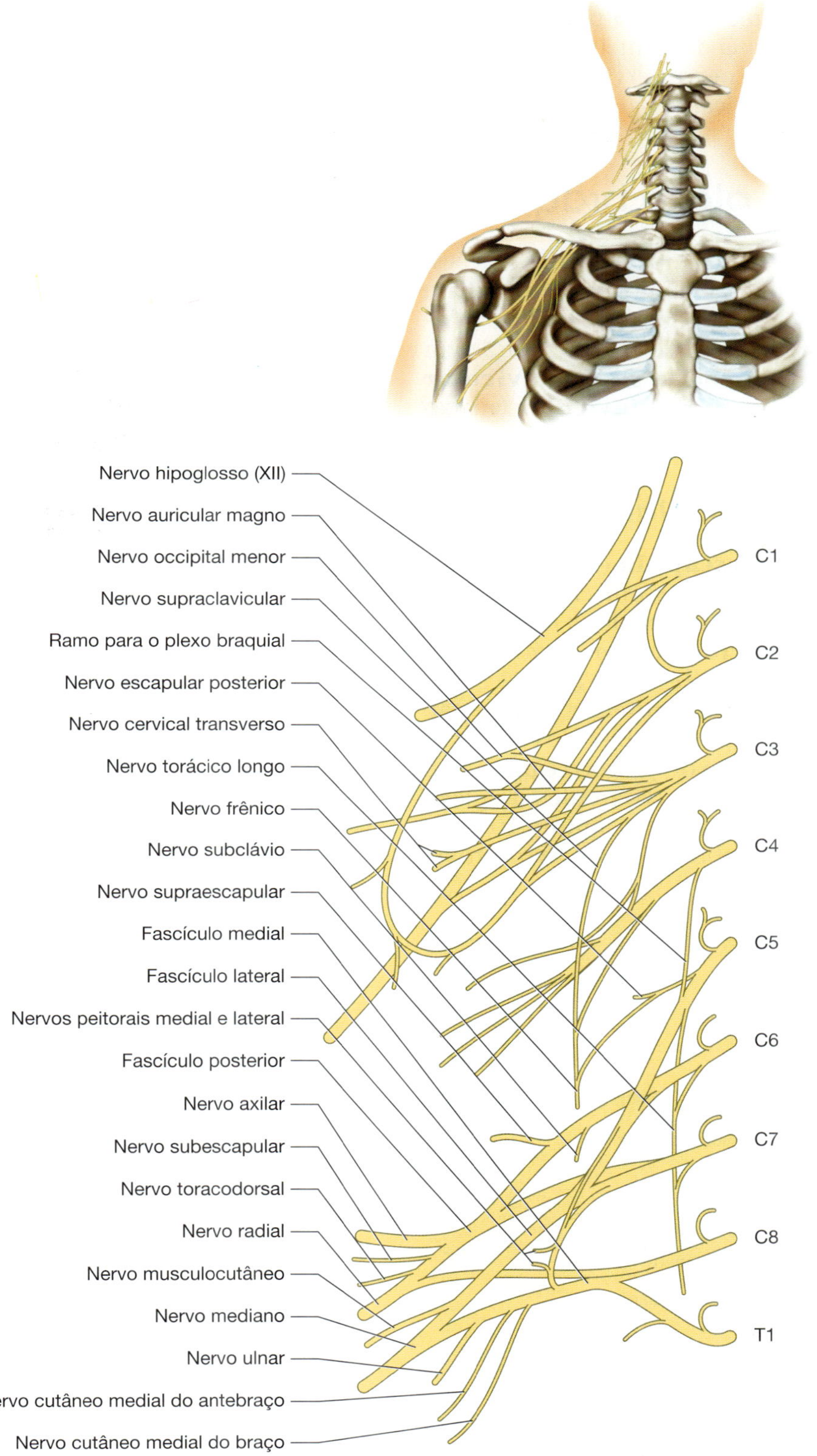

Figura 6.2 Vista das raízes nervosas de C1 a T1.

espinais cervicais. Isso é facilmente compreensível quando se percebe que a raiz do primeiro nervo cervical se origina *acima* da primeira vértebra cervical e a raiz do oitavo nervo cervical surge *abaixo* da sétima vértebra cervical.

Nervos do plexo braquial

Os nervos espinais têm ramos (ou ramificações) anteriores e posteriores. O ramo anterior forma o plexo braquial (Fig. 6.3), o qual costuma ser dividido em duas partes com base em sua posição em relação à clavícula: a porção **supraclavicular** (acima da clavícula) e a **infraclavicular** (abaixo da clavícula).

Nervos supraclaviculares

O **nervo dorsal da escápula** (ramos anterior e posterior de C5) inerva os músculos levantador da escápula e romboides maior e menor (Fig. 6.3). O **nervo torácico longo** (ramos anterior e posterior de C5, C6 e C7) (Figs. 6.2 e 6.3) inerva o músculo serrátil anterior. Não estão ilustrados os nervos para os músculos cervicais (C2-C8) escaleno e longo do pescoço e um nervo comunicante (C5) para o nervo frênico do plexo cervical, que são discutidos no Capítulo 10 (relacionado à coluna vertebral). Dois nervos provenientes de um dos três grupos de nervos do plexo braquial, conhecidos como *troncos superior, médio* e *inferior*, são o **nervo subclávio** (C5, C6), que inerva o músculo subclávio, e o **nervo supraescapular** (C5, C6) (Figs. 6.2 e 6.3), que inerva os músculos supraespinal e infraespinal do manguito rotador.

Nervos infraclaviculares

Formam-se três grandes fascículos de nervos (lateral, medial e posterior) no plexo braquial pelas divisões dos troncos superior, médio e inferior dos nervos espinais (Fig. 6.3). Os nervos infraclaviculares que emergem do **fascículo lateral** são o nervo **nervo peitoral lateral** (C5, C6, C7), que inerva o músculo peitoral maior; a **parte lateral do nervo mediano** (C8, T1, C6, C7), que inerva a maior parte dos músculos do antebraço anterior e alguns músculos da mão; e o **nervo musculocutâneo** (C7, C5, C6) (Fig. 6.4), que inerva os músculos do braço anterior.

Prática

Aplicar pressão entre o tríceps braquial e o bíceps braquial, no aspecto medial do braço, pode produzir uma sensação de formigamento na mão porque você está comprimindo o **nervo mediano** (Fig. 6.5).

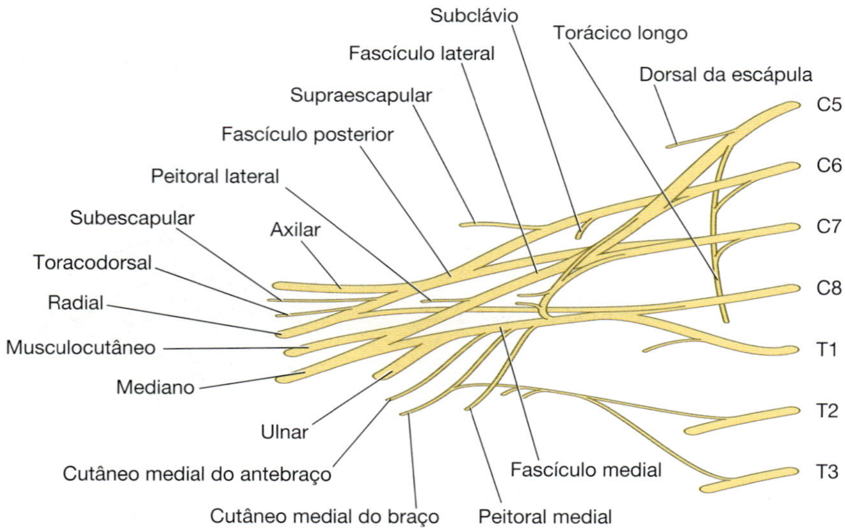

Figura 6.3 Vista isolada do plexo braquial.

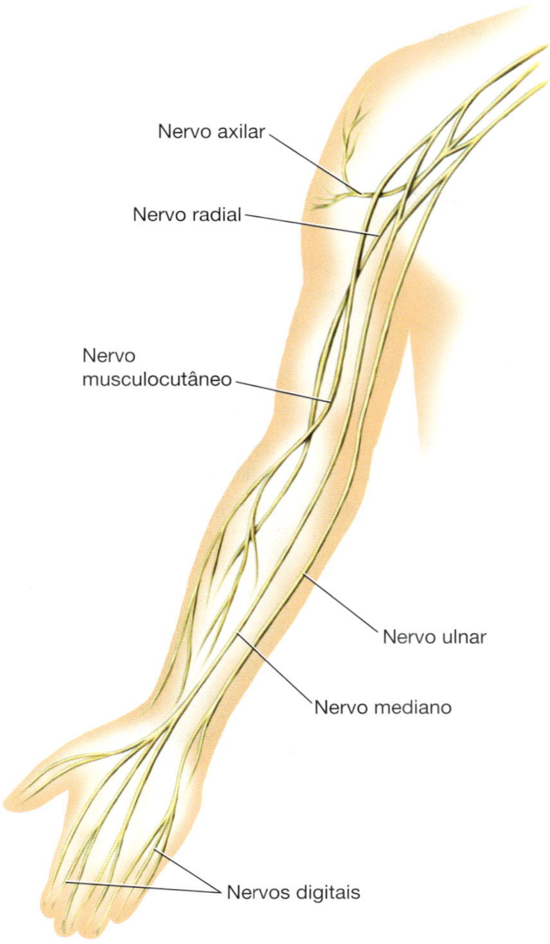

Figura 6.4 Principais nervos do membro superior.

Há cinco nervos principais do plexo braquial que emergem do **fascículo medial** (Fig. 6.3). O **nervo peitoral medial** (C8, T1) inerva os músculos peitorais maior e menor (Fig. 6.3). Juntando-se ao aspecto lateral anteriormente mencionado, encontra-se a **parte medial do nervo mediano** (C8, T1), a qual inerva a maior parte dos músculos anteriores do antebraço e alguns músculos da mão (Figs. 6.4 e 6.5). O **nervo cutâneo medial do antebraço** (T1) *não* é um nervo motor e inerva a pele e a fáscia na superfície medial do braço. O **nervo ulnar** (C8, T1) inerva o flexor ulnar do carpo e os músculos do aspecto medial da mão não inervados pelo nervo mediano (Fig. 6.4).

Prática

O nervo ulnar é facilmente localizado entre o epicôndilo medial do úmero e o olécrano da ulna (Fig. 6.6). A pressão súbita nessa área muitas vezes produz uma sensação de formigamento no antebraço, o que é chamado de "choque no cotovelo".

O quinto nervo, o **nervo cutâneo medial do braço**, não é um nervo motor e inerva a pele e a fáscia do aspecto medial do braço até o epicôndilo medial e as áreas do olécrano do cotovelo.

Quatro nervos do plexo braquial compõem o **fascículo posterior** (Fig. 6.3). O **nervo axilar** (C5, C6) (Fig. 6.4) inerva os músculos deltoide e redondo menor. O **nervo radial** (C5, C6, C7,

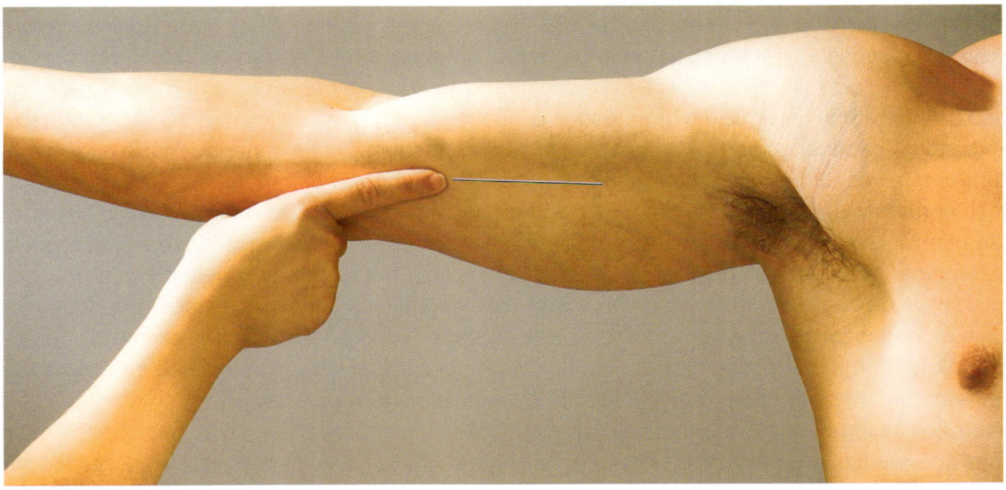

Figura 6.5 Localização do nervo mediano.

C8) inerva os músculos posteriores do braço e do antebraço (Fig. 6.4). Os **nervos subescapular** (C5, C6), **subescapular superior** e **subescapular inferior** inervam os músculos subescapular e redondo maior (Fig. 6.3). O **nervo toracodorsal** (C6, C7, C8) inerva o músculo latíssimo do dorso (Fig. 6.3).

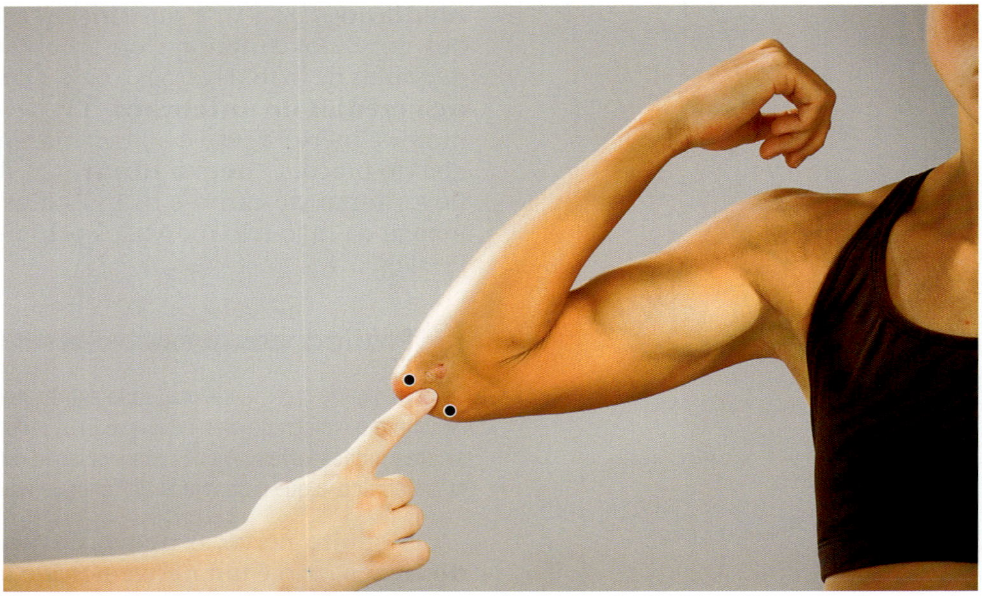

Figura 6.6 Localização do nervo ulnar.

FOCO EM

Trauma vertebral

No trauma do tipo "pinçamento" ou "ferroada" na região cervical ou de membro superior, os nervos do plexo braquial são pinçados ou estirados. Esse tipo de trauma muitas vezes ocorre a partir da utilização de técnicas questionáveis no futebol americano (se não ilegais), como o bloqueio de nádegas e o *spear tackling**. O bloqueio de nádegas é uma técnica ofensiva em que um bloqueador faz um contato inicial com o adversário golpeando-lhe o tórax (*in the numbers*) com seu capacete (face, cabeça, testa, nariz). Isso pode levar à compressão das vértebras cervicais do bloqueador, causando o pinçamento dos nervos do plexo braquial (por um golpe direto na cabeça) ou fazendo a coluna cervical do bloqueador flexionar de modo excessivo na direção lateral. Por sua vez, um ou ambos os nervos do plexo braquial são distendidos em um dos lados da coluna cervical, enquanto são pinçados entre as vértebras no lado oposto (isso ocorre quando o golpe é aplicado fora do centro, o que causa a flexão lateral da coluna cervical). O *spear tackling* (ou *spearing, headhunting*) é uma técnica de defesa em que o jogador que está com a bola é atingido pela cabeça do defensor como o ponto inicial de contato com o adversário. Resultados iguais ou semelhantes aos que podem ocorrer pelo bloqueio de nádegas são possíveis com a técnica de *spear tackling*. Além desses exemplos do futebol americano, qualquer força que possa causar uma flexão lateral excessiva ou compressão da coluna cervical pode resultar em trauma, pinçando e/ou distendendo os nervos do plexo braquial.

Para que os jogadores evitem lesões nas estruturas do plexo braquial, os treinadores precisam aprender técnicas adequadas. Em caso de lesão de plexo braquial, os treinadores e os preparadores físicos devem ter recursos de primeiros socorros suficientes para minimizar maiores danos. A compreensão da anatomia é vital para a prevenção e o tratamento do pinçamento de nervos.

* N de T: Ação que levanta o jogador e o joga no chão de cabeça para baixo.

Principais artérias dos membros superiores

Os vasos sanguíneos do corpo são divididos em **artérias**, **arteríolas**, **capilares**, **vênulas** e **veias**. As artérias (Fig. 1.26), que transportam o sangue do coração, e algumas das arteríolas maiores são observadas com facilidade, enquanto as arteríolas e os capilares menores são microscópicos. As paredes das artérias são revestidas por **fibras musculares lisas** que acrescentam uma ação de bombeamento; as veias têm pouca ou nenhuma fibra muscular lisa, mas possuem pequenas válvulas que permitem o fluxo de sangue em uma única direção. Qualquer tentativa de reverter essa direção é bloqueada pelo fechamento dessas válvulas. As veias, que transportam sangue para o coração, e algumas das vênulas maiores são fáceis de observar, enquanto as vênulas e os capilares menores são microscópicos. As células recebem seus nutrientes e liberam seus subprodutos nos capilares.

As grandes artérias dos membros superiores incluem a **subclávia**, a **axilar**, a **braquial**, a **radial**, o **arco palmar profundo** e a **ulnar** (Fig. 6.7). A artéria subclávia origina-se próximo do coração, corre posteriormente à clavícula e tem três partes principais: o tronco costocervical, a torácica interna e o tronco tireocervical. Cada uma dessas três partes tem ramos que irrigam várias estruturas do tórax e dos membros superiores.

Prática

Aplique pressão digital à metade superior de sua clavícula (verifique seu pulso) para palpar a artéria subclávia (Fig. 6.8). Observe que a técnica preferida envolve usar os dedos, em vez de o polegar, para verificar o pulso. Alguns especialistas acreditam que o polegar tenha seu próprio pulso, o que pode conduzir a uma falsa impressão quando utilizado para palpar a presença de um pulso em outra área anatômica.

A artéria axilar é uma extensão da artéria subclávia que começa na borda externa da primeira costela e direciona-se para a parte inferior do músculo redondo maior, conhecida como artéria braquial.

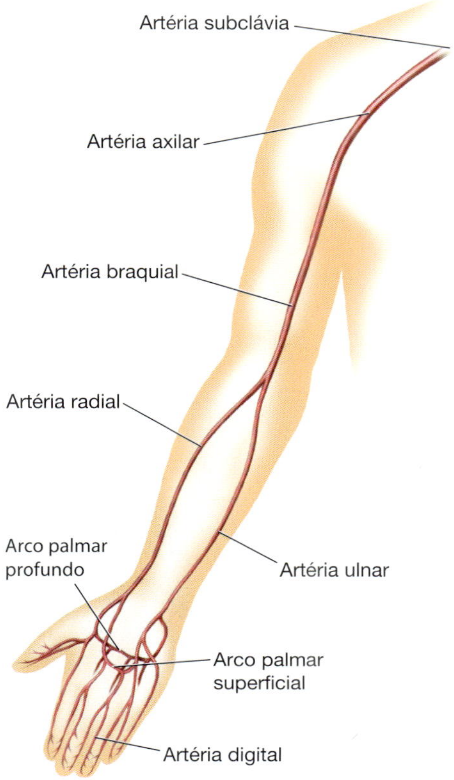

Figura 6.7 Artérias principais do membro superior.

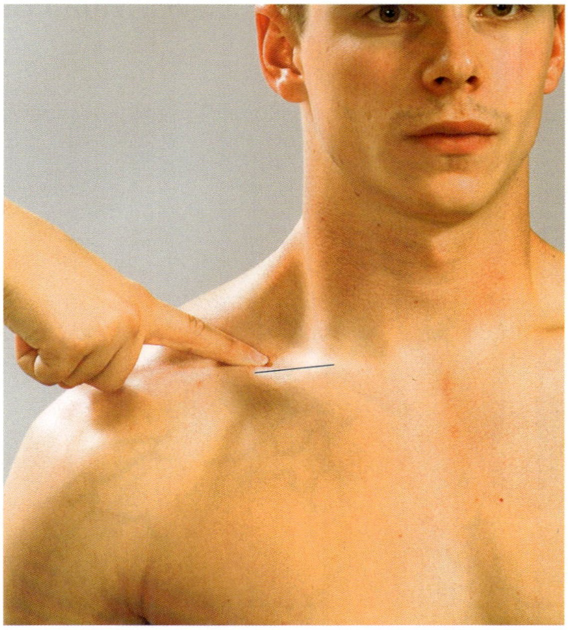

Figura 6.8 Localização da artéria subclávia.

Prática

Palpe a área axilar por baixo do músculo coracobraquial para avaliar o pulso (Fig. 6.9). Trata-se do pulso da artéria axilar.

A artéria braquial estende-se da axila até o cotovelo, onde se divide em artérias radial e ulnar. Os ramos da artéria braquial irrigam as estruturas da parte superior do braço (do ombro ao cotovelo).

Prática

Palpe a área no aspecto medial do braço, entre os músculos tríceps braquial e bíceps braquial, e avalie o pulso para localizar a artéria braquial (Fig. 6.9). Essa área muitas vezes é considerada um ponto de pressão para reduzir o fluxo sanguíneo abaixo do local (como para aplicação de pressão nos primeiros socorros por sangramentos no antebraço ou na mão).

A artéria radial (ramo lateral da artéria braquial) e seus ramos irrigam as estruturas anteriores laterais a partir do cotovelo, do antebraço ao punho, terminando na mão. Essa artéria com frequência está associada à verificação do pulso, porque está localizada sobre a extremidade distal do osso rádio (Figs. 6.7 e 6.10). O ramo medial da artéria braquial é a artéria ulnar (Figs. 6.7 e 6.11). A artéria ulnar e seus ramos irrigam as estruturas mediais posteriores e anteriores do antebraço e da mão. No punho, um ramo dessa artéria (**ramo carpal dorsal da artéria ulnar**) une-se a um ramo da artéria radial (**ramo car-**

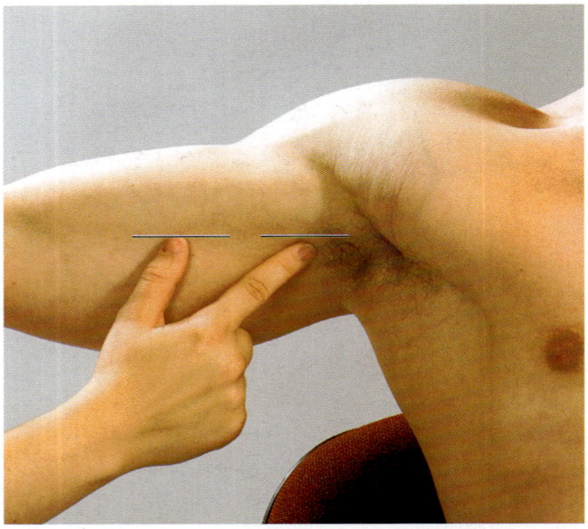

Figura 6.9 Localização das artérias axilar e braquial.

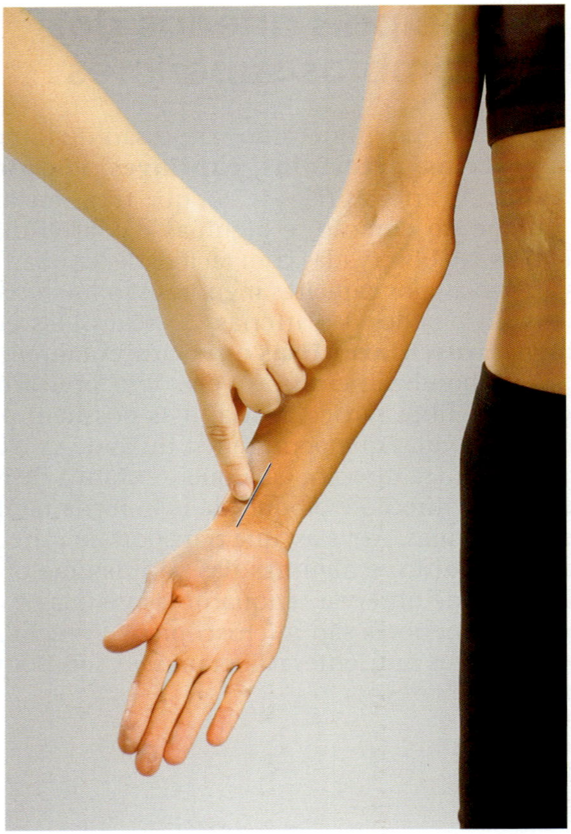

Figura 6.10 Localização da artéria radial.

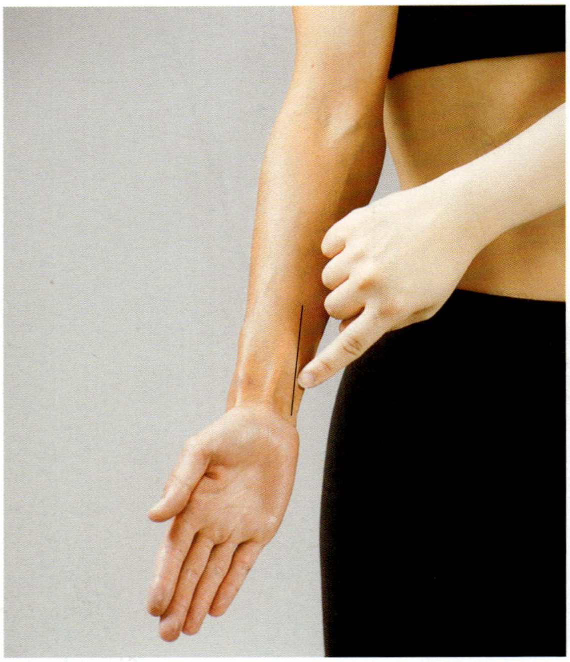

Figura 6.11 Localização da artéria ulnar.

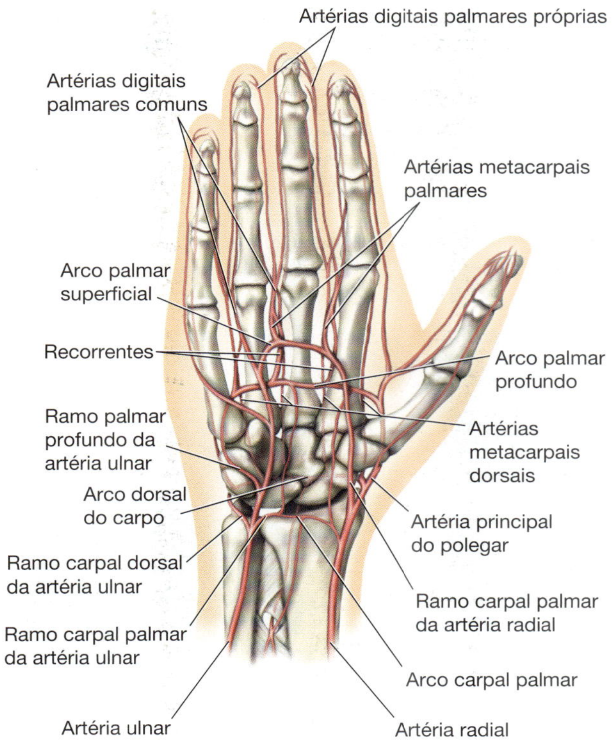

Figura 6.12 Ramo carpal dorsal da artéria ulnar, arco carpal dorsal e arcos palmares superficial e profundo.

pal dorsal da artéria radial) para formar a estrutura conhecida como **ramo carpal dorsal** (Fig. 6.12). Na palma da mão (superfície palmar), a artéria radial une-se aos ramos da artéria ulnar para formar duas estruturas denominadas **arco palmar superficial** e **arco palmar profundo** (Figs. 6.7 e 6.12). Ramos desses arcos palmares, incluindo as **artérias digitais** de cada lado dos dedos, irrigam as estruturas dos dedos e do polegar (Figs. 6.7 e 6.12).

Principais veias dos membros superiores

As veias retornam o sangue ao coração (ver Fig. 1.27) e são em geral divididas em **profundas** e **superficiais**. Com poucas exceções, as profundas apresentam os mesmos nomes que as artérias paralelas a elas, como a **veia subclávia** e a **veia axilar**. As veias superficiais apresentam nomes específicos e estão localizadas próximas da pele. Ao contrário das artérias, as veias nem sempre localizam-se no ponto em que se poderia esperar e muitas vezes podem estar totalmente ausentes.

As principais veias profundas do membro superior (Fig. 6.13) são a subclávia e a axilar. A axilar drena o sangue dos membros superiores para a subclávia, que se combina à **veia jugular interna** para formar a **veia braquiocefálica** (Fig. 6.14). A alimentação para a veia axilar vem das veias que são paralelas às principais artérias dos membros superiores: **veia braquial**, as **veias basílica do antebraço**, **radial**, **ulnar**, **arco venoso** e **veias digitais** (Fig. 6.13).

As principais veias superficiais dos membros superiores (Fig. 6.13) incluem as **veias basílica**, **cefálica** e **intermédia do antebraço**. A **veia intermédia do cotovelo** atravessa anteriormente a articulação do cotovelo (fossa cubital), de lateral para medial; a veia cefálica pode ser observada superior ao músculo braquiorradial e ligeiramente lateral ao músculo bíceps braquial (Fig. 6.15). A veia basílica origina-se na parte ulnar do arco venoso na mão. No cotovelo, essa veia recebe

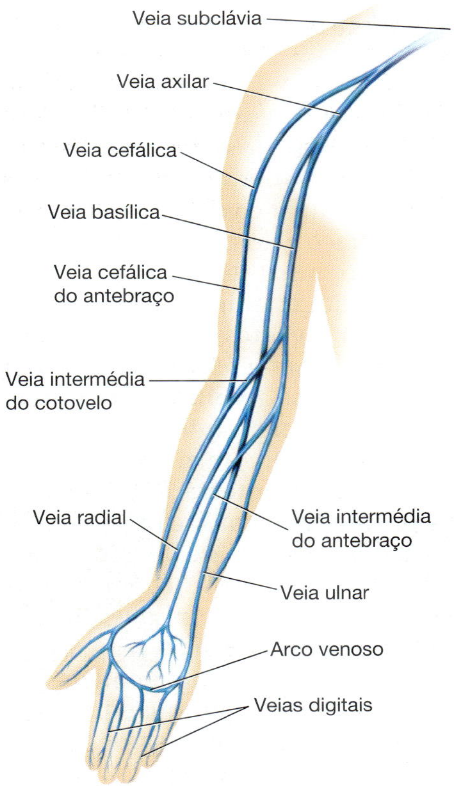

Figura 6.13 Veias principais do membro superior.

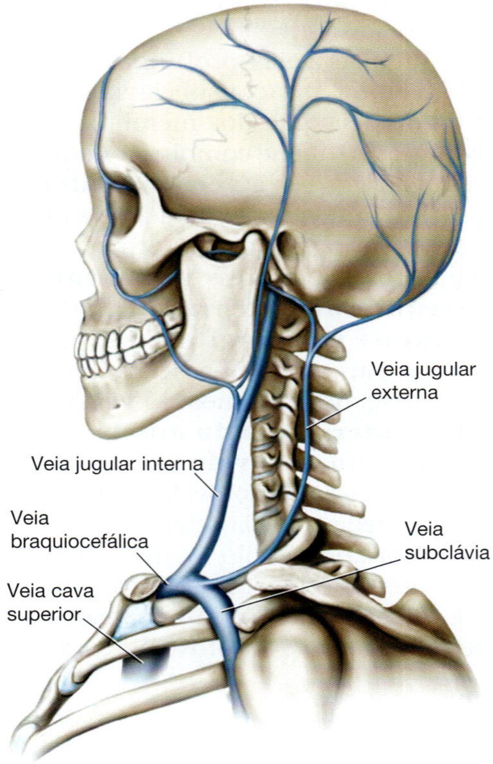

Figura 6.14 Veias braquiocefálica e jugular interna.

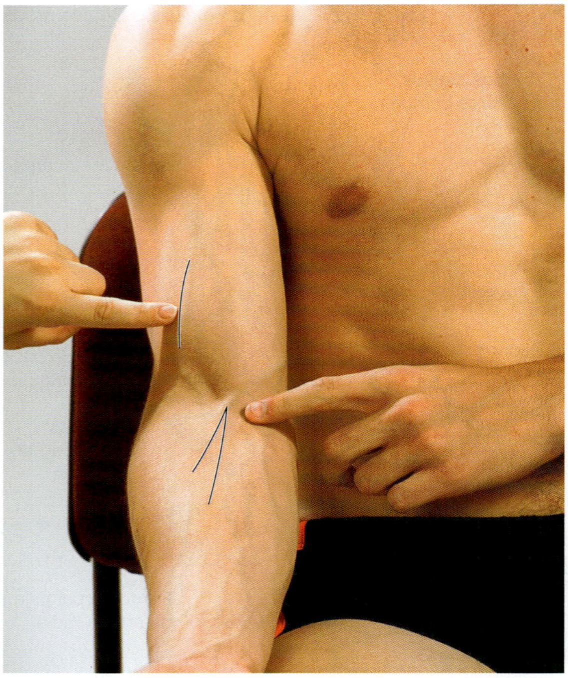

Figura 6.15 Localização das veias intermédia do cotovelo e cefálica.

a veia intermédia do cotovelo e, ao atingir a porção inferior do músculo redondo maior, une-se à veia axilar (Fig. 6.16). A veia basílica drena as estruturas do lado ulnar das faces palmar e dorsal da mão, do antebraço e do braço. A veia cefálica tem origem no lado radial do arco venoso dorsal da mão; no cotovelo, está ligada à veia basílica pela veia intermédia do cotovelo e, em seguida, une-se à veia axilar. Também na altura do cotovelo, a veia cefálica liga-se à **veia cefálica acessória** (Fig. 6.17). A veia cefálica drena as estruturas do aspecto lateral da mão, do antebraço e do braço. A veia intermédia do antebraço emerge nos **vasos venosos palmares** da mão e liga-se à **veia basílica do antebraço**. Na área do cotovelo, a veia intermédia do antebraço é acompanhada pela veia intermédia do cotovelo, que drena a parte medial do antebraço e da mão (Fig. 6.18). A veia intermédia do cotovelo é frequentemente usada quando é doado sangue ou quando é necessária uma amostra de sangue para exame.

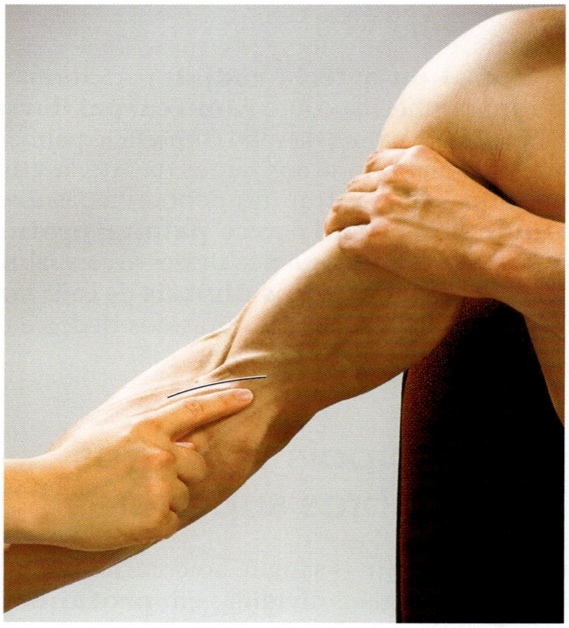

Figura 6.16 Localização da veia basílica.

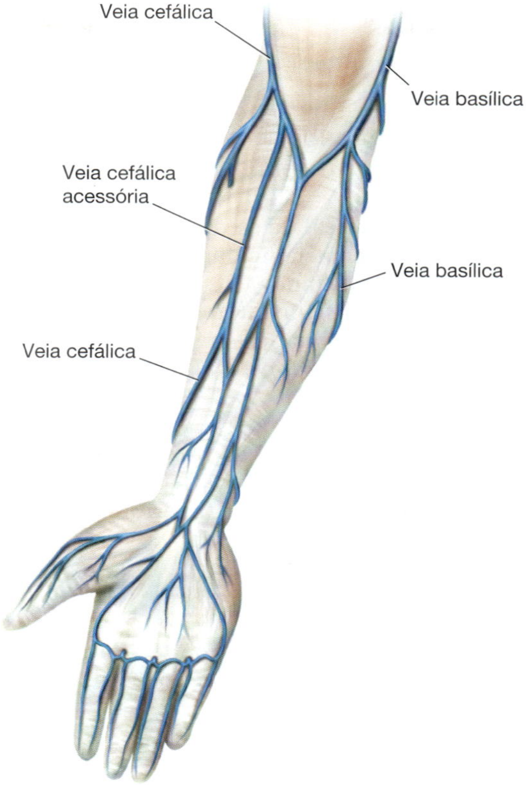

Figura 6.17 Veias cefálica e cefálica acessória.

Figura 6.18 Rede venosa da veia intermédia do antebraço.

DICAS DE APRENDIZAGEM

REVISÃO DA TERMINOLOGIA

Os termos a seguir são discutidos neste capítulo. Definir ou descrever cada termo e, se for o caso, identificar a localização da estrutura em seu corpo ou em uma ilustração apropriada.

arco palmar profundo
arco palmar superficial
arco venoso
artéria
artéria axilar
artéria braquial
artéria digital
artéria radial
artéria subclávia
artéria ulnar
arteríola
capilar
fascículo lateral
fascículo medial
fascículo posterior
fibra muscular lisa
latíssimo do dorso
nervo
nervo axilar
nervo cutâneo medial do antebraço
nervo cutâneo medial do braço
nervo dorsal da escápula
nervo infraclavicular
nervo mediano
nervo musculocutâneo
nervo peitoral lateral
nervo peitoral medial
nervo radial
nervo subclávio
nervo subescapular
nervo subescapular inferior
nervo subescapular superior
nervo supraclavicular
nervo supraescapular
nervo torácico longo
nervo ulnar
parte lateral do nervo mediano
parte medial do nervo mediano
plexo
plexo braquial
ramo carpal dorsal
ramo carpal dorsal da artéria radial
ramo carpal dorsal da artéria ulnar
toracodorsal
vaso venoso palmar
veia
veia axilar
veia basílica
veia basílica do antebraço
veia braquiocefálica
veia cefálica
veia cefálica acessória
veia cefálica do antebraço
veia digital
veia intermédia do antebraço
veia intermédia do cotovelo
veia jugular interna
veia profunda
veia radial
veia subclávia
veia superficial
veia ulnar
vênula

SUGESTÃO DE ATIVIDADES DE APRENDIZAGEM

1. Com a mão na frente de seu corpo e os dedos voltados para cima, abra e feche a mão 4 a 6 vezes. Após a última vez, mantenha a mão fechada. Com a outra mão, aplique pressão com o dedo indicador e o polegar nas duas laterais do punho (na superfície palmar), o mais forte possível. Continue pressionando ao abrir a mão (relaxando-a). Observe a cor da superfície palmar da mão.
   a. Libere a pressão aplicada pelo polegar. O que aconteceu com a cor de sua mão? Que lado da mão mudou de cor primeiro? Quais vasos foram comprimidos e liberados?
   b. Solte a pressão aplicada por seu dedo indicador. O que aconteceu com a cor de sua mão? Que lado da mão mudou de cor primeiro? Quais vasos foram comprimidos e liberados?

2. Peça a seu colega que circunde seu braço com as mãos, logo abaixo da axila. Conforme ele aperta seu braço, flexione o cotovelo e o punho isometricamente por alguns segundos.
   a. Quais veias superficiais do braço e do antebraço, se houver alguma, você pode identificar?
   b. Troque de posição com seu colega e realize a mesma manobra. As mesmas veias puderam ser identificadas? Elas estavam no mesmo local?

QUESTÕES DE MÚLTIPLA ESCOLHA

1. As artérias radial e ulnar são ramos de qual das artérias a seguir?
   a. Carpal dorsal
   b. Braquial
   c. Carpal palmar
   d. Mediana

2. Quantos fascículos de nervos formam o plexo braquial?
   a. Um
   b. Dois
   c. Três
   d. Quatro

3. Os resíduos resultantes da produção de energia no interior do tecido muscular são eliminados pelos(as):
   a. Artérias
   b. Neutralizadores
   c. Veias
   d. Rins

4. Qual das veias a seguir drena diretamente para a veia subclávia?
   a. Axilar
   b. Ulnar
   c. Braquial
   d. Radial

QUESTÕES DE PREENCHIMENTO DE LACUNAS

1. Quando alguém doa ou retira uma amostra de sangue para exame, o sangue geralmente é retirado da veia _________.

2. Os músculos levantador da escápula e romboides são inervados pelo nervo_________.

3. As paredes dos vasos sanguíneos conhecidos como _________ são revestidas por fibras de músculos lisos.

PARTE II TABELAS-RESUMO Articulações dos membros superiores

Articulação	Tipo	Ossos	Ligamentos	Movimento
Cintura escapular				
Esternoclavicular	Artrodial (sela/deslizante)	Esterno e clavícula	• Esternoclavicular (anterior, superior e posterior) • Costoclavicular • Interclavicular • (Disco articular)	Elevação, depressão, rotação, protração, retração
Acromioclavicular	Artrodial (plana)	Clavícula e escápula	• Acromioclavicular • Coracoclavicular (conoide e trapezoide) • Coracoacromial (para proteção da articulação glenoumeral) • (Disco articular)	Elevação, depressão, rotação, protração, retração, deslocamento alar (movimento posterior para manter a escápula próxima do tórax durante a abdução), báscula (rotação para manter a escápula próxima do tórax durante a elevação)
Articulação do ombro				
Glenoumeral	Cabeça concavidade	Úmero e escápula	• Glenoumeral (superior, médio e inferior) • Coracoumeral • Umeral transverso (mantém o tendão da cabeça longa do bíceps no sulco intertubercular) • Lábio glenoidal (aprofunda a concavidade da cavidade glenoidal) • Cápsula	Flexão, extensão, hiperextensão, abdução, adução, rotação medial e lateral
Escapulotorácica	(Articulação falsa)	Escápula e tórax	• Sem ligamentos (fáscia do músculo serrátil anterior e fáscia do tórax)	Elevação, depressão, rotação superior e inclinação lateral (abdução, protração) e rotação inferior e inclinação medial (retração e adução) da escápula no tórax
Cotovelo				
Umeroulnar	Gínglimo	Úmero e ulna	• Cápsula • Colateral medial (ulnar) (3 bandas: anterior, posterior e transversal)	Flexão, extensão
Umerorradial	Esferóidea	Úmero e rádio	• Colateral lateral (radial) • Anular	Flexão, extensão
Radioulnar (proximal)	Trocóidea	Rádio e ulna	• Anular	Supinação, pronação

Antebraço				
Radioulnar (média)	Sindesmose	Rádio e ulna	• Porção oblíqua • Membrana interóssea	Pequeno (se houver)
Radioulnar (distal)	Trocóidea	Rádio e ulna (e disco articular)	• Cápsula • Radioulnar dorsal • Radioulnar palmar	Supinação, pronação
Punho				
Radiocarpal	Condiloide (deslizante)	Rádio, escafoide, semilunar, piramidal	• Cápsula • Colateral radial • Colateral ulnar • Radioulnar dorsal • Radioulnar palmar	Flexão, extensão, abdução (desvio radial), adução (desvio ulnar)
Ulnarcarpal (não faz parte do punho)	Irregular (deslizante)	Ulna, pisiforme, piramidal	• Cápsula • Colateral ulnar • Disco articular	Deslizamento
Punho: intercarpais				
Fileira proximal	Plana	Rádio, escafoide, semilunar, piramidal	• Cápsula • Retináculo flexor (palmar) • Retináculo extensor (dorsal) • Colateral radial • Colateral ulnar • Intercarpal palmar • Intercarpal dorsal	Deslizamento
Fileira média	Plana (deslizante)	Fileiras proximal e distal dos ossos carpais	• Cápsula • Intercarpal palmar • Intercarpal dorsal • Intercaptal interósseo • Colateral radial • Colateral ulnar • Piso-hamato • Pisometacarpal	Deslizamento
Fileira distal	Plana	Trapézio, trapezoide, capitato, hamato	• Cápsula • Intercarpal palmar • Intercarpal dorsal • Intercarpal interósseo	Deslizamento

(*continua*)

PARTE II TABELAS-RESUMO Articulações dos membros superiores (*continuação*)

Articulação	Tipo	Ossos	Ligamentos	Movimento
Mão e dedos				
Carpometacarpal	Sela modificada	Trapézio, trapezoide, capitato, hamato, metacarpais (4)	• Cápsula • Carpometacarpal palmar • Carpometacarpal dorsal • Carpometacarpal interósseo • (Acessório palmar)	Flexão, extensão, abdução, adução, leve oposição do dedo mínimo
Metacarpofalângica	Condiloide	Metacarpais (4) e falanges proximais (4)	• Metacarpal transverso • Cápsula • Colateral radial • Colateral ulnar • (Acessório palmar)	Flexão, extensão, abdução e adução
Interfalângica proximal	Gínglimo	Falanges proximais (4) e médias (4)	• Cápsula • Colateral radial • Colateral ulnar • (Acessório palmar)	Flexão, extensão
Interfalângica distal	Gínglimo	Falanges médias (4) e distais (4)	• Cápsula • Colateral radial • Colateral ulnar • (Acessório palmar)	Flexão, extensão
Polegar				
Carpometacarpal	Sela	Trapézio e primeiro metacarpal	• Cápsula	Flexão, extensão, abdução, adução, oposição
Metacarpofalângica	Esferóide	Primeiro metacarpal e falange proximal	• Cápsula • Colateral radial • Colateral ulnar • (Acessório dorsal)	Flexão, extensão
Interfalângica	Gínglimo	Falanges proximal e distal	• Cápsula • Colateral radial • Colateral ulnar • (Acessório palmar)	Flexão, extensão

PARTE II TABELAS-RESUMO Músculos, nervos e suprimento sanguíneo dos membros superiores

Músculo	Origem	Inserção	Ação	Nervo	Suprimento sanguíneo
Cintura escapular, anterior					
Peitoral menor	3ª a 5ª costelas	Processo coracoide da escápula	Rotação inferior da escápula	Peitoral medial	Ramos torácico lateral e toracoacromial da artéria axilar
Serrátil anterior	9 costelas superiores	Borda medial da escápula	Rotação superior da escápula	Torácico longo	Ramos torácico lateral e subescapular da artéria axilar, ramo cervical transverso do ramo tireocervical da artéria subclávia
Subclávio	1ª costela	Sulco do músculo subclávio da clavícula	Ação ligamentar na articulação esternoclavicular	Peitoral medial	Ramo clavicular do ramo toracoacromial da artéria axilar torácica
Cintura escapular, posterior					
Levantador da escápula	Processos transversos das 4 primeiras vértebras cervicais	Borda vertical da escápula	Elevação e rotação inferior da escápula	Dorsal da escápula	Nervo cervical transverso das artérias tireocervical e intercostais
Romboides (maior e menor)	Processos espinhosos das vértebras CVII a TV	Borda medial da escápula	Elevação e rotação inferior da escápula	Dorsal da escápula	Nervo cervical transverso do ramo tireocervical da artéria subclávia
Trapézio	Protuberância occipital externa, processos espinhosos das 7 vértebras cervicais e 12 torácicas	Espinha da escápula, acrômio, terço lateral da região posterior da clavícula	Elevação, rotação superior e inferior e adução da escápula	C2, C3, C4 e acessório (11° nervo craniano)	Nervo cervical transverso do ramo tireocervical da artéria subclávia
Articulação do ombro, anterior					
Peitoral maior	2ª a 6ª costelas, esterno, metade medial da clavícula	Inferior ao tubérculo maior do úmero, na área do colo cirúrgico	Flexão, adução e rotação medial da articulação GU	Peitoral lateral e medial	Ramos torácico lateral e toracoacromial da artéria axilar
Coracobraquial	Processo coracoide da escápula	Terço médio da superfície medial do úmero	Flexão e adução da articulação GU	Musculocutâneo	Braquial
Bíceps braquial (cabeça longa)	Tubérculo supraglenoidal	Tuberosidade do rádio	Abdução e flexão da articulação GU, flexão do cotovelo, supinação do antebraço	Musculocutâneo	Braquial

(*continua*)

PARTE II TABELAS-RESUMO Músculos, nervos e suprimento sanguíneo dos membros superiores *(continuação)*

Músculo	Origem	Inserção	Ação	Nervo	Suprimento sanguíneo
Articulação do ombro, anterior ***(continuação)***					
Bíceps braquial (cabeça curta)	Processo coracoide da escápula	Tuberosidade do rádio	Adução e flexão da articulação GU, flexão do cotovelo, supinação do antebraço	Musculocutâneo	Braquial
Subescapular	Fossa subescapular	Tubérculo menor do úmero	Rotação medial e flexão da articulação GU, estabilidade da articulação GU	Ramo subescapular do plexo braquial	Ramo subescapular da artéria axilar, ramos cervical transverso e escapular transverso da artéria tireocervical
Articulação do ombro, superior					
Deltoide (clavicular)	Terço lateral da borda anterior da clavícula	Tuberosidade do músculo deltoide	Flexão, adução e rotação medial da articulação GU (acima da horizontal, abdução)	Axilar	Circunflexa anterior e posterior do úmero, braquial, toracoacromial
Deltoide (acromial)	Borda lateral do acrômio	Tuberosidade do músculo deltoide	Abdução da articulação GU		
Deltoide (escapular)	Lábio inferior da espinha da escápula	Tuberosidade do músculo deltoide	Extensão, adução e rotação lateral da articulação GU (acima da horizontal, abdução)		
Supraespinal	Fossa supraespinal da escápula	Faceta proximal do tubérculo maior do úmero	Abdução da articulação GU, estabilidade da articulação GU	Supraescapular a partir de C5, via plexo braquial	Ramos cervical transverso e escapular transverso das artérias tireocervical e subescapular
Articulação do ombro, posterior					
Infraespinal	Fossa infraespinal da espinha da escápula	Faceta média do tubérculo maior do úmero	Rotação lateral e extensão da articulação GU, estabilidade da articulação GU	Supraescapular, via plexo braquial	Ramos cervical transverso e escapular transverso da artéria tireocervical
Redondo menor	2/3 superiores da borda lateral da escápula	Faceta distal do tubérculo maior do úmero	Rotação lateral, extensão e adução da articulação GU; estabilidade da articulação GU	Axilar, via plexo braquial	Circunflexa posterior do úmero e subescapular

Articulação do ombro, inferior					
Latíssimo do dorso	Processos espinhosos das 6 vértebras torácicas inferiores e todas as vértebras lombares, íleo, 3 costelas inferiores, ângulo inferior da escápula	Sulco intertubercular	Rotação medial, extensão e adução da articulação GU	Nervo toracodorsal e ramo posterior dos 6 nervos torácicos inferiores e nervos lombares	Ramo subescapular da artéria axilar, ramo cervical transverso do ramo tireocervical da artéria subclávia
Redondo maior	Terço inferior da borda lateral e ângulo inferior da escápula	Abaixo do tubérculo menor na região anterior do úmero	Rotação medial, extensão e adução da articulação GU	Subescapular, via plexo braquial	Ramo subescapular da artéria axilar
Tríceps braquial (cabeça longa)	Tubérculo infraglenoidal da escápula	Olécrano da ulna	Extensão e adução da articulação GU	Radial	Circunflexa posterior do úmero, ramo profundo da artéria braquial
Articulação do cotovelo, anterior					
Braquial	Terço distal da face anterior do úmero	Processo coronoide e tuberosidade da ulna	Flexão do cotovelo	Musculocutâneo	Braquial
Braquiorradial	2/3 proximais da crista supraepicondilar lateral do úmero	Aspecto lateral do processo estiloide do rádio	Flexão do cotovelo, supinação do antebraço	Radial	Radial
Bíceps braquial (cabeça longa)	Tubérculo supraglenoidal	Tuberosidade do rádio	Abdução e flexão da articulação GU, flexão do cotovelo, supinação do antebraço	Musculocutâneo	Braquial
Bíceps braquial (cabeça curta)	Processo coracoide da escápula	Tuberosidade do rádio	Adução e flexão da articulação GU, flexão de cotovelo, supinação do antebraço	Musculocutâneo	Braquial

(*continua*)

PARTE II TABELAS-RESUMO Músculos, nervos e suprimento sanguíneo dos membros superiores *(continuação)*

Músculo	Origem	Inserção	Ação	Nervo	Suprimento sanguíneo
Articulação do cotovelo, posterior					
Tríceps braquial (cabeça curta)	Terço proximal da face posterolateral do úmero	Olécrano da ulna	Extensão do cotovelo	Radial	Circunflexa posterior do úmero, ramo profundo da artéria braquial
Tríceps braquial (cabeça longa)	Tubérculo infraglenoidal da escápula	Olécrano da ulna	Extensão do cotovelo, extensão e adução da articulação GU	Radial	Circunflexa posterior do úmero, ramo profundo da artéria braquial
Tríceps braquial (cabeça medial)	2/3 distais da face posteromedial do úmero	Olécrano da ulna	Extensão do cotovelo	Radial	Circunflexa posterior do úmero, ramo profundo da artéria braquial
Ancôneo	Epicôndilo lateral do úmero	Face lateral do olécrano e superfície dorsal do 1/4 proximal da ulna	Extensão do cotovelo	Radial	Ramo profundo da artéria braquial e interóssea dorsal
Antebraço, supinadores					
Supinador	Epicôndilo lateral do úmero e crista do músculo supinador	Terço proximal lateral e palmar do rádio	Supinação do antebraço	Radial	Interósseo dorsal e radial
Bíceps braquial (cabeça longa)	Tubérculo supraglenoidal	Tuberosidade do rádio	Abdução e flexão da articulação GU, flexão do cotovelo, supinação do antebraço	Musculocutâneo	Braquial
Bíceps braquial (cabeça curta)	Processo coracoide da escápula	Tuberosidade do rádio	Adução e flexão da articulação GU, flexão do cotovelo, supinação do antebraço	Musculocutâneo	Braquial
Antebraço, pronadores					
Pronador redondo	Tendão flexor comum e processo coronoide da ulna	Metade lateral do rádio	Pronação do antebraço	Mediano	Ramo radial da artéria braquial
Pronador quadrado	Parte distal e palmar da ulna	Parte distal e palmar do rádio	Pronação do antebraço	Mediano	Ulnar e radial

Punho e mão, região anterior do punho e músculos extrínsecos da mão					
Flexor radial do carpo	Tendão flexor comum	Bases do 2º e 3º metacarpais	Flexão e abdução, flexão do cotovelo e pronação do antebraço	Mediano	Radial
Flexor ulnar do carpo	Tendão flexor comum	Pisiforme, hamato e base do 5º metacarpal	Flexão e adução do punho, flexão do cotovelo e supinação do antebraço	Ulnar	Ramo ulnar da artéria braquial
Flexor superficial dos dedos	Tendão flexor comum, processo coronoide da ulna e 2/3 proximais do rádio	Tendões divididos em ambos os lados da base da falange média dos 4 dedos	Flexão das articulações IFP, MF e do punho	Mediano	Ramo ulnar da artéria braquial
Palmar longo	Tendão flexor comum	Aponeurose palmar	Flexão do punho	Mediano	Ramo radial da artéria braquial
Flexor profundo dos dedos	3/4 proximais do processo coronoide da ulna e membrana interóssea	4 tendões – passando pelos tendões divididos do flexor superficial – nas bases das falanges distais dos 4 dedos	Flexão das articulações IFP, IFD, MF e do punho	Mediano e ulnar	Interósseas ulnar e palmar
Punho e mão, região posterior do punho e músculos extrínsecos da mão					
Extensor radial longo do carpo	Crista supraepicondilar lateral do úmero	Base do 2º metacarpal	Extensão e desvio radial do punho, supinação do antebraço	Radial	Radial
Extensor radial curto do carpo	Tendão extensor comum	Base do 3º metacarpal	Extensão e desvio radial do punho, supinação do antebraço	Radial	Radial
Extensor ulnar do carpo	Tendão extensor comum	Base do 5º metacarpal	Extensão e desvio ulnar do punho	Radial	Ulnar
Extensor dos dedos	Tendão extensor comum	Bases das falanges distais dos 4 dedos	Extensão das articulações IFD, IFP e MF dos 4 dedos; extensão do punho	Radial	Ulnar
Extensor do dedo mínimo	Tendão extensor comum	Base da falange proximal do dedo mínimo	Extensão da articulação MF do 5º dedo e do punho	Radial	Ulnar
Extensor do indicador	Aspecto dorsal da ulna distal e membrana interóssea	Base da falange proximal do dedo indicador	Extensão e desvio radial da 2ª articulação MF, extensão do punho	Radial	Ulnar

(*continua*)

PARTE II TABELAS-RESUMO Músculos, nervos e suprimento sanguíneo dos membros superiores *(continuação)*

Músculo	Origem	Inserção	Ação	Nervo	Suprimento sanguíneo
Punho e mão, músculos intrínsecos da mão					
Abdutor do dedo mínimo	Osso pisiforme	Base da falange proximal do dedo mínimo	Abdução e flexão da 5ª articulação MF	Ulnar	Ulnar
Flexor do dedo mínimo	Osso hamato	Base da falange proximal do dedo mínimo	Flexão da 5ª articulação MF	Ulnar	Ulnar
Oponente do dedo mínimo	Osso hamato	Superfície medial do 5º metacarpal	Flexão e adução do dedo mínimo	Ulnar	Ulnar
Interósseos dorsais (4)	Lados adjacentes dos 4 metacarpais	Bases das falanges proximais do 2º, 3º e 4º dígitos e tendões do extensor dos dedos	Abdução da 2ª e 4ª articulações MF. Desvio radial e ulnar da 3ª articulação MF	Ulnar	Ramos metacarpais da artéria radial
Interósseos palmares (3)	Face ulnar do 2º metacarpal e aspecto radial do 4º e 5º metacarpais	Face radial da 4ª e 5ª falanges e face ulnar da falange proximal do 2º dígito	Adução e flexão da 2ª, 4ª e 5ª articulações MF	Ulnar	Ramos metacarpais do arco palmar profundo
Lumbricais	Tendões do flexor profundo dos dedos	Tendões do extensor dos dedos	Flexão das 4 articulações MF, extensão das 4 articulações IFP e IFD	Mediano e ulnar	Ramo metacarpal palmar da artéria palmar profunda
Polegar, músculos extrínsecos					
Extensor longo do polegar	Terço médio da ulna e membrana interóssea	Base da falange distal do polegar	Extensão das articulações IF e MF do polegar e abdução do punho	Radial	Ulnar, via artéria interóssea dorsal
Extensor curto do polegar	Metade da face dorsal do rádio e membrana interóssea	Base da falange proximal do polegar	Extensão da articulação MF do polegar, abdução do 1º metacarpal, abdução do punho	Radial	Ulnar, via artéria interóssea dorsal
Abdutor longo do polegar	Metade da face dorsolateral da ulna e membrana interóssea	Base do 1º metacarpal	Abdução do 1º metacarpal, flexão do punho	Radial	Ramo interósseo dorsal da artéria ulnar
Flexor longo do polegar	Metade da face palmar do rádio	Base da falange distal do polegar	Flexão das articulações IF e MF, adução do polegar	Mediano	Radial, interósseo palmar

Polegar, músculos intrínsecos					
Abdutor curto do polegar	Ossos trapézio e escafoide	Base da falange proximal do polegar	Abdução da articulação MF do polegar	Mediano	Radial
Flexor curto do polegar	Trapézio	Base da falange proximal do polegar	Flexão e adução da articulação MF do polegar	Mediano e ulnar	Radial
Oponente do polegar	Trapézio	Superfície lateral do 1º metacarpal	Flexão e adução da articulação MF do polegar	Mediano	Radial
Adutor do polegar	Cabeça oblíqua: capitato e 2º e 3º metacarpais; cabeça transversa: 3º metacarpal	Superfície palmar da base da falange proximal do polegar	Adução da articulação MF do polegar	Ulnar	Arco palmar profundo

GU = glenoumeral; IFP = interfalângica proximal; MF = metacarpofalângica; IFD = interfalângica distal; IF = interfalângica.

PARTE III

Cabeça, Coluna Vertebral, Tórax e Pelve

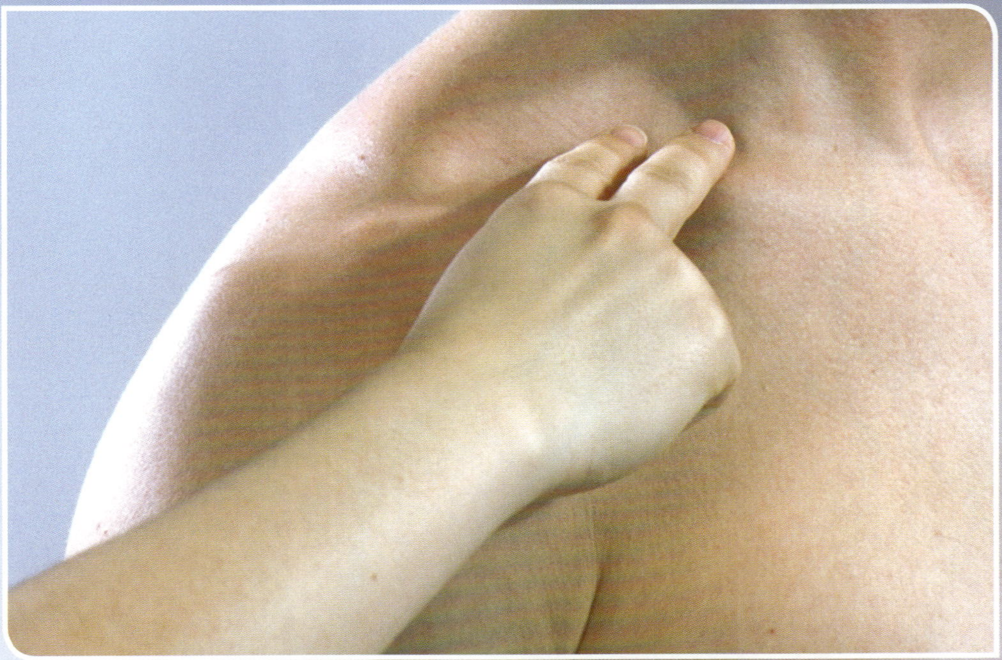

CAPÍTULO 7

Cabeça

Embora as estruturas do crânio humano em geral não estejam associadas a um grande grau de movimento (a única articulação móvel na cabeça é a temporomandibular, ou ATM), algumas das estruturas no interior da cabeça estão infinitamente envolvidas em todos os movimentos. Ao estudar a anatomia humana, em particular as estruturas envolvidas no movimento, também é adequado um breve foco no grande número de ossos, ligamentos, músculos e vasos sanguíneos da cabeça, bem como no conteúdo do crânio relacionado ao sistema nervoso. Este capítulo concentra-se nos ossos, ligamentos e músculos do crânio, enquanto o Capítulo 10 apresenta os vasos sanguíneos e nervos da cabeça e da coluna vertebral.

Ossos da cabeça

A cabeça (ou **crânio**) é composta por 28 ossos, divididos em oito ossos do crânio, 14 da face e seis no interior das orelhas (o 29º osso, o hioide, é considerado um osso da cabeça, mas como não tem ligação óssea com qualquer dos outros ossos, não é encarado como um osso do crânio). Os ossos do crânio consistem em um osso **etmoide**, um **frontal**, dois ossos **temporais**, dois **parietais**, um osso **esfenoide** (Fig. 7.1) e um **occipital** (Fig. 7.2). Os ossos da face incluem dois ossos **lacrimais**, um osso da **mandíbula**, dois ossos da **maxila**, dois **nasais**, um osso **vômer**, dois ossos **zigomáticos** e dois **palatinos** (Fig. 7.3). Além disso, há dois ossos na **concha nasal**, com porções superior, média e inferior, que formam a parede lateral da cavidade nasal.

Os acidentes ósseos do crânio são listados aqui. A maioria é nomeada de acordo com sua função. Muitos desses acidentes são muito pequenos e geralmente são mais relevantes em estudos avançados de anatomia humana. No entanto, essa listagem é apresentada para ilustrar as funções dos acidentes ósseos comuns do crânio e para facilitar

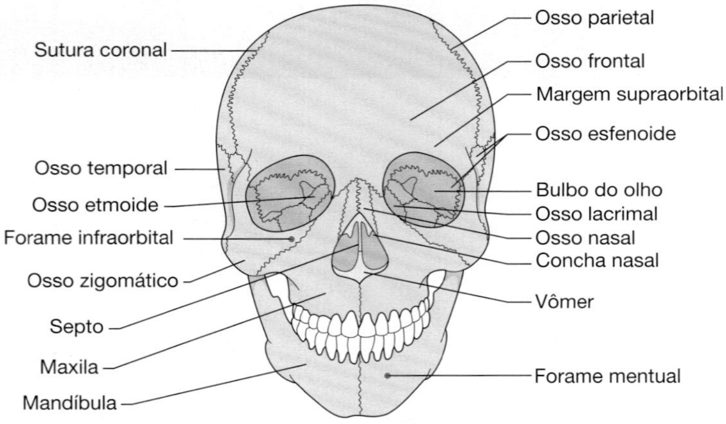

Figura 7.1 Estruturas do aspecto anterior do crânio.
Adaptada, com permissão, de Watkins, 2010.

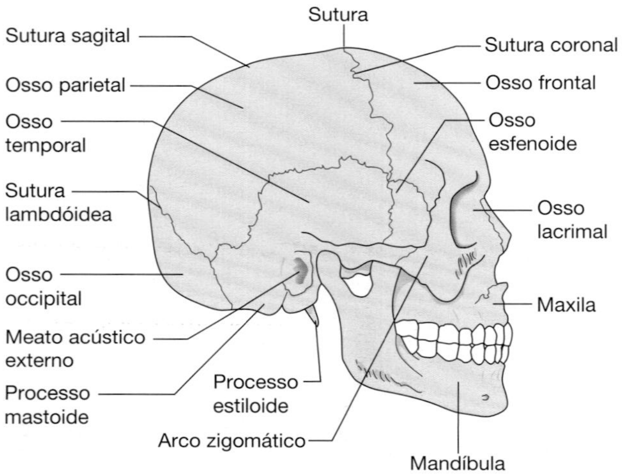

Figura 7.2 Estruturas laterais do crânio.
Adaptada, com permissão, de Cartwright e Pitney, 2011.

a utilização da tabela-resumo da Parte III, em que esses acidentes são conhecidos como origens e inserções dos 84 músculos da cabeça.

Alvéolo: cavidade que contém um dente.

Fossa craniana anterior: área que apoia o lobo frontal do encéfalo.

Corpo da mandíbula: local de inserção para os músculos bucinador, digástrico, triangular, mentual, platisma, milo-hióideo, abaixador do lábio inferior, genio-hióideo e genioglosso.

Fossa canina: ponto de inserção muscular para o levantador do ângulo da boca.

Canal carótico: estrutura do osso temporal para passagem da artéria carótida interna.

Fossa cerebelar: superfície para o cerebelo.

Fossa condilar: área do seio transverso para uma veia.

Processo coronoide: ponto de inserção para o músculo temporal.

Cribriforme: área da lâmina para o nervo olfatório entre a cavidade nasal e o bulbo olfatório (que é responsável pela sensação de olfato).

Crista etmoidal: ponto de inserção para a foice do cérebro.

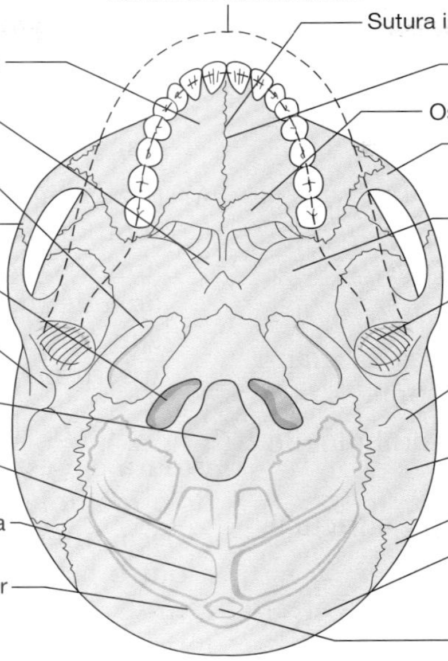

Figura 7.3 Estruturas inferiores do crânio.
Adaptada, com permissão, de Watkins, 2010.

Meato acústico externo: o canal que conduz o som pelo osso temporal à membrana timpânica.

Protuberância occipital externa: ponto de inserção para os músculos trapézio e o ligamento nucal.

Forame lacerado: passagem para o nervo petroso superficial e para a artéria carótida interna.

Forame magno: grande abertura no osso occipital em que passam o bulbo, os ligamentos occipitoaxiais, as artérias vertebrais, os nervos espinais anteriores e posteriores e os nervos acessórios.

Forame oval: abertura no osso esfenoide pela qual passam os nervos mandibular e petroso menor, a artéria meníngea acessória e várias pequenas veias e vasos linfáticos.

Forame redondo: passagem para o nervo maxilar

Forame espinhoso: passagem para os vasos sanguíneos meníngeos médios e um ramo do nervo mandibular.

Palato duro (céu da boca): formado pela porção horizontal dos ossos palatinos e pelos processos palatinos dos ossos maxilares.

Canal do hipoglosso: área no osso occipital por onde a artéria meníngea e o nervo hipoglosso deixam o crânio.

Fossa hipofiseal: área em que está localizada a hipófise.

Canal incisivo: passagem para os nervos nasopalatinos e para a artéria palatina.

Linha nucal inferior: local de inserção para o músculo semiespinal da cabeça.

Fissura orbital inferior: passagem para os vasos sanguíneos infraorbitais, para o ramo zigomático do nervo maxilar e para os ramos do gânglio esfenopalatino.

Canalículo timpânico inferior: área para passagem dos ramos timpânicos do nervo glossofaríngeo.

Forame infraorbital: abertura no osso maxilar para o ramo infraorbital do nervo maxilar e para o ramo infraorbital da artéria maxilar interna.

Crista occipital interna: ponto de inserção para uma porção da camada interna da dura-máter (uma das membranas do encéfalo).

Forame jugular: abertura no osso temporal para passagem do seio petroso inferior; seio transverso (veia jugular interna); ramos meníngeos das artérias faríngea e occipital; e 9º, 10º e 11º nervos cranianos.

Processo jugular: ponto de inserção para o ligamento atlanto-occipital lateral e o músculo reto lateral da cabeça.

Sulco lacrimal: localização do saco lacrimal.

Forame da mandíbula: abertura do canal mandibular por onde passam a artéria e o nervo alveolar inferior.

Fossa da mandíbula: área onde a cabeça da mandíbula se articula com o osso temporal.

Cabeça da mandíbula: com a fossa mandibular do osso temporal, constitui a ATM.

Canal mastoide: passagem para o ramo auricular do nervo vago.

Forame mastoideo: passagem para a veia e a artéria emissária.

Processo mastoide: área de inserção para os músculos esplênio da cabeça e esternocleidomastóideo.

Forame mentual: passagem pela mandíbula para o nervo mentual e os vasos sanguíneos.

Sulco milo-hióideo: área na mandíbula para passagem do nervo e da artéria milo-hióidea.

Colo da mandíbula: área para inserção do músculo pterigóideo lateral.

Côndilo occipital: ponto de articulação entre o crânio e o processo articular superior do atlas.

Forame óptico: passagem para o nervo óptico.

Órbita: cavidade que abriga o olho.

Ramo da mandíbula: inserção óssea para os músculos pterigóideo medial e masseter.

Processo estiloide: inserção óssea para os músculos estilo-hióideo, estiloglosso e estilofaríngeo e o ligamento estilomandibular.

Forame estilomastoideo: orifício por onde o nervo facial e a artéria estilomastóidea passam pelo osso temporal.

Linha nucal superior: área de inserção para os músculos trapézio, esternocleidomastóideo, occipital e esplênio da cabeça.

Fissura orbital superior: passagem para as porções oculomotora, troclear e oftálmica do nervo trigêmeo e o nervo abducente.

Incisura supraorbital: passagem no osso frontal para os ramos supraorbital da artéria oftálmica e do nervo oftálmico.

Fossa temporal: área de inserção para o músculo temporal.

Arco zigomático: articulação entre o processo temporal do osso zigomático e o processo zigomático do osso temporal que fornece uma área de inserção para o músculo masseter assim como espaço para o músculo temporal se inserir no processo coronoide.

Os ossos da orelha incluem o **martelo**, a **bigorna** e o **estribo** (Fig. 7.4). O martelo está ligado à membrana timpânica (tímpano) e tem uma cabeça, um colo, um cabo e um processo anterior e outro lateral. O cabo e o processo lateral inserem-se na membrana timpânica; o processo anterior serve como um local de inserção para as fibras ligamentares. A cabeça do martelo conecta-se ao corpo da bigorna. A bigorna é constituída por um corpo e um ramo longo e outro curto. O ramo longo liga-se à cabeça do estribo. O estribo consiste em uma cabeça, um colo, um corpo e um ramo anterior e outro posterior. Esses três ossos estão suspensos por ligamentos na cavidade do tímpano da orelha média; eles transmitem o som da membrana timpânica à cóclea da orelha interna.

A orelha é composta de três partes: a **orelha externa**, a **média** e a **interna**. A orelha externa é dividida em **orelha**, **meato acústico externo** (canal auditivo) e **membrana timpânica**. A média contém os três ossos da orelha, a extremidade superior da **tuba auditiva**, a **janela da cóclea** e a **janela do vestíbulo** que separam a média da interna. Os três ossos da orelha não se articulam com os ossos do crânio. A orelha interna (Fig. 7.5) contém a **cóclea** e o **vestíbulo** (que consiste no **utrículo**, no **sáculo** e nos **canais semicirculares**, os quais são partes integrantes do **mecanismo de equilíbrio**). A sequência a seguir é a explicação básica de como o som é ouvido: as ondas sonoras são coletadas pela orelha externa e conduzidas através do canal auditivo até a membrana timpânica. Essa membrana transfere as ondas para as estruturas da orelha média (martelo, bigorna e estribo), que as conduzem até a cóclea, na orelha interna, pelas janelas da orelha média. Os nervos cocleares, com os nervos do vestíbulo, combinam-se para formar o **nervo**

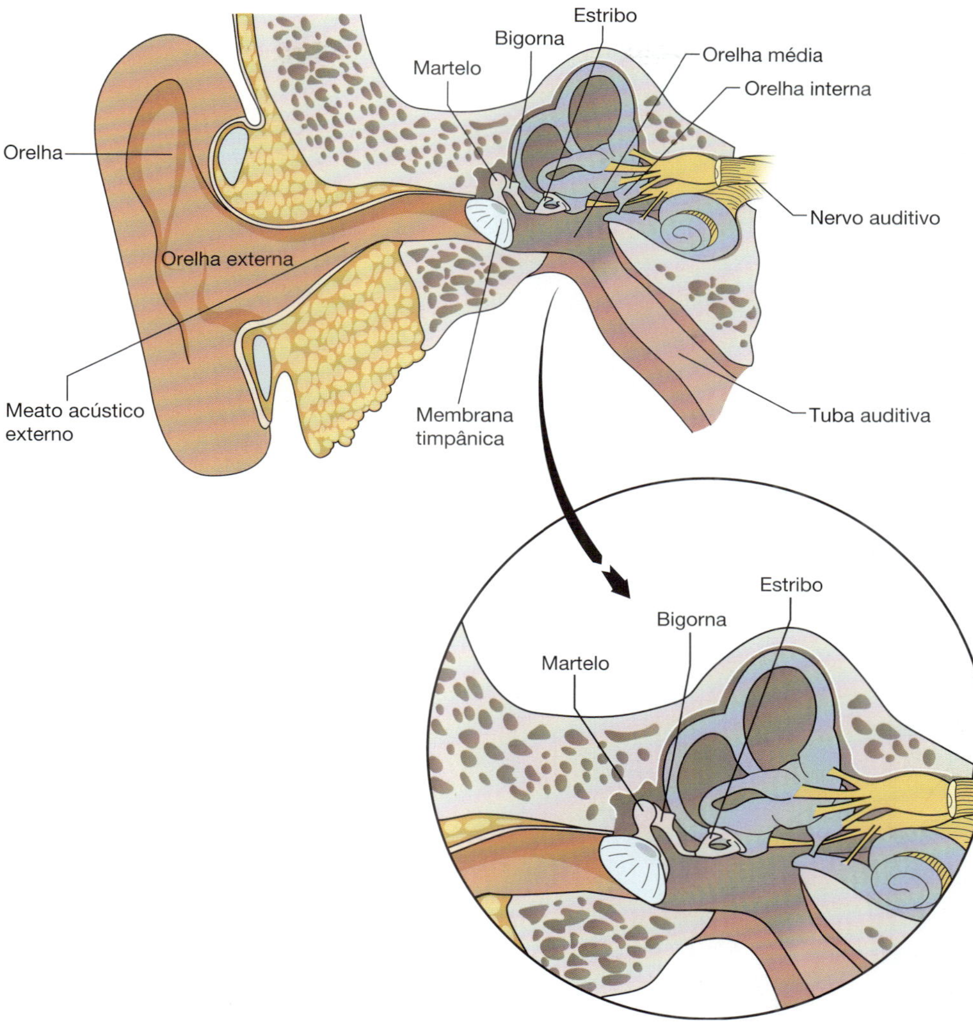

Figura 7.4 Estruturas e ossos da orelha.
Adaptada, com permissão, de Cartwright e Pitney, 2011.

vestibulococlear (ou oitavo nervo craniano) e transmitir os impulsos para o bulbo (Cap. 10).

O **osso hioide**, que não se articula com os outros ossos do crânio, está suspenso sob a língua, entre a laringe e a mandíbula. Ele atua como um ponto de inserção para diversos músculos do pescoço e da língua (Fig. 7.6).

A mandíbula forma a porção inferior da maxila e articula-se com o osso temporal do crânio (Fig. 7.7). Inicialmente, consiste em duas metades antes do nascimento, as quais são unidas pós-nascimento em uma área conhecida como **sínfise mandibular**.

Articulações da cabeça

As articulações do crânio são classificadas como **intracranianas** (entre os ossos cranianos), **interfaciais** (entre os ossos da face) e **craniofaciais** (entre os ossos da face e do crânio). Há também as articulações **craniovertebrais** (entre o crânio e as vértebras cervicais), as quais são apresentadas no Capítulo 8. Os ossos do crânio articulam-se entre si por articulações imóveis conhecidas como **suturas**. Elas são vistas com facilidade nos crânios de bebês jovens (ver Quadro

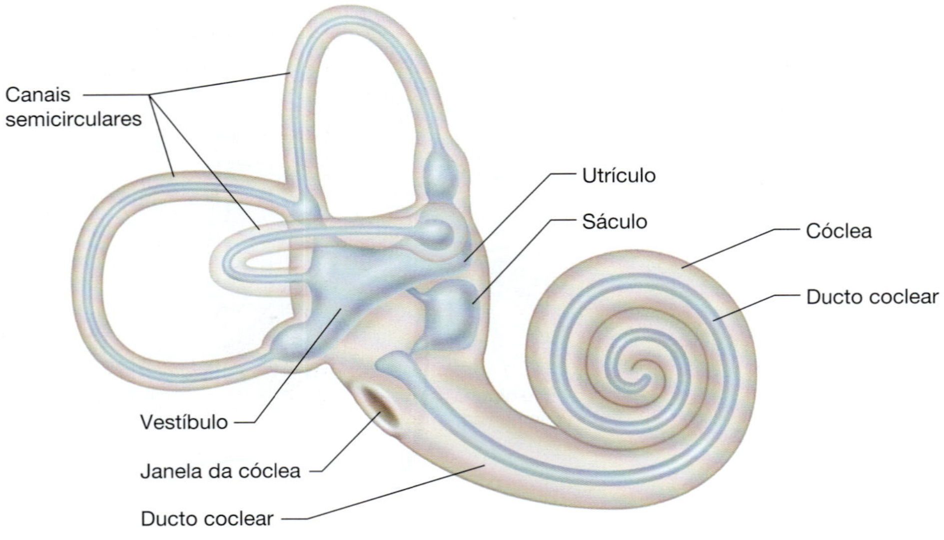

Figura 7.5 Estruturas da orelha interna.

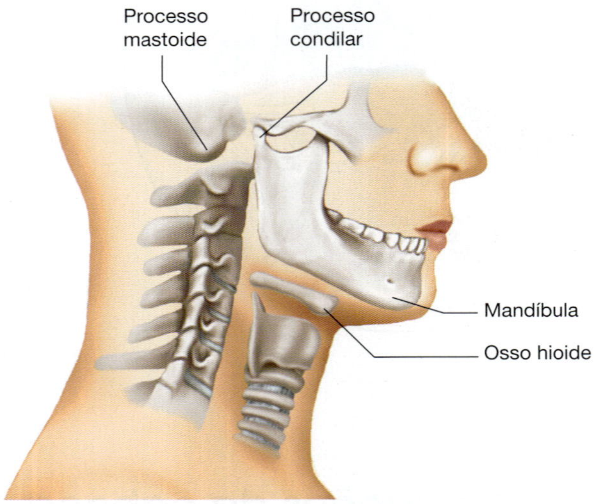

Figura 7.6 Osso hioide.
Adaptada, com permissão, de Loudon, Swift e Bell, 2008.

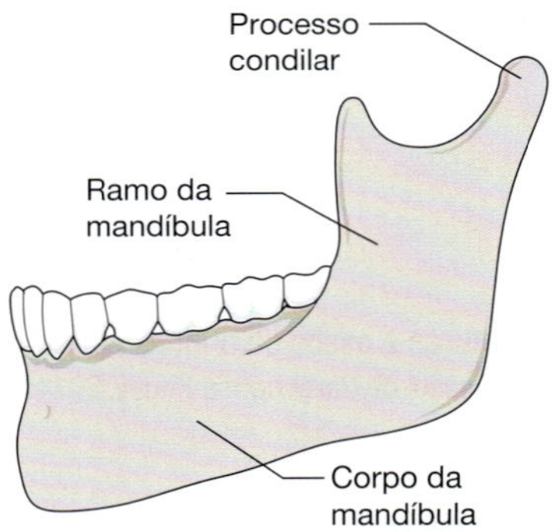

Figura 7.7 Mandíbula.
Reproduzida, com permissão, de Watkins, 2010.

Foco em, Fontanelas); contudo, quando os ossos "amadurecem", as suturas se fundem. A maioria das suturas do crânio é nomeada a partir dos ossos que cada uma conecta. O crânio tem 34 suturas, conforme descrito na lista a seguir. A sutura é listada primeiro, seguida pelos ossos que conecta. As estruturas marcadas com um asterisco (*) indicam uma sutura que é visível nas Figuras 7.1, 7.2 e 7.3.

Coronal: entre os ossos frontal e parietal.

Etmoidomaxilar: entre os ossos etmoide e maxilar.

Frontal: entre os ossos frontais, até a idade de 6 a 10 anos.

Frontoetmoidal: entre os ossos frontal e etmoide.

Frontomaxilar: entre os ossos frontal e maxilar.

Intermaxilar: entre os ossos maxilares.

Internasal: entre os ossos nasais.

Etmoidolacrimal: entre os ossos lacrimal e etmoide.

Frontolacrimal: entre os ossos lacrimal e frontal.

Lacrimomaxilar: entre os ossos lacrimal e maxilar.

* Lambdóidea: entre os ossos occipital e parietal.

Mastoescamosa: entre o processo mastoide e o aspecto escamoso do osso temporal.

Zigomaticomaxilar: entre os ossos maxilar e zigomático.

Palatina mediana: entre o processo palatino da maxila e o osso palatino.

Frontonasal: entre os ossos nasal e frontal.

Nasomaxilar: entre os ossos nasal e maxilar.

Occipitomastóidea: entre o osso occipital e o processo mastoide.

Palatoetmoidal: entre a bulbo do olho do osso palatino e o osso etmoide.

Palatomaxilar: entre a bulbo do olho do osso palatino e o osso maxilar.

Parietomastóidea: entre o osso parietal e o processo mastoide.

Petro-occipital: entre o aspecto petroso do osso temporal e o osso occipital.

Petroescamosa: entre os aspectos petroso e escamoso do osso temporal.

* Sagital: entre os ossos parietais.

Esfenoetmoidal: entre a asa do osso esfenoide e o osso etmoide.

Esfenofrontal: entre a asa do osso esfenoide e o osso frontal.

Esfeno-orbital: entre o corpo do osso esfenoide e o processo orbital do osso palatino.

Esfenoparietal: entre a asa do osso esfenoide e o osso parietal.

Esfenopetrosa: entre o osso esfenoide e o aspecto petroso do osso temporal.

Esfenoescamosa: entre a asa do osso esfenoide e o aspecto escamoso do osso temporal.

Esfenozigomática: entre a asa do osso esfenoide e o osso zigomático.

Escamosa: entre a parte inferior do osso parietal e o aspecto escamoso do osso temporal.

Temporozigomática: entre o processo zigomático do osso temporal e o processo temporal do osso zigomático.

Palatina transversa: entre os processos palatinos dos ossos maxilares e os ossos palatinos.

Frontozigomática: entre os ossos zigomático e frontal.

Todas as suturas identificadas são consideradas articulações inertes, mas o crânio contém uma articulação móvel: a **temporomandibular (ATM)**. A articulação entre a cabeça da mandíbula e a **fossa mandibular** do osso temporal é do tipo diartrodial.

FOCO EM

Fontanelas

No lactente, existem quatro áreas proeminentes em que os ossos do crânio ainda não cresceram a ponto de se unirem. Esses pontos fracos entre os ossos são conhecidos como fontanelas. A maior delas é a fontanela anterior (**bregma**), que é o ponto entre as suturas sagital e coronal. O pulso da criança pode ser sentido, e, frequentemente, visto nessa área. A fontanela posterior (**lambda**) é o ponto em que as suturas sagital e lambdóidea se encontram. A fontanela lateral ou esfenoidal (**ptério**) é o ponto em que a asa maior do osso esfenoide encontra o ângulo esfenoidal do osso parietal. A fontanela mastoide (**astério**) é o ponto em que as suturas lambdóidea, occipitomastóidea e parietomastóidea se encontram. Sob condições normais de crescimento, essas fontanelas se "fecham", ou as suturas são completamente formadas, aos 2 anos de idade.

Ligamentos da cabeça

A articulação da mandíbula é constituída por um **disco articular**, uma cápsula articular e um **ligamento temporomandibular** (Fig. 7.8a). O suporte para a articulação também é fornecido pelos **ligamentos estilomandibular** e **esfenomandibular** (Fig. 7.8b). O movimento da articulação é de rolamento e deslizamento, que resulta em elevação, depressão, protusão e movimento lateral e medial da mandíbula.

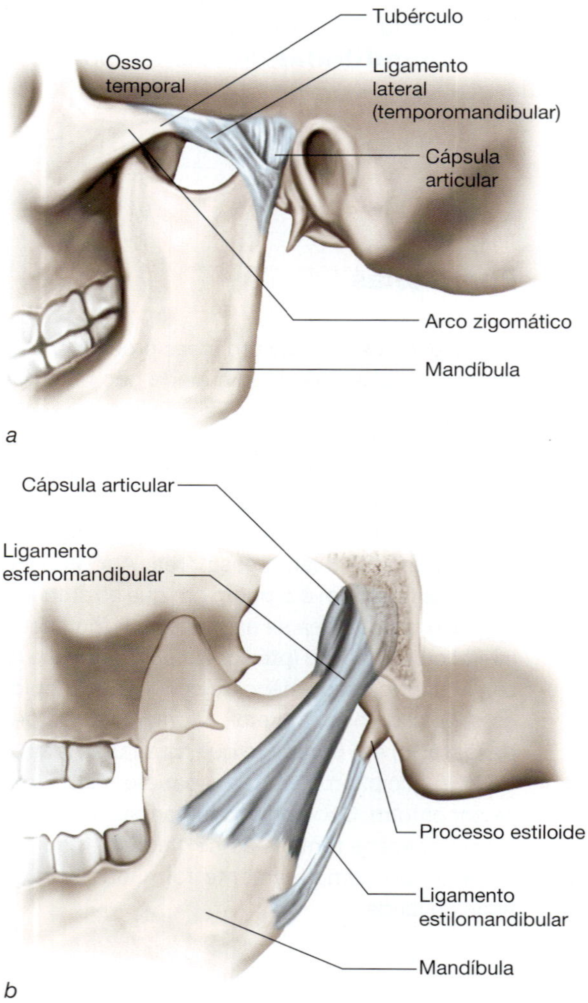

Figura 7.8 *(a)* Vista lateral e *(b)* medial dos ligamentos da ATM.
Reproduzida, com permissão, de Loudon, Swift e Bell, 2008.

Seios da face

No interior dos ossos e dos acidentes ósseos existem cavidades cheias de ar chamadas de **seios da face** (Fig. 7.9). Esses espaços são revestidos por membranas mucosas. Todos estão direta ou indiretamente ligados à cavidade nasal e acredita-se que atuem como cavidades de ressonância para a voz. A inflamação da mucosa de qualquer dos seios da face é denominada sinusite. Existem quatro cavidades principais:

- Os **seios etmoidais** estão localizados no etmoide, entre os olhos e a **concha média** (as paredes ósseas da cavidade nasal formam quatro pares de projeções, conhecidas como conchas: suprema, superior, média e inferior) e comunicam-se com a cavidade nasal. Um osso fino como um papel (**lâmina orbital**) separa os seios da face do conteúdo da cavidade ocular.
- Os **seios frontais** são duas cavidades de formato triangular (esquerda e direita), localizadas na base do osso frontal (testa); eles comunicam-se direta e indiretamente com a cavidade nasal.
- Localizados nas bochechas, os grandes **seios maxilares** são cavidades no osso maxilar que se comunicam com o meato médio da cavidade nasal.
- Os **seios esfenoidais** estão localizados na região anterior do corpo do osso esfenoide, atrás dos seios etmoidais, abrindo-se para a cavida-

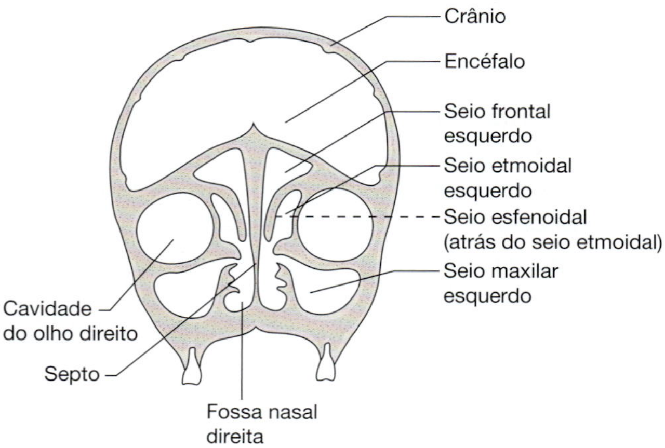

Figura 7.9 Seios da face.
Adaptada, com permissão, de Watkins, 2010.

de nasal acima da concha nasal superior. As artérias carótidas e o nervo óptico situam-se nessa área.

Movimentos fundamentais e músculos da cabeça

Como a ATM é a única articulação móvel da cabeça, seria possível pensar que haveria um número muito pequeno de músculos. No entanto, existem diversos músculos específicos para movimentos no interior do crânio, bem como muitos ligados ao crânio que facilitam o movimento da coluna cervical (pescoço). Os músculos da cabeça são divididos em seis grupos: cranianos, faciais, oculares, da língua, do palato mole e faríngeos (Figs. 7.10 e 7.11).

- Músculos cranianos. Os músculos cranianos são divididos em três grupos: (1) **epicrânico**, composto pelos ventres frontal e occipital do músculo **occipitofrontal**; (2) da orelha externa, composto pelos músculos **auriculares** anterior, posterior e superior; e (3) da orelha média, composto pelos músculos **estapédio** e **tensor do tímpano**.
- Músculos faciais. Os músculos faciais (músculos da expressão) são divididos em quatro grupos: (1) músculos da pálpebra, compostos pelos músculos **corrugador do supercílio**, **levantador da pálpebra superior** e **orbicular do olho**; (2) músculos do nariz, compostos pelos músculos **levantador do lábio superior e da asa do nariz**, **abaixador do septo nasal**, **nasal (parte alar)**, **nasal** e **prócero**; (3) músculos da boca, compostos pelos músculos **bucinador**, **levantador do ângulo da boca**, **mentual**, **orbicular da boca**, **abaixador do lábio inferior**, **levantador do lábio superior e da asa do nariz**, **levantador do lábio superior**, **zigomático menor**, **risório**, **triangular** e **zigomático**; e (4) músculos da mastigação, que consistem nos músculos **pterigóideo** (**lateral** e **medial**), **masseter** e **temporal**.

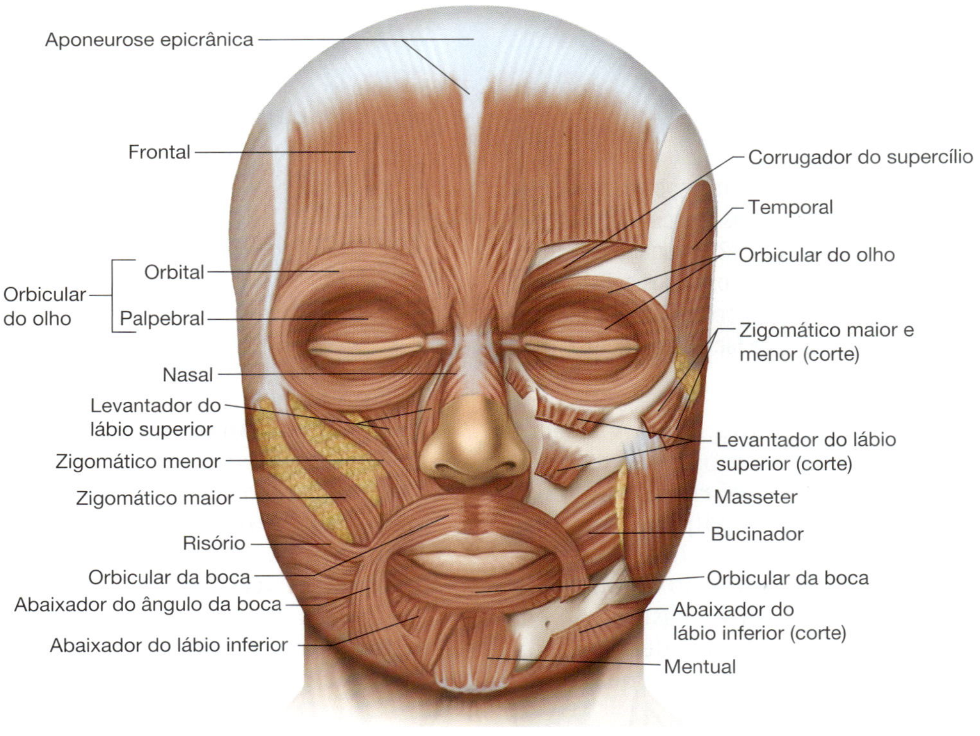

Figura 7.10 Músculos superficiais e profundos da cabeça.

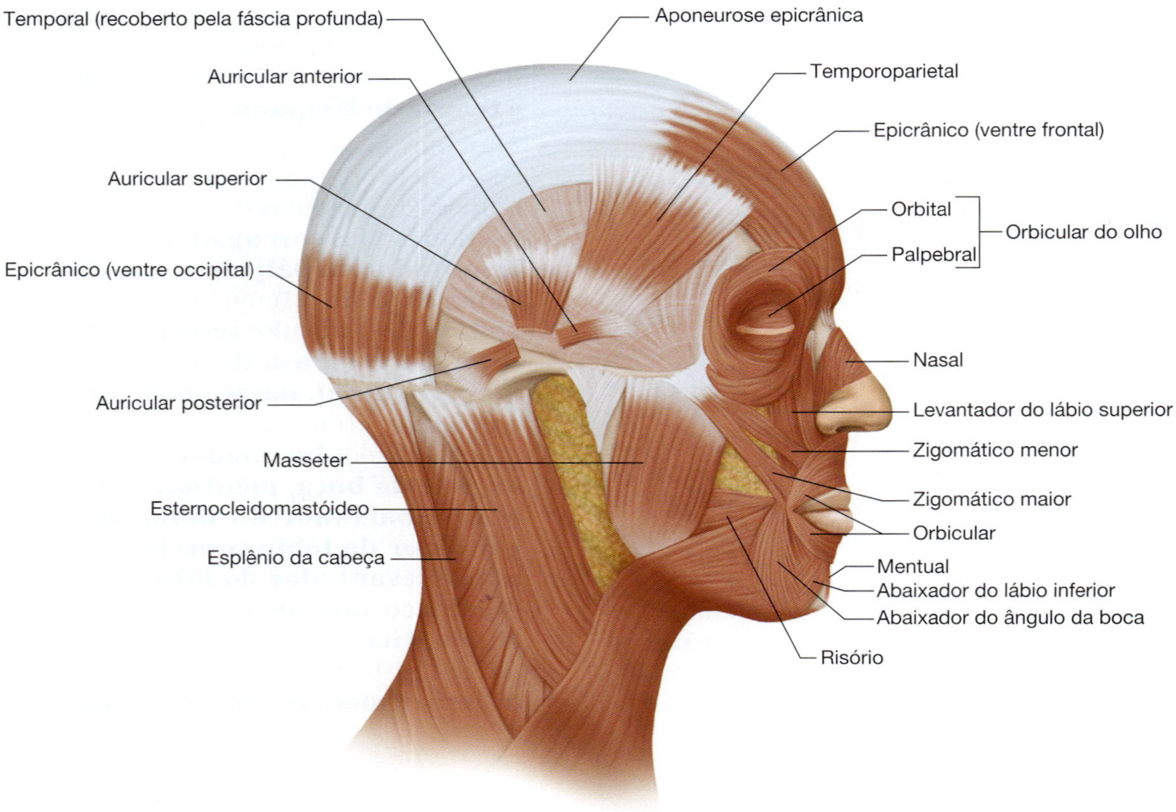

Figura 7.11 Músculos laterais e posteriores da cabeça.

Prática

De frente para um colega ou usando um espelho, realize as seguintes atividades, considerando quais músculos faciais são utilizados: (1) levantar as sobrancelhas, (2) enrugar o nariz e (3) juntar os lábios como ao beijar. Coloque os dedos sobre a área da ATM, abra e feche a boca e sinta a contração dos músculos da mastigação. Como os músculos faciais contribuem para essa ação?

- Músculos do bulbo do olho. Uma vista em corte transversal do olho mostra as estruturas a seguir (Fig. 7.12). A **córnea** é a camada transparente logo sob a pálpebra, e a **íris** é uma membrana elástica localizada entre a córnea e a **lente**. A íris é a porção do olho que é colorida (p. ex., azul, verde, castanho); ela tem uma abertura em seu centro denominada **pupila**. O espaço entre a íris e a córnea é chamado de **câmara anterior**; o espaço entre a íris e a lente é a **câmara posterior**. Ambas as câmaras são preenchidas por um líquido que recebe o nome de **humor aquoso**. Um **ligamento suspensor** suspende a lente no olho. Posterior à lente, existe uma parede de três camadas consistindo em uma camada externa (**esclera**), uma interna (**retina**) e uma camada entre as duas (**coroide**). A área entre a lente e a retina é preenchida por um líquido denominado **humor vítreo**. Os músculos do bulbo do olho são divididos em dois grupos: (1) extrínsecos, compostos pelos músculos **oblíquo** (**superior** e **inferior**), **orbital** e quatro músculos **retos** (**superior**, **medial**, **lateral** e **inferior**); e (2) intrínsecos, que consistem nos músculos **ciliares** e dois músculos da íris, o **dilatador da pupila** e o **esfincter da pupila**.

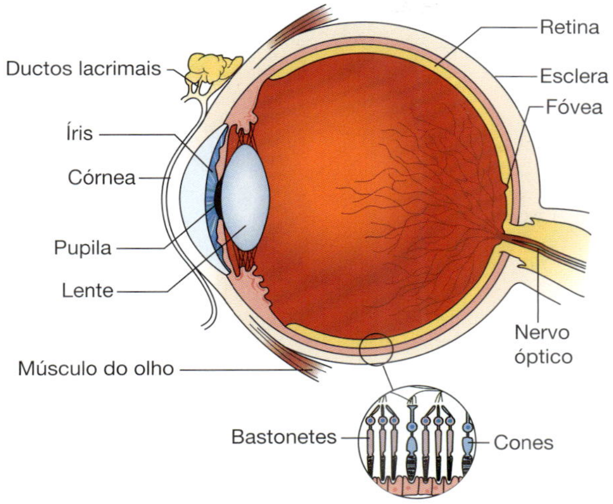

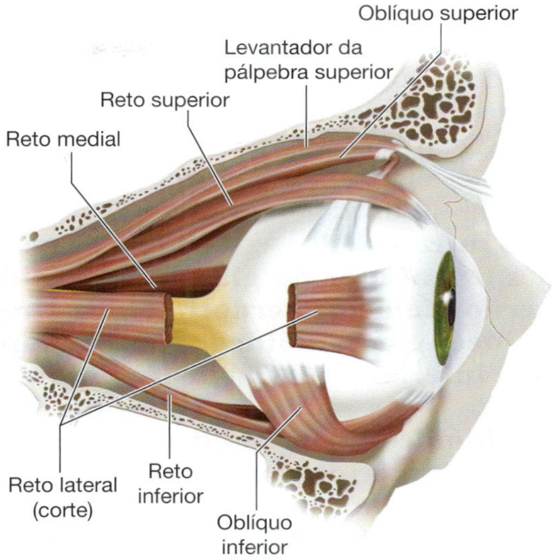

Figura 7.12 Músculos e estruturas do bulbo do olho.
Reproduzida, com permissão, de Cartwright e Pitney, 2011.

Prática

De frente para um colega ou usando um espelho, realize as seguintes atividades, considerando quais músculos do bulbo do olho são utilizados: (1) olhar para cima, (2) olhar para baixo e (3) olhar para os lados. Cubra um olho com a mão e, em seguida, descubra-o rapidamente e observe a pupila. Ela aumenta ou diminui de tamanho?

- Músculos da língua. Os músculos da língua (Fig. 7.13) são divididos em dois grupos: (1) extrínsecos, constituídos pelos músculos **condroglosso**, **genioglosso**, **hioglosso** e **estiloglosso**; e (2) intrínsecos, compostos pelos músculos **longitudinal** (**superior** e **inferior**), **transverso da língua** e **vertical da língua**.

Prática

De frente para um colega ou usando um espelho, realize as seguintes atividades, considerando quais músculos da língua são usados: (1) Esticar a língua e (2) mover a língua para a esquerda e para a direita.

- Músculos do palato mole. O palato mole possui os seguintes músculos **palatoglosso**, **da úvula**, **levantador do véu palatino**, **tensor do véu palatino**, **palatofaríngeo** e **salpingofaríngeo**.

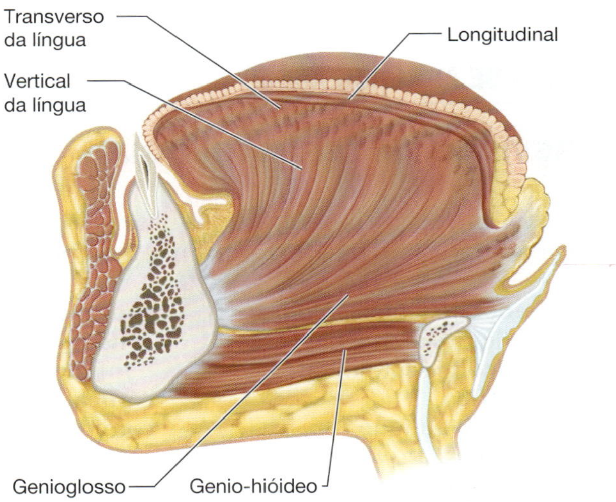

Figura 7.13 Músculos da língua.

- Músculos da faringe e laringe. Os músculos da faringe são o **estilofaríngeo** e os **constritores da faringe** (**superior**, **inferior** e **médio**). Embora normalmente considerados pertencentes ao pescoço, os músculos da laringe são incluídos neste grupo de músculos da cabeça, já que suas ações se referem apenas à laringe e não ao movimento da coluna cervical. Os músculos da laringe são divididos em dois grupos: extrínsecos e intrínsecos. Os extrínsecos são considerados músculos do hioide e são também divididos em dois grupos: (1) o grupo **infra-hióideo**, compostos pelos músculos **levantador da glândula tireoide**, **esterno-hióideo**, **esternotireóideo**, **tireo-hióideo** e **omo-hióideo** (**ventres superior** e **inferior**) e (2) grupo **supra-hióideo**, formado pelos músculos **genio-hióideo**, **milo-hióideo**, **estilo-hióideo** e **digástrico** (**ventres anterior** e **posterior**) (Fig. 7.14). Os músculos intrínsecos da laringe são: **ariepiglótico**, **aritenóideo oblíquo** e **transverso**, **cricoaritenóideo posterior** e **lateral**, **cricotireóideo**, **tireoaritenóideo**, **tireoepiglótico**, **ventricular** e **vocal**.

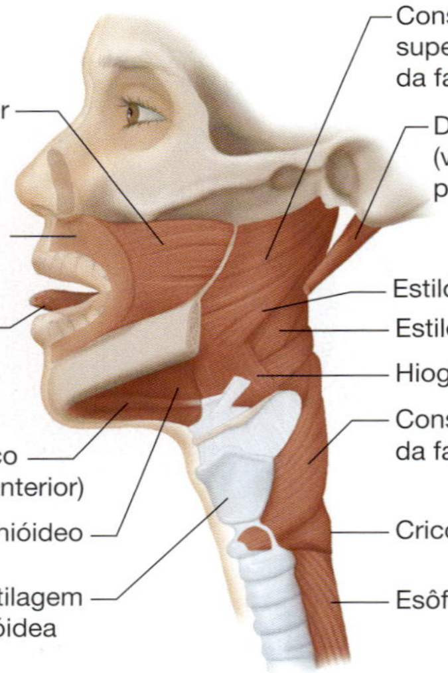

Figura 7.14 Músculos superficiais da faringe e da laringe.

DICAS DE APRENDIZAGEM

REVISÃO DA TERMINOLOGIA

Os termos a seguir são discutidos neste capítulo. Definir ou descrever cada termo e, se for o caso, identificar a localização da estrutura em seu corpo ou em uma ilustração apropriada.

abaixador do lábio inferior (inferior e superior)
abaixador do septo nasal
ariepiglótico
aritenóideo oblíquo
aritenóideo transverso
articulação craniofacial
articulação craniovertebral
articulação interfacial
articulação intracranial
articulação temporomandibular (ATM)
astério
auricular
bigorna
bregma
bucinador
câmara anterior
câmara posterior
canal semicircular
ciliar
cóclea
concha média
concha nasal óssea
condroglosso
constritor da faringe (superior, inferior e médio)
córnea
coroide
corrugador do supercílio
crânio
cricoaritenóideo lateral
cricoaritenóideo posterior
cricotireóideo
da úvula
digástrico (ventres anterior e posterior)
dilatador da pupila
disco articular
epicrânico
esclera
esfenoide
esfincter da pupila
estapédio
esterno-hióideo
esternotireóideo
estilo-hióideo
estilofaríngeo
estiloglosso
estribo
fossa mandibular
genio-hióideo
genioglosso
hioglosso
humor aquoso
humor vítreo
infra-hióideo
íris
janela da cóclea
janela do vestíbulo
lambda
lâmina orbital
lente
levantador da glândula tireoide
levantador da pálpebra superior
levantador do ângulo da boca
levantador do lábio superior
levantador do lábio superior e da asa do nariz
levantador do véu palatino
ligamento esfenomandibular
ligamento estilomandibular

ligamento suspensor
ligamento temporomandibular
longitudinal (superior e inferior)
mandíbula
martelo
masseter
maxila
meato acústico externo
mecanismo de equilíbrio
membrana timpânica
mentual
milo-hióideo
músculo occipitofrontal
músculo vocal
nasal
nasal (parte alar)
nervo vestibulococlear
oblíquo (superior e inferior)
omo-hióideo (ventres superior e inferior)
orbicular da boca
orbicular do olho
orbital
orelha
orelha externa
orelha interna
orelha média
osso etmoide
osso frontal
osso hioide
osso lacrimal
osso nasal
osso occipital
osso palatino
osso parietal
osso temporal
osso zigomático
palatofaríngeo
palatoglosso
prócero
pterigóideo (interno e externo)
ptério
pupila
retina
reto (superior, inferior, lateral e medial)
risório
sáculo
salpingofaríngeo
seio da face
seio esfenoidal
seio etmoidal
seio frontal
seio maxilar
sínfise mandibular
supra-hióideo
sutura
temporal
tensor do tímpano
tensor do véu palatino
tireo-hióideo
tireoaritenóideo
tireoepiglótico
transverso da língua
triangular
tuba auditiva
utrículo
ventricular
vertical da língua
vestíbulo
vômer
zigomático
zigomático menor

SUGESTÃO DE ATIVIDADES DE APRENDIZAGEM

1. Com um colega, identifique e palpe o maior número possível de acidentes ósseos externos das páginas 130 a 132.
2. Enquanto seu colega abre e fecha a boca, palpe a área da ATM e identifique os músculos que você sente e quais movimentos específicos dessa articulação estão sendo realizados.
3. Peça a seu colega que siga seu dedo indicador conforme você o eleva, abaixa e move de um lado para outro. Observe atentamente os movimentos do olho de seu colega e tente identificar quais músculos ele está usando para realizar os movimentos.

QUESTÕES DE MÚLTIPLA ESCOLHA

1. A maior fontanela no crânio de um bebê é a:
   a. Fontanela anterior
   b. Fontanela lateral
   c. Fontanela posterior
   d. Fontanela medial
2. As articulações entre os ossos da face e do crânio são conhecidas como articulações:
   a. Intracranianas
   b. Interfaciais
   c. Craniofaciais
   d. Craniovertebrais
3. Qual das estruturas ligamentares a seguir *não* está envolvida na ATM?
   a. Ligamento temporomandibular
   b. Disco articular
   c. Ligamento zigomaticomandibular
   d. Cápsula articular
4. Qual dos músculos cranianos a seguir *não* é considerado um músculo da orelha externa?
   a. Auricular superior
   b. Auricular inferior
   c. Auricular anterior
   d. Auricular posterior

5. A abertura no centro da íris é conhecida como:
   a. Retina
   b. Pupila
   c. Lente
   d. Córnea

6. Um ponto muito importante de inserção tanto para o músculo trapézio quanto para o ligamento nucal é o(a):
   a. Forame magno
   b. Processo mastoide
   c. Protuberância occipital externa
   d. Processo estiloide

7. Qual dos músculos a seguir é um músculo da mastigação?
   a. Frontal
   b. Da úvula
   c. Mentual
   d. Masseter

8. Qual dos ossos a seguir liga-se à membrana timpânica?
   a. Bigorna
   b. Estribo
   c. Meato médio
   d. Martelo

QUESTÕES DE PREENCHIMENTO DE LACUNAS

1. O martelo, a bigorna e o estribo estão localizados na orelha _______.
2. As suturas entre os ossos do crânio são classificadas como articulações _______, exceto a localizada entre a mandíbula e o osso temporal.
3. O seio _______ está localizado nos ossos da bochecha no rosto.
4. O oblíquo superior e o inferior são considerados músculos _______ do bulbo do olho.
5. O osso_______, encontrado na cabeça, não é inserido em qualquer outro osso do crânio e, portanto, não é considerado um osso do crânio.
6. A cavidade no interior do osso occipital, que normalmente contém ar e é revestida por uma membrana mucosa, é conhecida como um(a) _______.
7. A abertura anatômica do osso occipital por onde passam o bulbo e os nervos espinais é denominada _______.
8. O líquido presente na lente ocular e na retina é chamado de _______.

Capítulo 8

Coluna Vertebral e Pelve

A coluna vertebral (Fig. 8.1) é uma pilha de 26 ossos e 33 vértebras. Estas são unidas por ligamentos e músculos, com discos cartilaginosos (constituídos principalmente de água e proteína) entre elas. As 33 vértebras são divididas em cinco seções distintas. Todas as vértebras têm muitas características em comum, mas cada grupo apresenta peculiaridades únicas concebidas para fins específicos. O grupo mais superior é conhecido como coluna cervical (pescoço) e contém sete vértebras. O grupo seguinte é chamado de coluna torácica (tórax) e é constituído por 12 vértebras. O próximo grupo é chamado de coluna lombar e tem cinco vértebras. O seguinte é denominado coluna sacral e é composto por cinco vértebras fundidas em um único osso, conhecido como sacro. O último grupo, ou o mais distal, recebe o nome de coluna coccígea e contém quatro vértebras fundidas em um único osso, denominado cóccix.

A vista lateral da coluna vertebral revela quatro curvaturas: curvas de convexidade anterior cervical e lombar, e curvas de convexidade posterior torácica e sacrococcígea. Essas curvaturas podem aumentar ou diminuir conforme muda o centro de gravidade do corpo (p. ex., com a gravidez, ganho de peso, perda de peso ou trauma). Isso é decorrente de uma das funções da coluna vertebral: manter, com o corpo em posição vertical, o encéfalo sobre o centro de gravidade do corpo. O sobre ou subdesenvolvimento da musculatura em ambos os lados da coluna vertebral, as deformidades estruturais ou outras causas podem resultar em curvaturas excessivas da coluna. Três das condições mais comuns resultantes de curvatura demasiada são a **hipercifose** (Fig. 8.2), uma curvatura posterior demasiada da coluna torácica (corcunda, ombros arredondados); a **hiperlordose** (Fig. 8.3), uma curvatura anterior excessiva da coluna lombar; e a **escoliose** (Fig. 8.4), uma

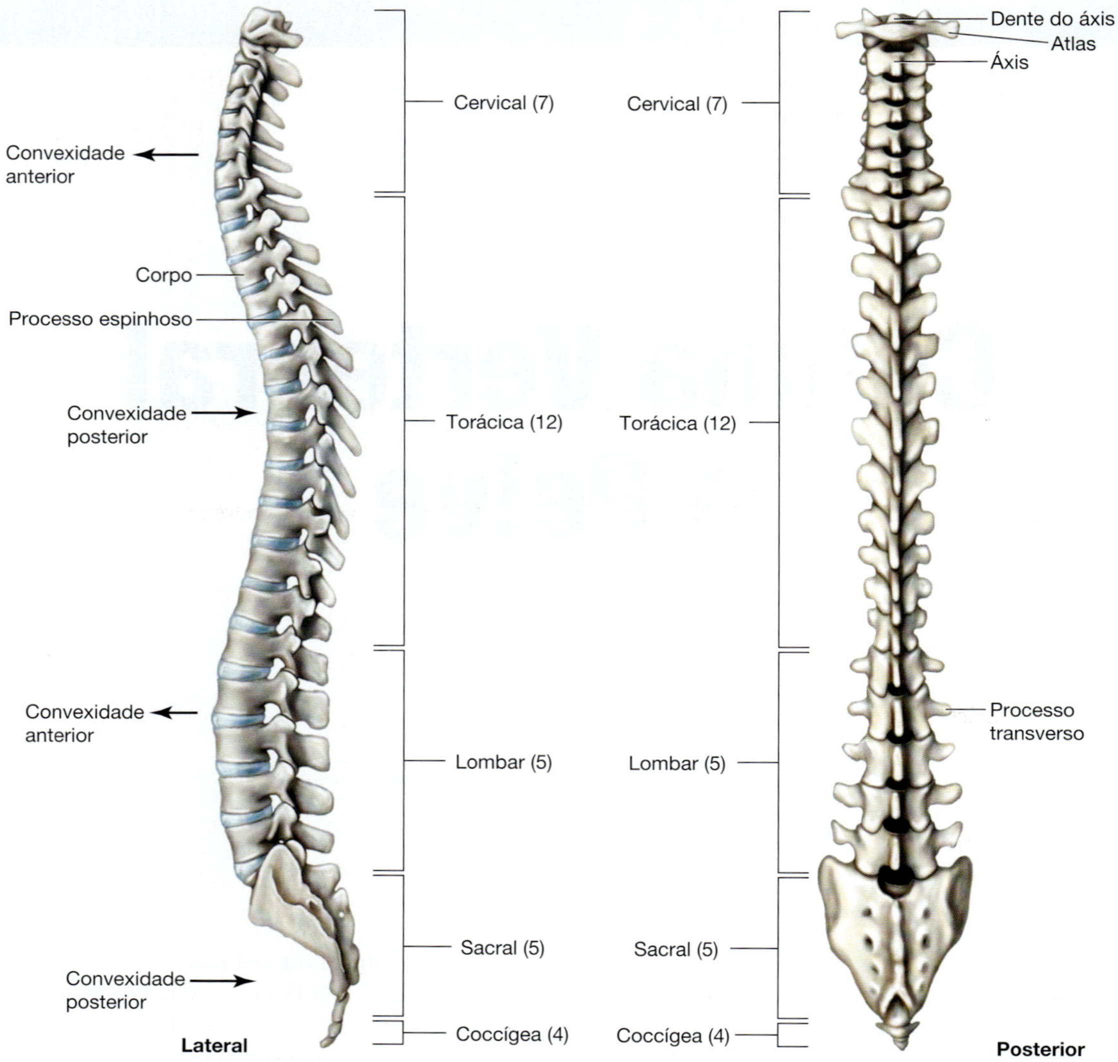

Figura 8.1 Coluna vertebral, vistas lateral e posterior.

curvatura lateral excessiva da coluna vertebral, geralmente na coluna torácica, mas, às vezes, em menor grau, na cervical e na lombar.

Ossos da coluna vertebral

Embora as cinco porções da coluna vertebral tenham estruturas em comum, as vértebras de cada região são espaçadas de modo único e podem apresentar formas um pouco diferentes, dependendo de suas funções na área anatômica específica. Todas as vértebras têm um corpo, dois **processos transversos** lateralmente (que servem como local para inserções ligamentares e musculares), um **processo espinhoso** (que atua como outro ponto para inserções ligamentares e musculares) e um forame vertebral (por onde passam a medula espinal e as raízes nervosas) (Fig. 8.5). Além disso, cada vértebra possui as características a seguir. As **facetas articulares superior** e **inferior** são os pontos onde uma vértebra se articula com as vértebras acima e abaixo dela. A **lâmina** constitui o aspecto posterior do **forame vertebral**. Os **pedículos** formam as faces laterais do forame vertebral. O

Figura 8.2 Cifose torácica.

Figura 8.3 Lordose lombar.

forame intervertebral permite a passagem das ramificações nervosas da medula espinal. O **istmo** (também chamado de **parte interarticular**) é a área óssea entre as **facetas articulares superiores e inferiores**.

As sete **vértebras cervicais** são numeradas da parte mais superior à mais inferior e assim por diante. A primeira (CI) e a segunda (CII) vértebras cervicais (o **atlas** e o **áxis**) são moldadas de forma diferente das outras vértebras cervicais (CIII–CVII) para permitir a rotação.

O atlas não tem um corpo vertebral significativo, mas possui duas facetas articulares grandes que fornecem a superfície em que o crânio e a coluna vertebral se articulam (Fig. 8.6). Essa articulação entre o crânio e a primeira vértebra cervical é muito firme, criando uma situação em que, se o crânio se mover, o atlas vai com ele. O atlas desliza sobre o áxis e repousa no topo das duas grandes superfícies articulares superiores do áxis, entre as quais se encontra um processo ósseo bastante grande do corpo do áxis conhecido como **dente do áxis** (Fig. 8.6). É na articulação entre o atlas (CI), ligado ao crânio, e o áxis (CII) que a cabeça roda. Além disso, as vértebras cervicais têm um processo espinhoso **bífido** (dividido) e

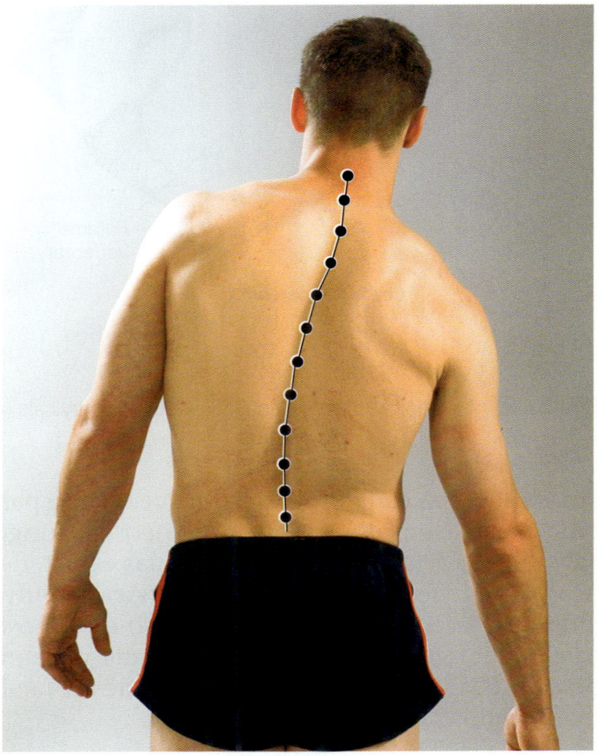

Figura 8.4 Escoliose.

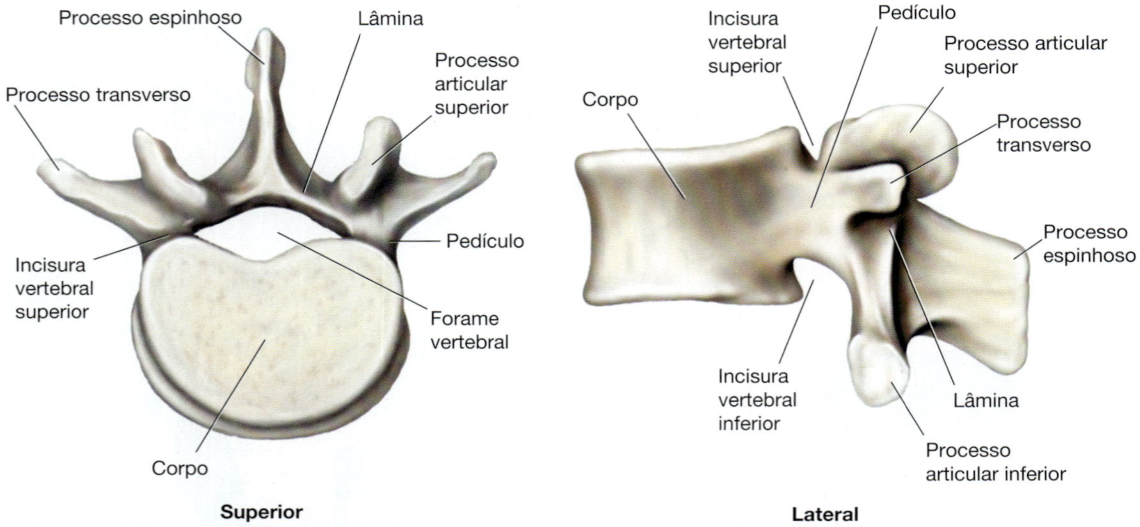

Figura 8.5 Uma vértebra típica, vistas superior e lateral.

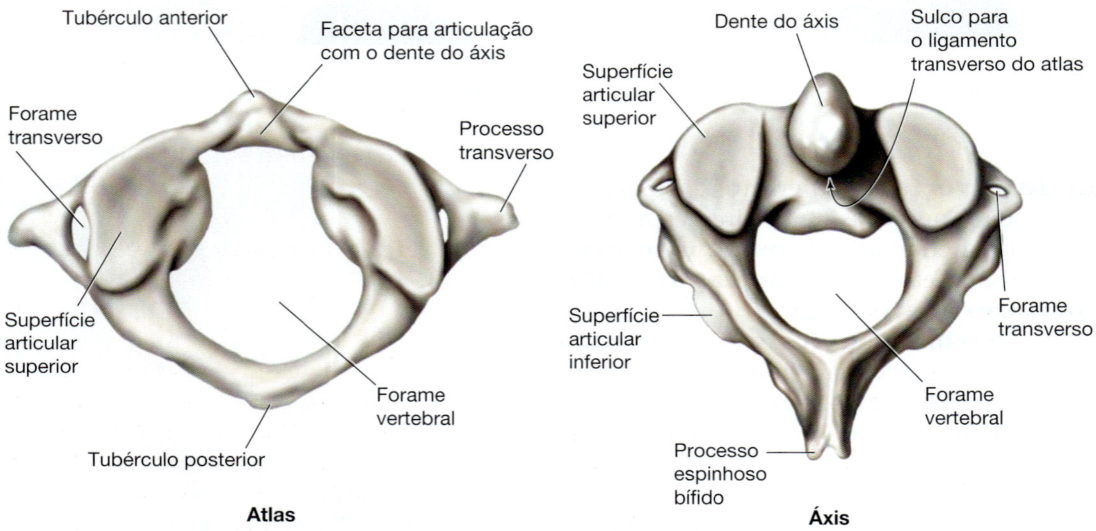

Figura 8.6 A primeira (atlas) e a segunda vértebras cervicais (áxis, com seu dente), vista superior.

um forame em cada processo transverso que permite a passagem dos vasos sanguíneos ao longo da coluna cervical (Fig. 8.7). Essas duas características são exclusivas das vértebras cervicais. Outra diferença a ser observada é o processo espinhoso bastante longo e proeminente da sétima vértebra cervical (CVII). Essa proeminência pode ser facilmente palpada.

Prática

Deslize o dedo pela face posterior da coluna cervical até encontrar uma grande saliência. Este é o processo espinhoso de CVII, que serve como um ponto de referência anatômica para a determinação dos processos espinhosos das outras vértebras cervicais e para definir onde começa a coluna torácica.

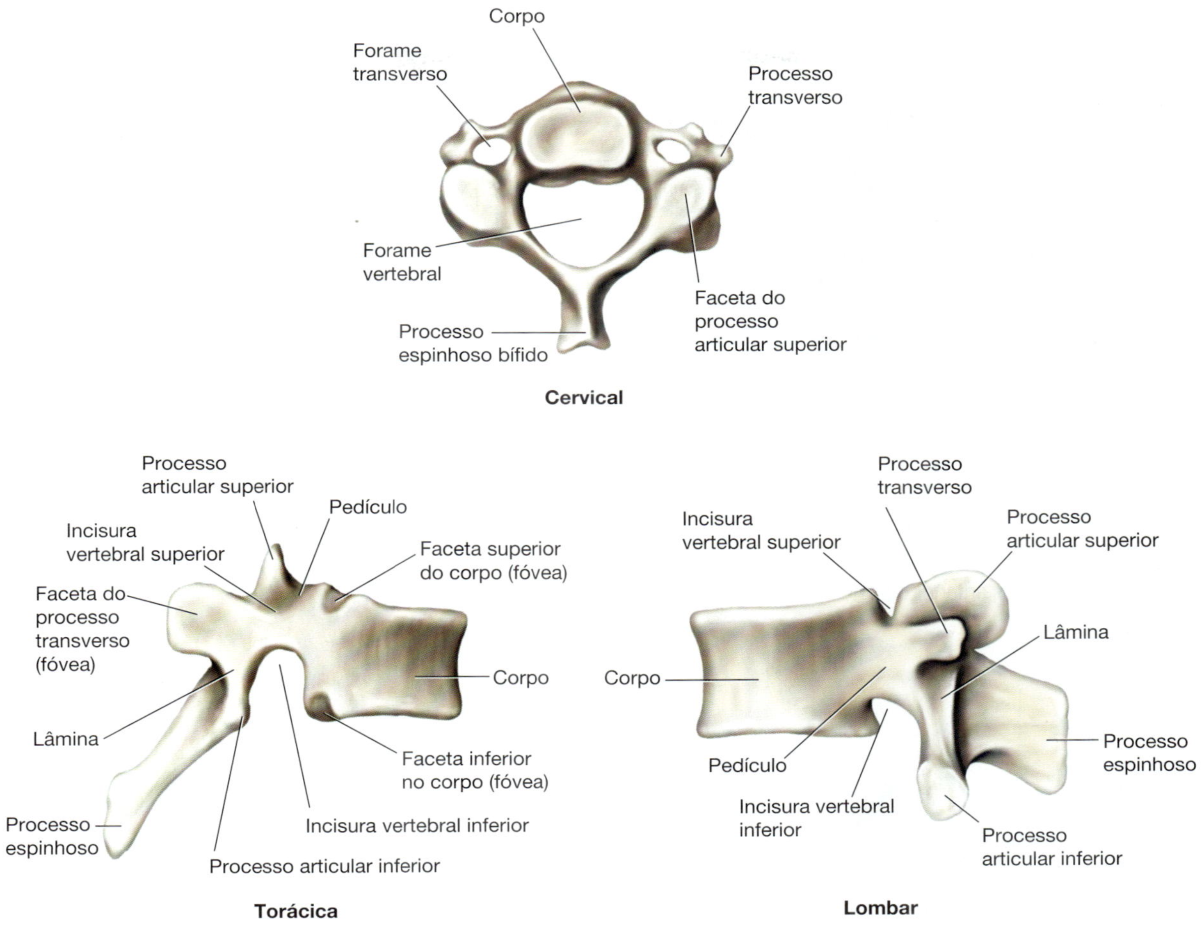

Figura 8.7 Vértebras cervicais, torácicas e lombares.

As 12 **vértebras torácicas** têm características ósseas semelhantes às demais vértebras, com algumas pecularidades. Observam-se processos espinhosos mais longos e mais verticais (Fig. 8.7), bem como superfícies articulares (**fóveas**) sobre o aspecto lateral anterior dos processos transversos e nas porções superior e inferior do aspecto lateral posterior dos corpos vertebrais. Essas incisuras fornecem um ponto para articulação dos 12 pares de costelas com as 12 vértebras torácicas.

As cinco **vértebras lombares** são as maiores (Fig. 8.7). Elas não têm forame em seus processos transversos, nem existem quaisquer facetas articulares (fóveas) em seus corpos. Embora separadas no momento do nascimento, as cinco **vértebras sacrais** (SI-SV) se fundem para formar um grande osso de aspecto triangular, conhecido como **sacro** (Figs. 8.8 e 8.9), durante o processo de crescimento. As duas grandes superfícies articulares formadas nas faces laterais do sacro são o local onde a coluna vertebral se articula com os ossos da pelve, formando a cintura pélvica.

O **cóccix** (as últimas quatro vértebras), como o sacro, é inicialmente composto por quatro vértebras que, durante o processo de crescimento, se fundem para formar uma estrutura única (Fig. 8.10). O cóccix serve como ponto de inserção para estruturas ligamentares e musculares. Algumas pessoas chamam o cóccix de "cauda vestigial", em referência à evolução de espécies que tinham caudas.

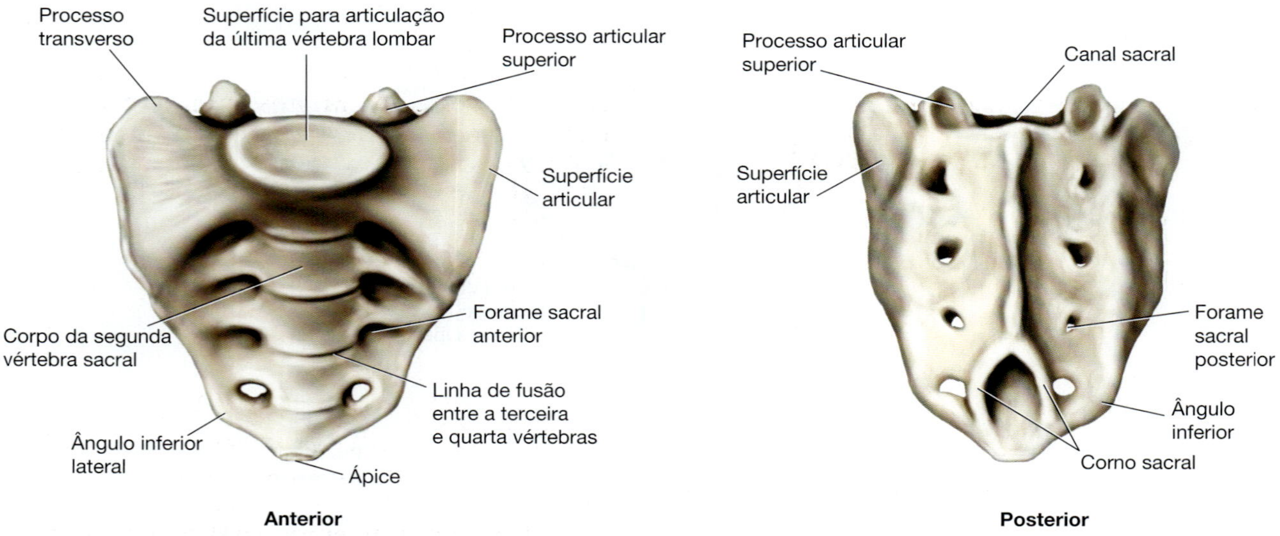

Figura 8.8 Sacro, vistas anterior e posterior.

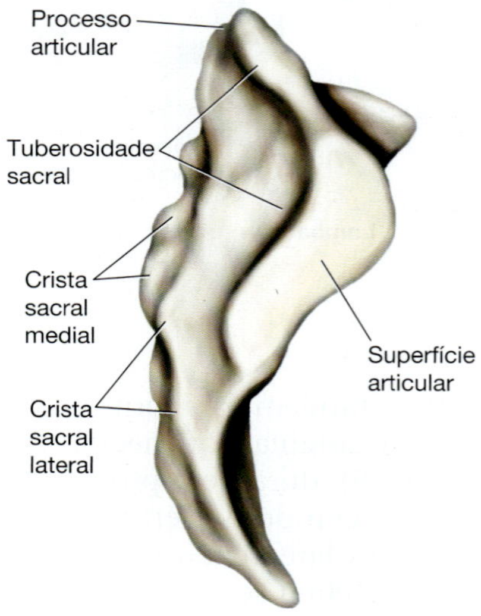

Figura 8.9 Sacro, vista lateral.

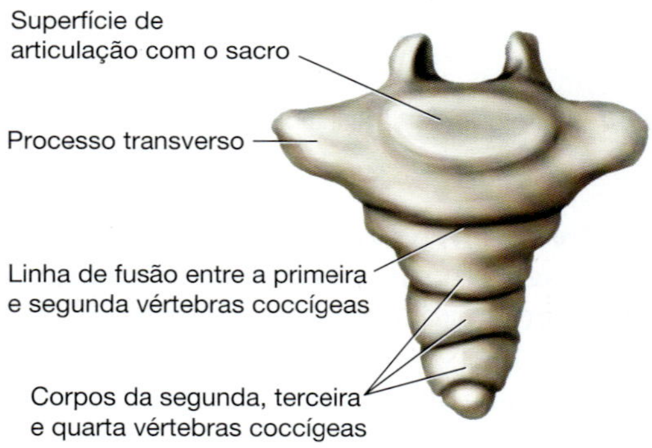

Figura 8.10 Cóccix, vista anterior.

Ligamentos da coluna vertebral

Existe apenas uma articulação móvel no crânio, a temporomandibular (ATM), que permite a abertura e o fechamento da boca; todo movimento da cabeça é decorrente do movimento das articulações entre o osso occipital do crânio e a primeira e segunda vértebras cervicais. Há cerca de 25 ligamentos entre o crânio e a coluna cervical (Figs. 8.11 e 8.12). Com exceção de um ligamento discutido mais adiante, não vamos dedicar tempo a cada ligamento, mas simplesmente analisar os grupos a que pertencem. Os **ligamentos atlantoccipitais** ligam o osso occipital do crânio à primeira vértebra cervical (atlas ou CI). Os **ligamentos occipitoaxiais** (também conhecidos

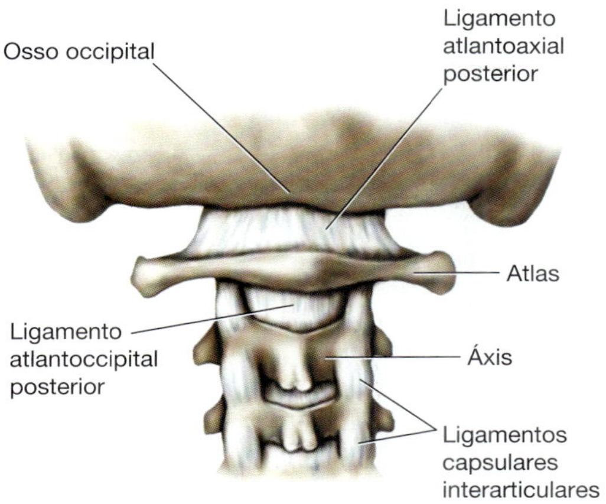

Figura 8.11 Ligamentos atlantoccipital e atlantoaxial da coluna cervical.

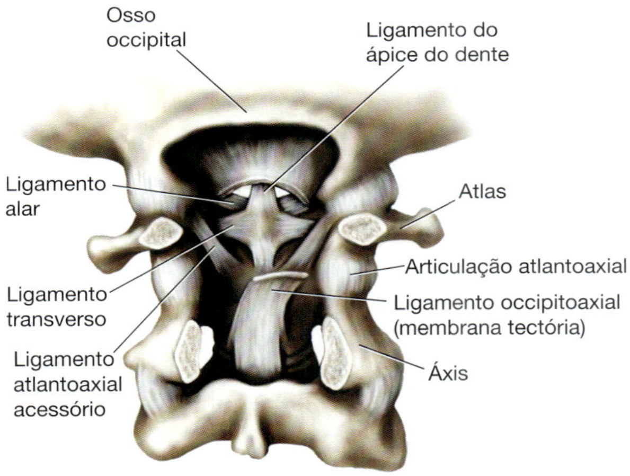

Figura 8.12 Ligamentos occipitoaxial e atlantoaxial da coluna cervical.

como **membrana tectória**) ligam o osso occipital do crânio ao dente da segunda vértebra cervical (áxis ou CII); os **ligamentos atlantoaxiais** conectam o atlas e o áxis. Um grupo final de ligamentos não está envolvido no movimento da coluna vertebral: os ligamentos costovertebrais (seis por costela), que articulam os 12 pares de costelas do tórax com as 12 vértebras torácicas.

Um dos ligamentos atlantoaxiais, o **ligamento transverso** (Fig. 8.13), passa por um processo transverso do atlas (CI), cruza o forame vertebral e chega ao outro processo transverso; esse ligamento mantém o dente do áxis (CII) no lugar. A falha desse ligamento em restringir o movimento do dente de CII por baixo de CI pode permitir ao dente causar danos irreparáveis às estruturas do forame vertebral no nível CI–CII da coluna vertebral. Muitos autores chamam o ligamento transverso de ligamento "do enforcado", porque o crânio e a CI de uma pessoa em enforcamento são impedidos de se movimentar para baixo pelo laço da força, enquanto o restante do corpo (de CII para baixo) se move inferiormente pela força da gravidade. O dente de CII lacera o ligamento transverso de CI e comprime a medula espinal contra CI, rompendo nervos para o coração e para os pulmões.

Dos aspectos mais superiores aos mais inferiores da coluna vertebral, existem diversos ligamentos que desempenham um papel importante no movimento das articulações entre as vértebras (Fig. 8.14). Dois ligamentos, conhecidos como **ligamentos entre os corpos do púbis**, percorrem todo o comprimento da coluna vertebral. O **ligamento longitudinal anterior** passa anteriormente ao longo dos corpos de todas as 33 vértebras. Esse é, estruturalmente, o mais fraco de todos os ligamentos da coluna vertebral. O **ligamento longitudinal posterior** corre ao longo da face posterior dos corpos de todas as 33 vértebras. Esse ligamento forma a parede anterior do canal espinal.

O **ligamento amarelo** passa entre as lâminas de vértebras sucessivas (Fig. 8.14). O **ligamento interespinal** passa entre os processos espinhosos das sucessivas vértebras. Ligando as pontas dorsais do processo espinhoso de cada vértebra, do cóccix à protuberância occipital externa do osso occipital, está o **ligamento supraespinal**. Entre a protuberância occipital externa e o processo espinhoso da sétima vértebra cervical,

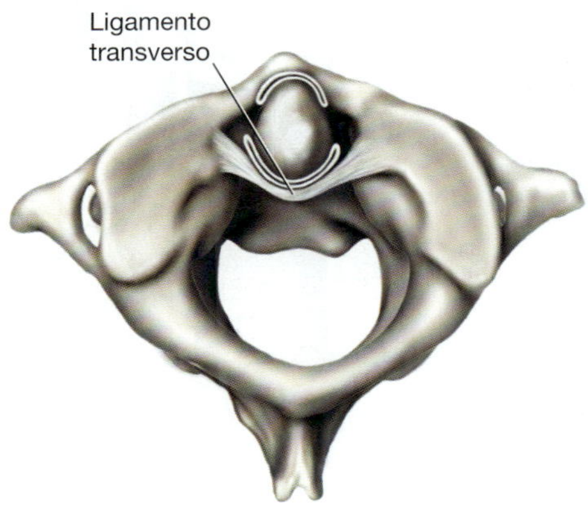

Figura 8.13 Ligamento transverso do atlas (CI).

esse ligamento é conhecido como **ligamento nucal** (Fig. 8.15).

Um ligamento adicional da coluna vertebral é o **ligamento iliolombar**, que corre entre os processos transversos da quinta vértebra lombar ao ilíaco da pelve (Fig. 8.16). As articulações e os ligamentos entre a coluna vertebral e a pelve são apresentados mais adiante neste capítulo.

Outra estrutura da coluna vertebral é o **disco intervertebral** (Fig. 8.17). Esses discos cartilaginosos (formados principalmente de água e proteína) se situam sobre os corpos de cada vértebra e servem como espaçadores (ajudam a separar as vértebras e permitem que as raízes nervosas passem do canal medular para outras estruturas do corpo) e como amortecedores de impacto para a coluna vertebral. O disco tem duas porções distintas: a parte interna é conhecida como **núcleo pulposo**; e a externa, como **anel fibroso**. O anel fibroso é constituído por tecido fibroso, enquanto o núcleo pulposo consiste em tecido mole, elástico e carnudo.

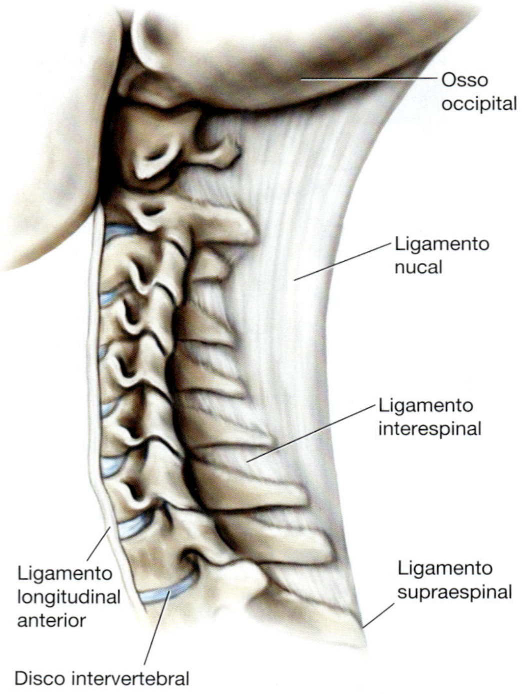

Figura 8.15 Ligamento nucal da coluna cervical.

Movimentos fundamentais e músculos da coluna vertebral

Os movimentos das articulações entre as vértebras da coluna vertebral ocorrem nos três planos e nos três eixos. Os movimentos fundamentais da coluna vertebral (as ações cumulativas de todas as articulações entre as 24 vértebras móveis) são flexão, extensão, flexão lateral (em vez da abdução e adução nos membros) e rotação (Figs. 8.18 e

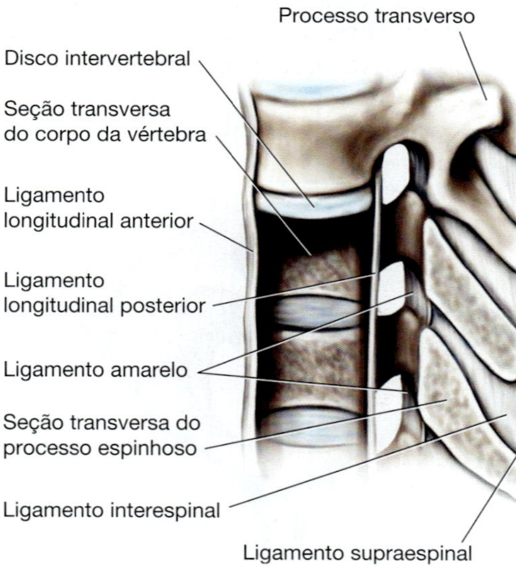

Figura 8.14 Ligamentos da coluna vertebral.

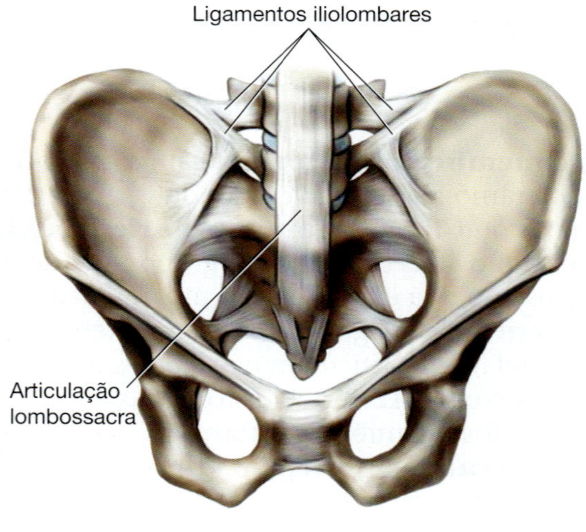

Figura 8.16 Articulação lombossacra e ligamento iliolombar, vista anterior.

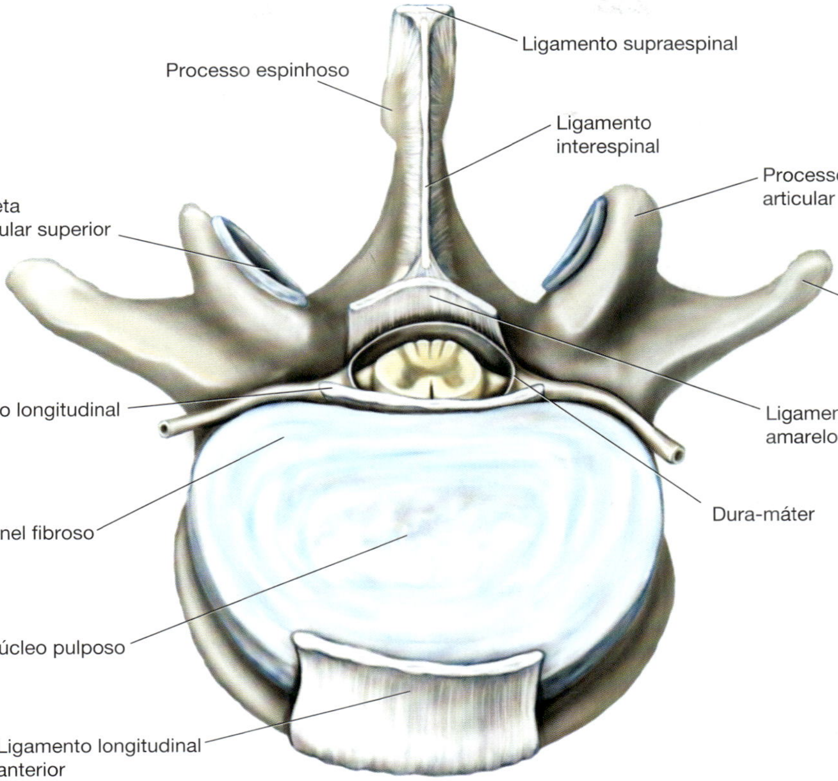

Figura 8.17 Disco intervertebral.

FOCO EM

Disco intervertebral

Os termos *disco protusado* e *disco herniado* são frequentemente encontrados em referência a alguém com dor nas costas. Se outras complicações forem descartadas (p. ex., estiramento muscular, entorse ligamentar), um *disco protusado* significa que o disco intervertebral se projetou para dentro do espaço ocupado pela medula espinal ou por suas raízes nervosas, comprimindo o nervo e causando dor e incapacidade. O termo *disco herniado* refere-se ao rompimento real da estrutura do disco que permite a fuga de uma porção do material do disco causando uma pressão sobre a medula espinal ou suas raízes nervosas. Tanto o disco protusado quanto o disco herniado podem ocorrer como resultado do movimento excessivo da coluna vertebral (hiperflexão, hiperextensão, flexão lateral ou rotação).

Um disco herniado na coluna lombar pode ser detectado por punção, um procedimento no qual se remove o líquido do espaço abaixo da aracnoide (que envolve a medula espinal) da região lombar da medula espinal. Os níveis elevados de uma proteína indicadora apontam para uma hérnia de disco. Os problemas discais devem ser tratados por neurocirurgiões e cirurgiões ortopédicos.

Figura 8.18 Extensão e flexão da coluna vertebral.

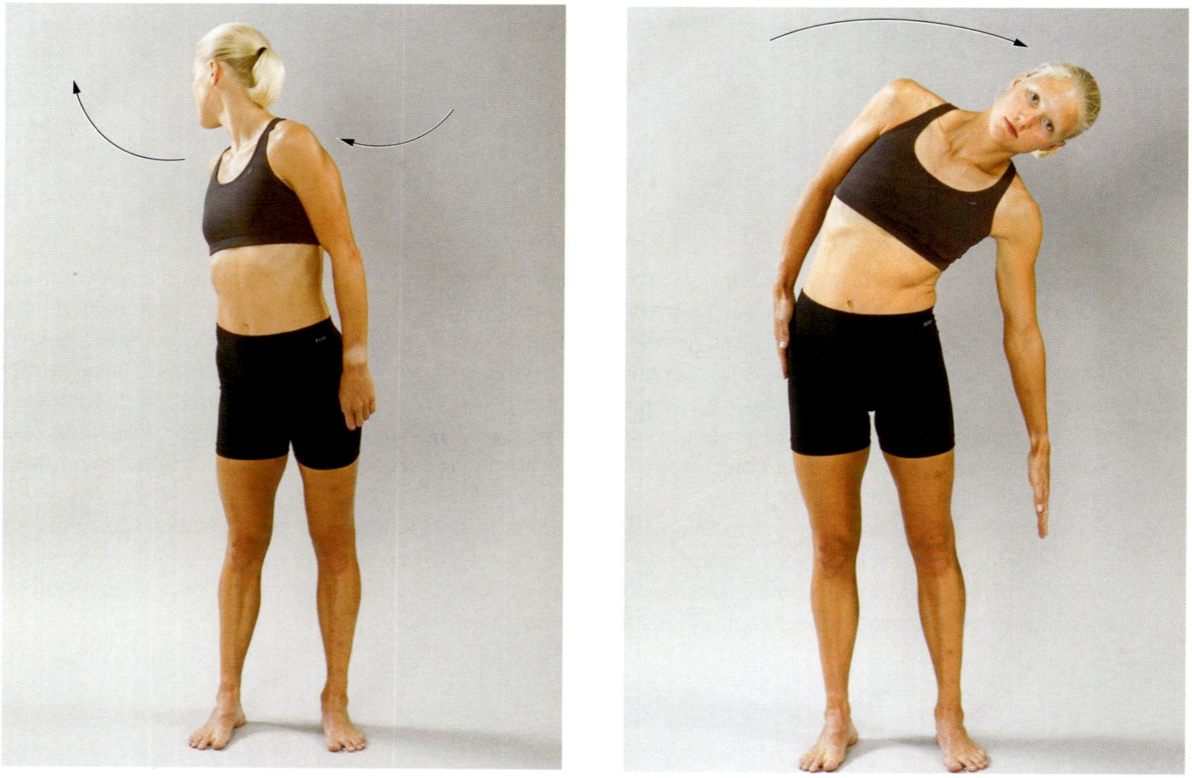

Figura 8.19 Rotação e flexão lateral da coluna vertebral.

8.19). A maior quantidade de movimento da coluna vertebral ocorre nas regiões cervical e lombar. O movimento é mais restrito na região torácica em razão das costelas ali articuladas. Não há movimento nas regiões sacral e coccígea, porque as cinco vértebras estão fundidas no osso do sacro e as quatro vértebras (coccígeas) no osso do cóccix.

Os músculos responsáveis pelos movimentos da coluna vertebral são, em sua maior parte, anteriores ou posteriores a ela. Os anteriores são músculos que flexionam, flexionam lateralmente ou rodam a coluna vertebral. Os posteriores são músculos que estendem, flexionam lateralmente ou rodam a coluna vertebral. Alguns músculos da coluna vertebral são específicos para determinada área da coluna (cervical, lombar), enquanto outros têm ramos em várias áreas.

Na região cervical, os principais músculos e grupos musculares anteriores são o **esternocleidomastóideo**, os **pré-vertebrais** (**reto anterior da cabeça**, **reto lateral da cabeça**, **longo da cabeça**, **longo do pescoço**) e os escalenos (**escaleno anterior**, **escaleno médio**, **escaleno posterior**) (Figs. 8.20 e 8.21). O músculo esternocleidomastóideo, como o próprio nome indica, insere-se no esterno, na clavícula e no processo mastoide do crânio, ligeiramente posterior à orelha.

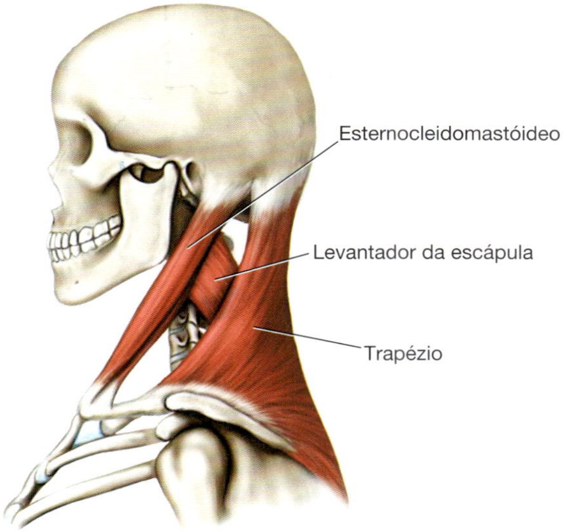

Figura 8.20 Esternocleidomastóideo.

Prática

Consultando a Figura 8.22, palpe as porções esternal e clavicular do músculo esternocleidomastóideo. Usando o raciocínio simples e considerando que há um músculo esternocleidomastóideo direito e outro esquerdo, responda à seguinte pergunta: Se esse músculo encontra-se ligeiramente anterior e lateral à coluna cervical, que ações ele é capaz de realizar? (Resposta: flexão, flexão lateral e rotação da coluna cervical.)

Os músculos reto (reto anterior da cabeça e reto lateral da cabeça), longo da cabeça e longo do pescoço flexionam e rodam a coluna cervical. Os três músculos escalenos (anterior, médio e posterior) vão das vértebras cervicais às duas primeiras costelas. Os escalenos não só flexionam lateralmente a coluna cervical como também, durante a inspiração forçada, elevam as duas primeiras costelas para permitir que os pulmões se expandam.

Prática

Isolar os três músculos escalenos é difícil, mas você deve ser capaz de localizar o grupo pedindo a um colega que flexione lateralmente o pescoço contra sua resistência (Fig. 8.23).

Restrito ao aspecto posterior da coluna cervical, encontram-se os grupos musculares dos retos (**reto posterior maior** e **reto posterior menor da cabeça**), oblíquos (**oblíquo superior** e **oblíquo inferior da cabeça**) e esplênios (**esplênio da cabeça** e **esplênio do pescoço**) (Fig. 8.21). Esses músculos estão envolvidos na extensão, inclinação lateral e rotação da coluna cervical.

Os músculos da cintura escapular (apresentada no Cap. 3) também estão envolvidos no movimento da coluna cervical. O **levantador da escápula**, o **trapézio** e a porção mais superior dos **romboides** têm inserções na coluna cervical e auxiliam na extensão, flexão lateral e rotação dessa parte da coluna (Fig. 8.24). Outros músculos também estão envolvidos no movimento da coluna cervical, mas não são específicos dela e são apresentados mais adiante neste capítulo.

Os músculos anteriores das regiões torácica e lombar da coluna vertebral são frequentemente classificados como músculos abdominais: o **reto do abdome**, o **oblíquo externo**, **interno** e o **transverso do abdome** (Fig. 8.25).

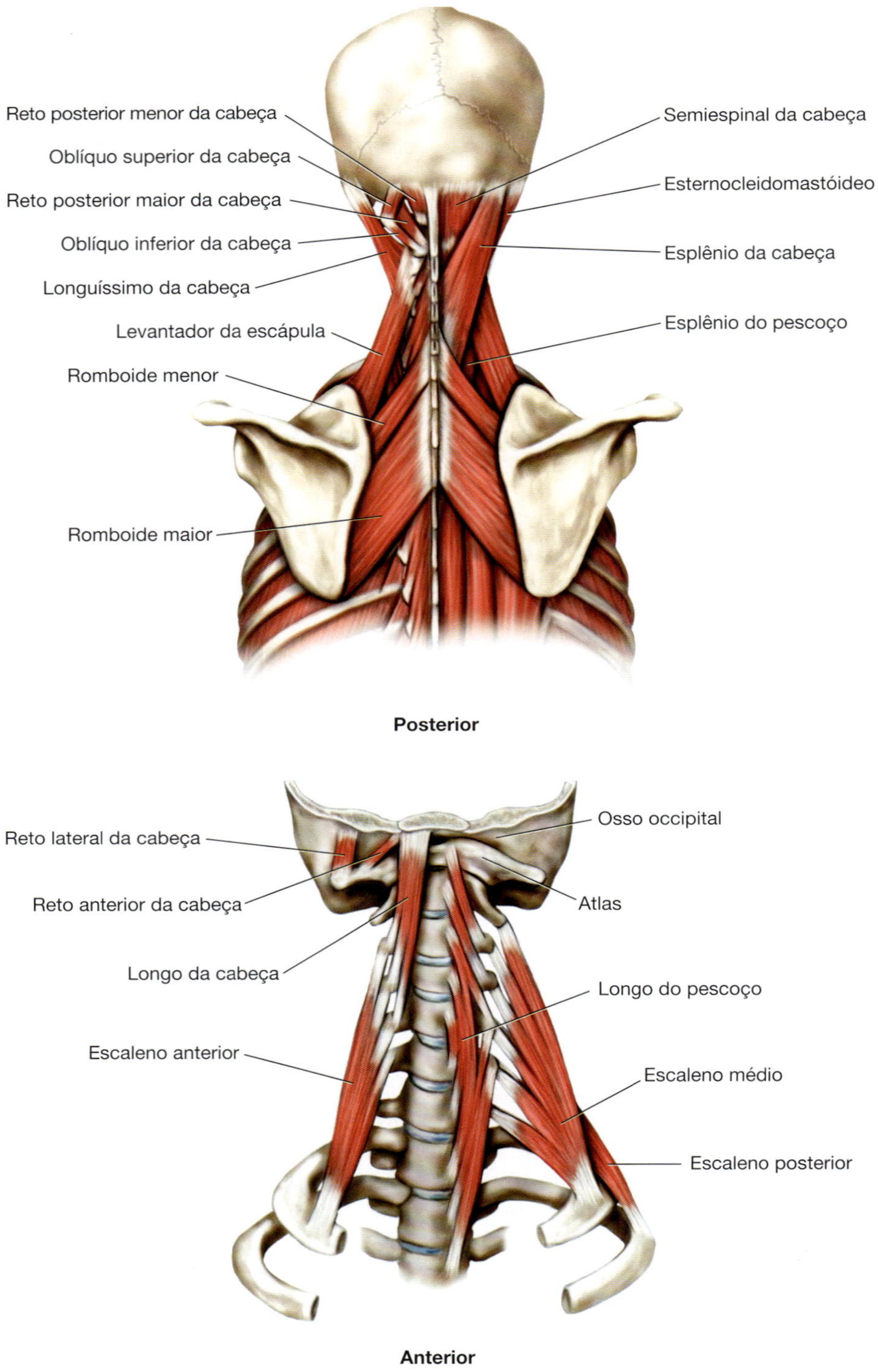

Figura 8.21 Músculos posteriores e anteriores da coluna cervical.

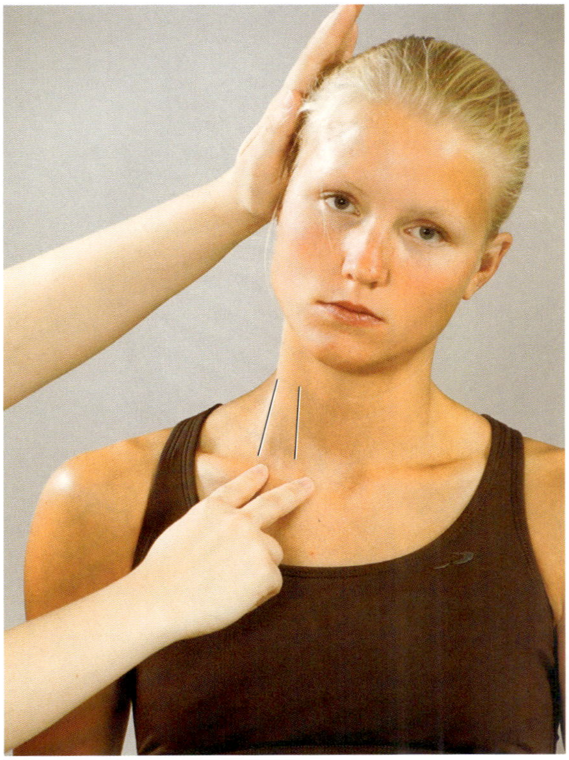

Figura 8.22 Localização das porções esternal e clavicular do esternocleidomastóideo.

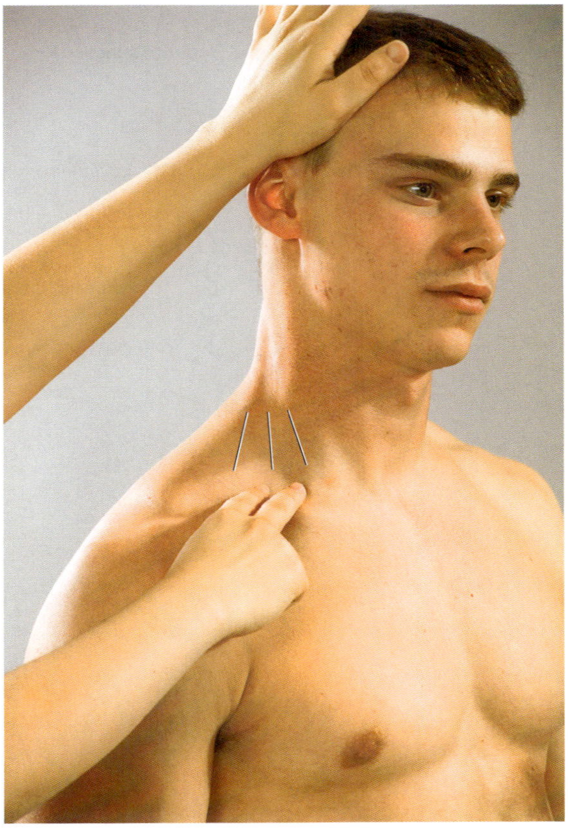

Figura 8.23 Localização dos escalenos.

Prática

Peça a um colega que eleve o tronco da posição deitada contraindo os músculos abdominais; tal manobra deve revelar tanto o músculo reto do abdome quanto os oblíquos externos (Figs. 8.26 e 8.27).

O músculo reto do abdome origina-se na sínfise púbica (ver mais adiante neste capítulo; Fig. 8.25) e insere-se na quinta, sexta e sétima costelas e no processo xifoide do esterno (Cap. 9). Ele flexiona as colunas lombar e torácica. O oblíquo externo passa entre as bordas inferiores das oito últimas costelas e na borda externa da metade medial da crista ilíaca. Ele flexiona e roda contralateralmente (para o lado oposto) as colunas lombar e torácica. O oblíquo interno passa entre a borda externa dos dois terços médios da crista ilíaca e da sétima, oitava e nona costelas. Ele flexiona e roda ipsilateralmente (para o mesmo lado) as colunas lombar e torácica. O transverso do abdome passa entre as seis costelas inferiores e a metade medial da borda interna da crista ilíaca, a **linha alba** (formada pela fáscia que se sobrepõe aos músculos abdominais) e o osso púbico. Sua função principal envolvendo a coluna vertebral é ajudar na rotação ipsilateral das colunas torácica e lombar.

Os músculos posteriores da coluna vertebral são, na verdade, grupos de músculos que recobrem duas ou mais áreas dela (Fig. 8.28). O grupo espinal contém os músculos **espinal do tórax**, **espinal do pescoço** e **espinal da cabeça**. Esse grupo origina-se da segunda vértebra lombar à sétima vértebra cervical e insere-se nas vértebras torácicas e cervicais e no osso occipital do crânio. Uma vez que sua posição está estreitamente alinhada com a coluna vertebral, sua função é sobretudo a extensão. Outro grupo de músculos posteriores da coluna vertebral é o semiespinal, que consiste nos músculos **semiespinal do tórax**, **semiespinal do pescoço** e **semiespinal da cabeça**. Esse grupo tem origem nos processos transversos da sétima vértebra torácica

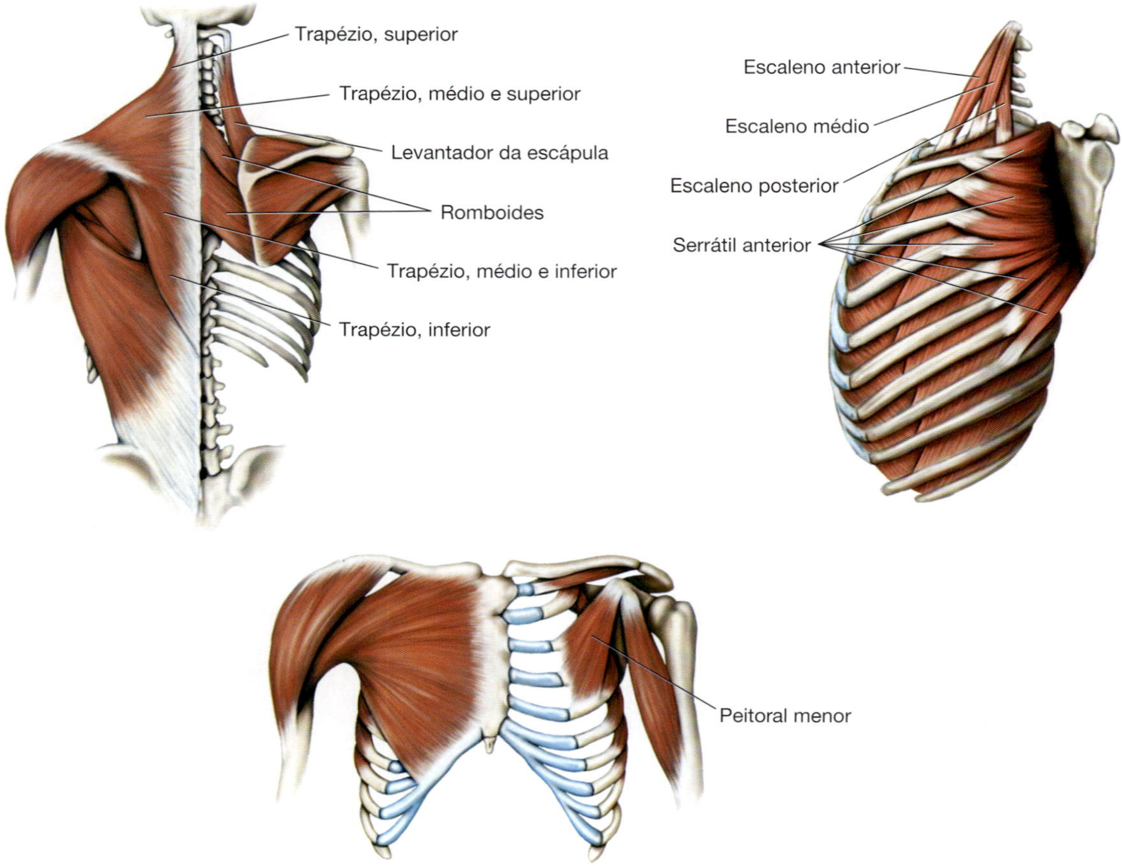

Figura 8.24 Músculos superficiais que atuam na escápula.

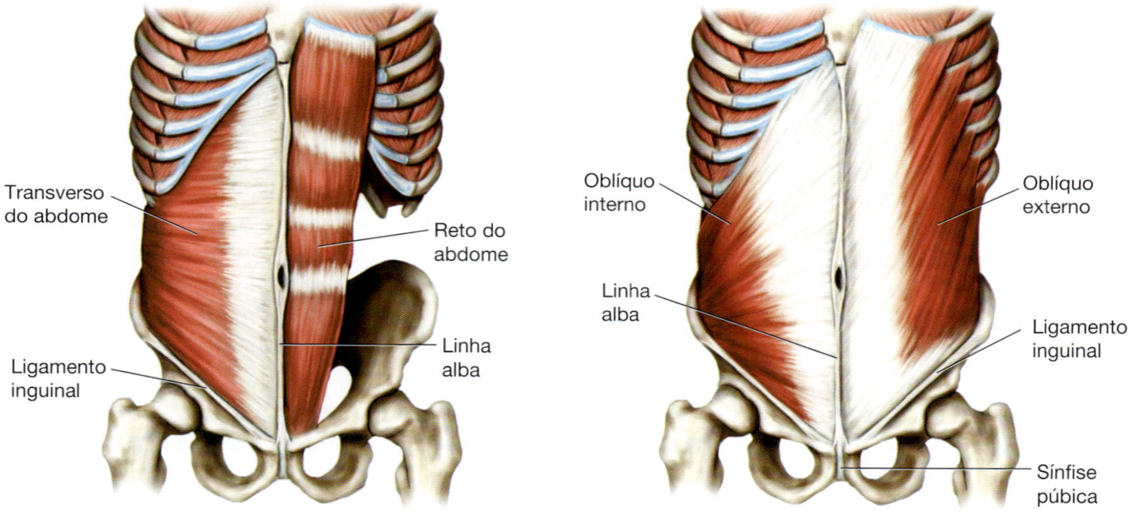

Figura 8.25 Linha alba, reto do abdome, oblíquo interno, oblíquo externo e transverso do abdome.

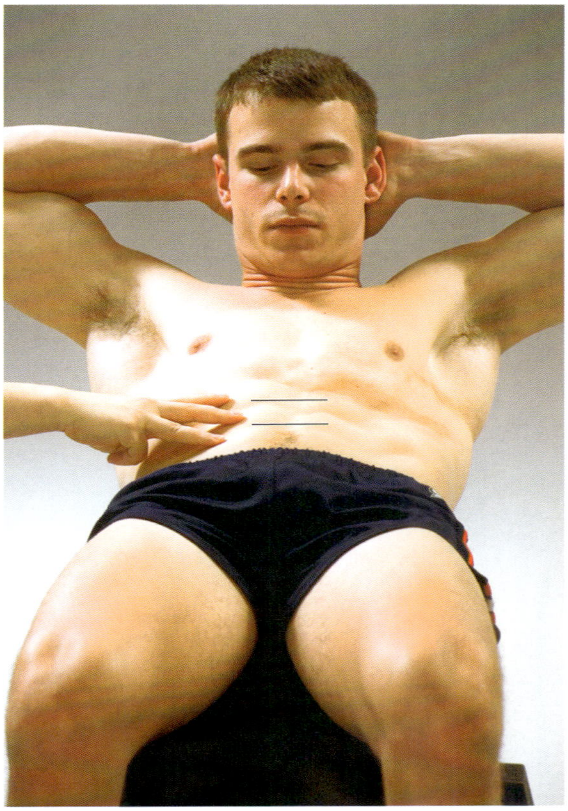

Figura 8.26 Localização do músculo reto do abdome.

Figura 8.27 Localização do músculo oblíquo externo.

às quatro últimas vértebras cervicais (CIV-CVII) e insere-se nos processos espinhosos das vértebras torácicas superiores, em todas as vértebras cervicais e no osso occipital do crânio. O grupo semiespinal estende as colunas cervical e torácica e, principalmente na porção cervical, também está envolvido na flexão lateral e na rotação. O terceiro grupo de músculos posteriores da coluna vertebral é o iliocostal, que inclui o **iliocostal do lombo (parte lombar)**, o **iliocostal do dorso (parte torácica)** e o **iliocostal do pescoço**. Esse grupo vai do aspecto posterior da crista ilíaca e das terceira a 12ª costelas (porções lombar e dorsal) até os processos transversos da 4ª a 7ª vértebras cervicais. As três porções desse grupo estendem a coluna; as duas porções superiores também estão envolvidas na flexão lateral e na rotação. O quarto grupo de músculos posteriores da coluna vertebral é o do longuíssimo, que inclui o **longuíssimo da cabeça**, o **longuíssimo do pescoço** e o **longuíssimo do tórax**. Esse grupo vai do aspecto posterior da crista ilíaca e dos processos transversos das vértebras lombares, torácicas e cervicais inferiores a todas as vértebras torácicas e cervicais, até a segunda vértebra cervical. O grupo estende, flexiona lateralmente e roda as porções lombar, torácica e cervical da coluna vertebral.

Os três músculos adicionais do aspecto posterior da coluna vertebral são o **espinhal**, o **quadrado do lombo** e os **multífidos**. O eretor da espinha deriva dos processos espinhosos das vértebras lombares e sacrais e divide-se em três ramos que fazem parte dos outros grupos musculares descritos previamente: o iliocostal do lombo (parte lombar), o longuíssimo do tórax e o espinal do tórax.

Prática

Peça a um colega que flexione o tronco na altura da cintura e mantenha essa posição. O grupo de músculos eretores da espinha pode ser observado paralelo à coluna vertebral (Figs. 8.29 e 8.30).

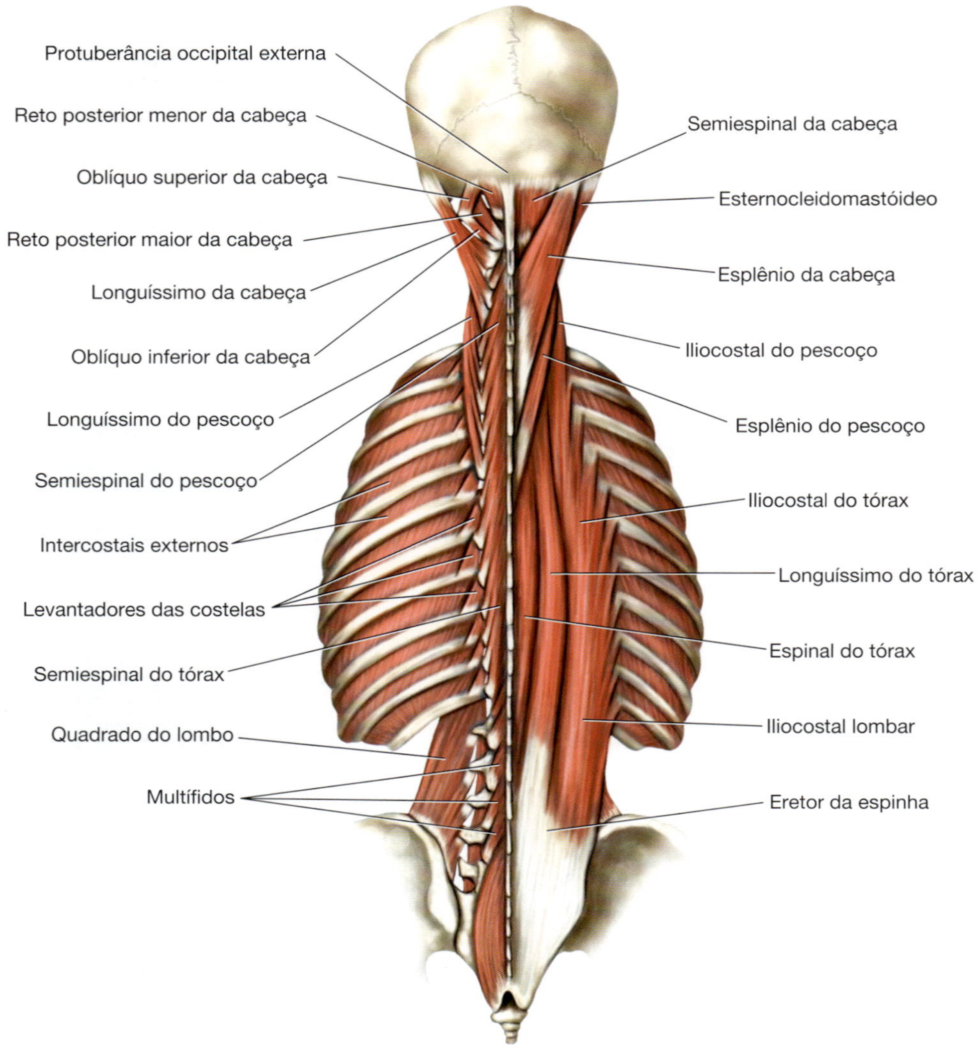

Figura 8.28 Músculos posteriores da coluna vertebral.

Esses ramos (e o eretor da espinha) estendem e flexionam lateralmente as colunas lombar e torácica. O quadrado do lombo vai do aspecto posterior da crista ilíaca e dos processos transversos das vértebras lombares inferiores aos processos transversos das quatro vértebras lombares superiores e à face inferior da 12ª costela (Fig. 8.29). Embora esse músculo contribua para a extensão da coluna lombar, sua função primária é a flexão lateral dessa coluna. O multífido é um músculo posterior da coluna vertebral que recobre todas as seções móveis da coluna. Origina-se do sacro; do aspecto posterossuperior da espinha ilíaca; e das colunas lombar e torácica e das quatro vértebras cervicais inferiores. Insere-se nos processos espinhosos das vértebras lombares, torácicas e cervicais (exceto a primeira cervical) (Fig. 8.28). Esse músculo estende e roda a coluna vertebral.

Assim como a região cervical da coluna vertebral, as colunas torácica e lombar também têm músculos com funções primárias na articulação do ombro e na cintura escapular (Fig. 8.31). O trapézio (com inserções em TI–TXII), os romboides (com inserções em TI–TV) e o **latíssimo do dor-**

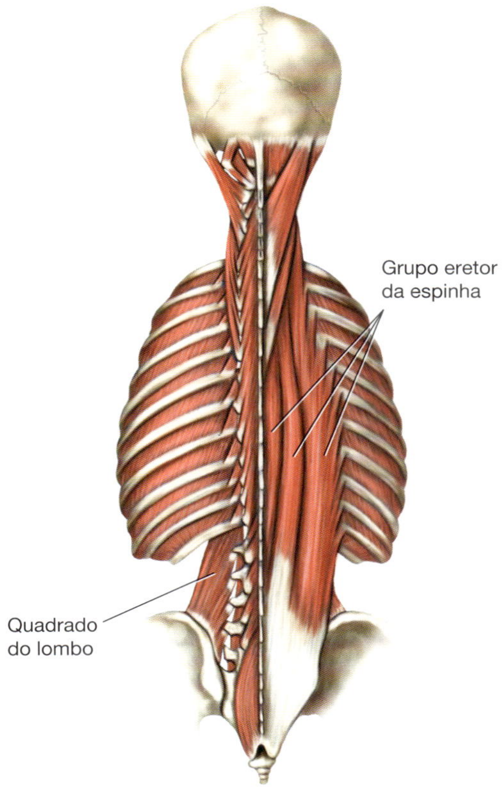

Figura 8.29 Grupo eretor da espinha, vista posterior.

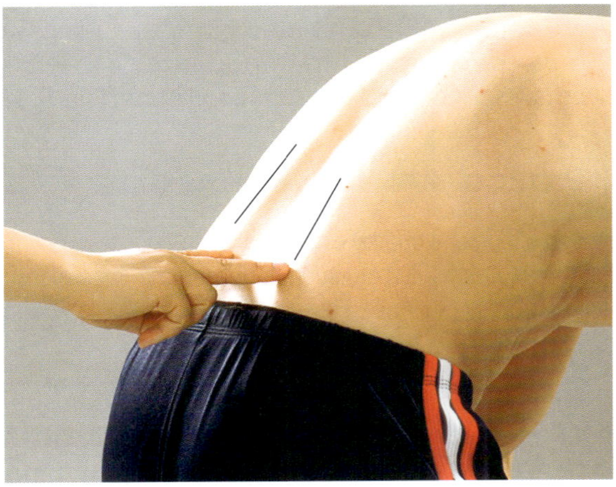

Figura 8.30 Localização do grupo eretor da espinha.

so (com inserções em TI–TXII e LI–LV) também contribuem para a flexão lateral, rotação e extensão da coluna vertebral.

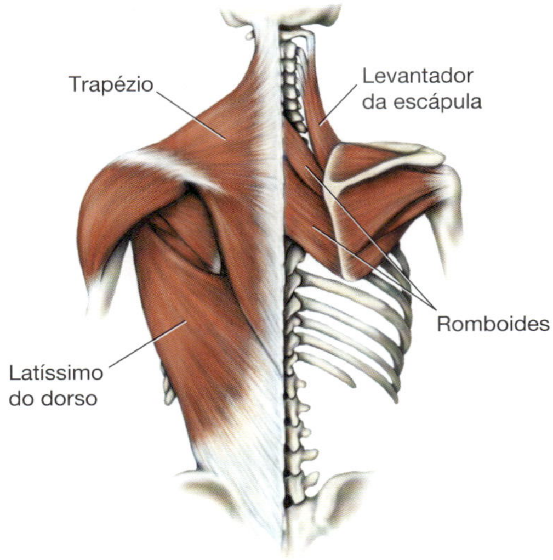

Figura 8.31 Vista posterior dos músculos superficiais do ombro que também atuam na coluna vertebral.

Ossos da pelve e osso do quadril

Dependendo do ponto de vista, a pelve pode ser constituída por três, sete ou 11 ossos (Fig. 8.32). O aspecto posterior da pelve é formado pelo sacro, as cinco vértebras sacrais fundidas (Fig. 8.33). Em ambos os lados do sacro, estão dois grandes ossos muitas vezes chamados de **ossos íleos**. Na verdade, cada osso do quadril é composto por três ossos separados que se fundem: o **ílio**, o **ísquio** e o **púbis**. Observe as linhas de fusão ilustradas na vista lateral do osso do quadril na Figura 8.32. Os ílios articulam-se com o sacro na região posterior; e os ossos púbicos, entre si na **sínfise púbica** para formar a pelve. A pelve masculina é diferente da feminina para permitir a gestação (Fig. 8.34). A pelve feminina é proporcionalmente mais larga e mais plana e está inclinada para a frente em um grau mais elevado para permitir essa função.

O ílio, uma estrutura ampla em forma de anel, é a parte mais superior do osso do quadril; é o osso que articula a pelve com a coluna vertebral por meio do sacro.

Nos aspectos mais anteriores e mais posteriores do ílio, estão proeminências ósseas conhecidas como **espinha ilíaca anterossuperior (EIAS)** e **espinha ilíaca posterossuperior (EIPS)**.

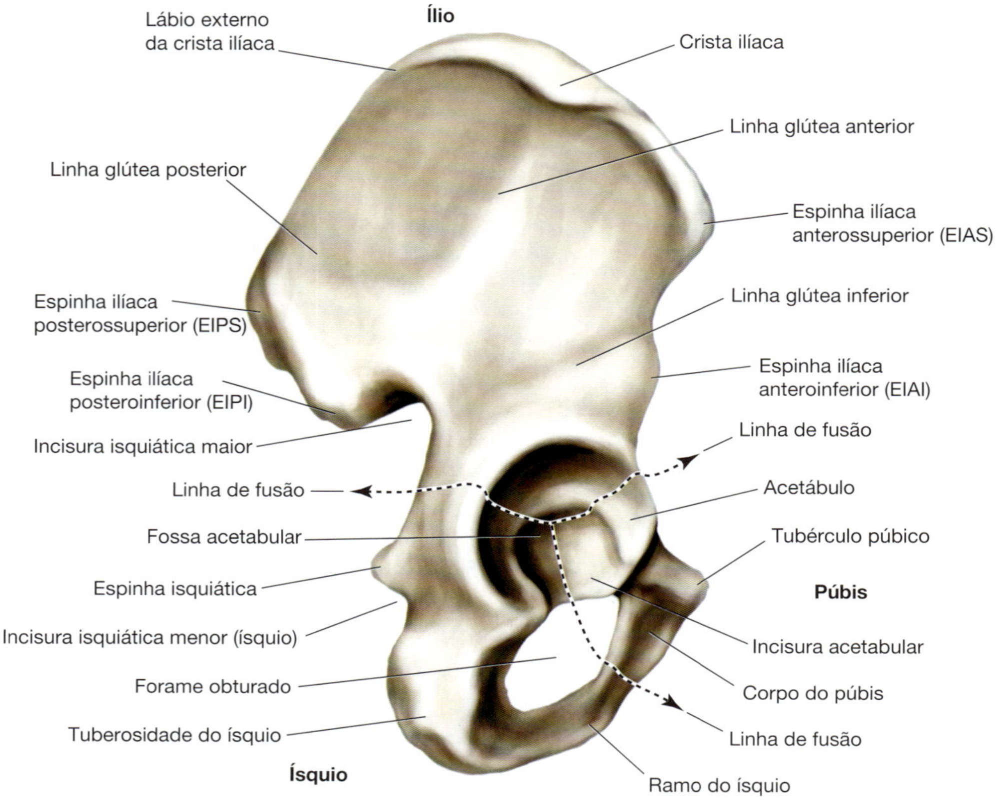

Figura 8.32 Osso do quadril, vista lateral (ílio, ísquio e púbis).

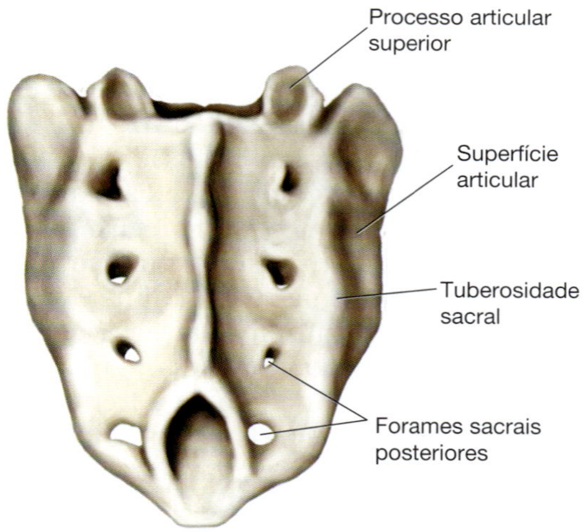

Figura 8.33 Sacro, vista posterior.

Entre a EIAS e a EIPS, há uma grande crista óssea, que atua como um ponto importante de inserções musculares, denominada **crista ilíaca** (Fig. 8.32).

Prática

Coloque as mãos no quadril e sinta as cristas ilíacas (Fig. 8.35). Palpando as cristas ilíacas, acompanhe-as até suas extremidades anterior e posterior. Esses pontos finais são a EIAS e a EIPS (Fig. 8.36).

Sob ambas as EIAS e EIPS, estão proeminências ósseas menores, conhecidas como **espinha ilíaca anteroinferior** e **espinha ilíaca posteroinferior**. Logo abaixo da EIPI existe uma grande incisura chamada de **incisura isquiática maior**.

O ísquio é o mais posterior dos três ossos do ilíaco e fica em posição distal ao ílio. No aspecto

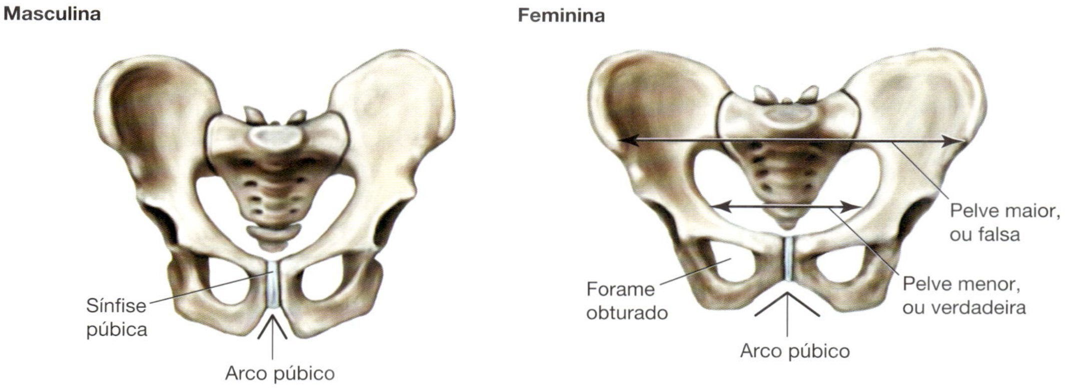

Figura 8.34 As diferenças entre a pelve masculina e a feminina, vista anterior.

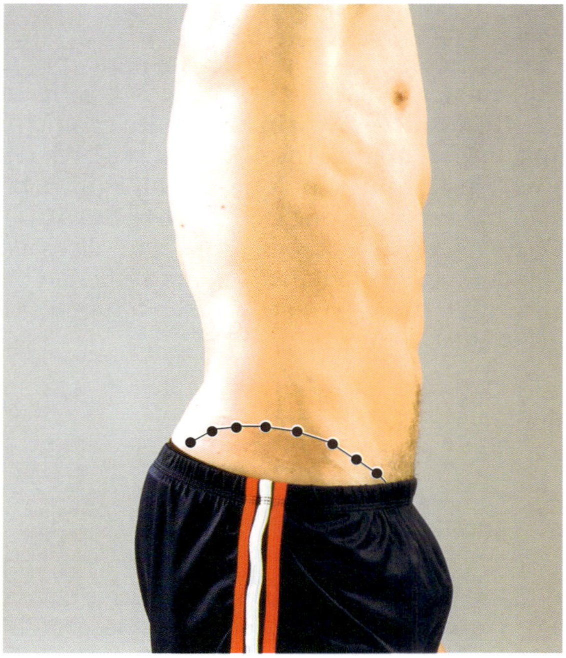

Figura 8.35 Localização da crista ilíaca.

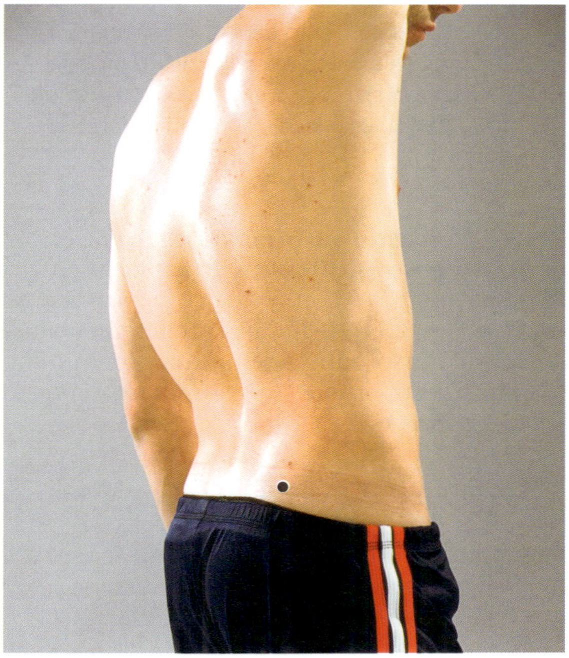

Figura 8.36 Localização da EIPS.

mais posterior do ísquio, há uma proeminência óssea conhecida como **espinha isquiática**. Por baixo dela, está uma incisura no osso denominada **incisura isquiática menor (ísquio)**. No aspecto mais distal do ísquio, existe uma grande proeminência óssea conhecida como **tuberosidade isquiática** que serve como ponto de inserção para o grupo de músculos do membro inferior vulgarmente conhecido como isquiotibiais.

Prática

Você senta sobre suas tuberosidades isquiáticas. Quando em pé, você pode aplicar pressão à área glútea e palpar as tuberosidades isquiáticas.

O osso púbico é o mais anterior dos três ossos que formam o osso ilíaco. Os ossos púbicos articulam-se com o ísquio (**ramo púbico infe-**

> **FOCO EM**
>
> ### Crista ilíaca
>
> A crista ilíaca é o local de muitos encaixes musculares, tanto origens quanto inserções. Quando uma pessoa contunde esta área, é muito doloroso tentar mover a região inferior da coluna vertebral e o quadril e, até mesmo, respirar profundamente devido às inserções musculares. Esse tipo de trauma aos tecidos moles inseridos na crista ilíaca com frequência é chamado de "*hip pointer*". Lesões como essa algumas vezes podem ser decorrentes de um equipamento instalado de forma incorreta ou de falha na utilização do equipamento. Todos os treinadores devem receber instruções sobre o uso correto e a montagem dos equipamentos. O conhecimento de estruturas anatômicas específicas e como o equipamento protege essas estruturas reduz a incidência e a gravidade de algumas lesões.

rior), o ílio (**ramo púbico superior**) e entre si (**corpo do osso púbico**). A articulação entre os dois ossos púbicos é conhecida como **sínfise púbica** (ver Fig. 8.34). Ligeiramente lateral à sínfise púbica, cada osso púbico tem uma proeminência óssea em sua superfície superior chamada de **tubérculo púbico**.

Prática

Aplique pressão no aspecto mais distal de seu abdome e, depois, mova sua mão distalmente para palpar a sínfise púbica.

No aspecto lateral do osso do quadril, os três ossos (ílio, ísquio, púbis) formam um encaixe profundo conhecido como **acetábulo**. Essa depressão é a concavidade para a articulação triaxial em cabeça concavidade do quadril. Abaixo do acetábulo, existe um grande forame formado pelo ísquio e pelo púbis que recebe o nome de **forame obturado**.

Ligamentos da pelve

O **ligamento iliolombar** corre entre a quinta vértebra lombar e a crista ilíaca (Fig. 8.37). Dois ligamentos articulam o sacro com o ílio: o **sacroilíaco anterior** e o **sacroilíaco posterior**. O anterior vai da superfície anterior do sacro à superfície anterior do ílio (Fig. 8.37). O posterior (Fig. 8.37) tem três partes: o **sacroilíaco posterior curto**, o **sacroilíaco posterior longo** e o **interósseo**. O ligamento sacroilíaco posterior curto vai do ílio posterior às partes inferiores do sacro. O posterior longo vai da EIPS do ílio à terceira e quarta vértebras do sacro. O ligamento interósseo é constituído por fibras curtas que conectam os aspectos posteriores da articulação sacroilíaca.

Os ligamentos da sínfise púbica são o **púbico anterior**, o **púbico inferior**, o **púbico posterior** e o **púbico superior**. A função de cada um é articular os aspectos anterior, posterior, superior e inferior dos dois ossos púbicos para formar a sínfise púbica. Além disso, existe um **disco de fibrocartilagem interpúbico** entre os ossos púbicos (Fig. 8.37).

Entre a EIAS do ílio e o tubérculo púbico encontra-se um ligamento longo, conhecido como **ligamento inguinal**, que atua como um ponto importante de inserções musculares (Fig. 8.37). Dois ligamentos que estabilizam a pelve são o **sacroespinal** e o **sacrotuberal** (Fig. 8.37). O ligamento sacroespinal vai do sacro e do cóccix à espinha isquiática. O sacrotuberal corre entre a EIPI, do sacro e do cóccix e a tuberosidade isquiática.

> **FOCO EM**
>
> ### Hérnia inguinal
>
> A tensão excessiva sobre os músculos que se inserem no ligamento inguinal pode resultar em uma hérnia inguinal. O termo *hérnia* indica uma protusão anormal de um órgão. Estirar a musculatura que se insere no ligamento inguinal pode fazer com que uma porção do conteúdo abdominal protuse através do tecido muscular estirado, o que resulta em uma hérnia inguinal.
>
> Técnicas inadequadas de levantamento de peso podem provocar hérnias e são também um dos principais fatores contribuintes para o estiramento muscular lombar. Pode-se ensinar técnicas adequadas de levantamento de peso em programas de musculação e nas disciplinas de cinesiologia e biomecânica de cursos de graduação.

Movimentos fundamentais e músculos da pelve

É incomum a ocorrência de movimento nas articulações dos ossos pélvicos. A articulação sacroilíaca e as articulações entre o ílio, o ísquio e o púbis são essencialmente fundidas. A sínfise púbica tem movimentos mínimos, de natureza deslizante.

A combinação de movimentos da coluna vertebral e da articulação do quadril resulta no movimento da pelve: inclinação para trás, inclinação para a frente, inclinação lateral e rotação. A partir da posição anatômica (Fig. 8.38a), a inclinação da pelve para trás envolve o movimento da sínfise púbica para cima e do sacro para baixo. Isso é realizado pela flexão da coluna lombar e extensão das articulações do quadril (Fig. 8.38b). A inclinação da pelve para a frente envolve o movimento da sínfise púbica para baixo e do sacro para cima. Essa inclinação é realizada pela extensão da coluna lombar e flexão das articulações do quadril (Fig. 8.38c). A inclinação lateral da pelve ocorre quando o ílio é elevado acima do outro. Isso ocorre pela flexão lateral da coluna lombar, abdução de uma articulação de um lado do quadril e adução do outro lado (Fig. 8.39). A rotação da pelve envolve a rotação da coluna lombar, com rotação medial de uma articulação de um quadril e rotação lateral da articulação do outro lado (Fig. 8.40).

Os músculos da coluna vertebral são apresentados neste capítulo e os do quadril, no Capítulo 11. Os músculos da coluna vertebral produzem a flexão, a extensão, a inclinação lateral e a rotação necessárias para os movimentos pélvicos, com os músculos que produzem flexão,

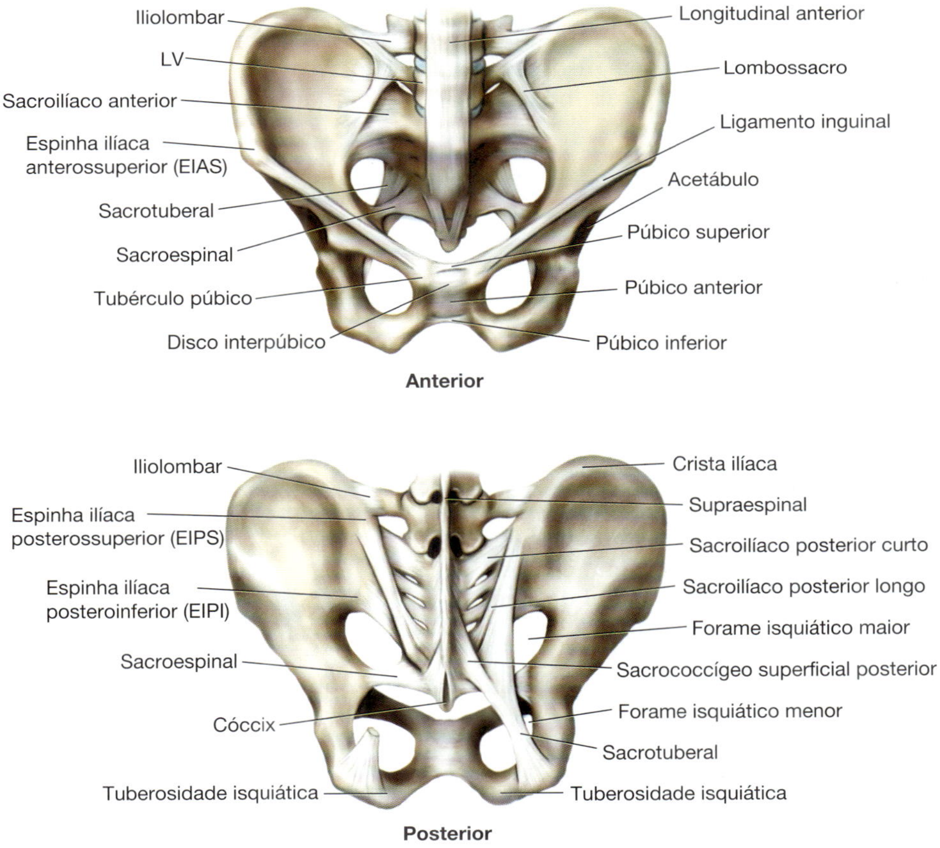

Figura 8.37 Marcos anatômicos e ligamentos da pelve.

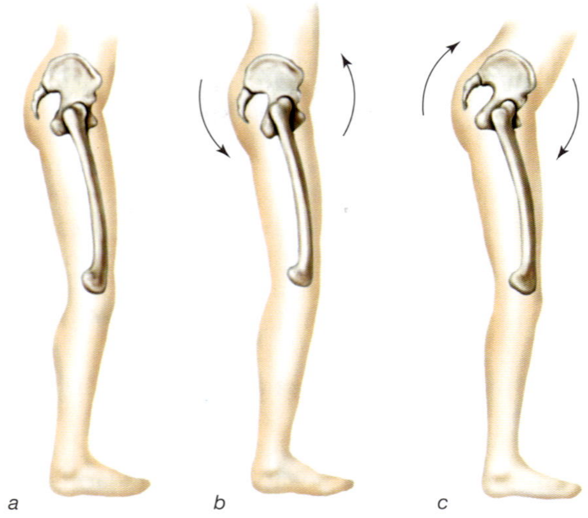

Figura 8.38 Movimentos da cintura pélvica: *(a)* posição anatômica, *(b)* inclinação para trás e *(c)* inclinação para a frente.

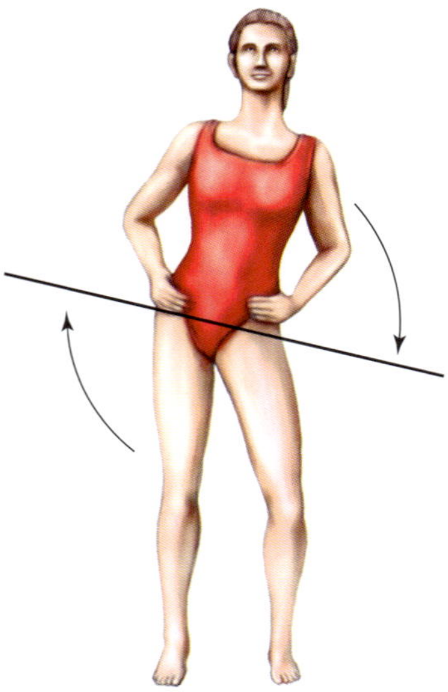

Figura 8.39 Inclinação lateral da cintura pélvica.

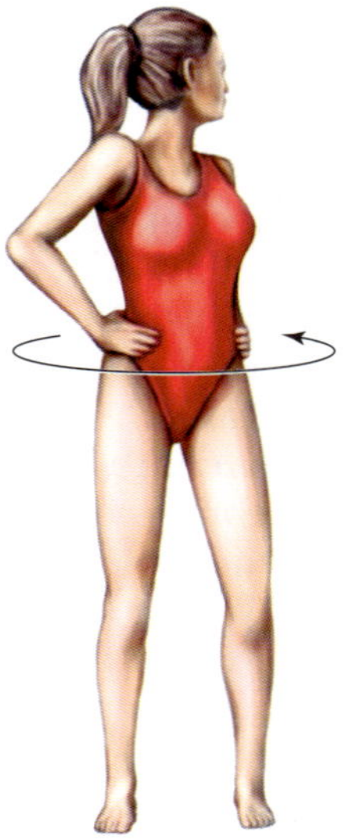

Figura 8.40 Rotação da cintura pélvica.

extensão, abdução, adução e rotação medial e lateral da articulação do quadril. A partir dessas informações, você pode deduzir quais músculos produzem quais movimentos da pelve pelos movimentos da coluna vertebral e da articulação do quadril.

DICAS DE APRENDIZAGEM

REVISÃO DA TERMINOLOGIA

Os termos a seguir são discutidos neste capítulo. Definir ou descrever cada termo e, se for o caso, identificar a localização da estrutura em seu corpo ou em uma ilustração apropriada.

acetábulo
anel fibroso
atlas
áxis
bífido
cifose
cóccix
corpo do osso púbico
crista ilíaca
dente do áxis
disco de fibrocartilagem interpúbico
disco intervertebral
escaleno anterior
escaleno médio
escaleno posterior
escoliose
espinal da cabeça
espinal do pescoço
espinal do tórax
espinha ilíaca anteroinferior (EIAI)
espinha ilíaca anterossuperior (EIAS)
espinha ilíaca posteroinferior (EIPI)
espinha ilíaca posterossuperior (EIPS)
espinha isquiática
espinhal
esplênio da cabeça
esplênio do pescoço
esternocleidomastóideo
faceta articular inferior
faceta articular superior
forame intervertebral
forame obturado
forame vertebral
fóvea
ílio
iliocostal do dorso, parte torácica
iliocostal do lombo, parte lombar
iliocostal do pescoço
incisura isquiática maior
incisura isquiática menor (ísquio)
ísquio

istmo
lâmina
latíssimo do dorso
levantador da escápula
ligamento amarelo
ligamento atlantoaxial
ligamento atlantoccipital
ligamento entre os corpos do púbis
ligamento iliolombar
ligamento inguinal
ligamento interespinal
ligamento interósseo
ligamento longitudinal anterior
ligamento longitudinal posterior
ligamento nucal
ligamento occipitoaxial
ligamento púbico anterior
ligamento púbico inferior
ligamento púbico posterior
ligamento púbico superior
ligamento sacroespinal
ligamento sacroilíaco anterior
ligamento sacroilíaco posterior
ligamento sacroilíaco posterior curto
ligamento sacroilíaco posterior longo
ligamento sacrotuberal
ligamento supraespinal
ligamento transverso
linha alba
longo da cabeça
longo do pescoço
longuíssimo da cabeça
longuíssimo do pescoço
longuíssimo do tórax
lordose
membrana tectória
multífido
músculo pré-vertebral
núcleo pulposo
oblíquo externo
oblíquo interno
oblíquo superior e inferior da cabeça
ossos do quadril
parte interarticular
pedículo
processo espinhoso
processo transverso
púbis
quadrado do lombo
ramo púbico inferior
ramo púbico superior
reto anterior da cabeça
reto do abdome
reto lateral da cabeça
reto posterior maior e menor da cabeça
romboides
sacro
semiespinal da cabeça
semiespinal do pescoço
semiespinal do tórax
sínfise púbica
transverso do abdome
trapézio
tubérculo púbico
tuberosidade isquiática
vértebra cervical
vértebra lombar
vértebra sacral
vértebra torácica

SUGESTÃO DE ATIVIDADES DE APRENDIZAGEM

1. Imagine que você está vestindo uma jaqueta com bolsos do tipo faca em ambos os lados da frente da jaqueta, logo acima de sua cintura. Coloque as mãos dentro desses bolsos.
   a. Para qual direção (horizontal, vertical, diagonal) seus dedos estão apontando?
   b. Quais fibras musculares abdominais estão paralelas à direção para qual seus dedos estão apontando?

2. Em uma técnica de combate do futebol americano conhecida como *"clotheslining"*, a cabeça de um jogador é parada enquanto o restante de seu corpo continua em movimento. Isso pode causar paralisia e até morte. Descreva o que acontece anatomicamente na coluna cervical e como isso pode ter resultados catastróficos.

3. O ganho de peso excessivo, talvez por uma gravidez ou outras causas, pode deslocar o centro de gravidade para a frente. Isso poderia levar a coluna lombar a desenvolver uma curvatura excessiva para neutralizar o deslocamento.
   a. Para qual direção a coluna lombar se curvaria?
   b. Como essa curvatura seria chamada?

4. Imagine-se como um jogador de beisebol, um zagueiro de futebol americano, um carteiro com uma bolsa pesada, um jogador de golfe, um jogador de tênis ou qualquer pessoa que realize uma atividade que requeira o uso mais intenso da musculatura de um lado do corpo do que do outro. Que tipo de curvatura anormal da coluna vertebral essa atividade pode desenvolver?

5. Nomeie os músculos responsáveis por virar a cabeça para a direita a partir da posição anatômica.

6. Em decúbito dorsal (de costas), eleve suas coxas em direção ao tórax.
   a. Qual movimento ocorreu em sua coluna lombar?
   b. Qual movimento ocorreu nas articulações do quadril?
   c. Qual movimento ocorreu na pelve?

QUESTÕES DE MÚLTIPLA ESCOLHA

1. Quantas vértebras existem na coluna cervical?
a. 4
b. 5
c. 7
d. 12

2. Quantas vértebras existem na coluna torácica?
a. 4
b. 5
c. 7
d. 12

3. Quantas vértebras existem na coluna lombar?
a. 4
b. 5
c. 7
d. 12

4. Quantas vértebras existem na região coccígea?
a. 4
b. 5
c. 7
d. 12

5. Quando uma pessoa balança a cabeça para responder "não" a uma pergunta, o movimento primário ocorre entre:
a. O crânio e CI
b. CI e CII
c. CI e CVII
d. CII e CVII

6. Qual dos ossos da cintura pélvica a seguir não faz parte da estrutura conhecida como acetábulo?
a. Ílio
b. Ísquio
c. Sacro
d. Púbis

7. A inclinação da cintura pélvica para a frente requer que a sínfise púbica:
a. Mova-se lateralmente
b. Mova-se para baixo
c. Rode
d. Mova-se para cima

8. A inclinação da cintura pélvica para a frente requer que o sacro:
a. Mova-se lateralmente
b. Mova-se para baixo
c. Rode
d. Mova-se para cima

9. A inclinação da cintura pélvica para trás requer que a sínfise púbica:
a. Mova-se lateralmente
b. Mova-se para baixo
c. Rode
d. Mova-se para cima

10. A inclinação da cintura pélvica para trás requer que o sacro:
a. Mova-se lateralmente
b. Mova-se para baixo
c. Rode
d. Mova-se para cima

11. Qual dos seguintes não é considerado um movimento fundamental da coluna vertebral?
a. Flexão
b. Abdução
c. Extensão
d. Rotação

12. Em qual dos ossos a seguir o músculo esternocleidomastóideo não se insere?
a. Esterno
b. Clavícula
c. Processo mastoide
d. Úmero

13. Considerando que existem músculos escalenos nos lados esquerdo e direito, em condições normais, quantos escalenos encontram-se na coluna cervical?
a. 2
b. 3
c. 4
d. 6

14. O grupo do músculo eretor da espinha suporta vários segmentos da coluna vertebral e se situa em qual direção em relação a ela?
a. Anterior
b. Posterior
c. Superior
d. Inferior

15. Deslocando-se do púbis às costelas, qual dos seguintes tem maior probabilidade de ser um músculo exclusivamente flexor da coluna lombar?
a. Reto do abdome
b. Transverso do abdome
c. Oblíquo externo
d. Oblíquo interno

16. Normalmente, a coluna cervical apresenta que tipo de curvatura?
a. Anterior
b. Posterior
c. Lateral
d. Medial

QUESTÕES DE PREENCHIMENTO DE LACUNAS

1. Em condições normais, a coluna vertebral tem curvas anteriores na coluna cervical e __________.

2. Em condições normais, a coluna vertebral tem curvas posteriores nas regiões sacrococcígea e ________.

3. O ligamento da coluna vertebral considerado a parede anterior do canal espinal é o ligamento__________.

4. A vértebra cervical ligada ao crânio é denominada __________.

5. A estrutura anatômica que atua como um amortecedor entre os corpos das vértebras da coluna vertebral é conhecida como __________.

6. A conexão anterior dos dois ossos ilíacos é chamada de __________.

7. Os músculos isquiotibiais originam-se na tuberosidade maior do(a) __________.

8. A curvatura anterior excessiva da coluna lombar recebe o nome de __________.

9. A curvatura posterior excessiva da coluna vertebral torácica é chamada de __________.

10. A curvatura lateral excessiva da coluna vertebral é denominada __________.

EXERCÍCIOS DE MOVIMENTO FUNCIONAL

A coluna vertebral tem 33 vértebras divididas em regiões cervical, torácica, lombar, sacral e coccígea. Os movimentos da coluna consistem em flexão, extensão, flexão lateral e rotação. É necessária ação dos músculos da coluna quando você se curva, inclina-se para trás e gira o tronco para a esquerda ou a direita. Liste um músculo que atue como motor primário, antagonista, fixador e sinergista para retornar à posição anatômica depois de tocar os dedos dos pés (extensão) e virar a coluna para a esquerda ou a direita a partir da posição anatômica (rotação).

	Extensão vertebral	Rotação vertebral
Motor primário		
Antagonista		
Fixador		
Sinergista		

CAPÍTULO 9

O Tórax

O tórax (Fig. 9.1) é uma estrutura formada por ossos que criam um grande compartimento, conhecido como caixa torácica (cavidade torácica), que aloja os pulmões e o coração. Os revestimentos dos pulmões e das paredes internas da cavidade criam um vácuo, e o movimento do tórax promove alterações na pressão no interior da cavidade torácica, o que faz o ar entrar nos pulmões ou ser expelido deles. A inspiração e a expiração normais de ar pelos pulmões é comumente conhecida como respiração em repouso, enquanto o movimento de ar para dentro e para fora dos pulmões durante o esforço físico é denominado respiração forçada. O movimento nas articulações do tórax permite a expansão e a contração da cavidade torácica; os músculos inseridos nos ossos do tórax produzem esse movimento. Para que os músculos produzam movimento, é necessário fornecer oxigênio aos tecidos, e o dióxido de carbono precisa ser removido. O coração e os pulmões são responsáveis pelo fornecimento de oxigênio e a eliminação do dióxido de carbono. Embora a respiração e a circulação sejam discussões mais adequadas para a área de fisiologia humana, uma breve apresentação da anatomia dessas duas grandes estruturas do interior do tórax – coração e pulmões – é apropriada a este capítulo.

Ossos do tórax

O osso anterior do tórax é o **esterno** (Fig. 9.2). Ele protege as estruturas abaixo dele, atua como ponto de inserção para os músculos do tórax, do pescoço e do abdome e proporciona inserção para a cartilagem costal. O esterno é composto por três partes: o **manúbrio**, o **corpo** e o **processo xifoide**. O manúbrio tem uma **incisura jugular** em sua borda superior (Fig. 9.3). A linha em que a borda inferior do manúbrio liga-se ao corpo do esterno é chamada de ângulo do esterno. O manúbrio também tem duas **incisuras claviculares** e duas **incisuras costais**, nas quais o esterno articula-se com as clavículas (articulações ester-

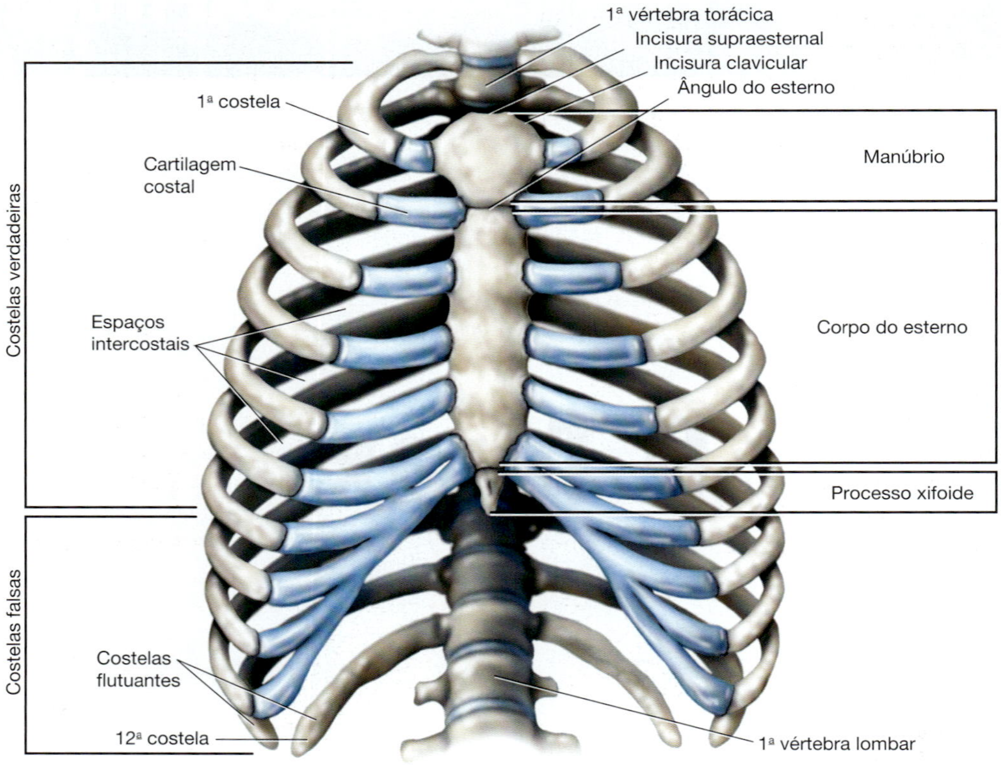

Figura 9.1 Ossos do tórax e seus marcos, vista anterior.

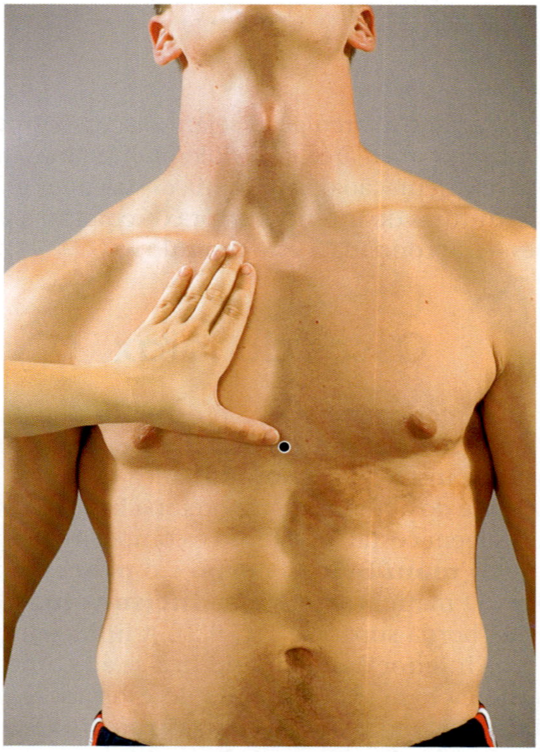

Figura 9.2 Localização do esterno.

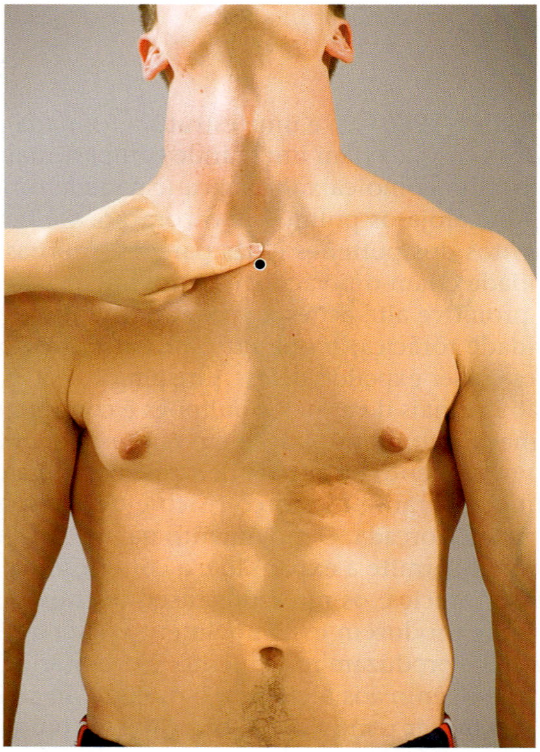

Figura 9.3 Localização da incisura supraesternal.

noclaviculares) e as primeiras costelas do tórax. O corpo do esterno tem incisuras costais ao longo das faces laterais onde as costelas se articulam. A parte mais inferior do esterno, o processo xifoide, é cartilaginoso no início da vida e se torna ósseo na vida adulta.

O tórax possui 12 pares de **costelas**: os sete primeiros pares (superiores) são conhecidos como costelas verdadeiras; e os cinco últimos pares (inferiores), como costelas falsas. As sete primeiras costelas inserem-se no esterno (a primeira no manúbrio; e a segunda à sétima, no corpo do esterno) por meio da cartilagem costal, que se estende por 2,5 a 7,6 cm, dependendo do comprimento da costela, entre a extremidade esternal da costela e o esterno. As três primeiras costelas falsas (costelas 8-10) estão indiretamente inseridas no esterno pela cartilagem costal, que se insere na cartilagem costal da costela acima dela. Os dois últimos pares de costelas falsas são também chamados de costelas flutuantes, porque não têm inserção anterior. A **cabeça** e o **colo** (Fig. 9.4), que apresentam uma faceta articular e um tubérculo, estão localizados na extremidade da costela que se articula com a vértebra torácica. Lateral à cabeça da costela está seu ângulo. Esse ângulo cria as costas largas do corpo e fornece aos seres humanos a capacidade de se deitarem em decúbito dorsal sem rolar de um lado para o outro.

Além do esterno e das 12 costelas, as 12 vértebras torácicas da coluna vertebral são também consideradas ossos do tórax. A anatomia das vértebras torácicas é abordada no Capítulo 8.

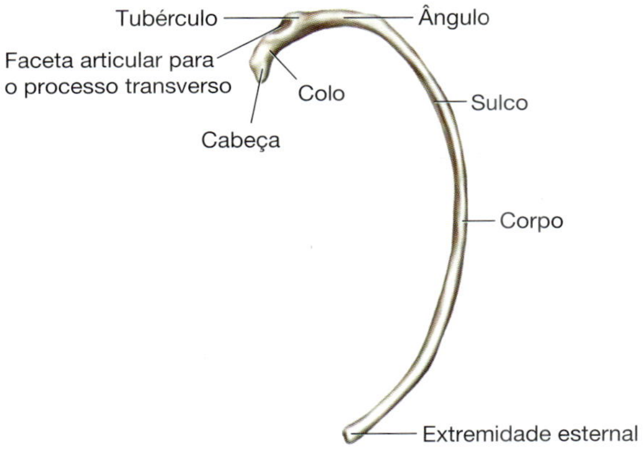

Figura 9.4 Marcos anatômicos de uma costela típica.

FOCO EM

Reanimação cardiopulmonar e o processo xifoide

Antes da introdução das novas técnicas de reanimação cardiopulmonar (RCP) utilizando apenas as compressões torácicas, a RCP também incluía técnicas de respiração. O socorrista ainda é ensinado a utilizar o processo xifoide como um marco para estabelecer o posicionamento das mãos sobre o corpo do esterno para as compressões. A pressão aplicada a esse processo não só produz compressões ineficazes, mas também cria a possibilidade de lhe causar fratura. Os cursos de primeiros socorros; cursos de RCP; cursos técnicos de emergência médica e para paramédicos; e programas dos cursos de graduação de medicina, enfermagem, fisioterapia, treinamento desportivo e outras ciências da saúde afins exigem a aquisição de habilidades de RCP. O conhecimento da anatomia do tórax ajuda você a executar corretamente essas habilidades de RCP e não expor a vítima a traumas adicionais.

Articulações e ligamentos do tórax

As articulações anteriores do tórax (Fig. 9.5) incluem as **esternocostais**, **costocondrais** e **intercondrais**. As esternocostais articulam as cartilagens costais das sete costelas superiores (verdadeiras) com as incisuras costais do manúbrio (primeira costela) e o corpo do esterno (costelas 2-7). Os ligamentos incluem o **costocondral (capsular)**, o **esternocostal** e o **intercondral (interarticular)**. O deslizamento, o movimento rotacional que ocorre nessas articulações, permite a elevação e a rotação externa da costela. As articulações costocondrais são aquelas entre a extremidade esternal da costela e a cartilagem que insere a costela no esterno (costelas 1-7) ou na cartilagem da costela acima (costelas 8-10). Não há ligamento verdadeiro associado à articulação costocondral porque, nesse caso, o periósteo da costela (uma camada de tecido conectivo) é, na verdade, contínuo ao pericôndrio da cartilagem (um tecido fino e fibroso que recobre a cartilagem fornecendo nutrição). No atletismo, a articulação costocondral muitas vezes sofre estresse quando o tórax é comprimido além da amplitude de movimento normal dessa articulação. Uma ligeira rotação dessa articulação permite o movimento da costela para cima e para fora.

Todas as 12 costelas se articulam com as 12 vértebras torácicas por duas articulações para cada costela. As **articulações costovertebrais** são conhecidas como **articulações da cabeça da costela** e **costotransversária**. A articulação da cabeça da costela ocorre entre a cabeça da costela e o corpo da vértebra torácica adjacente; os ligamentos envolvidos são o **intra-articular da cabeça da costela** e o **radiado da cabeça da costela** (Fig. 9.6). Um movimento de deslizamento rotacional permite a elevação e a depressão das costelas. As articulações costotransversárias unem os tubérculos das primeiras 10 costelas ao processo transverso da vértebra adjacente. A décima primeira e a décima segunda costelas não têm arti-

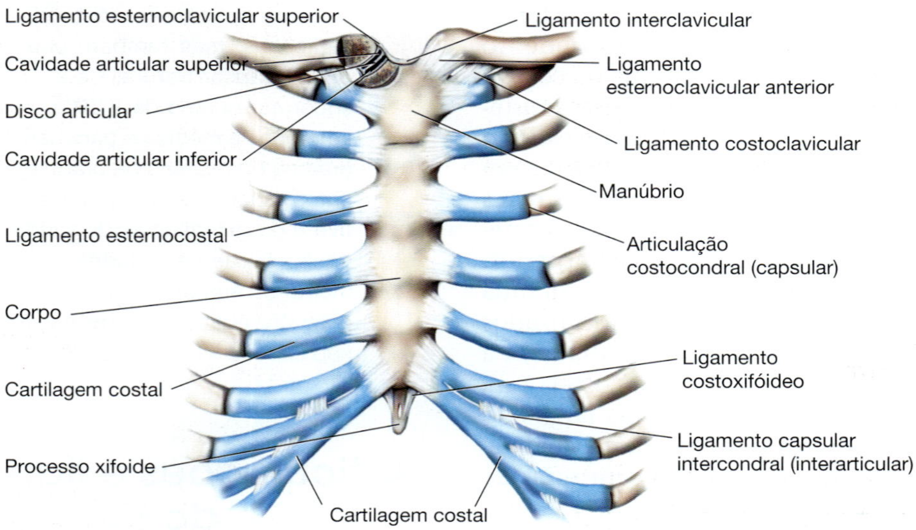

Figura 9.5 Articulações costocondrais e ligamentos anteriores do tórax.

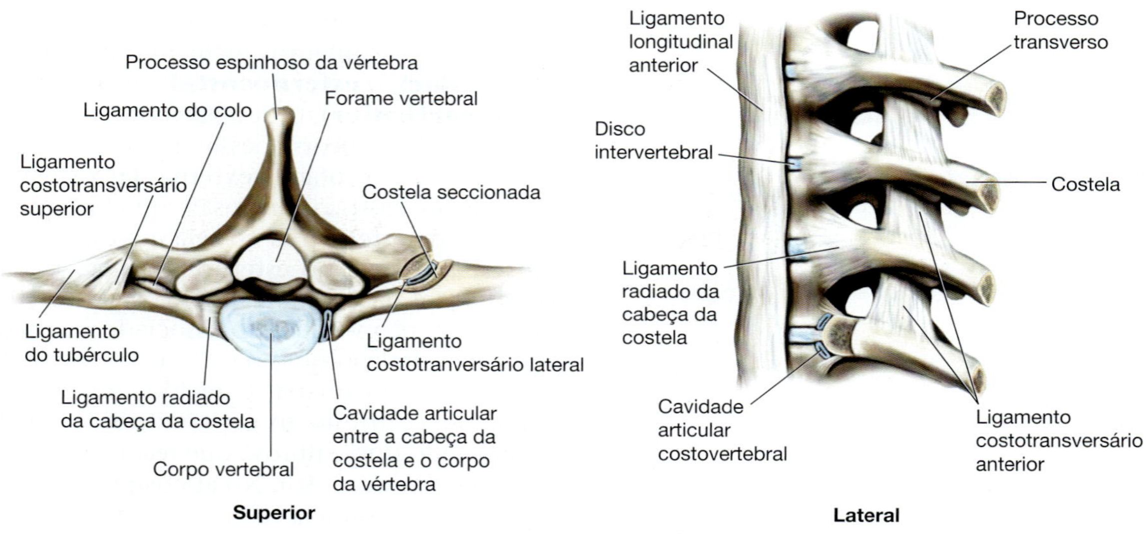

Figura 9.6 Articulações e ligamentos posteriores do tórax, vistas superior e lateral.

FOCO EM

Entorse costocondral

A articulação costocondral, como outras articulações, tem uma amplitude de movimento que é considerada normal. Quando essa amplitude é excedida, pode ocorrer entorse costocondral. O tórax de um jogador de futebol americano sendo abordado pode ser comprimido entre o *tackler* e a superfície de jogo, forçando as articulações costocondrais além de seus limites normais. Da mesma forma, o tórax de um lutador derrubado de uma posição em pé pode ser comprimido entre o adversário e a lona, causando lesões nessas articulações. Alguns treinadores de luta livre de antigamente se referem a essa lesão como "*rib out*" (algo como "costelas fora do lugar"). Se a articulação costocondral sofrer entorse, a costela e a cartilagem podem se separar, permitindo que o osso se mova mais do que o normal, o que resulta no surgimento da aparência de uma costela tentando atravessar a pele no local da entorse. O mecanismo que causa a entorse costocondral também pode resultar em outras formas de trauma (p. ex., fratura de costelas e lesão a órgãos internos da cavidade torácica).

Reconhecer uma entorse costocondral requer estudo da anatomia humana, treinamento desportivo, medicina esportiva e habilidades técnicas. Nessa entorse, os cuidados são essenciais para uma boa cicatrização. Embora fosse ideal imobilizar completamente a articulação durante várias semanas (p. ex., evitando a respiração), é óbvio que isso não é possível. Precisam ser utilizados outros meios, como "colete de costelas", bandagens ou imobilização com fita adesiva, para restringir o movimento da articulação costocondral durante a respiração.

culação com os processos transversos adjacentes. O único ligamento dessas articulações costotransversárias é o costotransversário (superior e lateral).

Movimentos fundamentais e músculos do tórax

A respiração depende dos movimentos do tórax. Conforme já mencionado, a respiração normal é conhecida como respiração em repouso. Os músculos da respiração em repouso são considerados específicos da respiração (Fig. 9.7). Os músculos discutidos em outros capítulos estão envolvidos na respiração forçada se tiverem alguma inserção nos ossos do tórax.

Os músculos do tórax incluem o **diafragma**. Esse músculo grande, em forma de abóboda, vai do processo xifoide, da cartilagem das sete últimas costelas e lateralmente das quatro primeiras vértebras lombares a uma estrutura chamada de

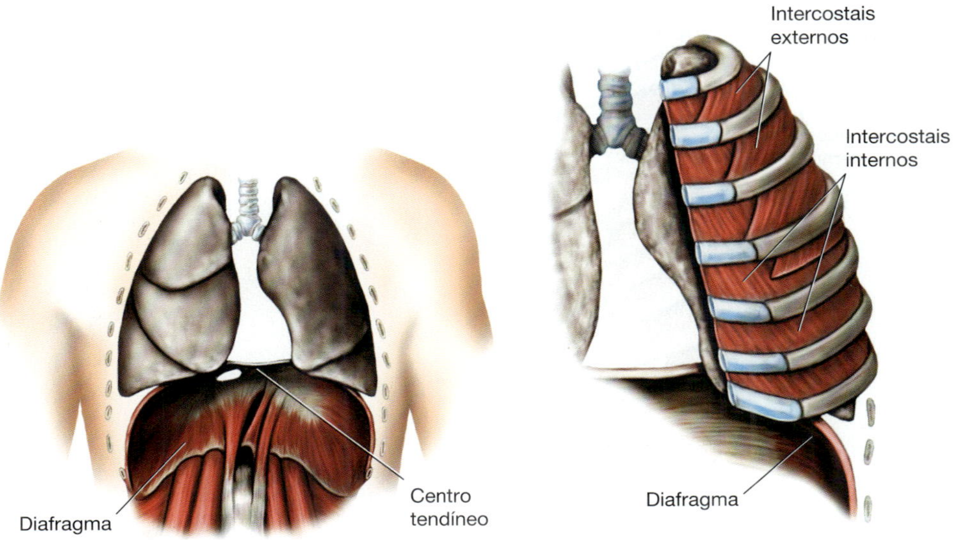

Figura 9.7 Principais músculos respiratórios.

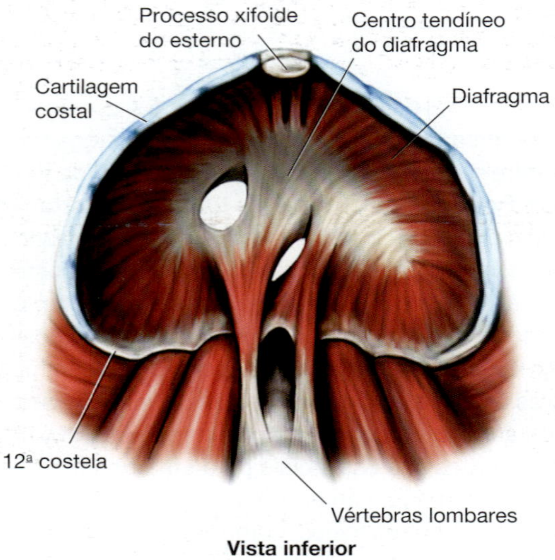

Figura 9.8 Diafragma e seu centro tendíneo.

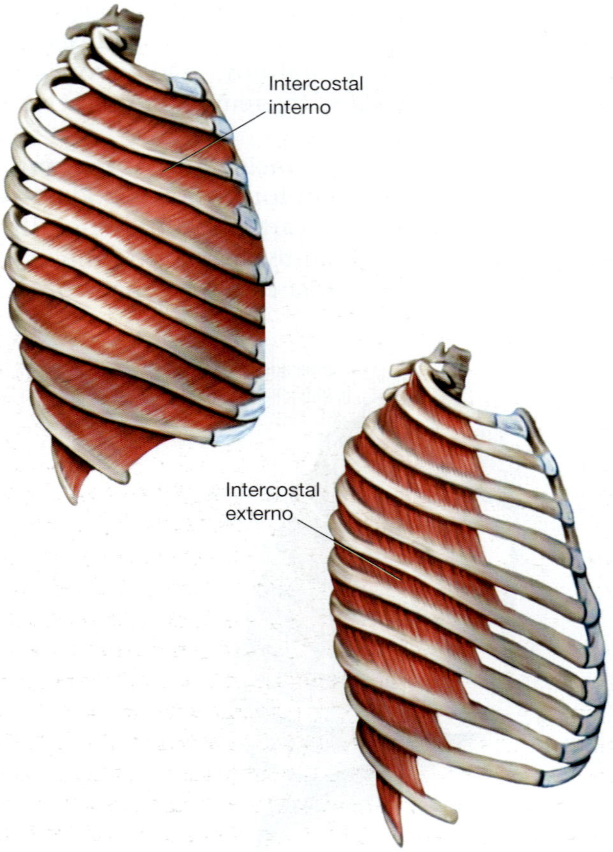

Figura 9.9 Músculos intercostais externos e internos, vista lateral.

centro tendíneo (Fig. 9.8). Quando o diafragma se contrai, seu centro tendíneo é puxado para baixo, aumentando o espaço da cavidade torácica e, assim, alterando a pressão em seu interior. Conforme o ar é aspirado para dentro dos pulmões e estes se expandem, os **músculos intercostais externos** (Fig. 9.9) unem as costelas, permitindo aos pulmões se expandirem para fora e para baixo.

Prática

Levante um braço acima da cabeça e coloque os dedos do outro braço no espaço entre o aspecto anterior lateral do tórax para pressionar os músculos intercostais (Fig. 9.10). Os intercostais externos (11 pares), no aspecto anterior das costelas, vão da borda inferior de uma costela à margem superior da costela abaixo dela. Observe o ângulo formado pela direção das fibras desses músculos.

Prática

Coloque suas mãos abertas nos bolsos de um casaco. Observe o sentido em que seus dedos estão apontando. Existe alguma semelhança entre o ângulo formado por seus dedos e o ângulo das fibras dos intercostais externos?

Figura 9.10 Localização dos intercostais.

Os intercostais internos (11 pares), no aspecto posterior de cada costela, passam entre a borda superior de uma costela e a margem superior da costela abaixo dela. O movimento criado pela contração dos músculos intercostais externos e internos é a aproximação e o afastamento entre as costelas. Se os músculos escalenos da coluna cervical se contraírem para fixar (estabilizar) a primeira costela, os intercostais externos elevam as costelas para dar mais volume à cavidade torácica a fim de que os pulmões se encham. Se a última costela for fixada pelo músculo quadrado do lombo, as costelas inferiores são levadas para mais perto uma da outra pelos intercostais internos, produzindo a redução do volume da cavidade torácica.

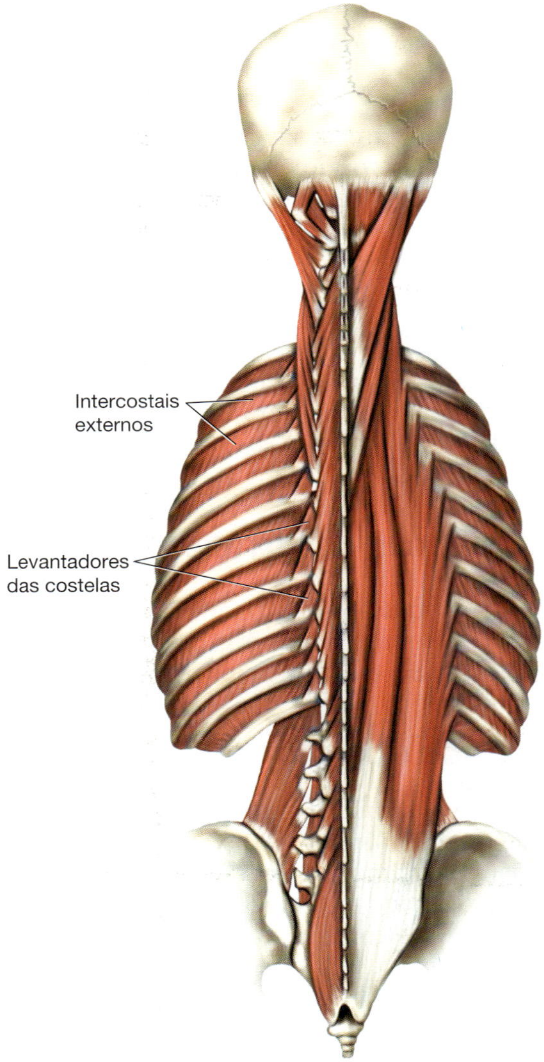

Figura 9.11 Levantadores das costelas.

Os outros músculos do tórax incluem os **levantadores das costelas** (12 pares), que vão dos processos transversos das vértebras CVII à TXI ao ângulo da costela abaixo (Fig. 9.11). Sua contração auxilia na elevação da costela. Os **músculos subcostais** (10 pares) vão da superfície interna de uma costela, próximo de seu ângulo, à superfície interna da segunda ou terceira costelas abaixo (Fig. 9.12). Sua contração auxilia na elevação da costela. O músculo **serrátil posterior** tem duas partes, inferior e superior (Fig. 9.13). A parte inferior vai dos processos espinhosos das duas últimas vértebras torácicas e três primeiras vértebras lombares à borda inferior das quatro últimas costelas, ligeiramente lateral a seus ângulos; essa parte deprime tais costelas. A porção superior do serrátil posterior vai dos processos espinhosos da sétima vértebra cervical e três primeiras vértebras torácicas à porção ligeiramente lateral ao ângulo da segunda, terceira, quarta e quinta costelas; essa porção eleva tais costelas. O último músculo considerado pertencente ao tórax é o **transverso do tórax** (Fig. 9.14). Ele vai do terço inferior e posterior do esterno, do processo xifoide e da cartilagem costal da quarta à sétima costelas ao aspecto interno da cartilagem costal da segunda à sexta costelas; o transverso do tórax eleva as costelas.

Vários outros músculos têm uma de suas inserções em um dos ossos do tórax e, em geral, não estão envolvidos na respiração em repouso; contudo, podem agir na respiração forçada, em que a capacidade do pulmão precisa aumentar para

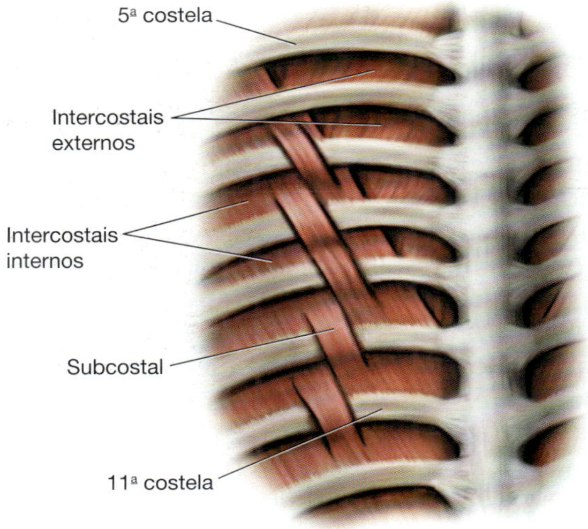

Figura 9.12 Músculos subcostais.

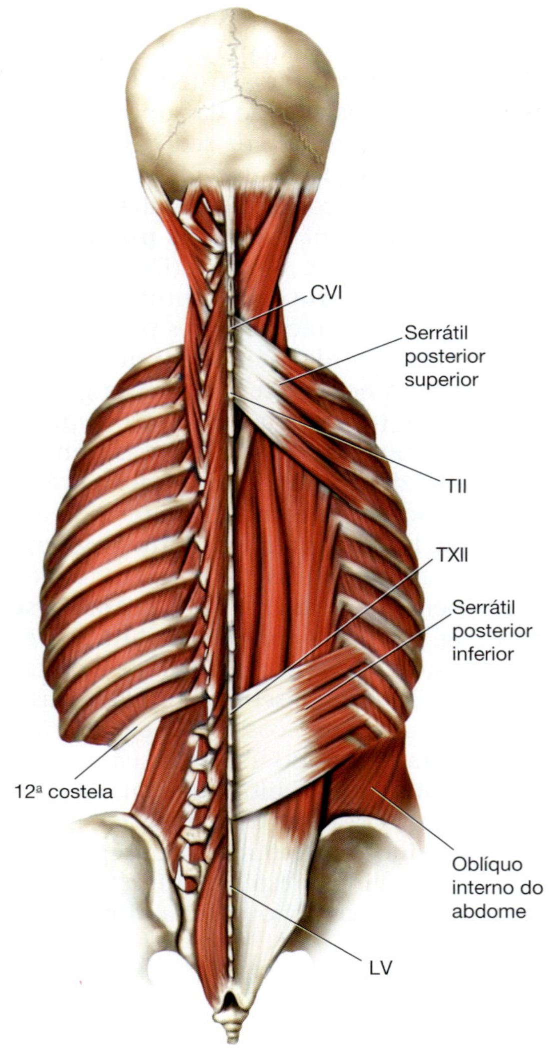

Figura 9.13 O serrátil posterior, partes superiores e inferiores.

atender à demanda e, portanto, necessita de espaço adicional no interior da cavidade torácica para se expandir. A Tabela 9.1 descreve os músculos envolvidos na respiração em repouso e os que participam da respiração forçada.

As informações da Tabela 9.1 indicam que a **inspiração em repouso** requer a contração do diafragma e, conforme os pulmões se enchem de ar, a contração dos músculos intercostais externos para elevar as costelas criando mais espaço para os pulmões expandidos. Quando os músculos diafragma e intercostais relaxam e retornam

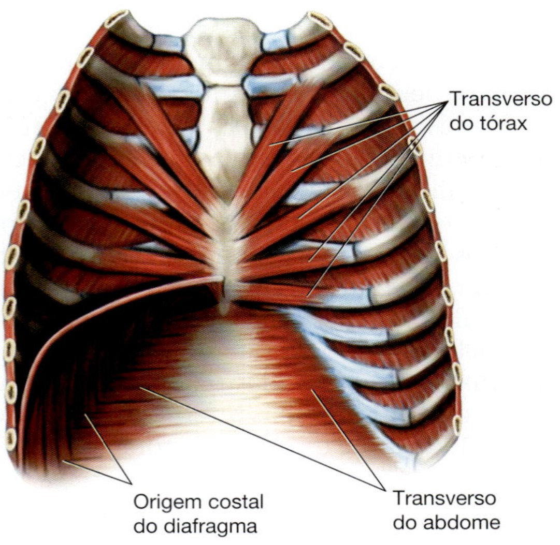

Figura 9.14 Transverso do tórax.

às suas posições iniciais, ocorre a **expiração em repouso**. Na **inspiração forçada**, a ampliação do espaço para o maior enchimento dos pulmões é possibilitada pela ação de músculos extras que tenham uma inserção no tórax e sejam capazes de expandi-lo. Quando a maior quantidade possível de ar precisar ser expelida dos pulmões, qualquer músculo com capacidade de comprimir a cavidade torácica até seu menor tamanho possível é chamado a intervir durante a **expiração forçada**.

Estruturas internas do tórax

Qualquer discussão relacionada ao tórax precisa incluir a anatomia de dois órgãos principais alojados dentro dele: o coração e os pulmões.

Estruturas do coração

O coração é o principal órgão do sistema circulatório. Ele recebe o sangue venoso do corpo e o bombeia para os pulmões a fim de captar oxigênio. O sangue oxigenado retorna dos pulmões ao coração e, em seguida, o coração bombeia esse sangue para os outros órgãos e tecidos. Várias estruturas anatômicas completam esse fluxo de sangue.

O coração (Figs. 9.15 e 9.16) situa-se logo acima do diafragma e entre os pulmões, na área

TABELA 9.1 Músculos da respiração

	RESPIRAÇÃO EM REPOUSO		RESPIRAÇÃO FORÇADA	
Músculo	**Inspiração**	**Expiração**	**Inspiração**	**Expiração**
Diafragma	•	Passiva	•	
Intercostais externos	•	Passiva	•	
Intercostais internos		Passiva		•
Latíssimo do dorso			•	
Levantadores das costelas			•	
Peitorais maior e menor			•	
Romboides maior e menor			•	
Escalenos anterior, médio e posterior			•	
Serrátil anterior			•	
Serrátil posterior superior			•	
Esternocleidomastóideo			•	
Subcostais			•	
Trapézio			•	
Oblíquos, externo e interno				•
Reto do abdome				•
Grupo eretor da espinha				•
Serrátil posterior inferior				•
Transverso do abdome				•
Transverso do tórax				•

conhecida como **mediastino**. É um órgão oco, com paredes musculares espessas; é mais largo na porção superior (base) e mais estreito e pontiagudo na extremidade inferior (ápice). Está envolto por uma membrana denominada **pericárdio**. Com um tamanho um pouco maior do que o do punho, o coração contém quatro compartimentos específicos, ou câmaras (Fig. 9.17).

As duas câmaras superiores são o **átrio direito** e o **átrio esquerdo**. Essas duas câmaras estão separadas por uma parede de tecido chamada de **septo interatrial**. A cavidade atrial dessas câmaras é aumentada por uma extensão da parede atrial conhecida como **aurícula**. As duas câmaras inferiores, de maior tamanho em comparação com os átrios, recebem o nome de **ventrículos esquerdo** e **direito**, que são separados por uma parede chamada de **septo interventricular**. Além disso, há uma parede (septo) que separa os átrios dos ventrículos: o **septo atrioventricular**. No interior do septo atrioventricular, existe uma abertura entre o átrio direito e o ventrículo direito e outra entre o átrio esquerdo e o ventrículo esquerdo. A abertura entre o átrio direito e o ventrículo direito (orifício atrioventricular) tem uma valva com três **válvulas** recobrindo o orifício denominada **valva atrioventricular direita**. A abertura entre o átrio esquerdo e o ventrículo esquerdo tem uma valva com duas válvulas, a **valva atrioventricular esquerda**. Ambas as valvas são concebidas para evitar o fluxo de sangue retrógrado dos ventrículos para os átrios. As **cordas tendíneas** são cordões em forma de tendão que inserem as válvulas de cada valva. Essas cordas também estão inseridas nas paredes ventriculares por pequenos músculos, conhecidos como

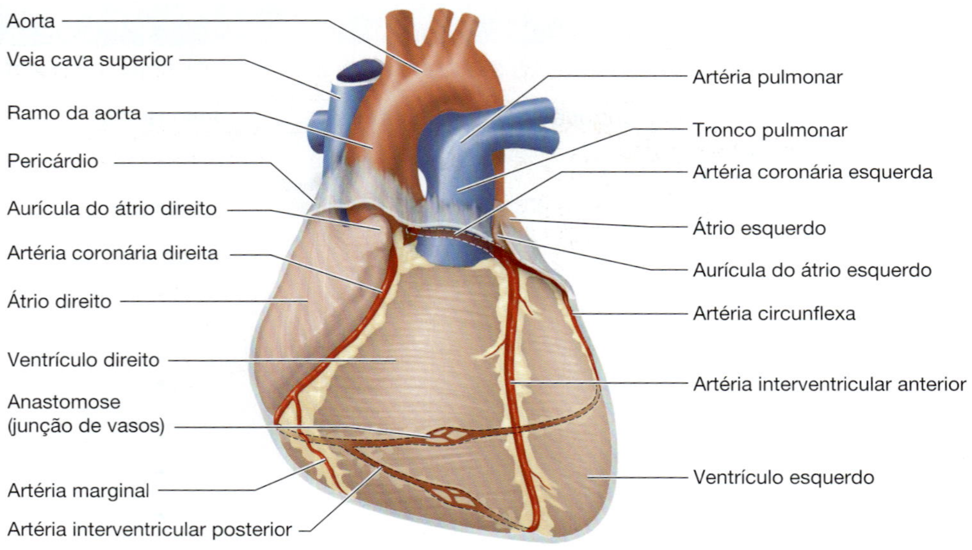

Figura 9.15 Vista anterior do coração.
Adaptada, com permissão, de Kenney, Wilmore e Costill, 2012.

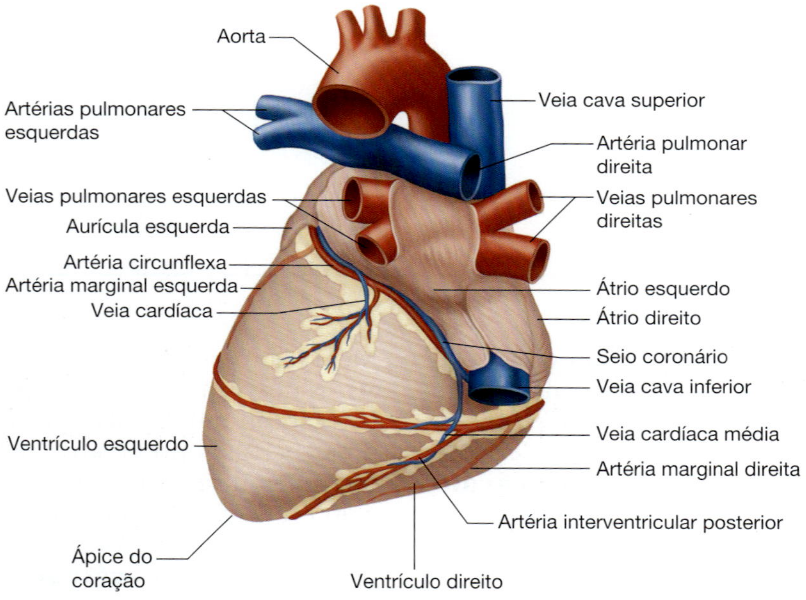

Figura 9.16 Vista posterior do coração.

músculos papilares, os quais são responsáveis por manter a tensão apropriada sobre as valvas para impedir que o sangue flua dos ventrículos de volta para o átrio.

Sob condições normais, a abertura e o fechamento das valvas cardíacas produzem um som *"lubb-dup"*. Quando elas não funcionam normalmente, pode ocorrer um som como um zumbido ou um assobio. Dois defeitos comuns são conhecidos como **insuficiência** e **estenose valvar**. A falha de uma valva cardíaca em se abrir por completo produz um som de sangue fluindo duran-

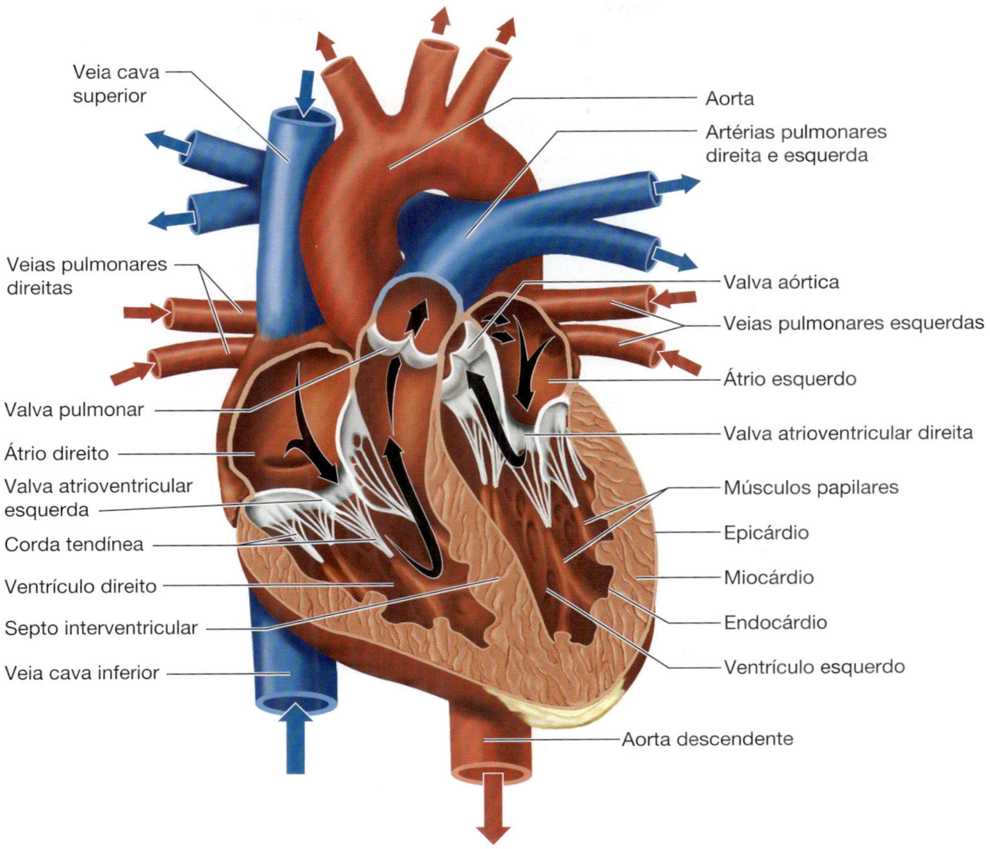

Figura 9.17 Anatomia do coração.
Adaptada, com permissão, de Kenney, Wilmore e Costill, 2012.

te e logo após o "*lubb*". Isso é a estenose. O som do sangue fluindo de forma retrógrada, a insuficiência valvar, é decorrente do não fechamento completo de uma valva; pode ser ouvido durante e após o "*dup*". Os **pontos de impulso máximo** referem-se (coletivamente) aos seis pontos da parede torácica em que os sons de abertura e fechamento das valvas do coração são ouvidos com mais clareza (Fig. 9.18). Embora os pontos possam não parecer estar diretamente sobre o coração, são os melhores lugares para se colocar o estetoscópio a fim de auscultar uma valva específica.

As paredes ventriculares têm três camadas de espessura: uma fina camada externa de células conhecida como **epicárdio**; uma camada interna igualmente fina de células das paredes ventriculares denominada **endocárdio**; e entre essas duas paredes, há uma parede mais espessa de tecido muscular, chamada de **miocárdio**. Devido à quantidade de força necessária para empurrar o sangue ao longo de todo o corpo, o miocárdio do ventrículo esquerdo é mais espesso do que o do ventrículo direito. O ventrículo esquerdo empurra o sangue do coração para todo o sistema circulatório, enquanto o direito precisa apenas empurrar o sangue dessa câmara para os pulmões nas proximidades.

Estruturas das vias respiratórias e pulmão

Quando o ar entra pela boca e pelo nariz, passa por estruturas conhecidas como **árvore respiratória** (Fig. 9.19).

Depois de ser inalado pelas cavidades oral (boca) e nasal (nariz), o ar passa pela **faringe**, **laringe** e **traqueia** (Fig. 9.19). A traqueia divide-se

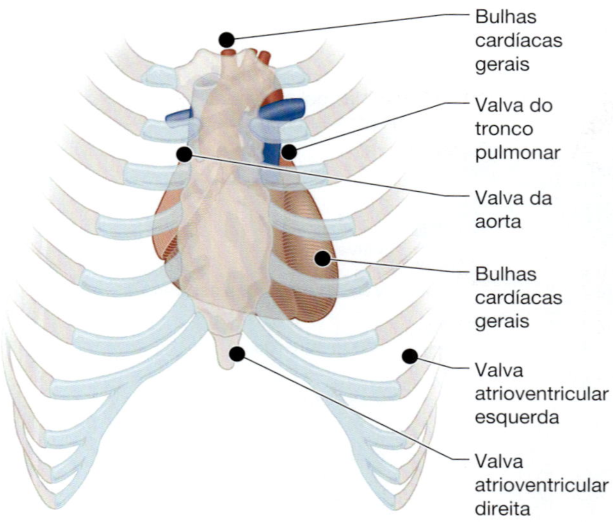

Figura 9.18 Localização das diferentes bulhas cardíacas nos pontos de impulso máximo.

em dois **brônquios**; e cada brônquio se divide em passagens menores, os **bronquíolos**. Estes dividem-se em estruturas tubulares menores, os **bronquíolos respiratórios**, que terminam como pequenos **ductos alveolares**. Esses ductos conduzem a expansões denominadas **saco alveolar**. A partir dos sacos alveolares, o ar flui, então, para estruturas chamadas de **alvéolos**.

No interior do tórax, está a **cavidade torácica**, a qual contém as **cavidades pleurais** (**esquerda** e **direita**). Estas são separadas pelo espaço conhecido como **septo mediastinal** (Fig. 9.20). Quando a traqueia se divide em brônquios, os bronquíolos entram nas cavidades pleurais e finalmente terminam em sacos aéreos no pulmão direito ou no esquerdo. Ambos os pulmões são recobertos por uma membrana denominada **membrana pleural**. Essa membrana tem duas camadas: a **pleura parietal**, que reveste as paredes da cavidade pleural, e a **membrana visceral**, que cobre cada pulmão. Há presença de um líquido entre as camadas da membrana que proporciona lubrificação para facilitar o movimento

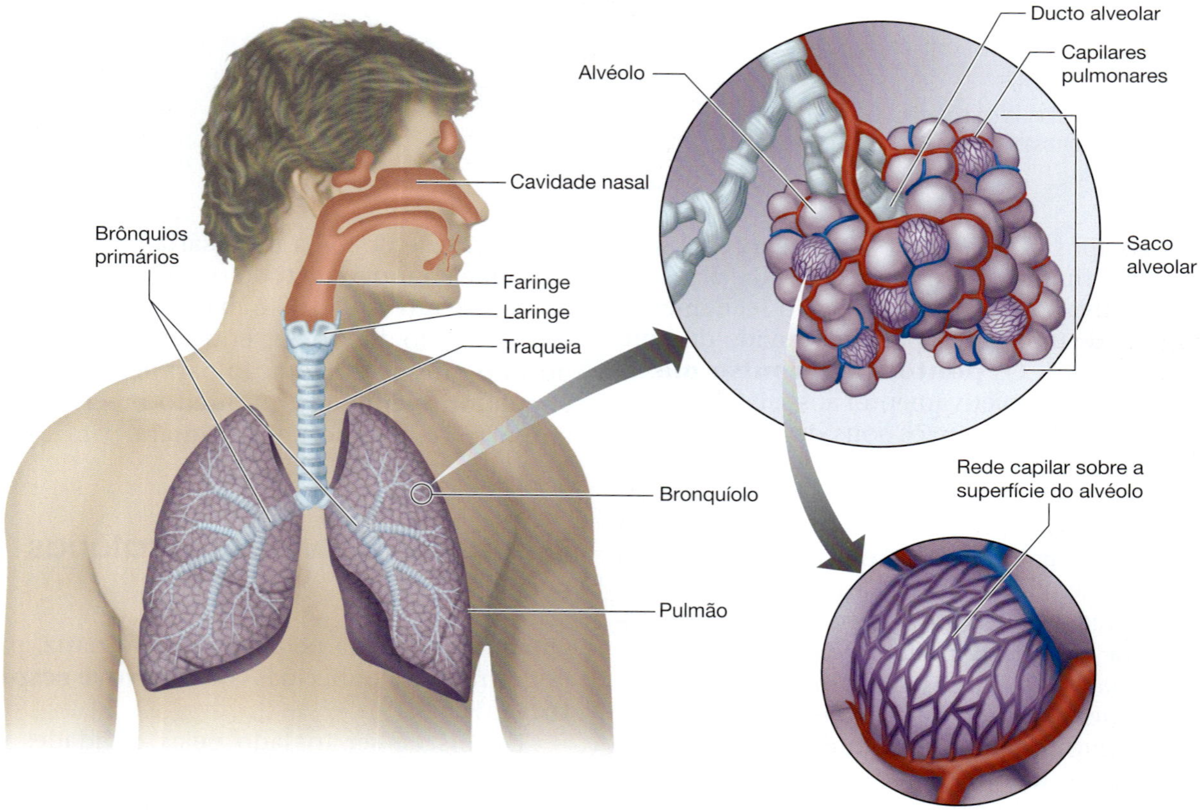

Figura 9.19 Árvore respiratória.
Adaptada, com permissão, de Kenney, Wilmore e Costill, 2012.

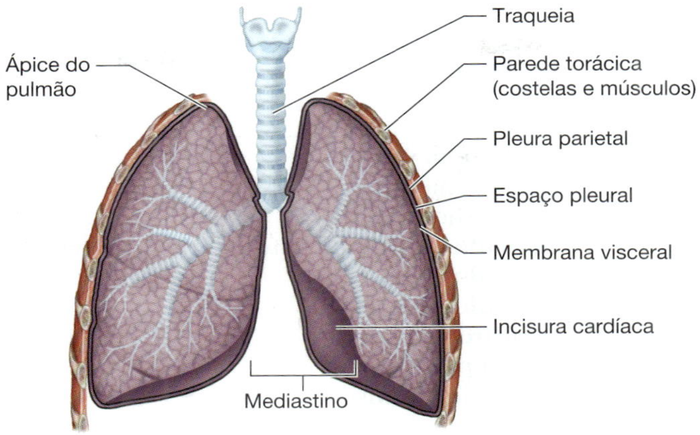

Figura 9.20 Anatomia das vias respiratórias e do pulmão.
Adaptada, com permissão, de Kenney, Wilmore e Costill, 2012.

entre os pulmões e as paredes pleurais durante a respiração.

Embora semelhantes em muitos aspectos, os pulmões direito e esquerdo são um pouco diferentes do ponto de vista anatômico. Os pulmões têm as seguintes semelhanças anatômicas: um ápice na porção superior estreita; uma base na porção inferior larga; **superfícies costais** situadas próximo das costelas; **sulcos costais** produzidos pelas costelas; e **superfícies mediastinais**, onde os pulmões tocam o septo mediastinal. Localizado nas superfícies mediastinais, encontra-se o **hilo**, que é uma depressão a meio caminho entre o ápice e a base, onde as **artérias** e as **veias brônquicas** e **pulmonares** entram e saem dos pulmões. A principal diferença anatômica entre os pulmões direito e esquerdo é o número de **lóbulos**. O pulmão direito tem três lobos (inferior, médio e superior); e o esquerdo, apenas dois (superior e inferior). O pulmão esquerdo também possui uma área conhecida como **incisura cardíaca**, que possibilita espaço para o coração. O pulmão direito é mais curto do que o esquerdo, pois a maior parte do fígado está sob o lado direito do diafragma e empurra o pulmão direito mais para cima na cavidade torácica.

DICAS DE APRENDIZAGEM

REVISÃO DA TERMINOLOGIA

Os termos a seguir são discutidos neste capítulo. Definir ou descrever cada termo e, se for o caso, identificar a localização da estrutura em seu corpo ou em uma ilustração apropriada.

alvéolo
artéria brônquica
artéria pulmonar
articulação costocondral
articulação costotransversária
articulação costovertebral
articulação da cabeça da costela
articulação esternocostal
articulação intercondral
árvore respiratória
átrio direito
átrio esquerdo
aurícula
brônquio
bronquíolo
bronquíolo respiratório
cabeça da costela
cavidade pleural (esquerda e direita)
cavidade torácica
centro tendíneo
colo da costela
cordas tendíneas
corpo do esterno
costela
diafragma
ducto alveolar
endocárdio
epicárdio
estenose valvar
esterno
expiração em repouso
expiração forçada

faringe
hilo
incisura cardíaca
incisura clavicular
incisura costal
incisura jugular
inspiração em repouso
inspiração forçada
insuficiência valvar
laringe
levantadores das costelas
ligamento costocondral (capsular)
ligamento esternocostal
ligamento intercondral (interarticular)
ligamento intra-articular da cabeça da costela
ligamento radiado da cabeça da costela
lobo pulmonar
manúbrio
mediastino
membrana pleural
membrana visceral
miocárdio
músculo intercostal externo
músculo papilar
músculo subcostal
pericárdio
pleura parietal
ponto de impulso máximo
processo xifoide
saco alveolar
septo atrioventricular
septo interatrial
septo interventricular
septo mediastinal
serrátil posterior
sulco costal
superfície costal
superfície mediastinal
transverso do tórax
traqueia
valva atrioventricular direita
valva atrioventricular esquerda
válvula
veia brônquica
veia pulmonar
ventrículo direito
ventrículo esquerdo

SUGESTÃO DE ATIVIDADES DE APRENDIZAGEM

1. Em seu corpo ou no de um colega, acompanhe a clavícula com o dedo desde a extremidade lateral à extremidade medial.
   a. Na extremidade medial de ambas as clavículas, o que você sente?
   b. Qual é o nome da área que você está palpando?
2. Levante sua mão e seu braço ou os de um colega lateralmente acima da cabeça. Encontre a clavícula e palpe todas as 12 costelas.
   a. Quais costelas, se houver alguma, foram difíceis ou impossíveis de palpar?
   b. Por quê?
3. Com uma fita métrica maleável, determine a circunferência do tórax de seu colega.
   a. Após a determinação da circunferência em posição de repouso, peça ao colega que inspire o máximo possível e, então, mensure novamente a circunferência. A seguir, peça ao colega que expire com força todo o ar dos pulmões e torne a avaliar a circunferência torácica. (Observação: certifique-se de realizar as medidas sempre na mesma altura do tórax.)
   b. Quais músculos fizeram o tórax se expandir?
   c. Quais músculos fizeram o tórax se contrair?
4. Assuma a posição para aplicação de compressões torácicas utilizada na reanimação cardiopulmonar (RCP). ATENÇÃO: ***somente se posicione, não aplique a técnica***!
   a. Coloque a palma da mão sobre o esterno de seu colega. Identifique o manúbrio, o corpo e o processo xifoide.
   b. Identifique as articulações que permitem a compressão do tórax sem fraturar as costelas.
5. Com a ajuda de um estetoscópio e usando a Figura 9.18 como referência, ausculte as bulhas cardíacas a seguir:
   a. Bulhas cardíacas gerais (frequência cardíaca e ritmo), logo acima da incisura jugular do esterno.
   b. Bulhas cardíacas gerais (frequência cardíaca e ritmo), entre a 4ª e 5ª costelas, dois dedos de largura à esquerda do esterno.
   c. Houve diferenças nas bulhas? Se positivo, ausculte as valvas abrindo e fechando, como indicado na figura, nas do tronco pulmonar e da aorta e nas atrioventriculares direita e esquerda. Esperemos que não haja bulhas cardíacas anormais (sopros).

QUESTÕES DE MÚLTIPLA ESCOLHA

1. Quantos pares de costelas normalmente são chamados de costelas falsas?
   a. 2
   b. 5
   c. 7
   d. 12

2. O ligamento que conecta a porção óssea de uma costela à cartilagem costal é conhecido como:
   a. Esternocostal
   b. Costocondral
   c. Costoclavicular
   d. Costotorácico

3. A expiração em repouso requer a ação de qual dos seguintes músculos?
   a. Nenhum
   b. Diafragma
   c. Intercostais
   d. Escalenos

4. A membrana que reveste as paredes da cavidade pleural é a:
   a. Membrana pleural parietal
   b. Membrana visceral
   c. Membrana alveolar
   d. Membrana brônquica

5. A valva atrioventricular direita está localizada entre o:
   a. Átrio direito e ventrículo esquerdo
   b. Átrio esquerdo e ventrículo direito
   c. Átrio esquerdo e ventrículo esquerdo
   d. Átrio direito e o ventrículo direito

6. Qual das estruturas a seguir contém as valvas do coração?
   a. Septo atrioventricular
   b. Septo interatrial
   c. Septo mediastinal
   d. Septo interventricular

7. O coração é envolvido por uma membrana chamada de:
   a. Epicárdio
   b. Pericárdio
   c. Endocárdio
   d. Miocárdio

8. As artérias e as veias brônquicas e pulmonares entram e saem dos pulmões por uma área do coração denominada:
   a. Ápice
   b. Base
   c. Incisura cardíaca
   d. Hilo

9. A falha de uma valva cardíaca em abrir-se completamente pode resultar em uma condição conhecida como:
   a. Insuficiência valvar
   b. Infarto do miocárdio
   c. Estenose valvar
   d. Prolapso da valva atrioventricular esquerda

10. Devido à grande quantidade de força necessária para mover o sangue ao longo de todo o sistema circulatório, o miocárdio de qual das câmaras cardíacas a seguir é mais espesso do que o das outras câmaras?
   a. Átrio esquerdo
   b. Ventrículo esquerdo
   c. Átrio direito
   d. Ventrículo direito

QUESTÕES DE PREENCHIMENTO DE LACUNAS

1. O tórax é constituído por vértebras torácicas, costelas, cartilagens costais e ________.
2. A porção superior do esterno é conhecida como ________.
3. O principal músculo da respiração é o________.
4. O pulmão direito tem ________ lóbulos.
5. O pulmão direito é mais curto do que o esquerdo, pois o ________ se encontra sob o diafragma.
6. A traqueia divide-se em duas grandes estruturas conhecidas como ________.
7. O coração localiza-se entre os pulmões em uma área denominada ________.
8. O tecido que forma uma parede entre os átrios direito e esquerdo é chamado de ________.
9. A valva atrioventricular esquerda tem ________ válvulas.

CAPÍTULO 10

Nervos e Vasos Sanguíneos da Cabeça, da Coluna Vertebral, do Tórax, do Coração e dos Pulmões

Este capítulo começa com um panorama geral das estruturas anatômicas do encéfalo, incluindo o cérebro, o tronco encefálico e o cerebelo. Apresenta, então, os nervos e os vasos sanguíneos da cabeça e do encéfalo, antes de deslocar o foco para o tórax e os dois principais órgãos lá contidos: o coração e os pulmões. Para que ocorram movimentos, os músculos precisam de oxigênio e outros nutrientes e um meio de eliminar os subprodutos resultantes. O coração (sistema circulatório) e os pulmões (aparelho respiratório) são os órgãos majoritariamente responsáveis pelo fornecimento dos materiais essenciais para a atividade muscular. Os nervos, as artérias e as veias do tórax e seus principais órgãos são discutidos neste capítulo.

Encéfalo

Antes de discutir as três principais partes do encéfalo, é necessário analisar as estruturas anatômicas que o recobrem (Fig. 10.1). Logo abaixo do couro cabeludo, encontra-se o periósteo do crânio; abaixo deste, fica o **espaço epidural**. A camada seguinte é um revestimento do encéfalo chamado

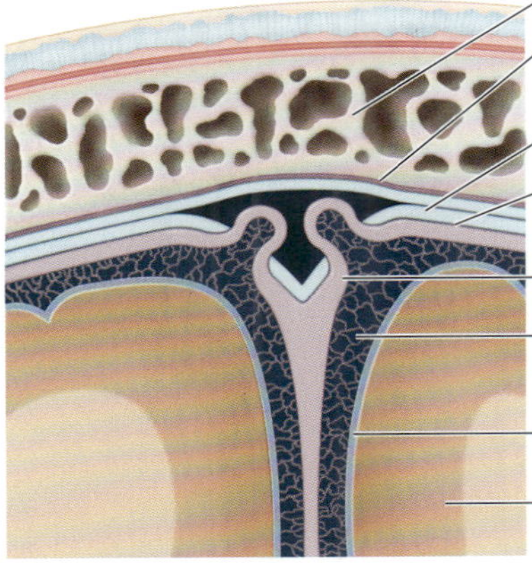

Figura 10.1 Corte transversal do crânio e do encéfalo.

FOCO EM

Traumatismo craniencefálico

A maior parte dos principais vasos sanguíneos que irrigam o encéfalo encontra-se nos espaços entre seus revestimentos. O espaço epidural contém sobretudo artérias; e o espaço subdural, sobretudo veias. Frequentemente, são utilizados os termos *hematoma epidural*, *hematoma subdural* e *hemorragia subaracnóidea* para descrever traumatismo craniencefálico (Fig. 10.2) (o hematoma é definido como um tumor de sangue bem-formado, enquanto a hemorragia é descrita como uma descarga arterial, venosa ou capilar mais difusa). O hematoma extradural em geral se desenvolve com rapidez (é de natureza arterial) e pode ter consequências mais graves. Visto que o crânio está acima do espaço epidural, um hematoma nessa área não pode se expandir para qualquer outro lugar além de para baixo, exercendo pressão sobre o encéfalo. No interior dos espaços subdural e subaracnóideo, a expansão de uma hemorragia (que é de natureza venosa) é mais lenta e tem mais espaço (para cima e para baixo) para onde se expandir antes de exercer pressão sobre o encéfalo. Esses fatores são considerações importantes quando alguém sofre um traumatismo craniencefálico; parte do tratamento imediato para essa condição inclui a observação. O paciente que sofreu um trauma na cabeça pode não ter sintomas após um período inicial de confusão mental; já uma hemorragia subaracnóidea ou um hematoma subdural, por sua vez, podem levar algum tempo para se desenvolverem.

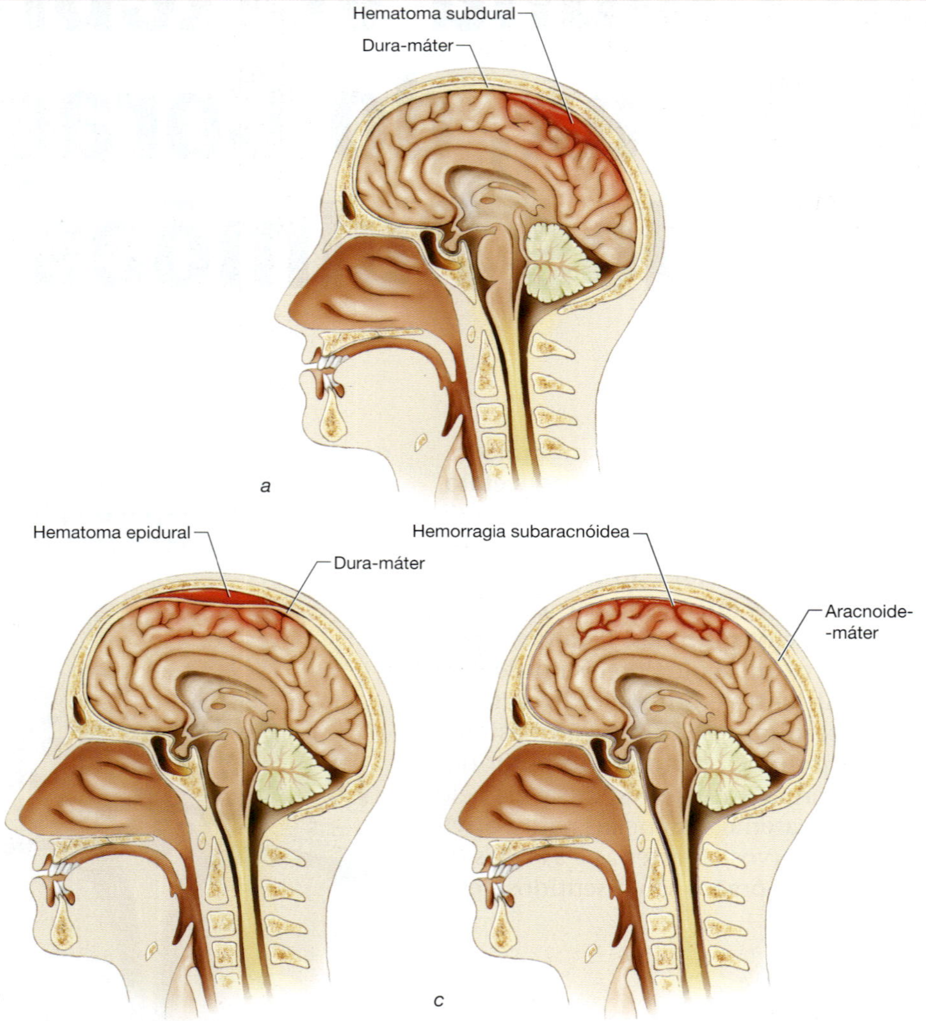

Figura 10.2 *(a)* Hematoma subdural, *(b)* hematoma epidural e *(c)* hemorragia subaracnóidea.
Partes *a* e *b* reproduzidas, com autorização, de Gotlin, 2008.

de **dura-máter**. Por baixo dela está outra área, conhecida como **espaço subdural**. Sob o espaço subdural, existe outro revestimento do encéfalo, denominado **aracnoide-máter**. Logo abaixo está localizado o **espaço subaracnóideo**, que contém **líquido cerebrospinal**. Esse espaço está entre os revestimentos aracnoide-máter e **pia-máter**. Por baixo da pia-máter, está o encéfalo. Esses revestimentos também são chamados de **meninges**.

O encéfalo é composto por três grandes estruturas (Fig. 10.3): o cérebro, o tronco encefálico e o cerebelo.

Cérebro

O **cérebro** (região superior do encéfalo; Fig. 10.4) é a porção mais desenvolvida do sistema nervoso central; pode ser considerado uma extremidade estendida da medula espinal porque está contido em uma área mais espaçosa do crânio em comparação ao espaço mais confinado do canal vertebral. Os lados direito e esquerdo são bilateralmente simétricos (ligados entre si por um grande feixe de fibras conhecido como **corpo caloso**). A camada externa de tecido encefálico contém a **substância cinzenta** denominada **córtex**. Essa substância é constituída em especial por corpos celulares e dendritos de neurônios. Sob a substância cinzenta, está a **substância branca**, a qual é composta por axônios neuronais. O cérebro tem muitas pregas de tecido, com porções em relevo chamadas de **giros** e depressões entre os giros chamadas de **sulcos**. Os quatro sulcos mais importantes dividem o cérebro em quatro lobos distintos. O sulco na linha mediana (**fissura longitudinal**) divide o cérebro em suas metades bilateralmente simétricas. O **sulco central** divide o cérebro em **lobos frontal** e **parietal**. O **sulco lateral** separa o **lobo parietal** do **temporal**. O sulco parietoccipital separa o **lobo parietal** do **occipital**. Embora também haja diversos giros, os mais proeminentes são o pré-central (lobo frontal); o pós-central (lobo parietal); os temporais superior, médio e inferior; e os frontais superior, médio e inferior.

O cérebro abriga a área da consciência, que faz uma pessoa se tornar ciente de seu entorno. Existe um **controle cruzado**, ou seja, o lado esquerdo do cérebro controla o lado direito do corpo; e o lado direito do cérebro, o lado esquerdo. Ainda que o trauma em qualquer dos lados da área motora do cérebro produza grandes problemas para a musculatura do lado oposto do corpo, pode também haver problemas menores na porção ipsilateral do corpo. A atividade vo-

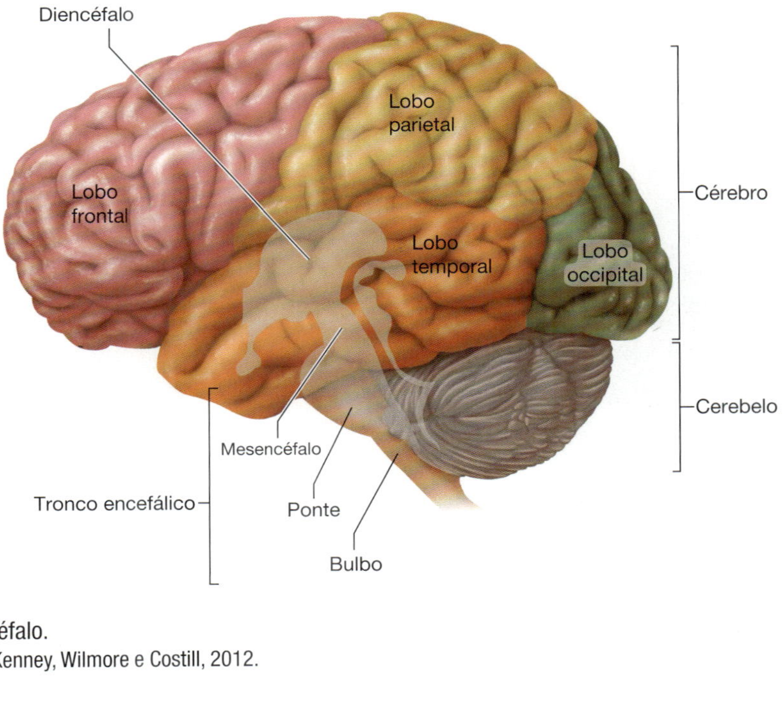

Figura 10.3 Divisões do encéfalo.
Reproduzida, com permissão, de Kenney, Wilmore e Costill, 2012.

luntária da musculatura é iniciada na área motora do córtex cerebral.

O cérebro contém áreas específicas responsáveis por diferentes funções (Fig. 10.5). A **área motora**, localizada no giro pré-central, contém a maior parte dos nervos motores do cérebro. A **área sensitiva do corpo**, localizada no giro pós-central, também tem controle cruzado, com sensibilidade cutânea e muscular de um lado do corpo sendo reconhecidas pelo lado oposto do cérebro. A **área visual**, localizada no lobo occipital, contém fibras nervosas recebidas via nervo óptico. A **área olfatória**, localizada no lobo temporal, controla a capacidade de distinguir os diferentes odores. Acredita-se que a área gustativa esteja localizada em região posterior à área olfatória do cérebro. Com a **área gustativa** tão próxima da olfatória, faz sentido que o paladar e o olfato estejam frequentemente associados. A **área auditiva**, localizada no lobo temporal, contém fibras nervosas que detectam o som de ambas as orelhas. As **áreas da fala** e

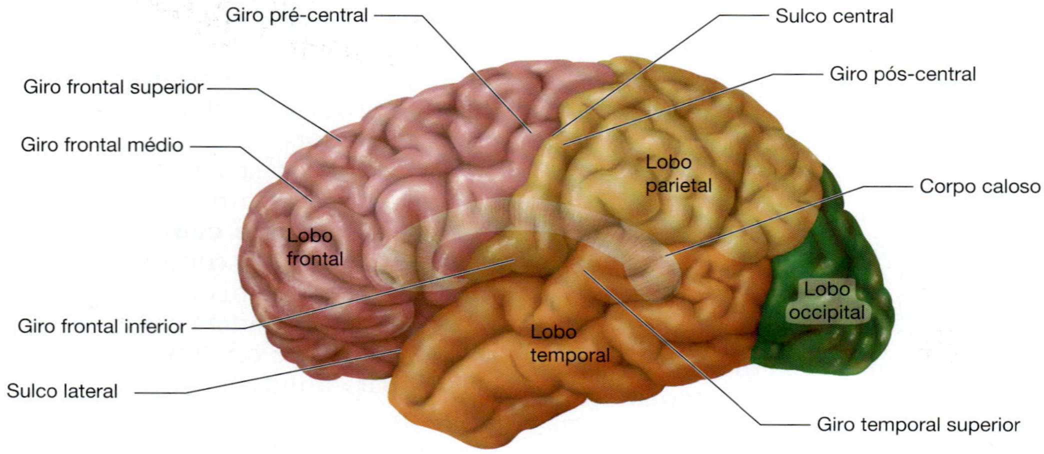

Figura 10.4 Cérebro.
Adaptada, com permissão, de Kenney, Wilmore e Costill, 2012.

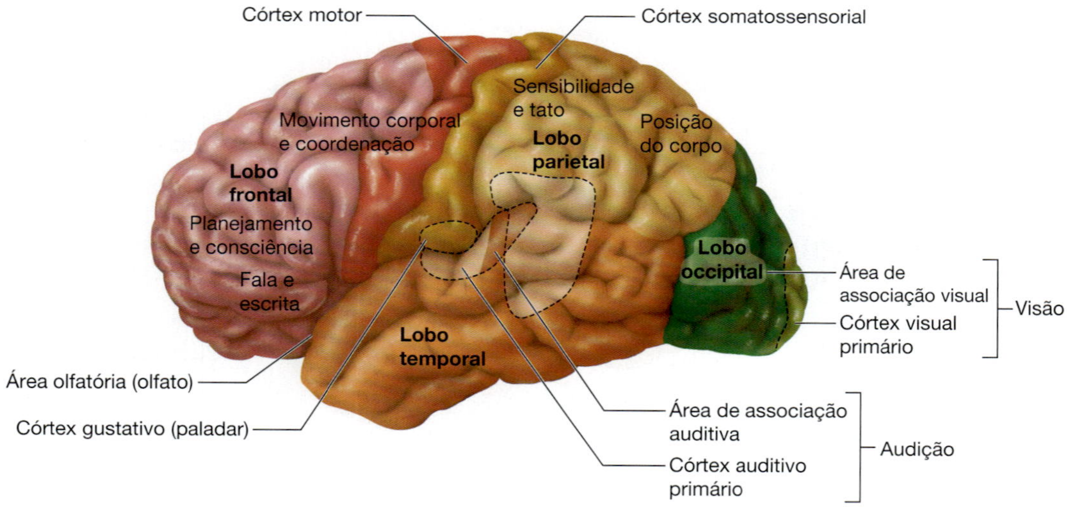

Figura 10.5 Corte transverso das áreas sensitiva e motora do cérebro.
Adaptada, com permissão, de Kenney, Wilmore e Costill, 2012.

da escrita, no lobo frontal, controlam a capacidade de falar e escrever palavras. A **área da audição da palavra**, localizada na face posterior do lobo temporal, gerencia a capacidade de reconhecer e compreender a palavra falada. A área visual da palavra, localizada na face posterior do lobo parietal, controla a capacidade de reconhecer as palavras escritas.

A porção restante da grande superfície do cérebro contém as **áreas de associação**, que controlam a capacidade de responder a vários estímulos. Determinado som ou odor será associado a determinada resposta, mas, dependendo das experiências anteriores, isso pode não ser previsível de pessoa para pessoa. Tal situação remete a outra habilidade do cérebro: a de discriminar, ou **poder discriminatório**. Um alto grau de poder discriminatório permite que as pessoas variem em suas habilidades para julgar gostos e odores. Isso leva à retenção de vários impulsos (p. ex., visão, audição, paladar, olfato), conhecidos como **memória**. Embora uma boa memória seja importante, ela não deve ser confundida com **inteligência**. O **poder de raciocínio** envolve o processo de reunir, por meio de poderes de associação de memórias, conhecimentos antigos com novos conhecimentos para identificar soluções para diversas situações. Antes que se possa argumentar, é preciso ter memória. A combinação da memória de fatos com o poder de raciocínio do indivíduo resulta em seu grau de inteligência. Acredita-se que o lobo frontal do cérebro seja o centro de diversas **emoções**; não há evidências substancias de que essa área tenha um papel importante na inteligência.

Tronco encefálico

O **tronco encefálico** contém os **centros reflexos superiores** e é, na verdade, a extremidade superior expandida da medula espinal. Os nervos deslocam-se para o cérebro e a partir dele passando pelo tronco encefálico; além disso, os nervos cranianos se originam nessa estrutura. O tronco encefálico é constituído por várias partes, sendo a mais importante o **bulbo** (ou **mielencéfalo**). Essa estrutura contém a maior porção da **área respiratória**; a **área cardioinibitória**, que diminui a frequência cardíaca por meio do nervo vago; a **área vasomotora**, que controla o calibre dos pequenos vasos sanguíneos; a **área da sudorese**, que estimula as glândulas sudoríparas a secretar suor em caso de aumento na temperatura corporal; e as origens do 9º ao 12º nervos cranianos.

Conforme o **trato motor** dos nervos passa do aspecto motor do córtex encefálico para o bulbo, uma grande porção das fibras nervosas cruza para o lado oposto (i.e., do córtex esquerdo para o bulbo direito) quando as fibras entram na medula espinal. Esse processo é conhecido como **decussação das pirâmides**.

O bulbo contém o **centro reflexo** em que as reações emocionais, como o medo e a excitação, estimulam ou inibem os movimentos viscerais; possui também a área que controla reflexamente as atividades dos órgãos do aparelho digestório. O bulbo gerencia, via atividade esquelética, o músculo liso do trato digestório, os vasos sanguíneos e vários órgãos ocos, permitindo que o músculo liso dessas estruturas se contraia ou relaxe.

As outras partes do tronco encefálico incluem a **ponte**, o **mesencéfalo** e o **diencéfalo** (que inclui o **tálamo** e o **hipotálamo**). Essas áreas contêm as origens do 1º ao 8º nervos cranianos, bem como centros reflexos superiores para visão, audição, olfato e tônus muscular.

Cerebelo

A terceira porção do encéfalo é o **cerebelo**. Essa estrutura é, na verdade, parte do metencéfalo. Em oposição ao controle cruzado do cérebro, o cerebelo (que consiste em duas metades iguais) tem **controle ipsilateral**, isto é, a metade direita gerencia o lado direito do corpo; e a metade esquerda, o lado esquerdo do corpo. A coordenação muscular e o **equilíbrio** corporal estão sob o controle do cerebelo. Ele tem um efeito amplificador sobre os impulsos motores provenientes do córtex cerebral.

Os músculos voluntários do corpo estão ligados à área motora do encéfalo (giro pré-central) por meio de nervos (células e axônios) dos **tratos piramidais**, tanto **diretos** quanto **cruzados**. A maioria dos nervos atravessa do encéfalo para o lado oposto do corpo (trato piramidal cruzado) quando passa pelo bulbo. Os nervos remanescentes que não cruzam descem pelo mesmo lado do corpo (trato piramidal direto).

Sistema nervoso periférico

Além de seus componentes principais (encéfalo e medula espinal), o sistema nervoso central tem um componente periférico, constituído pelos nervos cranianos, nervos espinais e sistema nervoso autônomo. Os **nervos cranianos** (12 pares) (Fig. 10.6) e o **sistema nervoso autônomo** (Fig. 10.7) têm suas origens no crânio e estão, portanto, intimamente associados ao sistema nervoso central. Os **nervos espinais** (cervicais, torácicos, lombares, sacrais e coccígeos) são discutidos no Capítulo 1 e em outros capítulos relevantes às áreas anatômicas que inervam.

O sistema nervoso autônomo engloba dois sistemas específicos: o **simpático** (também conhecido como **sistema toracolombar**) e o **parassimpático** (também conhecido como **sistema craniossacral**). Esses sistemas, quando estimulados, controlam reflexamente a atividade de todas as estruturas do corpo que não são reguladas de modo voluntário. Os nervos

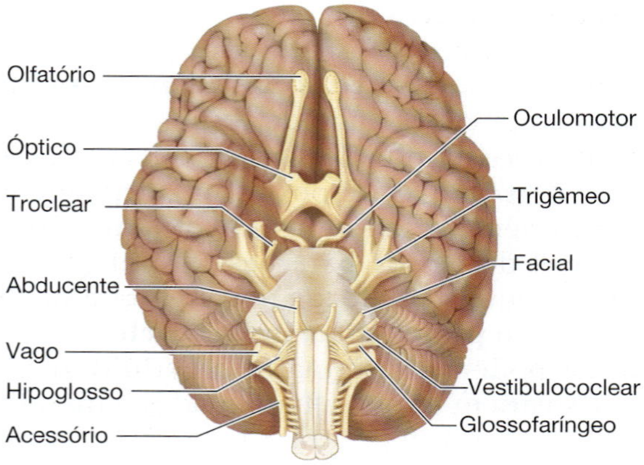

Figura 10.6 Nervos cranianos.

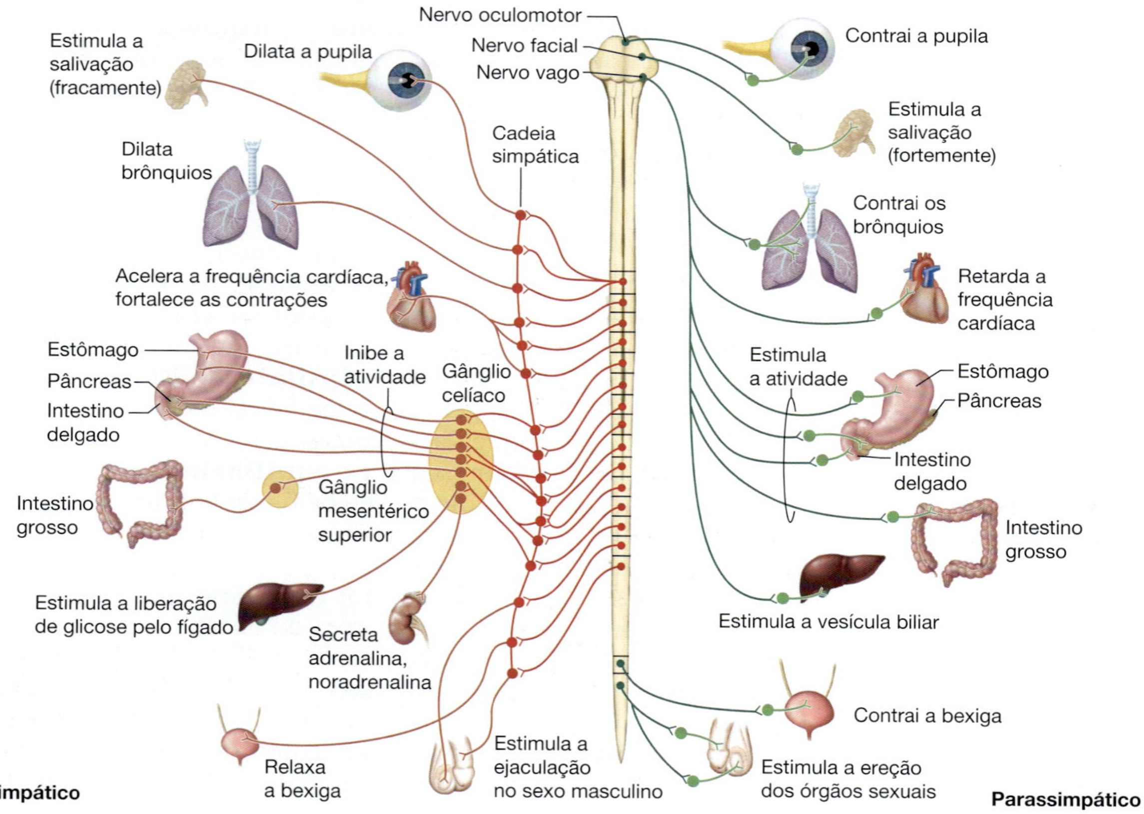

Figura 10.7 Sistemas nervosos simpático e parassimpático.

que conduzem impulsos para os músculos voluntários são chamados de **nervos motores**; os que conduzem impulsos para o coração, os músculos lisos e as várias glândulas do corpo são considerados parte do sistema nervoso autônomo. Os nervos consistem em fibras eferentes, aferentes e mistas que conduzem impulsos nervosos do (eferente) e para (aferente) o sistema nervoso central.

Como pode ser observado por seus nomes alternativos, as células dessas fibras nervosas se originam em vários níveis do sistema nervoso central. Os nervos do sistema simpático têm origem na substância cinzenta da medula espinal, a partir do primeiro torácico ao terceiro nível lombar.

Os 12 pares de nervos cranianos (Tab. 10.1) contêm tanto fibras nervosas eferentes (motor) quanto aferentes (sensitivas) e também atuam em alguns aspectos do sistema parassimpático.

O primeiro par de nervos cranianos é o **olfatório**, que emerge na parte superior do nariz no lobo temporal onde está localizada a área olfatória. O segundo par de nervos cranianos é o **óptico**. Os impulsos são conduzidos entre a retina e a área visual localizada no lobo occipital. Os cranianos olfatório e óptico são considerados nervos sensitivos; o **oculomotor** (terceiro nervo cra-

TABELA 10.1 Nervos cranianos

	FUNÇÃO	
Nome	**Motora**	**Sensitiva**
1. Olfatório		Olfato
2. Óptico		Visão
3. Oculomotor	Músculos superiores, mediais e esfincter ciliar da pupila; músculos reto inferior e superior do bulbo do olho; músculo oblíquo inferior do olho	
4. Troclear	Oblíquo superior, músculos do bulbo do olho	
5. Trigêmeo	Músculos da mastigação, dos dentes, das gengivas, tensor do tímpano, do rosto, da pele, da boca, do véu palatino, milo-hióideo, dos 2/3 anteriores da língua, digástrico anterior	
6. Abducente	Músculo reto lateral do bulbo do olho	
7. Facial	Músculos da face, do couro cabeludo, dos 2/3 anteriores da glândula lacrimal, do platisma submaxilar, estilo-hióideo, da glândula salivar sublingual, estapédio, digástrico posterior	Papilas gustativas da língua
8. Vestibulococlear		Audição
Coclear		Audição
Vestibular	Equilíbrio via canais semicirculares	
9. Glossofaríngeo	Músculo estilofaríngeo, da faringe, da glândula salivar parótida, do 1/3 inferior da língua	Papilas gustativas
10. Vago	Músculos do palato mole, da faringe, da laringe, da traqueia, do esôfago, do estômago, dos intestinos, de outras vísceras abdominais e do coração	Coração, pulmões, traqueia, faringe, laringe, esôfago e sistema digestório
11. Acessório	Trapézio e esternocleidomastóideo	
12. Hipoglosso	Músculos da língua	

niano), o **troclear** (quarto nervo craniano) e o **abducente** (sexto nervo craniano) são os nervos motores que inervam os músculos voluntários do olho. O **trigêmeo** (quinto nervo craniano) tem fibras sensitivas, que sentem calor, frio, pressão e dor nos dentes e na pele do rosto, e fibras motoras, que inervam os músculos da mastigação. O **facial** (sétimo nervo craniano) e o **glossofaríngeo** (nono nervo craniano) têm fibras sensitivas que conectam o encéfalo às papilas gustativas da língua e da faringe. As fibras motoras do glossofaríngeo inervam os músculos da língua e da faringe; e as do facial, os músculos da face. O **vestibulococlear** (oitavo nervo craniano) é de natureza sensorial e tem duas partes: uma para a audição (localizada na **cóclea**) que se liga ao lobo temporal e outra para o equilíbrio (situada nos **canais semicirculares**) que se conecta ao cerebelo. O **vago** (10º nervo craniano) contém fibras sensitivas e motoras. As sensitivas envolvem o coração, os pulmões, a traqueia, a faringe, a laringe, o esôfago e o sistema digestório. As fibras motoras inervam os músculos do palato mole, da faringe, da laringe, da traqueia, do esôfago, do estômago, dos intestinos, de outras vísceras abdominais e o coração. O **acessório** (11º nervo craniano) e o **hipoglosso** (12º nervo craniano) são nervos motores originários do tronco encefálico; inervam a língua, a face e o pescoço.

Artérias da cabeça e do encéfalo

O espaço epidural contém as principais artérias; e o subdural, as principais veias do encéfalo. As **artérias carótidas comuns** esquerda e direita ascendem em direção à cabeça. A Figura 10.8 ilustra a artéria carótida comum direita. Emergindo das **artérias subclávias**, estão as **artérias vertebrais** que, além de irrigar a medula espinal e as vértebras e os músculos da coluna cervical, fornecem sangue ao encéfalo. A **artéria basilar** surge entre as duas artérias vertebrais (e ramos conhecidos como **artérias cerebrais posterio-**

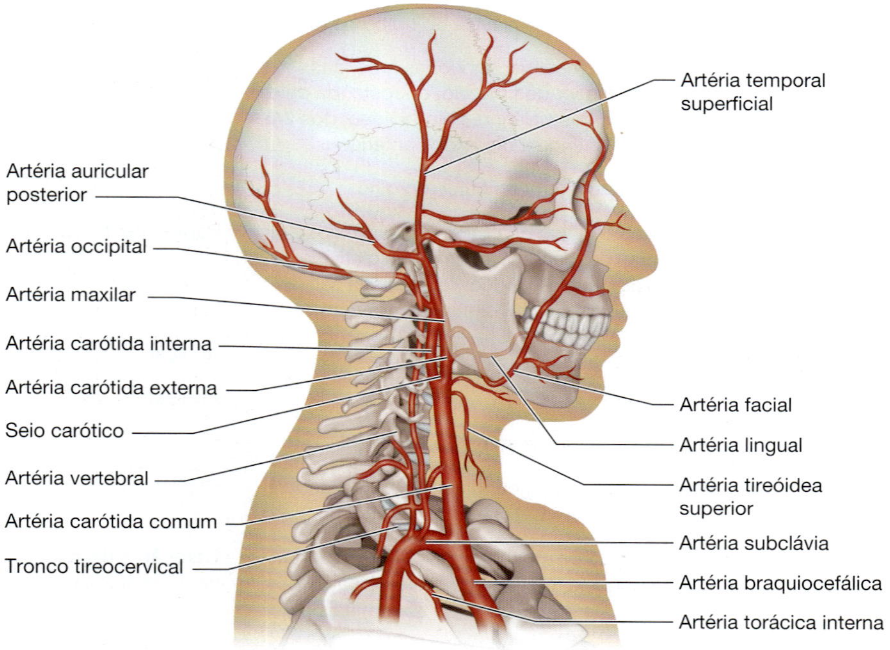

Figura 10.8 Artérias da cabeça, do pescoço e da face.

res) para fornecer sangue às estruturas internas do crânio.

A artéria carótida direita, localizada no ângulo da mandíbula, surge da artéria braquiocefálica e se separa em artérias carótidas externa e interna direitas. A artéria carótida esquerda surge independentemente a partir do arco da aorta e, em seguida, divide-se em artérias carótidas externa e interna esquerdas. A **artéria carótida externa** e seus ramos fornecem sangue à pele, aos músculos, à língua, às glândulas e a outros tecidos do aspecto superior do pescoço e da cabeça. Os ramos da artéria carótida externa incluem:

- Artéria faríngea ascendente: irriga a dura-máter, a área timpânica, a parede da faringe, o palato mole, as glândulas cervicais e os músculos pré-vertebrais; tem ramificações que incluem a artéria timpânica inferior, a artéria meníngea posterior, a artéria pré-vertebral, a artéria palatina e os ramos faríngeos.
- Artéria maxilar: irriga os músculos milo-hióideo, masseter e bucinador; os músculos do lábio superior e inferior; a faringe; a tuba auditiva; as tonsilas palatinas; as glândulas submaxilares e sublinguais; a pele dos lábios e do nariz; e os músculos e cartilagens alares do nariz. Os ramos incluem as artérias bucal, angular, palatina ascendente, glandular e massetérica, o ramo mentual, as artérias labiais superior e inferior, o ramo nasal lateral e o ramo tonsilar.
- Artéria lingual: irriga o aspecto posterior da língua, as tonsilas palatinas, a glândula sublingual e os músculos gênio-hióideo, milo-hióideo e genioglosso. Os ramos incluem as artérias profunda da língua e sublingual, os ramos dorsais da língua e o ramo supra-hióideo.
- Artéria occipital: irriga a dura-máter, o seio transverso, a jugular interna, a superfície auricular medial e o seio sagital e os músculos vertebrais posteriores e esternocleidomastóideo. Os ramos incluem o auricular, o meníngeo e o mastóideo.
- Artéria auricular posterior: irriga a orelha, o couro cabeludo temporal posterior, a glândula parótida, o meato acústico externo, o vestíbulo, os canais semicirculares, as células mastóideas e os músculos esternocleidomastóideo, occipital, digástrico, estilo-hióideo, estiloglosso, estilofaríngeo e estapédio. Os ramos incluem o occipital, o parotídeo, o auricular e a artéria estilomastóidea.
- Artéria tireóidea superior: irriga a glândula tireoide, a membrana da laringe e os músculos tireo-hióideos e laríngeos. Os ramos incluem o infra-hióideo, o cricotireóideo e a artéria laríngea superior.

Na extremidade terminal da artéria carótida externa, estão duas importantes artérias: a maxilar e a temporal superficial e seus ramos.

- Artéria maxilar: irriga a maioria das estruturas da cabeça, exceto o encéfalo e os olhos, incluindo a tuba auditiva, a membrana timpânica, a membrana bucal, a dura-máter, o meato acústico externo, a maxila, a gengiva, os dentes, a glândula lacrimal, as pálpebras, a articulação mandibular, o seio maxilar, o seio esfenoidal, a pele da face, os palatos duro e mole, o osso palatino, o osso vômer, a glândula parótida, a cavidade nasal, o quinto nervo craniano e a faringe, bem como os músculos: bucinador, masseter, pterigóideos lateral e medial, tensor do véu palatino, levantador do véu palatino, oblíquo inferior e reto inferior. Os ramos incluem os pterigóideos, a artéria esfenopalatina, o ramo acessório, a artéria meníngea posterior, a artéria timpânica anterior, o ramo bucinador, as artérias auricular profunda, temporal profunda, infraorbital, alveolar, faríngea, palatina maior e meníngea média.
- Artéria temporal superficial: ramo posterior da artéria carótida externa, que irriga as estruturas da parte superior da cabeça, incluindo a pele, a fáscia, o meato acústico externo, a articulação temporomandibular, a superfície auricular lateral e a glândula parótida, bem como os músculos: frontal, auricular anterior e superior, masseter, temporal e orbicular. Os ramos incluem a artéria facial transversa, o ramo frontal, a artéria zigomático-orbital, a artéria articular, os ramos auriculares anteriores, a artéria temporal média, o ramo parietal e o ramo parotídeo.

A **artéria carótida interna** é o ramo posterior da artéria carótida comum, que irriga a maior parte do encéfalo, as meninges, os olhos, o seio frontal e a pele do nariz. Os ramos da artéria carótida interna são extensos e analisados em cursos mais avançados em anatomia humana. Para ilustrar quão numerosos são esses ramos arteriais profundos, tanto eles quanto as estruturas por eles irrigadas são descritos aqui, mas não são ilustrados em figuras:

Artérias caroticotimpânicas: fornecem conexões (anastomoses) entre outras artérias cranianas.

Parte cavernosa: fornece sangue para o seio cavernoso e para os nervos abducente, troclear, trigêmeo e oculomotor.

Artéria corióidea anterior: irriga o trato óptico.

Artéria hipofisária: irriga a hipófise.

Ramo meníngeo: irriga a dura-máter.

Artéria oftálmica: irriga o olho, a glândula lacrimal, a superfície da testa, as meninges, o seio frontal, a pele da parte superior do nariz, o couro cabeludo anterior e lateral e as pálpebras superiores e inferiores, bem como os músculos reto superior e lateral e o músculo orbital; os ramos são as artérias etmoidal anterior, meníngea anterior, central da retina, dorsal do nariz, frontal, lacrimal, palpebrais, etmoidal posterior e ciliares.

Artéria comunicante posterior: irriga o tálamo e o quiasma óptico (forma o aspecto lateral do círculo arterial do cérebro).

Os dois ramos terminais da artéria carótida interna são as artérias cerebrais anterior e média.

- Artéria cerebral anterior: irriga diversas estruturas do encéfalo, incluindo seus lobos do aspecto anterior, pelos seguintes ramos: artérias centrais anteromediais; artéria anteromedial, intermediomedial e posteromedial; e artéria orbital medial.
- Artéria cerebral média: irriga estruturas do encéfalo, incluindo o aspecto orbital lateral do lobo frontal, o aspecto lateral do lobo occipital, o lobo parietal, o lobo temporal, os giros frontal inferior e médio e os giros central anterior e posterior, pelos seguintes ramos: artéria temporal, artéria ascendente frontal e parietal, ramo parietotemporal, artéria frontobasilar lateral e artéria orbital lateral.

As artérias vertebrais também têm inúmeras ramificações profundas que irrigam as estruturas do encéfalo, as meninges, os músculos do pescoço, a medula espinal e as vértebras cervicais. Mais uma vez, uma discussão aprofundada dessas estruturas está além do escopo de um estudo de anatomia humana incipiente. Os ramos profundos são listados aqui, com as estruturas que irrigam, mas não são ilustrados.

Artéria anastomótica: conecta as artérias cervicais occipital e profunda.

FOCO EM

Hematoma epidural

Conforme já observado, as artérias que fornecem sangue ao encéfalo são encontradas sobretudo no espaço epidural. Uma parte da artéria está ligada à dura-máter, outra parte localiza-se no espaço epidural e a porção superior encontra-se dentro de ranhuras presentes na superfície inferior do crânio. Quando o corpo está em movimento e a cabeça é forçada a parar de repente, pode haver um curto período em que o crânio está parado e o encéfalo ainda está em movimento, o que leva o encéfalo a golpear o crânio (uma concussão). O movimento do encéfalo pode produzir a ruptura da artéria quanto ela se afasta de sua posição em um sulco do crânio. Isso pode causar a laceração da artéria. Uma forma comum desse trauma envolve a artéria cerebral média e seus ramos, principalmente devido a sua posição anatômica, resultando em um hematoma epidural (Fig. 10.2). Uma vez que tal forma de hemorragia produz a expansão rápida entre a dura-máter do encéfalo e o crânio (via sangramento arterial), a visão, a orientação, o raciocínio e outras funções do encéfalo podem se deteriorar com rapidez e, até mesmo, colocar a vida em risco. O hematoma epidural é uma das formas mais perigosas de traumatismo craniencefálico; seus sinais e sintomas devem ser conhecidos por aqueles envolvidos em atividades que coloquem os participantes em alto risco desse traumatismo.

Artéria espinal anterior: irriga a pia-máter.

Ramos meníngeos: conectam as artérias no interior das meninges.

Artéria muscular: irriga os músculos suboccipitais e os músculos profundos da coluna cervical.

Artéria cerebelar inferior posterior: irriga o bulbo; o tronco encefálico; as estruturas no hemisfério do cerebelo; e o 9º ao 11º nervos cranianos.

Artéria espinal posterior: irriga a pia-máter.

Ramos espinais: irrigam os corpos vertebrais e os discos intervertebrais.

A artéria basilar é formada entre as duas artérias vertebrais e irriga a ponte; a orelha interna; o véu medular anterior; a superfície superior dos hemisférios cerebelares; a área visual do córtex cerebral; o tronco encefálico; o giro hipocampal, fusiforme e lingual; e a quarta raiz nervosa. Os ramos incluem as artérias cerebelar inferior anterior, cerebelar superior, da ponte, auditiva interna e cerebral posterior. Os ramos terminais da artéria basilar são conhecidos como as artérias cerebrais posteriores.

Existe uma formação circular das artérias na base do encéfalo denominada **círculo arterial do cérebro** (Fig. 10.9). Esse círculo é formado anteriormente pelas artérias cerebrais anteriores e pelos ramos da artéria carótida interna, ligados pela **artéria comunicante anterior**, e na região posterior por duas artérias cerebrais posteriores e pelos ramos basilares, conectados em ambos os lados à carótida interna pela **artéria comunicante posterior**.

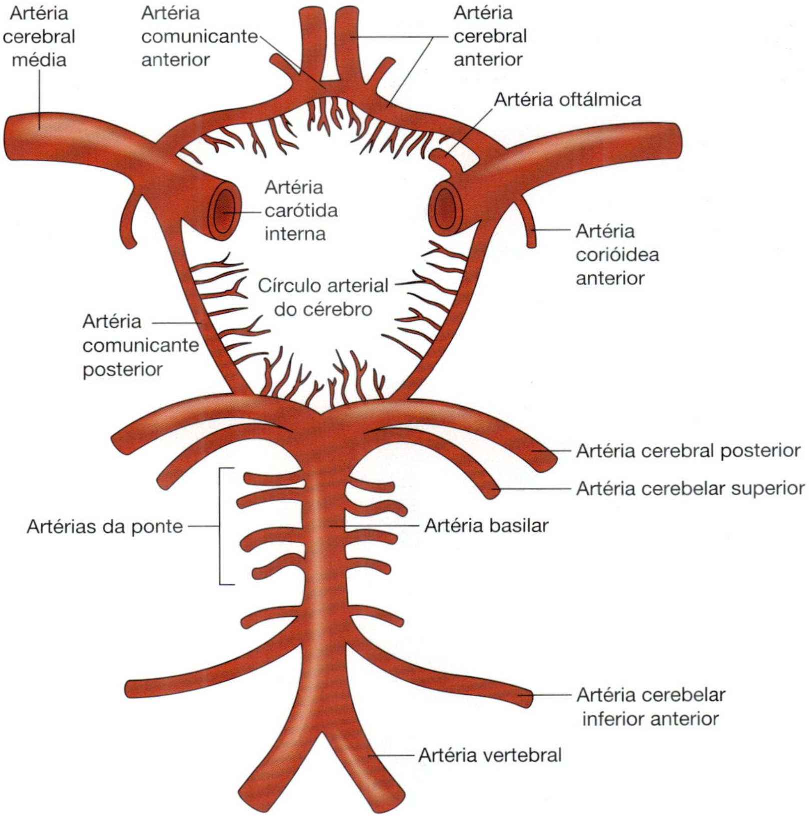

Figura 10.9 Círculo arterial do cérebro.
Reproduzida, com permissão, de Denegar, Saliba e Saliba, 2010.

Veias da cabeça e do encéfalo

O sangue fornecido à cabeça e ao encéfalo pelas artérias é conduzido ao coração pelas veias (Fig. 10.10). Existem veias profundas, veias superficiais e seios (espaços expandidos na cabeça que recebem sangue venoso). As veias profundas normalmente levam os nomes das artérias que drenam, enquanto as veias superficiais em geral têm nomes exclusivos.

As **veias profundas da cabeça** são a **jugular interna** e a **vertebral**. A veia jugular interna drena o sangue da face, glândula tireoide, cóclea e língua para a veia braquiocefálica.

Como as artérias, as veias têm ramos (conhecidos como tributárias). As tributárias da veia jugular interna incluem as veias coclear, facial comum, lingual, tireóidea superior e média, occipital e a faríngea, além do seio petroso inferior.

A veia vertebral e suas tributárias drenam sobretudo as artérias da área cervical para a **veia braquiocefálica** (que é formada pela junção das veias subclávia e jugular interna). As principais tributárias incluem a veia vertebral anterior, que drena áreas das vértebras cervicais anteriores; a veia cervical profunda, que drena as estruturas da região cervical posterior; e a veia intercostal posterior, que drena o primeiro espaço intercostal.

Embora existam apenas duas veias profundas na cabeça e no pescoço, as **veias superficiais** são numerosas. A **veia jugular externa** e suas tributárias drenam os músculos do couro cabeludo, da cabeça e do pescoço e esvaziam-se na veia subclávia. As tributárias incluem a veia jugular anterior, que drena a região anterior do pescoço e as superfícies do lábio inferior; a auricular posterior, que drena as superfícies posterior e lateral da cabeça e do pescoço; a jugular externa posterior, que drena os aspectos posterior e lateral do pescoço e a área occipital da cabeça; e as veias cervical transversa e escapular transversa, que drenam a área irrigada pelas artérias do mesmo nome.

As veias superficiais que drenam o couro cabeludo incluem a **frontal**, que drena as superfícies medial e anterior do couro cabeludo e se une à supraorbital para formar a veia angular. A

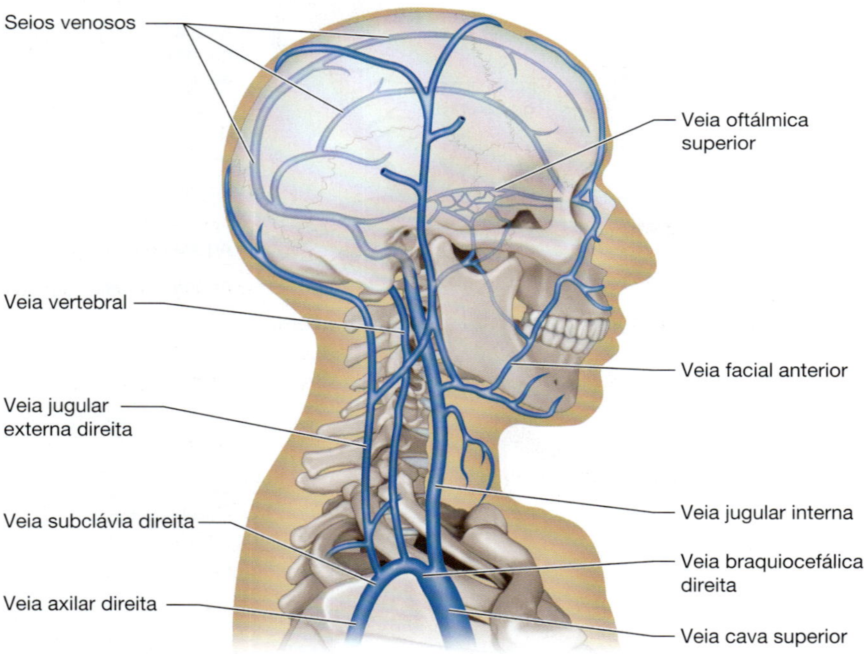

Figura 10.10 Veias da cabeça, do pescoço e da face.

supraorbital drena as superfícies lateral e posterior do couro cabeludo. A **occipital** drena as superfícies occipital e parietal do couro cabeludo. A **auricular posterior** drena as superfícies posteriores e laterais da cabeça e do pescoço. A **temporal superficial** drena as superfícies frontal e lateral da cabeça e inclui as seguintes tributárias: a veia facial transversa drena a lateral da face; a orbital, as áreas laterais das pálpebras; a parotídea, a glândula parótida; a temporal média, o temporal; a articular, a articulação temporomandibular; e a auricular anterior, a área anterior à orelha.

As veias superficiais que drenam o rosto incluem a **angular** (formada pelas veias frontal e supraorbital), que drena a superfície do nariz e, em seguida, torna-se a **veia facial anterior**. Esta combina-se à **veia facial posterior** para tornar-se a **veia facial comum**, que drena os músculos e a pele do rosto; suas tributárias incluem a veia do bucinador, que drena o músculo bucinador; a **facial profunda**, que drena os músculos e os ossos da face; as labiais superiores e inferiores, que drenam os lábios superior e inferior; as palpebrais superior e inferior, que drenam as pálpebras superior e inferior; a massetérica, que drena o músculo masseter; a submandibular, que drena as glândulas submaxilares; a palatina, que drena o palato; e a submentual, que drena a área irrigada pela artéria do mesmo nome. As veias facial comum (veias faciais anterior e posterior) e comunicante da veia jugular anterior drenam para a veia jugular interna. A veia facial posterior, formada pela junção das veias temporal superficial e **maxilar interna** e suas tributárias, tem um ramo anterior que se une à veia facial anterior para formar a veia facial comum e um ramo posterior que se une à veia auricular posterior para formar a veia jugular externa.

Assim como as artérias da cabeça e do encéfalo, as veias da cabeça e do encéfalo também têm uma extensa quantidade de ramos venosos profundos que estão além de um estudo incipiente da anatomia humana. O que segue é uma breve descrição das veias consideradas dessa categoria avançada.

As veias do crânio estão contidas no material esponjoso (*diploe*) dos ossos cranianos e estão inter-relacionadas às veias do pericrânio (periósteo), das meninges e aos seios da dura-máter. Existem quatro veias responsáveis pela drenagem do sangue da caixa craniana. A diploica temporal anterior drena o osso frontal e termina em uma das veias temporais profundas e no seio esfenoparietal. A diploica temporal posterior drena a região posterior do osso parietal e termina no seio transverso. A diploica frontal drena a região anterior do osso frontal. A diploica occipital (a maior veia diploica) drena o osso occipital e termina no seio transverso.

As veias das meninges são profundas e superficiais, drenam as artérias da dura-máter e esvaziam-se nos seios cranianos. Tal como acontece com as artérias, essas veias estão incorporadas na dura-máter e também se encontram em ranhuras da superfície interna do crânio. Essa posição eleva consideravelmente o potencial de hemorragia intracraniana, sobretudo quando associada à fratura do crânio.

As veias do encéfalo drenam para os seios cranianos e são descritas como cerebral ou cerebelar. As cerebrais são superficiais (externas) e profundas (internas). As superficiais incluem as veias cerebrais inferiores, que drenam a superfície inferior do encéfalo para os seios transverso, superior, cavernoso e petroso. As cerebrais inferiores têm duas tributárias: a veia cerebral média, que drena o encéfalo para o seio cavernoso, e a oftálmica, que liga as veias cerebrais à órbita e se esvazia na veia oftálmica superior. As veias cerebrais superiores (mais de 12) estão localizadas na pia-máter e no espaço subaracnóideo; drenam as áreas superiores e laterais do encéfalo e se esvaziam no seio sagital superior. A veia basilar é uma combinação das veias cerebrais anteriores, cerebral profunda média e talamoestriadas inferiores. Ela drena o mesencéfalo, o giro hipocampal, a parte inferior do ventrículo lateral e a fossa interpeduncular. As veias cerebrais anteriores drenam o corpo caloso e o giro do cíngulo e terminam na veia basilar. A veia cerebral profunda média drena a ínsula e o opérculo e esvazia-se na veia basilar. As veias talamoestriadas inferiores drenam o corpo estriado e também se esvaziam na basilar.

Duas veias cerebrais profundas drenam os aspectos internos do cérebro e esvaziam-se na veia cerebral magna. Recebendo sangue da veia basilar, as veias corióidea e terminal combinam-se para formar a veia cerebral magna.

As veias do cerebelo são agrupadas em superiores e inferiores. As veias cerebelares inferiores drenam a área inferior do cerebelo e esvaziam-se nos seios da dura-máter. As cerebelares superiores drenam a área superior do cerebelo e esvaziam-se nos seios petrosos transverso e superior. As veias cerebelares profundas drenam o cerebelo e se esvaziam nas veias superficiais.

As veias do bulbo drenam para um plexo superficial de veias que drenam para as veias mediana anterior e posterior e radicular. As veias da ponte esvaziam-se no plexo superficial.

As veias da orelha incluem as do meato acústico externo e da orelha externa, que drenam para as veias facial posterior e auricular posterior. As veias da membrana timpânica esvaziam-se na veia facial posterior e no seio petroso superior. O labirinto da orelha é drenado pelas veias auditivas internas no seio petroso inferior e na veia vestibular.

As veias do nariz drenam as paredes da cavidade nasal e formam a veia esfenopalatina, que se esvazia no plexo pterigóideo. As veias labial superior e nasais externas são tributárias da veia facial anterior.

As veias da órbita são ramos da artéria oftálmica e veias frontal e supraorbital. Essas veias combinam-se para formar as veias oftálmicas superiores e inferiores e drenam para o seio cavernoso.

Os **seios** da dura-máter são áreas venosas alargadas localizadas entre as camadas periosteal e meníngea da dura-máter. Os seios recebem o sangue das veias do encéfalo e das veias meníngeas e diploica. Os seios cranianos são divididos em laterais pareados e médios não pareados.

Os **seios pares** incluem o plexo superficial em ambos os lados do osso esfenoide; conforme se estende em direção ao osso temporal, o plexo superficial se divide em seios petrosos superior e inferior. O seio petroso inferior está localizado na área petrosa do osso temporal e drena para a veia jugular interna. As tributárias desse seio incluem as veias da orelha interna e as cerebelares inferiores. O seio petroso superior estende-se desde o ápice da área petrosa do osso temporal, na extremidade posterior do seio cavernoso, até o seio transverso na borda superior da área da parte petrosa do osso temporal. O seio occipital está ligado à dura-máter nas bordas posterolaterais do forame magno. Esse seio tem tributárias das veias cerebelares inferiores e drena para o seio transverso. O seio cavernoso encontra-se em ambos os lados do osso esfenoide e tem veias tributárias incluindo as veias cerebral inferior e oftálmicas e veias dos seios esfenoparietais. Os seios esfenoparietais são encontrados na dura-máter, sob os ossos esfenoidais. Esse é o local onde as veias da dura-máter se esvaziam no seio cavernoso. As tributárias dos seios esfenoparietais incluem as veias diploica, timpânica e cerebelares superior e inferior. Os seios transversos estendem-se da protuberância occipital externa à veia jugular interna. Eles têm veias tributárias incluindo as veias cerebral inferior e cerebelar, as diploicas e os seios petrosos superiores.

Os **seios ímpares** incluem o plexo basilar na dura-máter, sobre a área basilar do osso occipital, e se estendem até o seio cavernoso ao longo da borda do forame magno. Conectam os dois seios petrosos inferiores. O seio circular engloba os dois seios cavernosos e os seios conectantes intercavernoso anterior e posterior. O seio sagital inferior encontra-se nas margens posteriores do cérebro e conecta-se à veia cerebral magna. As tributárias desse seio incluem as veias provenientes do cérebro e dos aspectos mediais dos hemisférios. O seio occipital é formado pelo seio sagital inferior e pela veia cerebral magna; drena para o seio transverso. As tributárias do seio occipital incluem as veias a partir do cérebro, dos lobos occipitais e do cerebelo superior. O seio sagital superior está localizado no sulco mediano da área interna do crânio, ao longo do cérebro, e se estende a partir do forame cego à protuberância occipital interna. Suas tributárias são as veias cerebrais superiores; drena para o seio transverso.

Nervos do tórax e do tronco

Conforme apresentado nos capítulos relacionados aos membros superiores e inferiores (Caps. 6 e 14, respectivamente), os nervos que inervam o tórax e o tronco se originam de plexos (redes) de nervos da medula espinal. Em particular, um plexo que inerva os pulmões é vital para a respiração e para a manutenção da vida. Além disso, os principais nervos que inervam todo o membro inferior têm origem na extremidade inferior da coluna vertebral (plexo lombossacral). Esta seção focaliza os nervos que inervam os músculos do tórax, do tronco, do coração e dos pulmões. Tais estruturas estão identificadas no quadro recapitulativo, encontrado no final desta seção, relacionado à cabeça, à coluna vertebral e ao tórax.

Os nervos que inervam a cabeça e a coluna cervical surgem do **plexo cervical** (Fig. 10.11). Os nervos sensitivos do plexo são superficiais, enquanto os nervos motores são ramos profundos. Esses ramos inervam os músculos do couro cabeludo e da face e também os da coluna cervical, como o esternocleidomastóideo, o trapézio e o levantador da escápula. Ramos de um nervo craniano, o acessório, também se comunicam com C2, C3 e C4 e inervam os músculos esternocleidomastóideo e trapézio. Ramos profundos adicionais do plexo cervical inervam os músculos reto anterior e lateral da cabeça, longo da cabeça e do pescoço, pré-vertebrais, levantador da escápula, escaleno médio, esternocleidomastóideo e trapézio. O nervo do plexo cervical mais importante para a respiração é o **frênico** (C3, C4, C5), o qual inerva o **diafragma**. Outros nervos do plexo braquial que inervam os músculos da coluna cervical e o tórax lateralmente são descritos no Capítulo 6.

Existem 12 **nervos torácicos**, frequentemente descritos como 11 **nervos intercostais** e um **nervo subcostal**, que emergem da seção torácica (T1-T12) da coluna vertebral (Fig. 10.12). O primeiro nervo torácico intercostal inerva os músculos levantadores das costelas, intercostais e a parte superior dos serráteis posteriores. O segundo inerva os músculos intercostais, levantadores das costelas e subcostais. O terceiro inerva os músculos levantadores das costelas, intercostais e subcostal. O quarto inerva os músculos levantadores das costelas, intercostal, subcostal e transverso do tórax. O quinto e o sexto inervam os músculos intercostal, subcostal e transverso do tórax. O sétimo e o oitavo inervam os músculos intercostais. O 9º ao 11º inervam os músculos intercostais, a parte inferior do serrátil posterior e os abdominais.

O 12º nervo torácico subcostal inerva os músculos abdominais.

O **plexo lombossacral** é formado pelo ramo anterior dos nervos do **plexo lombar**, e pelos plexos **sacral** e **coccígeo** (Fig. 10.12). A maioria desses nervos inerva as estruturas dos membros inferiores – incluindo o quadril, as nádegas, a viri-

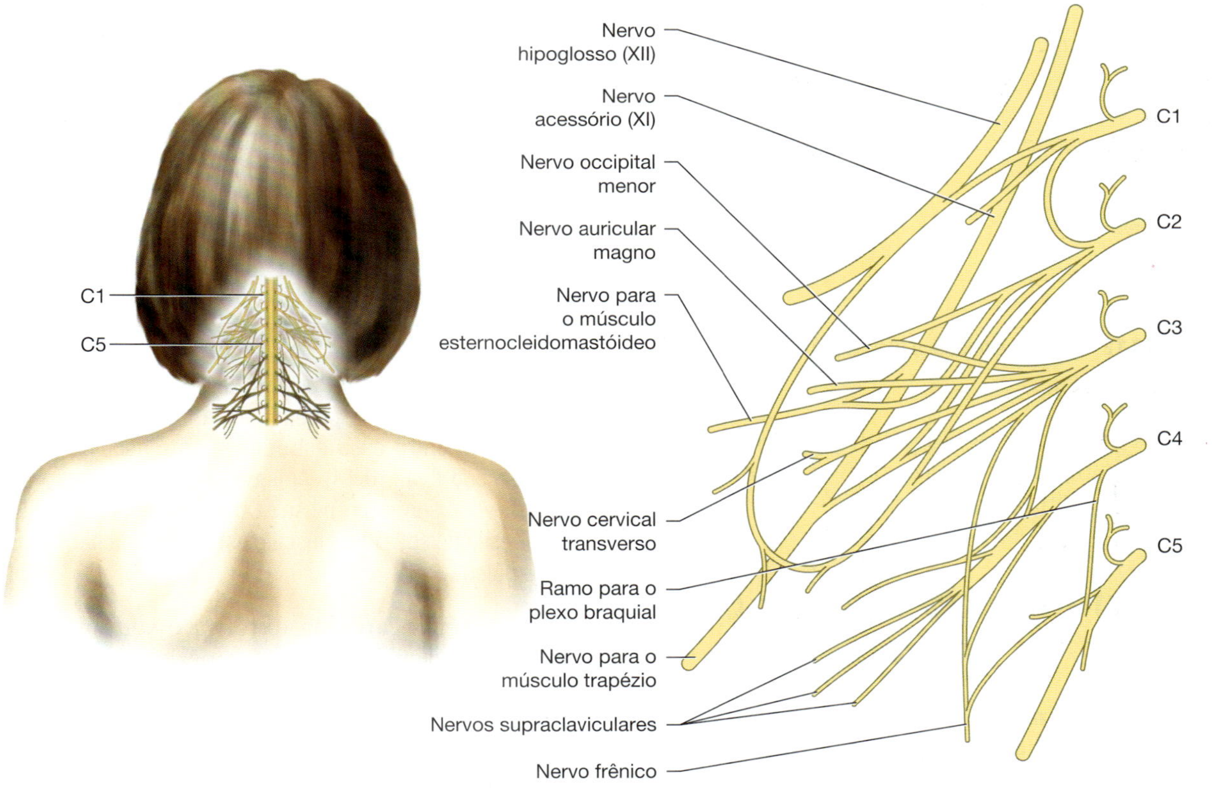

Figura 10.11 Plexo cervical, raízes nervosas de C1 a C5.

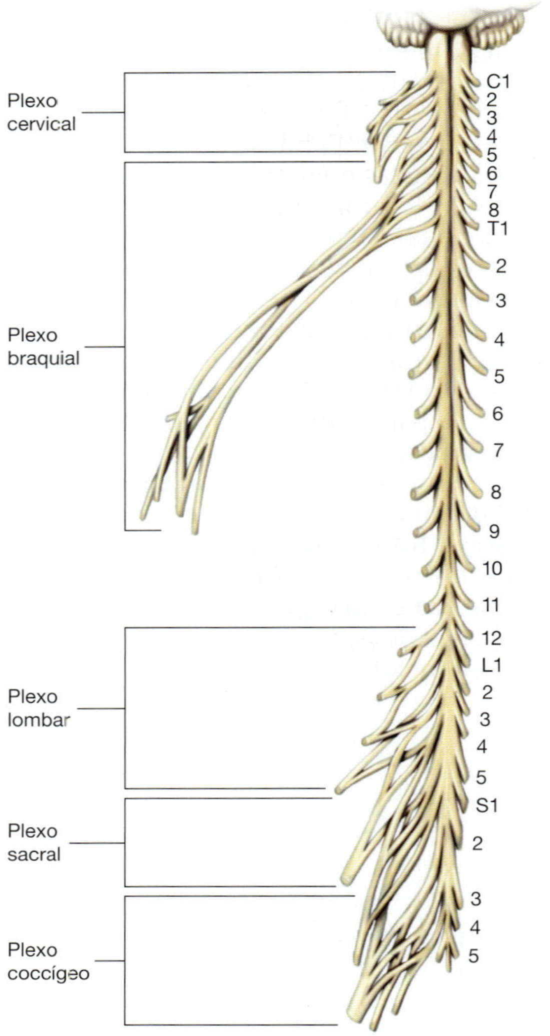

Figura 10.12 Nervos espinais e plexos principais.

lha e os órgãos da região pélvica – e, portanto, são discutidos no Capítulo 14, nervos e vasos sanguíneos dos membros inferiores.

Artérias do tórax e do tronco

A **parte ascendente da aorta** emerge do coração e origina as **artérias coronárias** direita e esquerda, que têm ramos para o coração propriamente dito. A área entre a parte ascendente e descendente da aorta é conhecida como o **arco da aorta** (Fig. 10.13), que primeiro origina o **tronco braquiocefálico**, que irriga o membro superior direito, o tórax e o lado direito da cabeça e do pescoço. Os primeiros ramos dessa artéria são as artérias carótida comum direita e subclávia direita. A artéria carótida comum direita divide-se, logo abaixo do queixo (mandíbula), em artérias carótidas externa e interna. A artéria carótida comum esquerda emerge independentemente do arco da aorta e, em seguida, divide-se em artérias carótidas externa e interna esquerda.

> **FOCO EM**
>
> ### Lesão cervical
>
> Quando uma pessoa sofre uma lesão cervical, é extremamente importante avaliar seus sinais vitais, incluindo a respiração. O trauma ao nervo frênico pode afetar a respiração, tornando necessária uma técnica de primeiros socorros conhecida como reanimação respiratória. A interrupção da respiração, combinada à cessação do pulso, exige o início do procedimento de reanimação cardiopulmonar (RCP). Obviamente, quando alguém usa uma técnica de RCP (apenas compressões torácicas) que não inclua a reanimação respiratória, qualquer trauma ao nervo frênico que possa perturbar a respiração não é um fator a considerar.

Prática

Para palpar o pulso da artéria carótida, coloque os dedos indicador e médio na proeminência laríngea e mova-os lateralmente entre essa estrutura e os músculos anteriores do pescoço (Fig. 10.14). Aplique uma leve pressão com os dedos. Você sente um pulso? Qual vaso está palpando para obter esse pulso? Qual músculo está palpando para encontrar esse pulso?

A artéria carótida externa e seus ramos irrigam os músculos da parte superior da cabeça e do pescoço. A artéria carótida interna e seus ramos irrigam o encéfalo e outras estruturas da cabeça. Além disso, as artérias vertebrais, que emergem das artérias subclávias, irrigam o encéfalo, as porções superiores da medula espinal, as vértebras

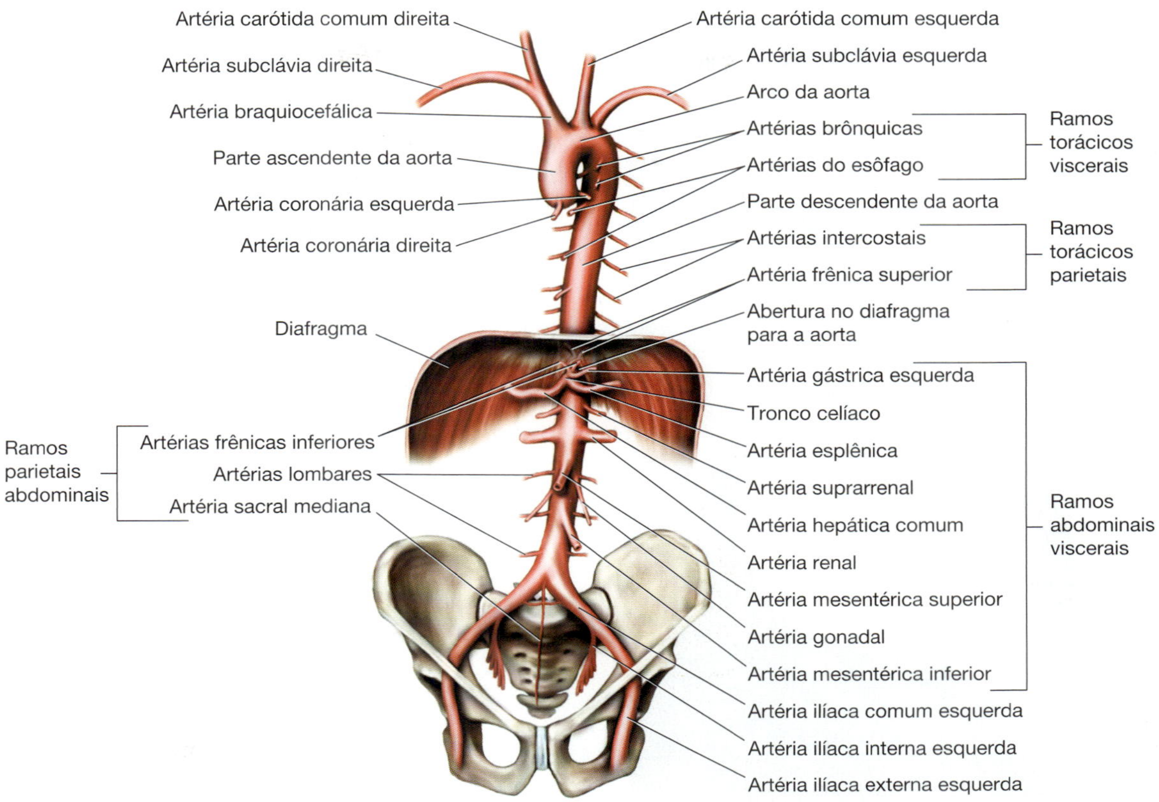

Figura 10.13 Principais artérias do tronco, do tórax e do abdome.

cervicais e os músculos profundos do pescoço. Uma artéria entre as duas artérias vertebrais (conhecida como artéria basilar) e seus ramos (as artérias cerebrais posteriores) irrigam as estruturas internas do crânio.

A **parte descendente da aorta**, antigamente chamada de **aorta torácica**, tem tanto **ramos parietais torácico** e **abdominal** quanto **viscerais torácico** e **abdominal** (Fig. 10.13). Os ramos torácicos parietais (intercostal, subcostal, frênico superior) irrigam músculos como os intercostais, os da coluna vertebral e o diafragma. Os ramos torácicos viscerais (brônquico, esofágico) irrigam as estruturas internas da cavidade torácica. Abaixo do diafragma, a parte descendente da aorta passa a ser conhecida como **aorta abdominal** (Fig. 10.13). Os ramos parietais abdominais (frênico inferior, lombar, sacral mediano) irrigam o diafragma e a musculatura das áreas abdominal, lombar e sacroilíaca. Os ramos viscerais abdominais (gástrico, celíaco, esplênico, suprarrenal, renal, hepático comum, mesentérico superior e inferior, gonadal) irrigam os órgãos da cavidade abdominal, incluindo o fígado, o baço, o estômago, as glândulas suprarrenais, os rins, o pâncreas, os intestinos e as estruturas relacionadas à reprodução.

Próximo do nível da LIV da coluna vertebral, a aorta abdominal se divide em **artérias ilíacas comuns** direita e esquerda (Fig. 10.13). As artérias na cavidade abdominal inferior e na região pélvica são divisões da artéria ilíaca comum: as **artérias ilíaca externa e interna**. A ilíaca externa irriga os músculos abdominais, além dos músculos ilíaco, psoas, sartório e tensor da fáscia lata do membro inferior. No nível do ligamento inguinal, a artéria ilíaca externa torna-se conhecida como **artéria femoral**, que é discutida no Capítulo 14 e está relacionada aos nervos e vasos sanguíneos dos membros inferiores. A artéria ilíaca interna tem ramos que

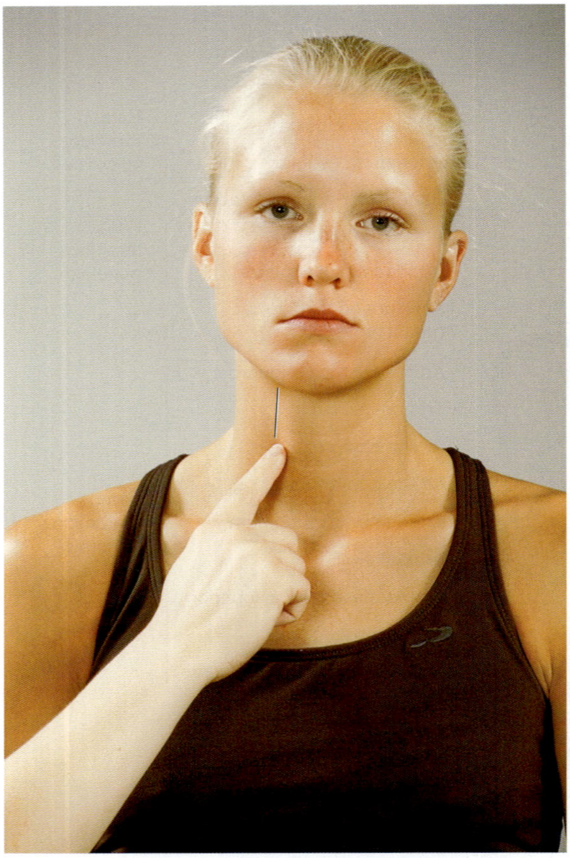

Figura 10.14 Localização da artéria carótida.

irrigam os músculos da cintura pélvica e da articulação do quadril.

Veias do tórax e do tronco

Com poucas exceções, as veias do tórax e do tronco (Fig. 10.15) são paralelas às artérias que drenam e têm ainda os mesmos nomes ou denominações similares. A **veia cava superior** é a principal veia que drena a cabeça, o pescoço, os ombros, os membros superiores e partes do tórax e do abdome em direção ao coração. A **veia braquiocefálica** recebe o sangue das veias subclávias e drena para a veia cava superior. As veias que drenam a cabeça e o pescoço incluem a veia jugular interna, a vertebral e as veias jugulares externas e seus ramos. A veia jugular interna drena a face e as estruturas da garganta até a veia subclávia; a **veia vertebral**, as estruturas do crânio, os músculos posteriores do pescoço e a área do primeiro intercostal até a veia braquiocefálica; e a veia jugular externa e seus ramos mais superficiais drenam os músculos superficiais da cabeça e do pescoço para a veia subclávia.

A **veia cava inferior**, que desemboca no coração, é formada pela junção das veias ilíacas comuns esquerda e direita. Ela drena os membros inferiores, a pelve e a região abdominal. A ilíaca comum é formada pela junção das veias ilíacas interna e externa. A ilíaca externa, que é uma continuação da veia femoral (discutida no Cap. 14), drena o membro inferior. A ilíaca interna e seus ramos drenam as estruturas das regiões pélvica e abdominal inferior.

Nervos, artérias e veias do coração e dos pulmões

Os dois principais órgãos alojados no tórax são o coração e os pulmões. Como ocorre com todas as outras estruturas anatômicas, o coração e os pulmões precisam de nervos e vasos sanguíneos para realizar suas funções.

Nervos do coração

Os nervos do coração são ramos cardíacos de fibras do nervo vago que emergem de troncos do sistema nervoso simpático. Quando estimulado, o **nó sinoatrial** (nó SA) do coração, encontrado na área do átrio direito próxima da veia cava superior, envia o impulso para o **miocárdio atrial** direito e esquerdo. O tecido especializado (células miocárdicas) do **nó atrioventricular** (nó AV), (localizado na região inferior do septo interatrial, recebe o impulso depois de este ter passado pelo átrio (Fig. 10.16). O impulso continua ao longo do fascículo atrioventricular, que se divide em ramos esquerdo e direito (conhecidos como fibras musculares de condução ou **ramos subendocárdicos**) que entram nas paredes musculares (miocárdio) dos ventrículos e nos músculos papilares. O resultado é a contração atrial, rapidamente seguida pela contração ventricular.

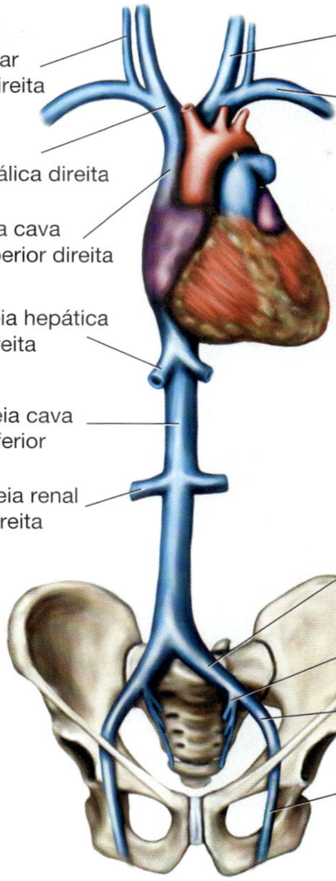

Figura 10.15 Principais veias do tronco, do tórax e do abdome.

Nervos respiratórios

A área respiratória é um grupo de corpos celulares localizados em cada lado do bulbo. Emergindo dessas áreas, estão dois conjuntos de nervos (Fig. 10.17): (1) os nervos frênicos, que surgem do plexo cervical e chegam ao diafragma; e (2) os nervos intercostais, que inervam os músculos intercostais. Quando a área respiratória é estimulada pelo dióxido de carbono, ela envia um impulso ao longo dos nervos frênicos, fazendo o diafragma se contrair (puxando para baixo) e aumentando o espaço no interior da cavidade torácica. Ao mesmo tempo, os nervos intercostais produzem a contração dos músculos intercostais, levantando as costelas e também aumentando o espaço no interior da cavidade torácica. Essa alteração na capacidade da cavidade torácica modifica a pressão atmosférica, fazendo o ar fluir e distender os pulmões (inspiração). Quando os pulmões forem distendidos até determinado ponto, os nervos sensitivos que inervam os sáculos alveolares, via nervo vago, enviam um impulso à área respiratória para inibi-la. Isso interrompe os impulsos da área respiratória para os nervos frênico e intercostal, produzindo o relaxamento do diafragma e dos músculos intercostais, o que resulta na redução do tamanho da cavidade torácica, forçando o ar para fora dos pulmões (expiração).

Artérias do coração

Duas das maiores artérias do coração são a **pulmonar**, proveniente do ventrículo direito, e a **aorta**, proveniente do ventrículo esquerdo (Fig. 10.18). Essas artérias têm válvulas em suas extremidades ventriculares para evitar qualquer refluxo de sangue. A artéria pulmonar possui uma valva de três válvulas denominada **valva do tronco**

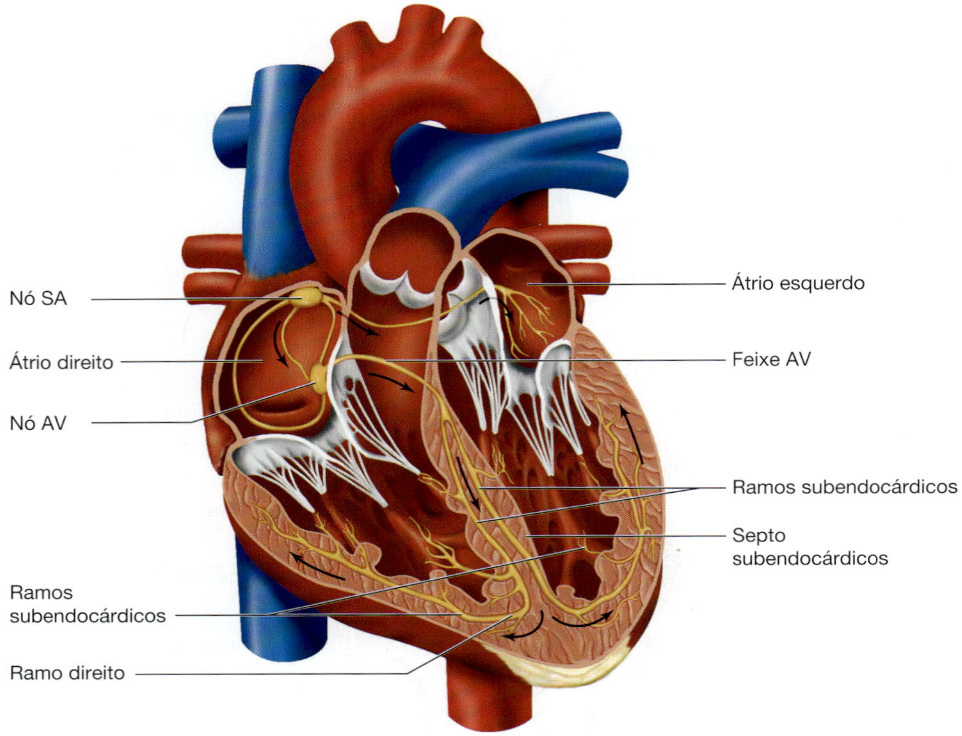

Figura 10.16 Inervação para o coração.
Adaptada, com permissão, de Kenney, Wilmore e Costill, 2012.

pulmonar, e a aorta apresenta uma valva semelhante, conhecida como a **valva da aorta**.

As artérias coronárias direita e esquerda derivam da aorta e estão localizadas sobre a superfície externa do coração, fornecendo fluxo sanguíneo às paredes musculares do órgão (miocárdio). Os ramos da artéria coronária direita incluem a artéria interventricular posterior e o ramo marginal, que irrigam a superfície anterior do ventrículo direito; os ramos aórtico e pulmonar, que abastecem a aorta e as artérias pulmonares; o interventricular, que irriga ambos os ventrículos; o atrial direito, que abastece a superfície do átrio direito; e o marginal direito, que irriga as superfícies inferiores de ambos os ventrículos. Os ramos da artéria coronária esquerda incluem o aórtico e o pulmonar, que irrigam as artérias aorta e pulmonar; o **circunflexo**, que irriga o átrio esquerdo e os ventrículos; o interventricular anterior, que irriga ambos os ventrículos e o ramo marginal esquerdo; e o ramo atrial esquerdo, que nutre o átrio esquerdo.

Veias do coração

O sangue do corpo drena para o coração por meio de duas veias principais. A veia cava superior e suas tributárias drenam os membros superiores, a cabeça, o pescoço, os ombros, o tórax e uma parte da parede abdominal em direção ao átrio direito do coração. A veia cava inferior e suas tributárias drenam os membros inferiores, a pelve, as vísceras abdominais e uma parte da parede abdominal em direção ao átrio direito. O átrio esquerdo contém uma abertura para as **veias pulmonares**, que levam o sangue dos pulmões ao coração.

As veias cardíacas direita e esquerda drenam para o **seio coronário**, que desemboca no átrio

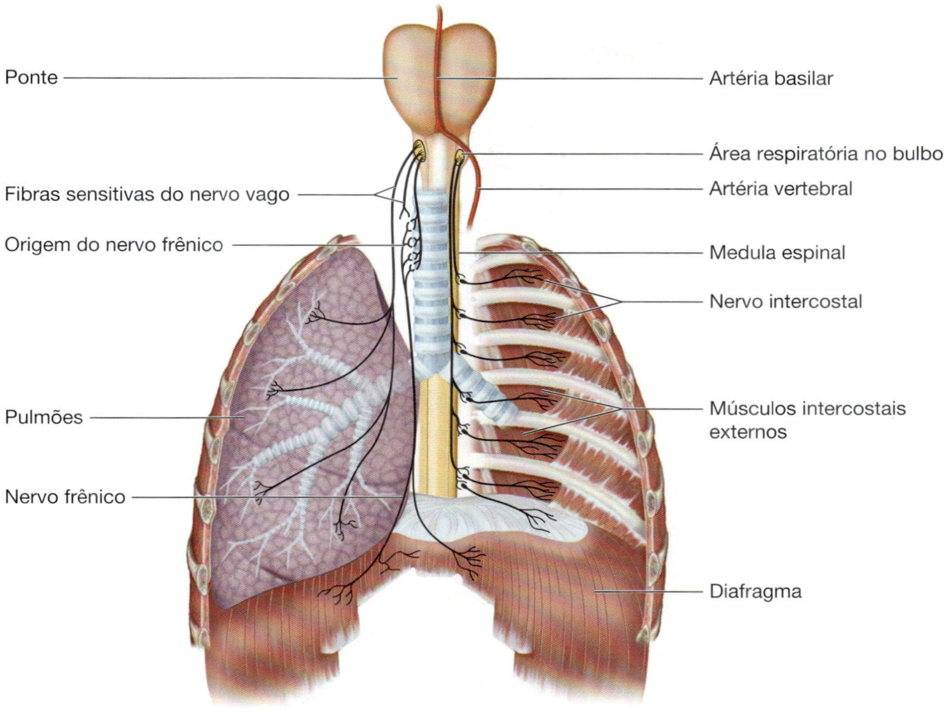

Figura 10.17 Inervação do sistema respiratório.

direito. As tributárias do seio coronário incluem a **veia cardíaca magna**, que drena o átrio esquerdo e ambos os ventrículos para o seio coronário. A veia cardíaca magna também tem uma tributária: a **veia marginal esquerda**, que drena a margem esquerda do coração. Outras tributárias do seio coronário incluem a **veia interventricular posterior** (**porção inferior**) do ventrículo esquerdo, que drena a superfície inferior do ventrículo esquerdo; a interventricular posterior, que drena ambos os ventrículos e se esvazia no seio coronário; a **oblíqua** do átrio esquerdo, que drena o átrio esquerdo para o seio coronário; e a **cardíaca parva**, que drena o átrio direito e o ventrículo direito em direção ao seio coronário (Fig. 10.18).

Artérias e veias respiratórias

O fluxo sanguíneo para os tecidos do pulmão e a partir deles é mantido pelos ramos das **artérias brônquicas** e das **veias brônquicas**. Discussões mais aprofundadas dos níveis de oxigênio e dióxido de carbono e mudanças na pressão atmosférica são encontradas em cursos e textos sobre fisiologia humana.

O sangue arterial irriga as células do corpo com oxigênio e, portanto, é altamente oxigenado. O sangue venoso é menos oxigenado, uma vez que retorna para os pulmões. Contudo, o sangue nas veias pulmonares que retorna dos pulmões para o coração está altamente oxigenado (Fig. 10.19). Em outras palavras, as veias pulmonares são as únicas do corpo que transportam sangue rico em oxigênio.

Poucas veias do coração não drenam para o seio coronário. Elas incluem as **cardíacas anteriores**, que emergem da parede do ventrículo direito e desembocam no átrio direito, e as **cardíacas mínimas**, que são pequenas veias nas paredes do coração que drenam para os átrios.

É nos capilares dos vasos pulmonares, nas paredes dos **sáculos alveolares** nos pulmões, que ocorre a **troca gasosa** de oxigênio e dióxido de carbono (Fig. 10.20).

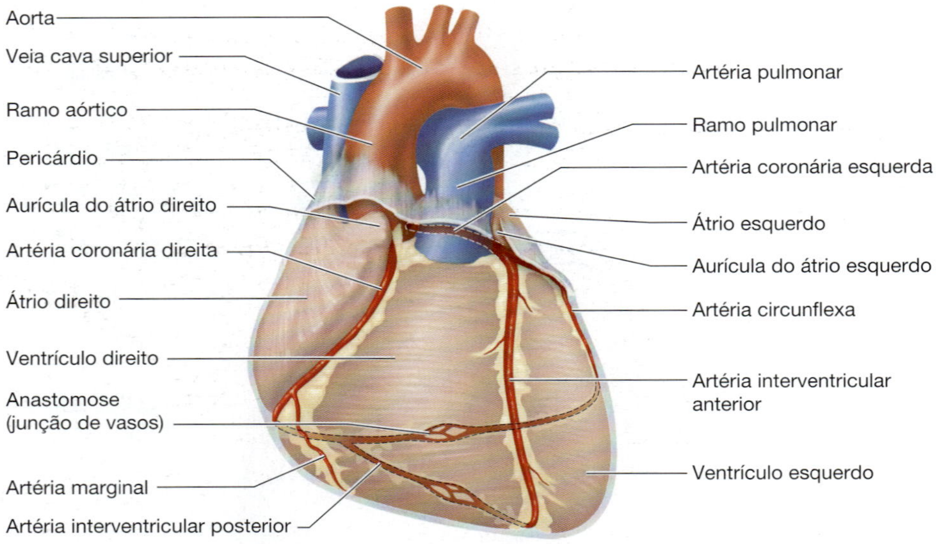

a

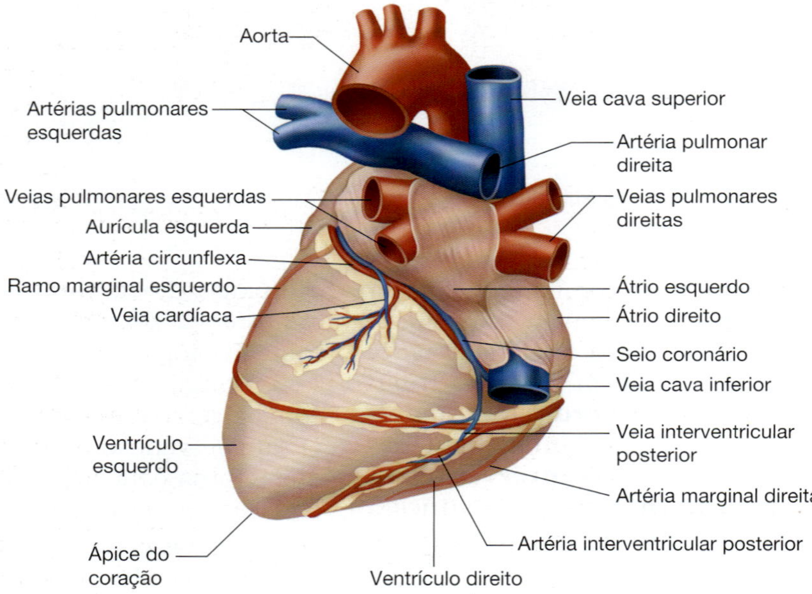

b

Figura 10.18 Vasos sanguíneos do coração: *(a)* coração anterior, *(b)* coração posterior e *(c)* corte transverso do coração. (*continua*)

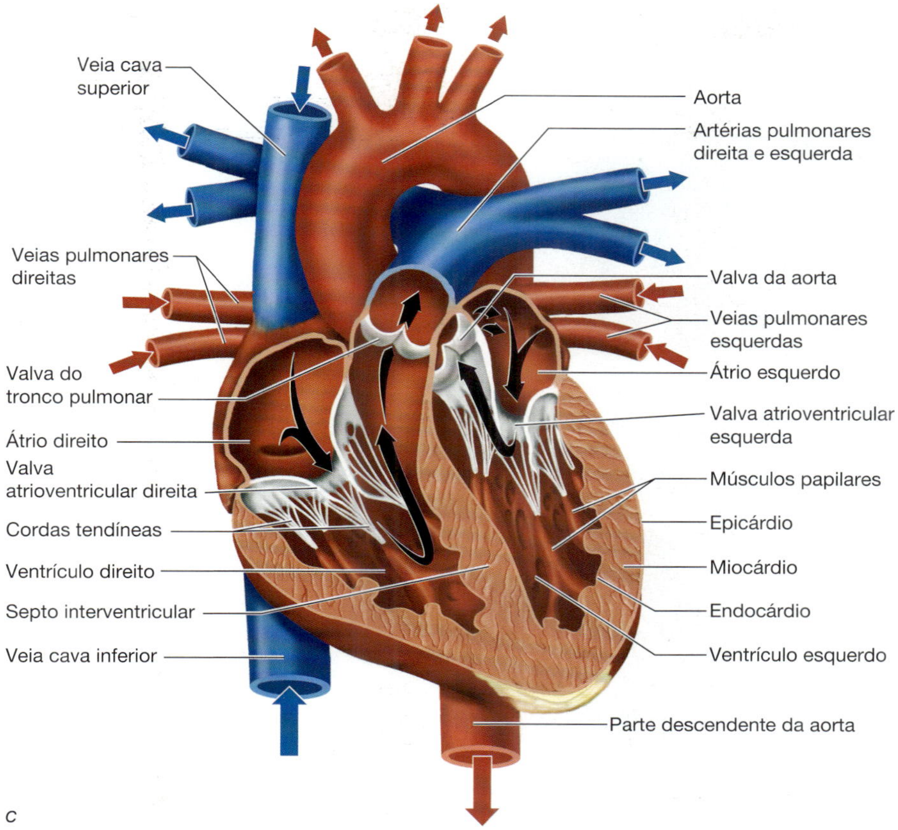

Figura 10.18 (*continuação*) Vasos sanguíneos do coração: *(a)* coração anterior, *(b)* coração posterior e *(c)* seção transversa do coração.

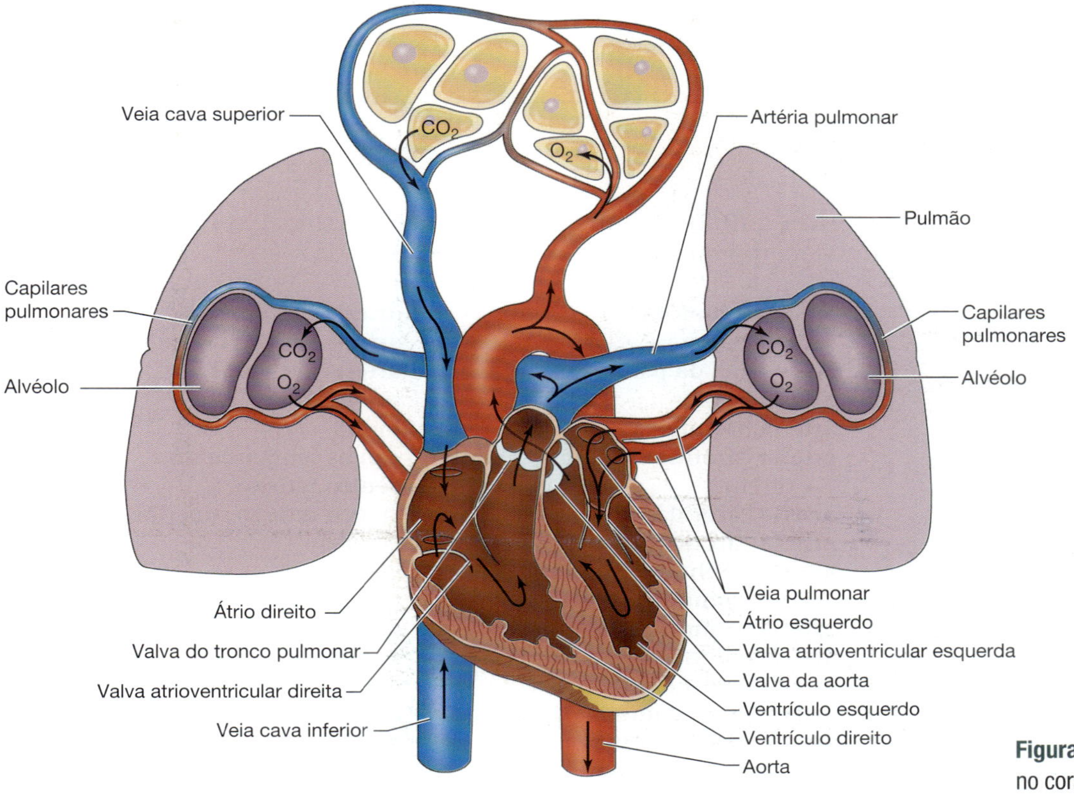

Figura 10.19 Troca de ar no coração e nos pulmões.

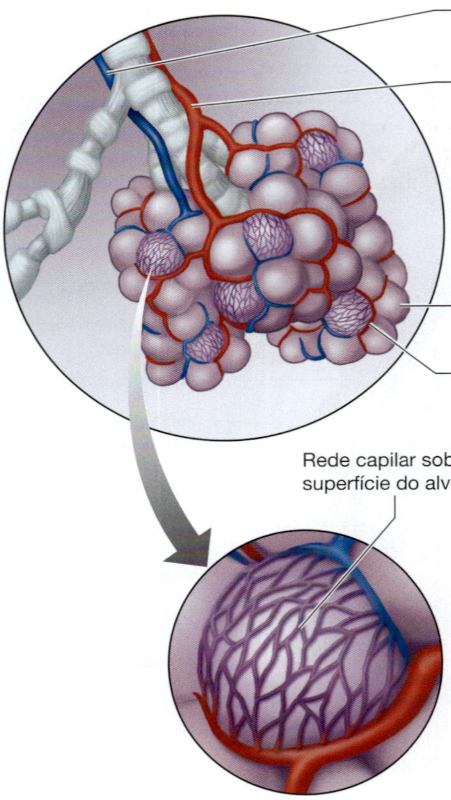

Figura 10.20 Disposição da veia e da artéria do sáculo alveolar.
Adaptada, com permissão, de Kenney, Wilmore e Costill, 2012.

DICAS DE APRENDIZAGEM

REVISÃO DA TERMINOLOGIA

Os termos a seguir são discutidos neste capítulo. Definir ou descrever cada termo e, se for o caso, identificar a localização da estrutura em seu corpo ou em uma ilustração apropriada.

aorta
aorta abdominal
aorta torácica
aracnoide-máter
arco da aorta
área auditiva
área cardioinibitória
área da escrita
área da fala
área da sudorese
área de associação
área de audição da palavra
área gustativa
área motora
área olfatória
área respiratória
área sensitiva do corpo
área vasomotora
área visual
área visual da palavra
artéria basilar
artéria brônquica
artéria carótida comum (esquerda e direita)
artéria carótida externa
artéria carótida interna
artéria cerebral posterior
artéria comunicante anterior
artéria comunicante posterior
artéria coronária
artéria femoral
artéria ilíaca comum
artéria ilíaca externa
artéria ilíaca interna
artéria pulmonar
artéria subclávia
artéria vertebral
bradicardia
bulbo
canais semicirculares
centro reflexo
centro reflexo superior
cerebelo
cérebro
círculo arterial do cérebro
cóclea
controle cruzado
controle ipsilateral
corpo caloso
córtex
decussação piramidal

diafragma
diencéfalo
dura-máter
emoções
encéfalo
equilíbrio
espaço epidural
espaço subaracnóideo
espaço subdural
fissura longitudinal
giro
hipotálamo
inteligência
líquido cerebrospinal
lobo frontal
lobo occipital
lobo parietal
lobo temporal
memória
meninges
mesencéfalo
mielencéfalo
miocárdio atrial
nervo abducente
nervo acessório
nervo craniano
nervo espinal
nervo facial
nervo frênico
nervo glossofaríngeo
nervo hipoglosso
nervo intercostal
nervo motor
nervo oculomotor
nervo olfatório
nervo óptico
nervo subcostal
nervo torácico
nervo trigêmeo
nervo troclear
nervo vago
nervo vestibulococlear
nó atrioventricular
nó sinoatrial
parte ascendente da aorta
parte descendente da aorta
pia-máter
plexo cervical
plexo coccígeo
plexo lombar
plexo lombossacral
plexo sacral
poder de raciocínio
poder discriminatório
ponte
ramo circunflexo
ramo parietal abdominal
ramo parietal torácico
ramo visceral abdominal
ramo visceral torácico
ramos subendocárdicos
sáculo alveolar
seio
seio coronário
seios ímpares
seios pares
sistema craniossacral
sistema nervoso autônomo
sistema parassimpático
sistema simpático
sistema toracolombar
substância branca
substância cinzenta
sulco
sulco central do cérebro
sulco lateral do cérebro
tálamo
taquicardia
trato motor
trato piramidal cruzado
trato piramidal direto
trocas gasosas
tronco braquiocefálico
tronco encefálico
valva da aorta
valva do tronco pulmonar
veia angular
veia auricular posterior
veia braquiocefálica
veia brônquica
veia cardíaca anterior
veia cardíaca magna
veia cardíaca parva
veia cava inferior
veia cava superior
veia facial anterior
veia facial comum
veia facial posterior
veia facial profunda
veia frontal
veia interventricular posterior (porção inferior)
veia jugular externa
veia jugular interna
veia marginal esquerda
veia maxilar interna
veia oblíqua
veia occipital
veia pulmonar
veia supraorbital
veia temporal superficial
veia vertebral
veias cardíacas mínimas
veias profundas da cabeça
veias superficiais

SUGESTÃO DE ATIVIDADES DE APRENDIZAGEM

1. A frequência cardíaca normalmente é determinada usando um dos dois métodos: palpação ou ausculta. Utilizando o método de palpação, aplique pressão à artéria radial com os dedos. Depois de localizar o pulso, conte o número de batimentos por 20 segundos e, em seguida, multiplique esse valor por três para determinar a frequência cardíaca (batimentos por minuto [bpm]). Em repouso (mental e físico), a frequência cardíaca dos indivíduos varia muito (de valores tão baixos quanto 40 bpm a até 100 bpm). Uma frequência cardíaca muito baixa (abaixo de 50 bpm) muitas vezes é chamada de **bradicardia**, enquanto frequências cardíacas acima de 90 bpm são chamadas de **taquicardia**.

2. No método de ausculta, é usado um estetoscópio colocado sobre a área do quarto ou do

quinto espaços intercostais. Se possível, determine a frequência cardíaca usando tanto a palpação quanto a ausculta. Se houver alguma diferença entre os valores encontrados ao empregar ambas as técnicas, que fatores anatômicos podem estar envolvidos para causar tal variação?

QUESTÕES DE MÚLTIPLA ESCOLHA

1. Qual das estruturas a seguir não pertence ao mesmo grupo que as outras três estruturas?
  a. Parte ascendente da aorta
  b. Parte descendente da aorta
  c. Aorta abdominal
  d. Parte torácica

2. Qual das estruturas a seguir não drena para a veia cava inferior?
  a. Veia ilíaca interna
  b. Veia jugular
  c. Veia ilíaca comum
  d. Veia femoral

3. O encéfalo está diretamente abaixo de qual das meninges a seguir?
  a. Aracnoide-máter
  b. Pia-máter
  c. Dura-máter
  d. Periósteo

4. A artéria envolvida com mais frequência em um hematoma epidural, devido a sua posição anatômica, é a:
  a. Artéria cerebral anterior
  b. Artéria cerebral posterior
  c. Artéria cerebral média
  d. Artéria meníngea

5. O tecido especializado do coração e relacionado com os impulsos nervosos, localizado na parte inferior do septo interatrial é também conhecido como:
  a. Nó AV
  b. Ramos subendocárdicos
  c. Nó SA
  d. Fibras miocárdicas

6. A parte do encéfalo que torna a pessoa consciente de seu entorno é o(a):
  a. Cérebro
  b. Cerebelo
  c. Tronco encefálico
  d. Ponte

QUESTÕES DE PREENCHIMENTO DE LACUNAS

1. O diafragma é inervado pelo nervo ___________.

2. As artérias vertebrais emergem das artérias ___________ para fornecer sangue ao encéfalo.

3. O encéfalo é constituído por três estruturas principais: o cérebro, o cerebelo e o(a) ___________.

4. Acredita-se que as emoções do indivíduo se originem no lobo ___________ do cérebro.

5. Os(As) ___________ são pequenas veias das paredes do coração que drenam o sangue para o átrio.

6. A maioria das artérias que irrigam o encéfalo está localizada no espaço___________.

7. A área motora do cérebro está localizada no giro___________.

PARTE III TABELAS-RESUMO Articulações da cabeça, da coluna vertebral, do tórax e da pelve

Articulação	Tipo	Ossos	Ligamentos	Movimento
Cabeça				
Temporomandibular	Diartrodial	Mandíbula e osso temporal	• Capsular • Temporomandibular • Disco articular • Apoio dos ligamentos estilomandibular e esfenomandibular	Elevação, depressão, protrusão, movimento mandibular medial e lateral
Coluna vertebral				
Atlantoccipital	Condiloide	Occipital e atlas	• Capsular • Atlantoccipital anterior • Atlantoccipital posterior • Atlantoccipital lateral	Flexão, extensão, abdução e adução
Occipitoaxial	Nenhum	Áxis e occipital	• Tectorial • Apical • Alar	Nenhum
Atlantoaxial	Pivô	Atlas e áxis	• Capsular • Atlantoaxial anterior • Atlantoaxial posterior • Transverso	Rotação
Intervertebral	Anfiartrodial (ligada por cartilagem)	Corpos vertebrais	• Longitudinal anterior (occipital ao sacro) • Longitudinal posterior (occipital ao cóccix) • Discos intervertebrais	Leve deslizamento (flexão, extensão e rotação limitadas)
Intervertebral	Artrodial (plana/deslizante)	Processos articulares vertebrais e arcos	• Capsular • Ligamento amarelo (áxis ao sacro) • Ligamento nucal (occipital a CVII) • Supraespinal (torácica à lombar) • Interespinhoso (lombar) • Intertransversário (lombar)	Deslizamento

(continua)

PARTE III TABELAS-RESUMO *(continuação)*

Articulação	Tipo	Ossos	Ligamentos	Movimento
Tórax				
Costovertebral	Artrodial (plana/deslizante)	Corpos vertebrais e cabeças das costelas	• Capsular • Radiado da cabeça da costela • Interarticular	Deslizante
Costotransversária	Artrodial (plana/deslizante)	Processos transversos; colo e tubérculos das costelas	• Capsular • Costotransversário anterior • Costotransversário posterior • Ligamento do pescoço • Ligamento do tubérculo	Deslizante
Esternocostal	Sinartrodial (fixa, unida por cartilagem)	Manúbrio do esterno e da primeira costela	• Disco articular	Nenhum
Esternocostal	Artrodial (plana/deslizante)	Esterno e 2ª a 7ª costelas	• Cápsula costoesternal • Esternocostais radiados • Interarticular • Costoxifóideos	Deslizante
Costocondral	Sinartrodial (fixa)	Costelas e cartilagens costais	• Capsular • Periosteal	Nenhum
Intercondral	Sinartrodial (fixa)	6ª a 9ª cartilagens costais	• Capsular • Intercondral	Nenhum
Pelve				
Sacroilíaca	Anfiartrodial (ligada por cartilagem)	Sacro e ílio	• Sacroilíaco anterior • Sacroilíaco posterior (três bandas: longo, curto e interósseo) • Iliolombar	Muito limitado (pouco na gravidez)
Sínfise púbica	Anfiartrodial (ligada por cartilagem)	Ossos púbicos	• Disco interpúbico • Púbico anterior • Púbico posterior • Púbico superior • Púbico inferior	(Pouco na gravidez)
Ligamentos não articulares da pelve				
		Sacro, cóccix e ílio	• Sacrotuberal • Sacroespinal	• (Estabiliza o sacro e o cóccix)
		Espinha ilíaca anterossuperior ao tubérculo púbico	• Ligamento inguinal	• Marco que separa a parede abdominal anterior da coxa (área da virilha)

PARTE III TABELAS-RESUMO Músculos, nervos e suprimento sanguíneo da cabeça, do tórax e da coluna vertebral

Músculo	Origem	Inserção	Ação	Nervo	Suprimento sanguíneo
Crânio (epicrânio)					
Frontal	Aponeurose epicrânica	Prócero e orbicular do olho	Eleva as sobrancelhas e puxa o couro cabeludo para a frente	Facial	Oftálmico e ramo superficial da carótida externa
Occipital	2/3 laterais da linha nucal superior	Aponeurose epicrânica	Puxa o couro cabeludo para trás	Facial	Artéria occipital
Craniano (orelha externa)					
Auricular anterior	Fáscia temporal	Cartilagem da orelha	Move anteriormente a orelha	Facial	Ramo temporal superficial
Auricular posterior	Processo mastoide	Superfície craniana da orelha	Move a orelha para trás	Facial	Auricular posterior
Auricular superior	Aponeurose epicrânica	Superfície medial da orelha	Move a orelha para cima	Facial	Temporal superficial
Craniano (orelha média)					
Estapédio	Eminência piramidal do osso temporal	Posteriormente do colo do estribo	Move a cabeça do estribo para trás	Facial (ramo estapédio)	Artéria auricular posterior
Tensor do tímpano	Teto da tuba auditiva e asa maior do esfenoide	Anteriormente do cabo do martelo	Tensiona a membrana timpânica	Gânglio óptico	Ramo maxilar interno
Músculos faciais (pálpebras)					
Corrugador do supercílio	Aspecto medial do arco superciliar	Orbicular do olho	Puxa a sobrancelha para baixo e enruga a testa	Facial	Ramos superficial externo da carótida externa e oftálmico
Levantador da pálpebra superior	Asa menor do esfenoide	Tarso superior da pálpebra	Eleva a pálpebra superior	Oculomotor	Ramo temporal superficial da carótida externa e ramo oftálmico da carótida interna
Orbicular do olho	Músculo esfincteriano da pálpebra e em torno dela	Músculo esfincteriano da pálpebra e em torno dela	Fecha as pálpebras, comprime o saco lacrimal e enruga a testa	Facial	Ramo labial da axilar externa

(*continua*)

PARTE III TABELAS-RESUMO *(continuação)*

Músculo	Origem	Inserção	Ação	Nervo	Suprimento sanguíneo
Músculos da face (nariz)					
Levantador do lábio superior e da asa do nariz	Processo frontal da maxila	Asa do nariz e lábio superior	Eleva a metade lateral do lábio superior e a asa do nariz	Ramo zigomático do facial	Ramo arterial interno e externo das maxilares e oftálmica
Abaixador do septo nasal	Forames incisivos da maxila	Septo	Puxa as narinas para baixo, contrai as narinas e deprime a ponta do nariz	Facial	Ramo nasal lateral do ramo maxilar externo da carótida externa
Dilatador da parte anterior do nariz	Cartilagem alar maior	Margem da pele da narina	Dilata as narinas externas	Facial	Ramo nasal lateral da maxilar externa
Dilatador da parte posterior do nariz	Incisura nasal da maxila	Margem da pele da narina	Dilata as narinas externas	Facial	Ramo nasal lateral da maxilar externa
Nasal (parte alar)	Cartilagem alar maior	Tecido da ponta do nariz	Puxa as narinas para baixo e contrai as narinas	Facial	Ramo nasal lateral do ramo maxilar externo da carótida externa
Nasal (parte transversa)	Maxila	Membrana sobre o nariz	Puxa as narinas para cima e lateralmente	Facial	Ramo nasal lateral do ramo maxilar externo da carótida externa
Prócero	Tecido estendido sobre o nariz e osso nasal	Pele sobre o teto do nariz e fibras inseridas no frontal	Puxa a pele da porção central da testa para baixo e enruga a pele da raiz do nariz	Ramo infraorbital do facial	Ramo angular do ramo maxilar externo e ramo nasal da oftálmica
Músculos faciais (boca)					
Bucinador	Crista da mandíbula para o músculo bucinador e aspecto molar do processo alveolar externo da maxila	Fibras para o orbicular da boca nos lábios superior e inferior	Puxa os cantos da boca lateralmente, puxa os lábios contra os dentes, achata as bochechas e auxilia na mastigação	Ramo bucal do facial	Ramo bucinador da maxilar interna
Canino	Fossa canina da maxila	Orbicular da boca	Eleva e puxa medialmente os cantos da boca	Ramo zigomático do facial	Ramos dos maxilares externos e internos
Mentual	Fossa incisiva da mandíbula	Pele do queixo	Puxa a pele do queixo para cima, protusa o lábio inferior	Ramo mandibular do facial	Maxilar externa
Orbicular do olho	Músculos da área da boca	Pele e mucosa dos lábios	Fecha a boca (esfincter)	Facial	Ramo labial da maxilar externa

Abaixador do lábio inferior	Superfície lateral da mandíbula e medial ao triangular	Orbicular da boca e lábio inferior	Protusa e puxa para cima o lábio inferior	Ramo mandibular do facial	Ramo mentual da maxilar externa
Levantador do lábio superior	Três partes descritas abaixo:				
Levantador do lábio superior e da asa do nariz	Processo frontal da maxila	Asa do nariz e lábio superior	Levanta a metade lateral do lábio superior e a asa do nariz	Ramo zigomático do facial	Ramos das maxilares externa e interna e da oftálmica
Levantador do lábio superior	Maxila abaixo do forame infraorbital	Pele do lábio superior	Eleva o lábio superior	Ramo zigomático do facial	Ramos das maxilares externa e interna
Zigomático menor	Superfície inferior externa do osso zigomático	Pele do lábio superior	Eleva o lábio superior	Ramo zigomático do facial	Ramos das maxilares externa e interna
Risório	Fáscia massetérica e parotídea	Pele do ângulo da boca	Puxa o ângulo da boca lateralmente	Ramo bucal do facial	Ramos das maxilares externa e interna
Triangular	Linha oblíqua da mandíbula	Orbicular da boca e pele do lábio inferior	Puxa os cantos da boca para baixo e lateralmente	Ramo bucal do facial	Maxilar externa
Zigomático	Processo temporal do osso zigomático	Orbicular da boca e pele do lábio superior	Eleva e puxa os cantos da boca lateralmente	Ramo zigomático do facial	Ramos das maxilares externa e interna e da oftálmica
Músculos faciais (mastigação)					
Pterigóideo medial	Osso palatino e crista maxilar	Medialmente no ramo e ângulo da mandíbula	Protusa, eleva e move lateralmente a mandíbula	Ramo mandibular do quinto nervo craniano	Ramo pterigóideo da maxilar interna
Pterigóideo lateral	Asa maior e lâmina lateral do processo pterigoide do esfenoide	Colo da mandíbula	Protusa, fecha e move lateralmente a mandíbula	Ramo mandibular do quinto nervo craniano	Ramo pterigóideo da maxilar interna
Masseter	Borda inferior do arco zigomático	Lateralmente no ramo e ângulo da mandíbula	Eleva e protusa a mandíbula	Ramo mandibular do quinto nervo craniano	Ramo maxilar interno da carótida externa
Temporal	Fossa temporal	Processo coronoide e ramo da mandíbula	Eleva e retrai a mandíbula	Ramo mandibular do quinto nervo craniano	Ramo temporal da carótida externa

(*continua*)

PARTE III TABELAS-RESUMO *(continuação)*

Músculo	Origem	Inserção	Ação	Nervo	Suprimento sanguíneo
Músculos do bulbo do olho (extrínsecos)					
Oblíquo superior	Aspecto superior do forame óptico	Esclera da superfície lateral do bulbo do olho	Move o bulbo do olho lateral e inferiormente	Troclear	Oftálmica
Oblíquo inferior	Aspecto orbital da maxila	Esclera da superfície lateral do bulbo do olho	Move o bulbo do olho lateral e superiormente	Oculomotor	Ramo oftálmico e infraorbital da maxilar interna
Orbital	Abrange a fissura orbital inferior	Abrange a fissura orbital inferior	Protusa o olho	Simpático	Ramo oftálmico da carótida interna
Reto superior	Anel fibroso em torno do forame óptico	Esclera do bulbo do olho	Move o bulbo do olho medial e superiormente	Oculomotor	Oftálmica
Reto medial	Anel fibroso em torno do forame óptico	Esclera do bulbo do olho	Move o bulbo do olho medialmente	Oculomotor	Ramo oftálmico e infraorbital da maxilar
Reto lateral	Anel fibroso em torno do forame óptico	Esclera do bulbo do olho	Move o bulbo do olho lateralmente	Abducente	Ramo lacrimal da oftálmica
Reto inferior	Anel fibroso em torno do forame óptico	Esclera do bulbo do olho	Move o bulbo do olho medial e inferiormente	Oculomotor	Ramo oftálmico e infraorbital da maxilar interna
Músculos do bulbo do olho (intrínsecos)					
Ciliar	Aspecto posterior da esclera	Processo ciliar	Acomodação	Nervo ciliar curto do oculomotor	Ramo oftálmico da carótida interna
Dilatador da pupila	Fibras involuntárias e radiadas convergindo em direção ao centro do bulbo do olho e misturando-se às fibras circulares	Fibras involuntárias e radiadas convergindo em direção ao centro do bulbo do olho e misturando-se às fibras circulares	Dilata a pupila	Fibras simpáticas do gânglio cervical superior	Ramo oftálmico da carótida interna
Esfincter da pupila	Fibras involuntárias e circulares em torno das margens da pupila	Fibras involuntárias e circulares em torno das margens da pupila	Contrai a pupila	Oculomotor (3º nervo craniano), via gânglio ciliar	Ramo oftálmico da maxilar interna
Músculos da língua (extrínsecos)					
Condroglosso	Corno menor do osso hioide	Lateral da língua	Deprime a língua	Hipoglosso (12º nervo craniano)	Artéria lingual da carótida externa
Genioglosso	Tubérculo mentual da mandíbula	Ponta da língua e osso hioide	Deprime, protusa (fibras posteriores) e retrai (fibras anteriores) a língua	Hipoglosso (12º nervo craniano)	Artéria lingual da carótida externa

Hioglosso	Corpo e corno maior do osso hioide	Lateral da língua	Deprime a língua	Hipoglosso (12º nervo craniano)	Artéria lingual da carótida externa
Estiloglosso	Borda anterior do processo estiloide e ligamento estilo-hióideo	Superfície lateral e inferior da língua	Eleva e retrai a língua	Hipoglosso (12º nervo craniano)	Ramo lingual profundo da lingual e artéria auricular posterior
Músculos da língua (intrínsecos)					
Longitudinal superior	Base da língua	Ponta da língua	Controla a forma da língua	Hipoglosso (12º nervo craniano)	Ramo lingual profundo da lingual
Longitudinal inferior	Porção inferior da língua	Ponta da língua	Controla a forma da língua	Hipoglosso (12º nervo craniano)	Ramo lingual profundo da lingual
Transverso da língua	Septo mediano da língua	Dorso da língua	Controla a forma da língua	Hipoglosso (12º nervo craniano)	Ramo lingual profundo da lingual
Vertical da língua	Dorso da língua	Músculos extrínsecos da língua	Controla a forma da língua	Hipoglosso (12º nervo craniano)	Ramo lingual profundo da lingual
Músculos do palato mole					
Palatoglosso	Dorso e lateral da língua	Palato mole	Puxa a língua para cima e para trás, deprime as laterais do palato mole	Glossofaríngeo	Ramo lingual da carótida externa
Da úvula	Espinha nasal posterior e aponeurose do palato mole	Úvula	Eleva a úvula	Plexo faríngeo	Ramo palatino da maxilar interna
Levantador do véu palatino	Aspecto cartilaginoso da tuba auditiva e parte petrosa do osso temporal	Aponeurose palatina	Eleva o palato mole, estreita a abertura da faringe e expande o istmo da tuba auditiva	Vago	Ramo da maxilar interna

(*continua*)

PARTE III TABELAS-RESUMO *(continuação)*

Músculo	Origem	Inserção	Ação	Nervo	Suprimento sanguíneo
Músculos do palato mole (*continuação*)					
Tensor do véu palatino	Fossa escafóidea e espinha angular do osso esfenoide e área lateral do aspecto cartilaginoso da tuba auditiva	Borda posterior e aponeurose do palato duro	Tensiona o palato mole e abre a tuba auditiva durante a deglutição	Ramo mandibular do trigêmeo (5º nervo craniano)	Ramo maxilar interno da carótida externa
Palatofaríngeo	Borda posterior da cartilagem tireóidea e aponeurose da faringe	Palato mole	Deprime o palato mole e eleva a faringe e a laringe	Vago (10º nervo craniano)	Ramo palatino da maxilar interna
Salpingofaríngeo	Aspecto inferior da cartilagem da tuba auditiva	Margem inferior da lâmina medial da tuba auditiva	Eleva a faringe e a laringe	Vago (10º nervo craniano)	Ramo da maxilar interna
Músculos da faringe					
Estilofaríngeo	Aspecto medial da raiz do processo estiloide	Borda superior e posterior da cartilagem tireóidea e da parede da faringe	Deglutição e fala	Glossofaríngeo (9º nervo craniano)	Maxilar externa e lingual
Constritor superior da faringe	Borda posterior da lâmina medial do processo pterigoide, rafe pterigomandibular e linha milo-hióidea da mandíbula		Deglutição e fala	Glossofaríngeo	Artéria faríngea ascendente e maxilar externa
Constritor inferior da faringe	Linha oblíqua da cartilagem tireóidea e cartilagem cricóidea	Parede posterior da faringe	Deglutição e fala	Glossofaríngeo	Artéria tireóidea superior e inferior
Constritor médio da faringe	Ligamento estilo-hióideo e ambos os cornos do osso hioide	Mediana da rafe da faringe	Deglutição e fala	Glossofaríngeo	Artéria faríngea ascendente e maxilar externa
Músculos da laringe (extrínsecos/infra-hióideos)					
Levantador da glândula tireoide	Osso hioide	Istmo/pirâmide da glândula tireoide	Eleva a glândula tireoide	Ramos do hipoglosso	Tireóidea superior
Esterno-hióideo	Aspecto posterior do manúbrio e ligamento esternoclavicular posterior	Aspecto medial do osso hioide	Deprime o osso hioide	Primeiros três nervos cervicais, via alça do hipoglosso	Tireóidea superior

Esternotireóideo	Aspecto posterior do manúbrio e 1ª cartilagem costal	Linha oblíqua da cartilagem tireóidea	Deprime o osso hioide e a cartilagem tireóidea	Primeiros três nervos cervicais, via alça do hipoglosso	Tireóidea superior
Tireo-hióideo	Linha oblíqua da cartilagem tireóidea	Corpo e corno maior do osso hioide	Deprime o osso hioide e eleva a cartilagem tireóidea	Primeiros dois nervos cervicais, via alça do hipoglosso	Tireóidea superior
Omo-hióideo (ventre anterior)	Tendão do ventre posterior do omo-hióideo	Borda lateral inferior do osso hioide	Deprime o hioide	Primeiros três nervos cervicais via alça do hipoglosso	Tireóidea superior e cervical superficial
Omo-hióideo (ventre posterior)	Borda superior da escápula e ligamento transverso superior da escápula	Ventre anterior do omo-hióideo	Deprime o hioide	Primeiros três nervos cervicais via alça do hipoglosso	Tireóidea superior e cervical superficial
Músculos da laringe (extrínsecos/supra-hióideos)					
Genio-hióideo	Tubérculo mentual inferior da mandíbula	Região anterior do corpo do osso hioide	Deprime a língua, as fibras anteriores retraem a língua, as fibras posteriores protusam a língua	Hipoglosso (12º nervo craniano)	Ramo da lingual
Milo-hióideo	Linha milo-hióidea da mandíbula	Borda posterior do osso hioide	Eleva o osso hioide	Trigêmeo	Lingual
Estilo-hióideo	Borda posterior do processo estiloide	Corpo do osso hioide	Eleva e move posteriormente o osso hioide	Facial	Maxilar externa e lingual
Digástrico (ventre anterior)	Corpo do osso hioide e tendão intermediário	Fossa digástrica na borda inferior da mandíbula	Abre a boca, eleva e move o osso hioide para frente	Trigêmeo	Ramo maxilar externo da carótida externa
Digástrico (ventre posterior)	Incisura mastóidea do osso temporal	Corpo do osso hioide e tendão intermediário	Eleva e move o osso hioide para trás	Ramo do facial	Ramo auricular posterior da carótida externa

(*continua*)

PARTE III TABELAS-RESUMO *(continuação)*

Músculo	Origem	Inserção	Ação	Nervo	Suprimento sanguíneo
Músculos da laringe (intrínsecos)					
Parte ariepiglótica do músculo tireoaritenóideo	Ápice da cartilagem aritenóidea	Ligamento tireoepiglótico e borda lateral da cartilagem epiglótica	Puxa a epiglote para baixo	Laríngeo superior	Ramo laríngeo superior da tireóidea superior
Aritenóideo oblíquo	Processo muscular da cartilagem aritenóidea	Ápice da cartilagem aritenóidea oposta e ângulo da tireoide	Contrai a abertura e o vestíbulo da laringe	Ramo anterior do nervo laríngeo inferior	Ramo laríngeo superior do ramo tireóideo superior da carótida externa
Aritenóideo transverso	Área côncava posterior de uma cartilagem aritenóidea	Área côncava posterior da outra cartilagem aritenóidea	Estreita a glote	Ramo posterior do nervo laríngeo inferior	Ramo laríngeo superior do ramo tireóideo superior da carótida externa
Cricoaritenóideo posterior	Face posterior da lâmina da cartilagem cricóidea	Processo muscular da cartilagem aritenóidea	Tensiona os ligamentos vocais e alarga a glote	Ramo posterior do nervo laríngeo inferior	Ramo laríngeo inferior da tireóidea inferior
Cricoaritenóideo lateral	Margem superior e superfície externa do arco da cartilagem cricóidea	Superfície anterior do processo muscular da cartilagem aritenóidea	Estende e aproxima os ligamentos vocais	Ramo anterior do nervo laríngeo inferior	Ramo tireóideo superior da carótida externa
Cricotireóideo	Arco da cartilagem cricóidea	Margem caudal da cartilagem tireóidea	Eleva a cartilagem cricóidea e deprime a lâmina da cartilagem aritenóidea e a cartilagem aritenóidea	Ramo externo do nervo laríngeo inferior	Ramo da tireóidea superior
Tireoaritenóideo	Lâmina da cartilagem tireóidea	Margem da cartilagem aritenóidea	Relaxa os ligamentos vocais	Ramo anterior do nervo laríngeo inferior	Ramo laríngeo superior do ramo superior da carótida externa
Tireoepiglótico	Superfície interna da lâmina tireóidea	Membrana quadrangular e borda lateral da epiglote	Fecha a epiglote	Ramo anterior do nervo laríngeo inferior	Ramo laríngeo superior do ramo superior da carótida externa
Ventricular (fibras do músculo tireoaritenóideo)	Borda lateral da cartilagem aritenóidea	Margem lateral da cartilagem epiglótica	Puxa a epiglote para baixo	Ramo interno do nervo laríngeo superior	Ramo laríngeo superior do ramo tireóideo superior da carótida externa
Vocal	Ângulo da lâmina tireóidea	Processo vocal e fóvea oblonga da cartilagem aritenóidea	Relaxa os ligamentos vocais	Ramo anterior do nervo laríngeo inferior	Ramo laríngeo superior do ramo tireóideo superior da carótida externa
Tórax					
Diafragma	Esterno (processo xifoide), sete últimas costelas, quatro primeiras vértebras lombares	Centro tendíneo	Puxa o centro tendíneo para baixo	Frênico	Frênica superior e inferior

Intercostais internos	Porção superior do sulco costal	Borda superior da cartilagem costal inferior	Eleva a costela	T2-T6	Intercostais
Intercostais externos	Borda inferior da cartilagem costal	Borda superior da costela abaixo	Eleva a costela	T2-T6	Intercostais
Levantadores das costelas	Processo transverso de CVII e TI-TXI	Ângulo da costela abaixo	Eleva a costela	T2-T6	Intercostais
Subcostais	Ângulo no aspecto interno da costela	Internamente da 2ª e 3ª costelas abaixo	Eleva a costela	T2-T6	Intercostais
Serrátil posterior superior	Processos espinhosos de CVII e TI-TIII	Ângulos da 2ª a 5ª costela	Eleva a costela	1º ao 3º intercostal	Intercostal e cervical transversa
Serrátil posterior inferior	Processos espinhosos de TXI-TXII e LI-LIII	Borda inferior das quatro últimas costelas	Deprime a costela	10º a 11º intercostais	Intercostal e cervical transversa
Transverso do tórax	Terço distal do aspecto posterior do esterno e cartilagem da 4ª a 7ª costela	Posteriormente da 2ª a 6ª cartilagem costal	Eleva a costela	2º ao 6º torácico	Intercostais
Coluna cervical (anterior)					
Esternocleidomastóideo	Terço médio da clavícula e do esterno	Processo mastoide	Flexiona, flexiona lateralmente e rota a coluna cervical	Acessório, 2º e 3º cervicais	Cervical transversa
Pré-vertebrais					
Reto anterior da cabeça	Lateralmente no atlas	Osso occipital	Flexiona e flexiona lateralmente a coluna cervical	C1 e C2	Faríngea e tireóidea inferior
Reto lateral da cabeça	Processo transverso do atlas	Inferiormente no osso occipital	Flexiona e flexiona lateralmente a coluna cervical	C1 e C2	Faríngea e occipital
Longo do pescoço					
Vertical	Corpos de CV–CVII e TI–TIII	Corpos de CII–CV	Flexiona a coluna cervical	C2-C8	Tireóidea inferior e superior
Oblíquo superior	Anteriormente nos processos transversos de CIII–CV	Anterior do atlas	Flexiona a coluna cervical	C2-C8	Tireóidea inferior e superior
Oblíquo inferior	Corpos de TI–TIII	Processos transversos de CV–CVI	Flexiona a coluna cervical	C2-C8	Tireóidea inferior e superior

(continua)

PARTE III TABELAS-RESUMO *(continuação)*

Músculo	Origem	Inserção	Ação	Nervo	Suprimento sanguíneo
Coluna cervical (anterior) *(continuação)*					
Escaleno					
Escaleno anterior	Processos transversos de CIII–CVII	1ª costela	Flexiona lateralmente a coluna cervical e eleva a 1ª costela	C4–C8	Cervical transversa e tireóidea inferior
Escaleno médio	Processos transversos de CII–CVII	1ª costela	Flexiona lateralmente a coluna cervical e eleva a 1ª costela	C4-C8	Cervical e tireóidea inferior
Escaleno posterior	Processos transversos de CIV–CVI	2ª costela	Eleva a 2ª costela	C4–C8	Cervical e tireóidea inferior
Coluna cervical (posterior)					
Reto posterior maior da cabeça	Processo espinhoso do áxis (CII)	Osso occipital	Estende, flexiona lateralmente e rota a coluna cervical	C1	Vertebral
Reto posterior menor da cabeça	Posterior do atlas (CI)	Osso occipital	Estende, flexiona lateralmente e rota a coluna cervical	C1	Vertebral
Oblíquo superior da cabeça	Processo transverso do atlas (CI)	Osso occipital	Estende a coluna cervical	C1	Vertebral e occipital
Oblíquo inferior da cabeça	Processo espinhoso do áxis (CII)	Processo transverso de CI	Rota a coluna cervical	C1	Vertebral
Esplênio da cabeça	Processos espinhosos de CVII–TVI	Processo mastoide	Estende, flexiona lateralmente e rota a coluna cervical	C2–C4	Occipital e cervical transversa
Esplênio da cabeça	Processos espinhosos de TIV–TVI	Processos transversos de CI-CIV	Estende, flexiona lateralmente e rota a coluna cervical	C2–C4	Occipital e cervical transversa
Coluna torácica/lombar (anterior)					
Reto do abdome	Sínfise púbica				
Oblíquo interno	Ligamento inguinal lateral, meio da crista ilíaca	5ª a 7ª cartilagens costais e esterno	Flexiona o tronco e a cintura pélvica	Seis últimos intercostais	Intercostais inferiores e epigástrica

Oblíquo externo	Borda inferior das oito últimas costelas	Osso púbico até a 5ª a 9ª costela	Flexiona e rota o tronco	Três últimos intercostais, ilio-hipogástrico e ilioinguinal	Ramo epigástrico inferior da ilíaca externa
Transverso do abdome	Aspecto interno das seis últimas costelas, aspecto interno da metade média da crista ilíaca, terço lateral do ligamento inguinal	Borda externa da metade média da crista ilíaca	Flexiona o tronco, rota e flexiona a cintura pélvica	Sete últimos intercostais, ilio-hipogástrico	Intercostais inferiores e ramo epigástrico inferior da ilíaca externa
		Osso púbico e linha alba	Flexiona e rota o tronco	Seis últimos intercostais, ilio-hipogástrico, ilioinguinal e genitofemoral	Ramo epigástrico inferior da ilíaca externa
Espinais					
Espinal da cabeça	Processos transversos de CVII e TI-TVII	Osso occipital	Estende a coluna cervical	T6–T9	Occipital
Espinal do pescoço	Processos espinhosos de TIV-TVI	Processos espinhosos de CII (áxis) e CIII	Estende a coluna cervical	T6–T9	Vertebral e cervical transversa
Espinal do tórax	Processos espinhosos de TXI, TXII, LI e LII	Processos espinhosos de TIV-TVIII	Estende a coluna cervical	T6–T9	Intercostais
Semiespinais					
Semiespinal da cabeça	Processos articulares de CIV-CVII e processos transversos de TI-TVI	Osso occipital	Estende, flexiona lateralmente e rota a coluna cervical	C1–C5	Occipital, cervical transversa, vertebral e cervical profunda
Semiespinal do pescoço	Processos transversos de TI-TVI	Processos espinhosos de CII-CV	Estende e flexiona lateralmente a coluna cervical	T6–T3	Cervical profunda, occipital e vertebral
Semiespinal do tórax	Processos transversos de TVI-TX	Processos espinhosos de CVI-CVII e TI-TIV	Estende a coluna cervical	T3–T6	Intercostais
Iliocostais					
Iliocostal do pescoço	Ângulo da 3ª, 4ª, 5ª e 6ª costelas	Processos transversos de CIV–CVI	Flexiona lateralmente e rota a coluna cervical	Cervical	Tireocervical
Iliocostal do tórax	Ângulo das seis últimas costelas	Borda superior das seis primeiras costelas e processo transverso de CVII	Flexiona lateralmente e rota a coluna; deprime as costelas	Torácico	Intercostais

(continua)

PARTE III TABELAS-RESUMO *(continuação)*

Músculo	Origem	Inserção	Ação	Nervo	Suprimento sanguíneo
Coluna torácica/lombar (anterior) (*continuação*)					
Iliocostal do lombo	Aspecto posterior da crista ilíaca	Ângulo das sete últimas costelas	Estende e rota a coluna	Lombar	Lombar
Longuíssimos					
Longuíssimo da cabeça	Processos articulares de CIV-CVII e processos transversos de TI-TV	Processo mastoide	Estende, flexiona lateralmente e rota a coluna cervical	C1-L5	Cervical transversa, carótida externa e vertebral
Longuíssimo do pescoço	Processos transversos de TI-TV	Processos transversos de CII-CVI	Estende, flexiona lateralmente e rota a coluna cervical	C1-L5	Cervical transversa, carótida externa e vertebral
Longuíssimo do tórax	Processos transversos de LI-LV e crista ilíaca posterior	3ª a 12ª costela e processos transversos de TI–TXII	Estende, flexiona lateralmente e rota a coluna cervical; deprime a costela	C1-L5	Intercostais e lombar
Eretor da espinha	Processos espinhosos lombares e sacrais	Ângulo das sete últimas costelas, 3ª a 12ª costelas e processos transversos de TI–TXII, processos espinhosos de TIV–TVIII	Estende, flexiona lateralmente e rota a coluna vertebral	Torácica, lombar, sacral	Lombar e intercostal
Quadrado do lombo	Processos transversos das vértebras lombares inferiores, aspecto posterior da crista ilíaca	Borda inferior da 12ª costela e processos transversos de LI-LIV	Estende e flexiona lateralmente a coluna vertebral; deprime a 12ª costela	L1-L4	Lombar e intercostal inferior
Multífido	Processos articulares de CIV-CVII, processos transversos de TI–TXII e LI–LV, espinha ilíaca posterossuperior e posterior do sacro	Processos espinhosos de SV–CIV	Estende e rota a coluna	C4-S5	Lombar

Membros Inferiores

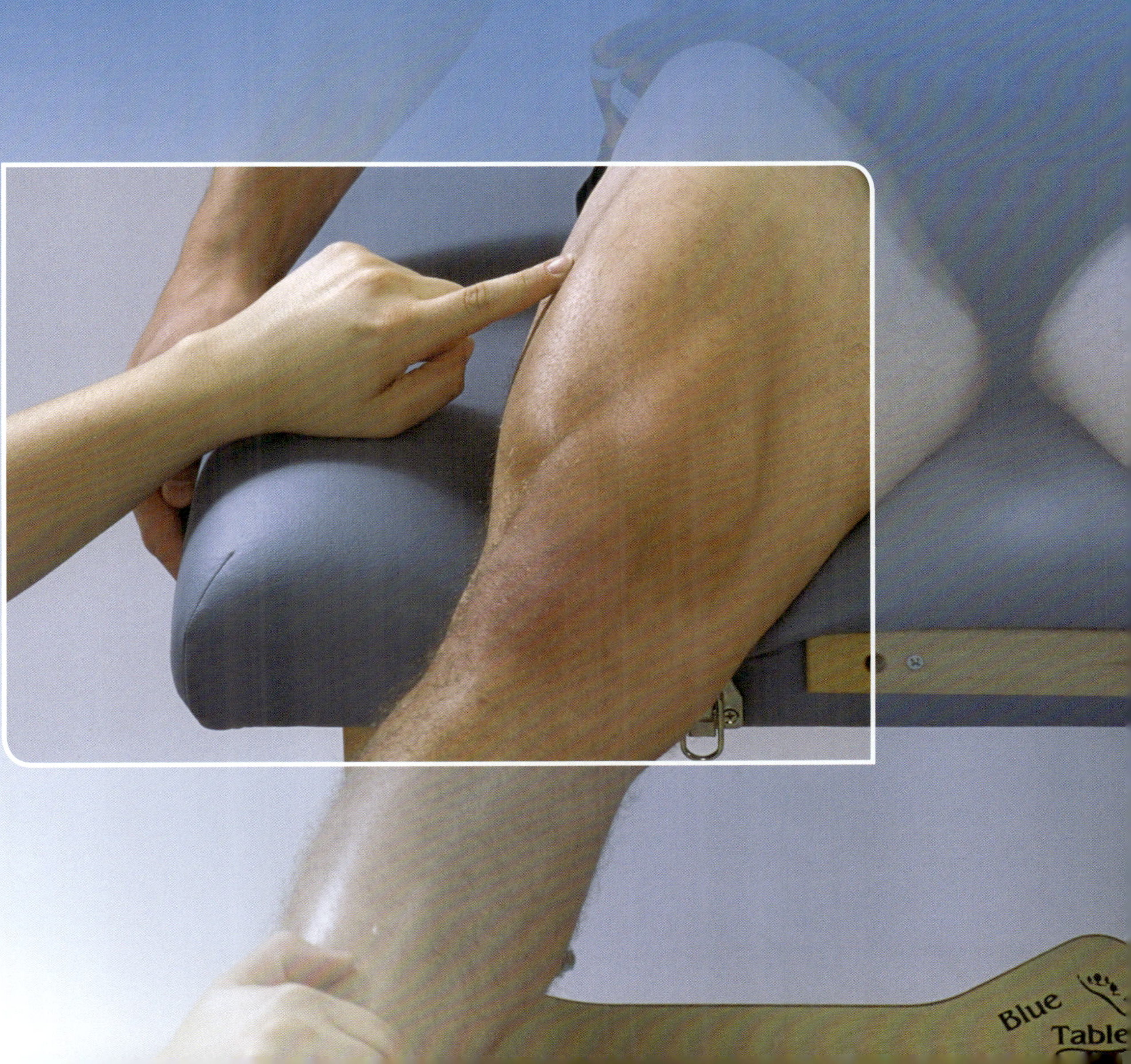

Quadril e Coxa

Qualquer discussão sobre o quadril deve incluir os ossos da pelve e da coxa e os músculos da coxa, bem como os ligamentos e os músculos do quadril. Vários músculos que cruzam a articulação do quadril também atravessam a articulação do joelho; a discussão desses músculos neste capítulo é restrita a sua função na articulação do quadril. A função deles no joelho, é abordada no próximo capítulo.

Ossos da articulação do quadril e da coxa

A articulação do quadril encontra-se entre a pelve e o **fêmur**, ou osso da coxa. A pelve é discutida no Capítulo 8. A estrutura importante da pelve relacionada à articulação do quadril é a região anatômica chamada de **acetábulo** (Fig. 11.1; ver também Fig. 8.32). Lembre-se de que o acetábulo é formado pela articulação dos três ossos que constituem o **osso do quadril** (**ílio**, **ísquio** e **púbis**). A articulação do quadril é classificada como esferóidea ou triaxial. O acetábulo é considerado a cavidade da articulação; a esfera é a estrutura conhecida como **cabeça do fêmur** (Fig. 11.2). Embora as articulações do quadril e do ombro sejam frequentemente comparadas devido às suas semelhanças já que são esferóides ou triaxiais, a do quadril é muito mais estável do que a do ombro, em razão da profundidade do acetábulo em comparação com a muito rasa cavidade glenoidal da escápula. É pela articulação do quadril que todo o peso do tronco e dos membros superiores é transferido para os membros inferiores.

O fêmur, o maior e mais longo osso do corpo, é discutido neste capítulo apenas no que se refere à articulação do quadril (sua extremidade proximal). Uma discussão mais detalhada de sua extremidade distal é apresentada no Capítulo 12, relacionado ao joelho.

A cabeça do fêmur é separada da diáfise do osso pelo **colo do fêmur**. Na extremidade proximal do eixo do fêmur, imediatamente distal ao colo, estão duas grandes saliências ósseas conhecidas como **trocanteres maior** e **menor**. Essas estruturas servem como pontos de inserção para os principais músculos responsáveis pelas ações da articulação do quadril.

Prática

Coloque a mão sobre o quadril e rode uma perna em direção à outra (rode internamente a articulação do quadril); sinta o trocanter maior se movendo em sua mão (Fig. 11.3).

O trocanter menor é distal, medial e um tanto posterior ao trocanter maior; é mais facilmente observado em vista posterior do fêmur. A crista óssea existente entre o trocanter menor e o maior é conhecida como **crista intertrocantérica** (Fig. 11.2). A crista óssea, uma grande estrutura que se encontra posteriormente à diáfise do fêmur, é conhecida como **linha áspera** (do latim

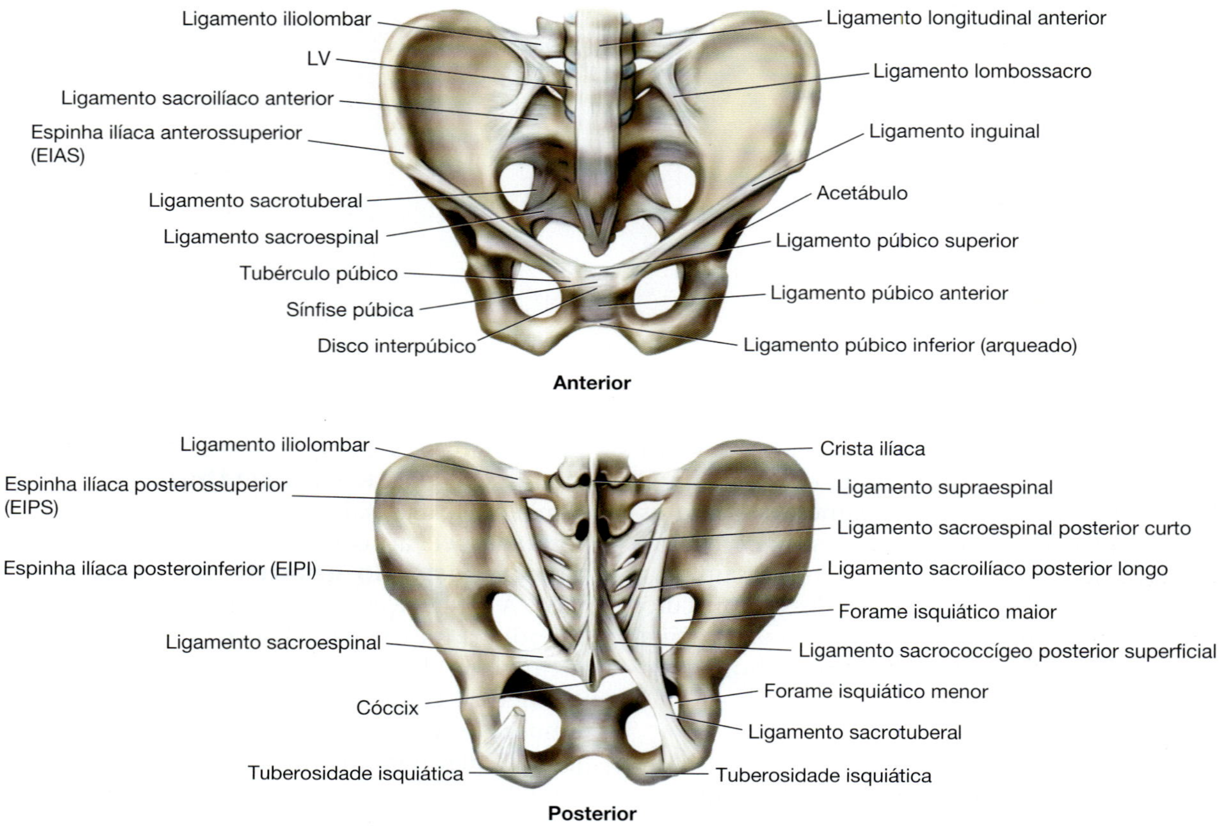

Figura 11.1 Pelve, vistas anterior e posterior.

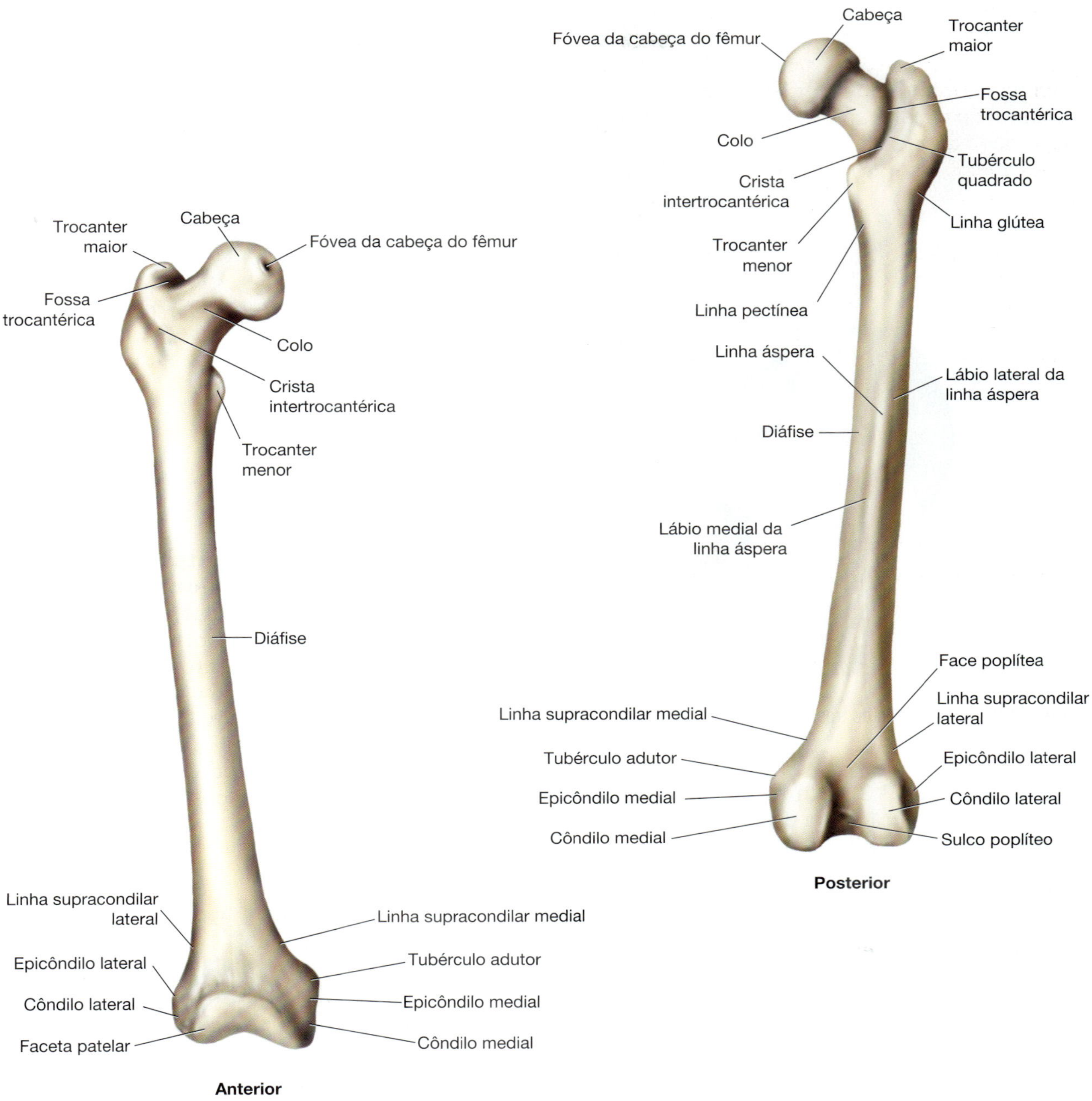

Figura 11.2 Fêmur, vistas anterior e posterior.

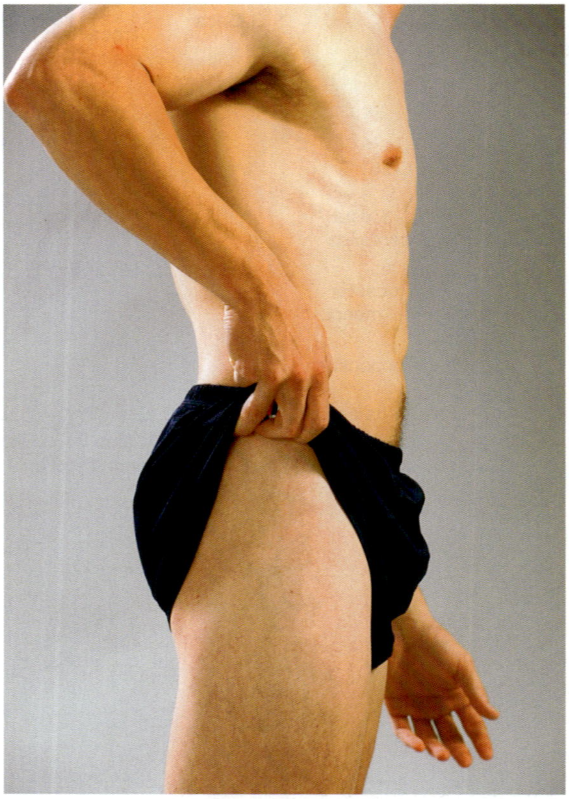

Figura 11.3 Localização do trocanter maior do fêmur.

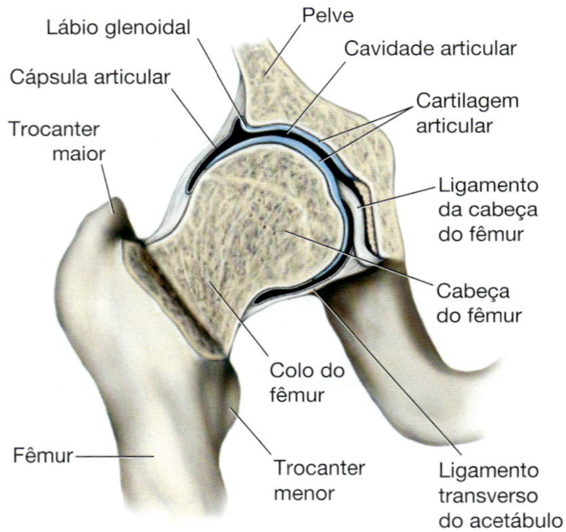

Figura 11.4 Corte longitudinal da articulação do quadril.

linea aspera) (Fig. 11.2). A linha áspera serve como um ponto de inserção para diversos músculos das articulações do quadril e do joelho.

Ligamentos da articulação do quadril

Ainda que a maior parte da estabilidade da articulação do quadril (Fig. 11.4) derive da formação óssea entre a cabeça do fêmur e o acetábulo da pelve, também é robustecida por vários ligamentos fortes. Há sete ligamentos nessa articulação. Tal como acontece com todas as articulações sinoviais, há um **ligamento capsular** entre a borda do acetábulo da pelve e o colo do fêmur. O **lábio do acetábulo**, como o lábio glenoidal da articulação do ombro, é uma borda fibrocartilaginosa na margem externa do acetábulo que ajuda a aprofundar sua cavidade. Três ligamentos que reforçam o ligamento capsular são identificados com facilidade porque seus nomes representam os ossos que unem: **os ligamentos iliofemoral**, **isquiofemoral** e **pubofemoral** (Figs. 11.5 e 11.6). O ligamento iliofemoral tem a aparência de um Y de cabeça para baixo; portanto, é frequentemente chamado de ligamento Y. Devido às relações anatômicas entre o ílio e o fêmur e entre o púbis e o fêmur, os ligamentos iliofemoral e pubofemoral cruzam a face anterior da articulação do quadril e se inserem no colo do fêmur. Da mesma forma, visto que o ísquio é posterior ao fêmur, o

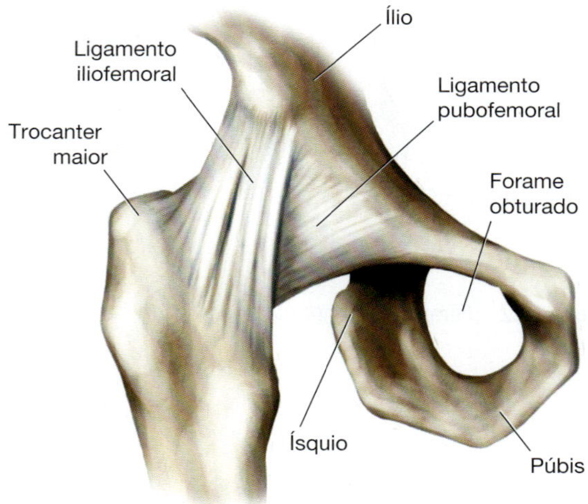

Figura 11.5 Ligamentos iliofemoral (ou Y) e pubofemoral, vista anterior.

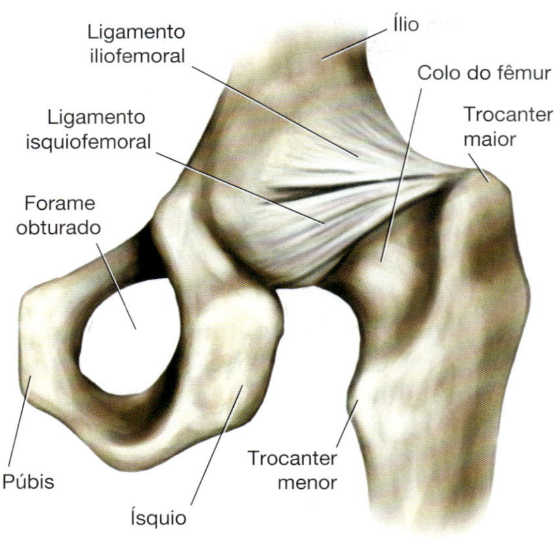

Figura 11.6 Ligamento isquiofemoral, vista posterior.

ligamento isquiofemoral passa pelo aspecto posterior da articulação do quadril e se insere no colo do fêmur. O **ligamento transverso do acetábulo** atravessa uma pequena incisura na parte inferior do lábio glenoidal e cria um forame pelo qual vão e voltam vasos sanguíneos da articulação do quadril (Fig. 11.7). O último ligamento, o **ligamento da cabeça do fêmur** (Fig 11.7), passa

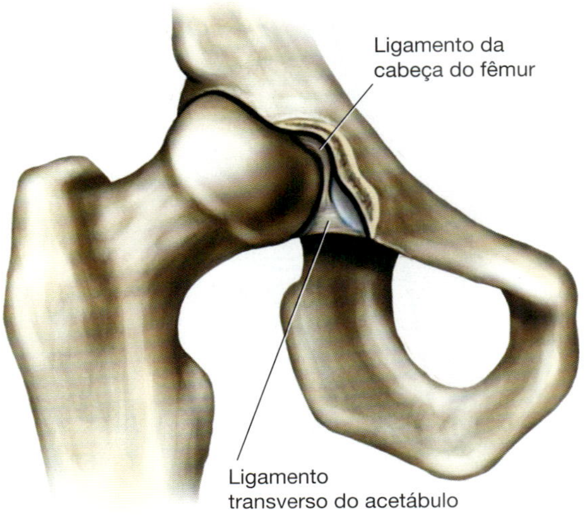

Figura 11.7 Ligamento transverso do acetábulo e ligamento da cabeça do fêmur, vista anterior.

entre o transverso do acetábulo e um orifício na extremidade superior da cabeça femoral conhecido como **fóvea da cabeça do fêmur** (Fig. 11.2). Esse ligamento conecta a cabeça do fêmur ao acetábulo e tem um papel menos significativo do que os outros ligamentos da articulação do quadril.

Movimentos fundamentais da articulação do quadril

A articulação do quadril é classificada como **triaxial**, com movimento em três planos em todos os três eixos: flexão e extensão, no plano sagital, em torno de um eixo frontal horizontal; abdução e adução, no plano frontal, em torno de um eixo sagital horizontal e rotação medial e lateral, no plano horizontal, em torno de um eixo vertical. A musculatura que cria esses seis movimentos fundamentais inclui músculos flexores, extensores, abdutores, adutores e rotadores. Eles são apresentados em grupos, de acordo com sua posição: anterior, posterior, lateral ou medial à articulação do quadril.

Prática

Em posição anatômica, flexione o quadril. Qual o principal grupo de músculos responsável por flexionar o quadril (anterior, posterior, lateral, medial)? Estenda a articulação do quadril para retornar à posição anatômica. Mais uma vez, qual grupo muscular (anterior, posterior, lateral, medial) esteve principalmente envolvido nessa extensão? Agora abduza e aduza o quadril. Determine quais grupos musculares são os principais responsáveis por essas ações da articulação do quadril. Para determinar quais grupos musculares são os principais responsáveis pela rotação medial e lateral da articulação do quadril, deite de costas e rode interna e externamente o quadril enquanto palpa os músculos que circundam a articulação. Agora que você terminou os exercícios de quadril, podemos analisar os músculos que cruzam essa articulação.

Músculos da articulação do quadril e da parte superior da perna

Os músculos que cruzam a articulação do quadril são agrupados de acordo com sua posição: anteriores, posteriores, mediais ou laterais à articulação.

Músculos anteriores

Com o exercício anterior, você percebeu que os músculos que realizaram a flexão do quadril são anteriores à articulação. Curiosamente, alguns desses músculos também cruzam a articulação do joelho. Neste capítulo, no entanto, será considerada apenas a função deles na articulação do quadril. Os músculos anteriores estão listados a seguir (Fig. 11.8).

- **Iliopsoas.** Este músculo é uma combinação dos músculos ilíaco e psoas maior. Estes, com o psoas menor, são comumente chamados de músculos da virilha verdadeiros (ou grupo muscular flexor do quadril): o termo *virilha* refere-se ao aspecto anterior da articulação do quadril. Sua principal função é flexionar essa articulação, mas, se o fêmur estiver estabilizado, tais músculos causam a flexão da coluna lombar quando se contraem. Os músculos mediais da articulação do quadril (adutores) muitas vezes são denominados músculos da virilha comuns (ou grupo muscular adutor do quadril) e são discutidos mais adiante neste capítulo.
- **Psoas maior.** Origina-se nos processos transversos das cinco **vértebras lombares** e nos corpos e **discos intervertebrais** da 12ª **vértebra torácica** e das cinco vértebras lombares. O psoas maior se insere no trocanter menor do fêmur. Com o músculo ilíaco, o psoas maior flexiona a articulação do quadril, auxilia na adução e na rotação lateral do quadril e na flexão e rotação da coluna lombar (Fig. 11.9).
- **Ilíaco.** Este músculo tem origem na fossa ilíaca da pelve ao tendão do psoas maior e insere-se imediatamente distal ao trocanter menor do fêmur. Com o psoas maior, flexiona a articulação do quadril, auxilia na adução e rotação lateral dessa articulação e, quando o fêmur está estabilizado, ajuda na flexão da coluna lombar (Fig. 11.9).
- **Psoas menor.** Este músculo não está presente em um ou em ambos os lados em mais de 50% da população. Ele surge da 12ª vértebra torácica e primeira vértebra lombar e do disco intervertebral entre essas duas vértebras; insere-se no púbis. Portanto, o psoas menor não é considerado um músculo do quadril. Sua função é auxiliar o psoas maior na flexão da coluna lombar (Fig. 11.9).

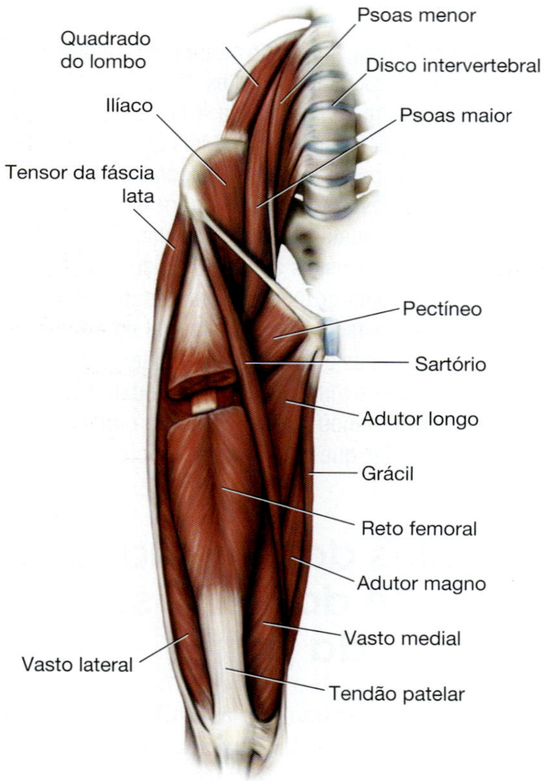

Figura 11.8 Músculos anteriores do quadril.

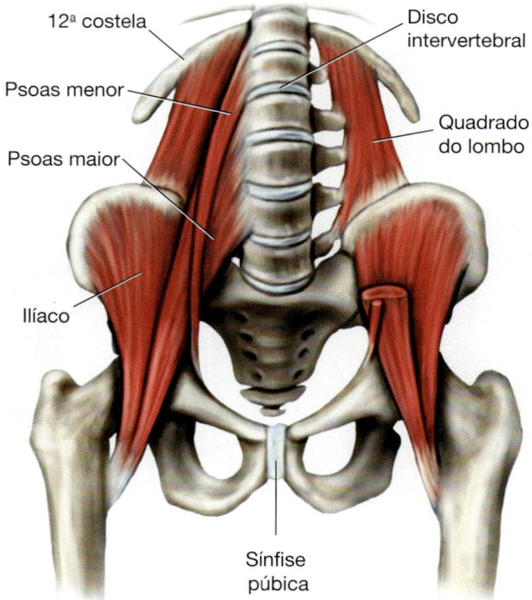

Figura 11.9 Psoas maior, psoas menor e ilíaco.

- **Sartório.** Este músculo, o mais longo do corpo, tem origem na espinha ilíaca anterossuperior (EIAS) e se insere medialmente na extremidade proximal da tíbia, um osso da perna (Cap. 12, Fig. 12.5), logo inferior ao côndilo medial (Fig. 11.8). Observe que ele passa tanto pela articulação do quadril quanto pela do joelho. As funções do sartório na articulação do quadril são a flexão, a abdução e a rotação lateral.

Prática

Sentado no chão com os pés cruzados e os joelhos afastados (posição do alfaiate), você pode palpar o sartório logo abaixo da EIAS (Fig. 11.10). O termo sartório (de uma palavra latina para alfaiate) e a posição de alfaiate referem-se à prática desses profissionais, em tempos passados, de ficarem sentados por horas fazendo seu trabalho em uma posição de pernas cruzadas, o que muitas vezes causava dor em tal músculo depois de um longo dia de costura.

- **Reto femoral.** Este músculo é parte de um potente grupo de quatro músculos conhecido como **quadríceps femoral**. Três deles, o vasto lateral, o vasto intermédio e o vasto medial, passam somente pela articulação do joelho, mas o reto femoral cruza tanto essa articulação quanto a do quadril. O músculo inicia na espinha ilíaca anteroinferior (EIAI) e se insere na tuberosidade da tíbia. O reto femoral flexiona a articulação do quadril e também atua como um abdutor muito fraco.

Prática

Sente-se em uma maca com o quadril fletido e os joelhos flexionados, com os pés para fora da maca; estenda o joelho contra a resistência manual de um colega. Observe a proeminência de tecido muscular em todo o comprimento da região anterior da coxa (Fig. 11.11). Essa proeminência é o reto femoral contraindo-se contra a resistência.

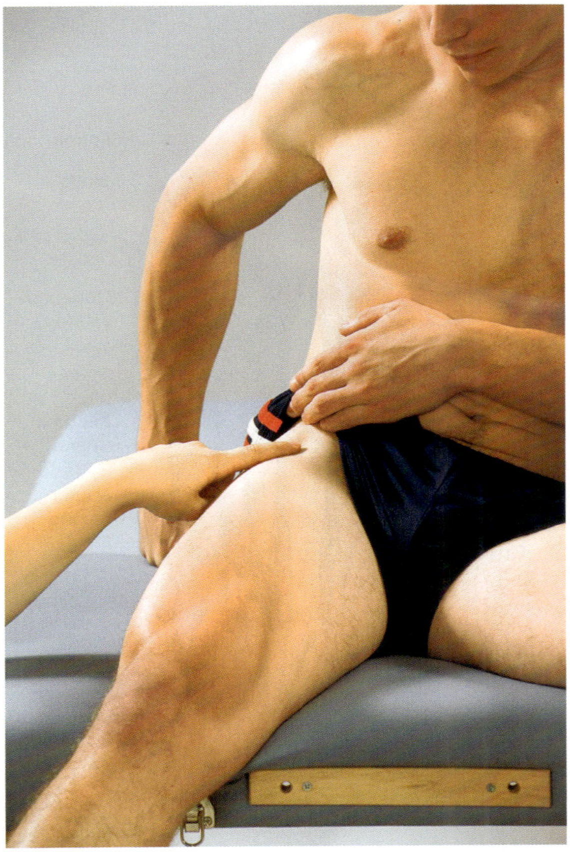

Figura 11.10 Localização do sartório.

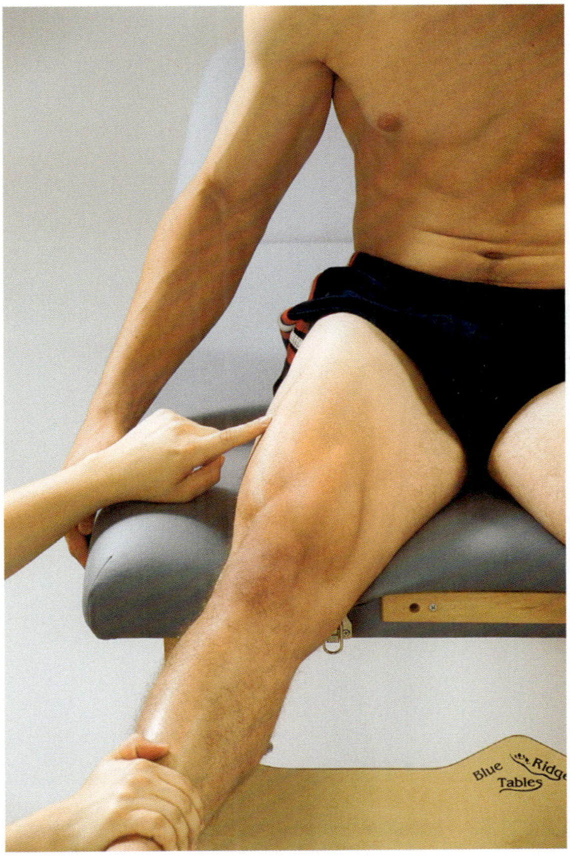

Figura 11.11 Localização do reto femoral.

- **Tensor da fáscia lata.** Origina-se na borda externa da crista ilíaca e se combina ao músculo glúteo máximo para formar outra estrutura, o **trato iliotibial**, que se insere na área do côndilo lateral da tíbia (Figs. 11.8, 11.12 e 12.5). O tensor da fáscia lata flexiona e abduz a articulação do quadril. Mesmo que o termo *lata* possa levar alguém a acreditar que esteja posicionado na lateral da articulação do quadril, ele é considerado, na verdade, um músculo anterior, embora seja muito lateral. Mais informações a seu respeito e sobre seu envolvimento com o trato iliotibial são apresentados neste capítulo e no Capítulo 12, relacionado à articulação do joelho.
- **Pectíneo.** Origina-se ao anterossuperiormente ao púbis e se insere no fêmur logo distal ao trocanter menor (Fig. 11.8). Além de cruzar o quadril na região anterior, o que o torna um flexor dessa articulação, também é um potente adutor e rotador lateral do quadril em razão de seu ângulo de tração.

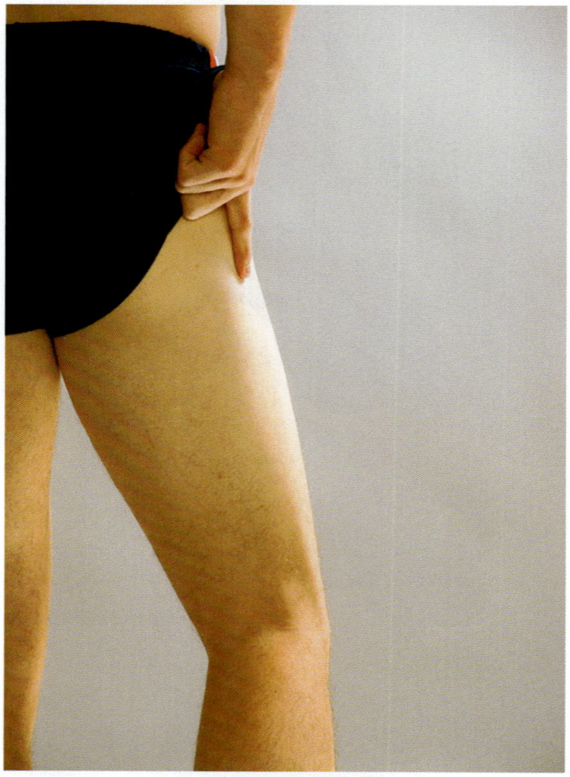

Figura 11.12 Localização do tensor da fáscia lata e do trato iliotibial.

Músculos posteriores

Dez músculos posteriores cruzam a articulação do quadril (Fig. 11.13), incluindo um trio (**isquiotibiais**) e um grupo vulgarmente chamado de seis **rotadores profundos**. Os isquiotibiais são discutidos apenas em relação a sua função na articulação do quadril. Eles também cruzam a articulação do joelho e voltam a ser discutidos no Capítulo 12.

- **Bíceps femoral.** Embora os três músculos isquiotibiais (bíceps femoral, semitendíneo e semimembranáceo) se originem na **tuberosidade isquiática** e tenham as mesmas funções – extensão da articulação do quadril e flexão da articulação do joelho –, o bíceps femoral é o único que tem duas cabeças: a **cabeça longa** inicia na tuberosidade isquiática com o semitendíneo e o semimembranáceo; e a **cabeça curta** deriva da linha áspera do fêmur. Ambas as cabeças se combinam no ventre do músculo, que então se insere na cabeça da **fíbula**, um osso da perna, e no côndilo lateral da tíbia (Fig. 12.5). O bíceps femoral atua especificamente

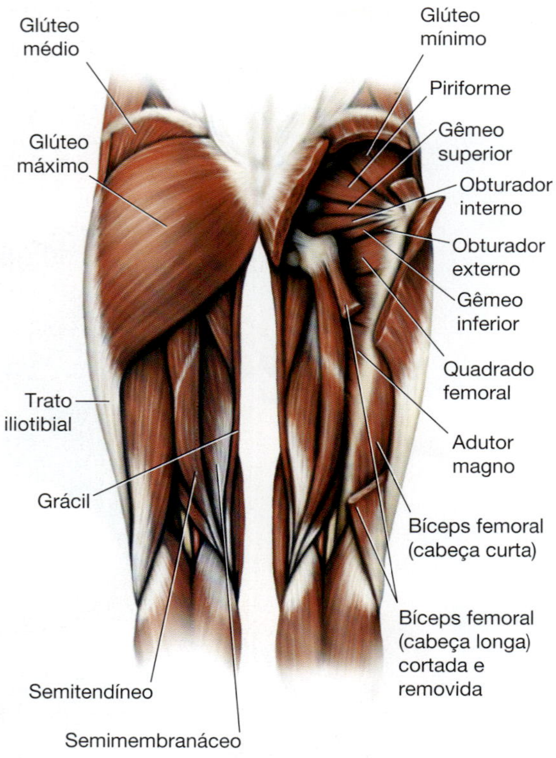

Figura 11.13 Músculos posteriores do quadril.

na articulação do quadril para estendê-la e auxiliar em sua adução e rotação lateral.

Prática

O tendão de inserção do bíceps femoral pode ser observado no aspecto lateroposterior da articulação do joelho ao deitar na posição ilustrada na Figura 11.14.

- **Semitendíneo.** Outro músculo do grupo dos isquiotibiais, também se origina na tuberosidade isquiática e se insere na face medial da tíbia, logo abaixo do côndilo medial (Fig. 12.5).

Prática

O tendão de inserção do semitendíneo tem uma estrutura muito proeminente, semelhante a um cordão (Fig. 11.15). Peça a um colega que deite em decúbito ventral (de bruços) e flexione o joelho; em seguida, localize o tendão na parte posterior medial do joelho. O músculo estende e auxilia na rotação medial e na adução da articulação do quadril.

- **Semimembranáceo.** É o último músculo do grupo dos isquiotibiais; como o semitendíneo, o semimembranáceo tem origem na tuberosidade isquiática e se insere posteriormente no

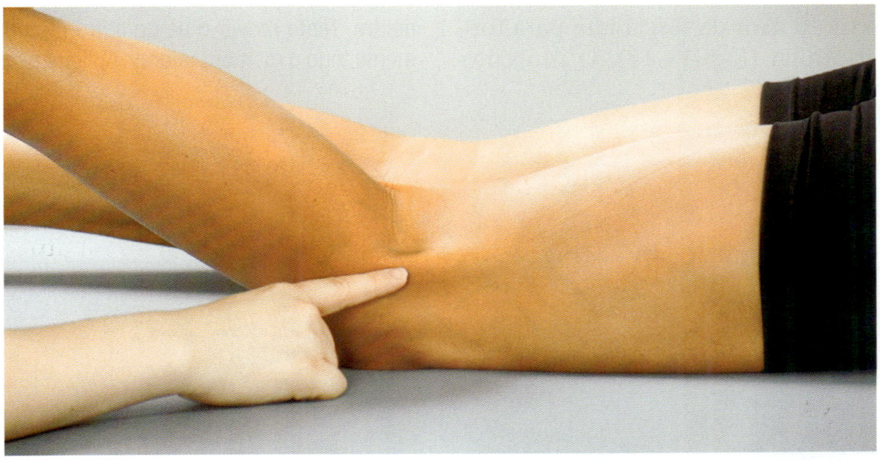

Figura 11.14 Localização do bíceps femoral.

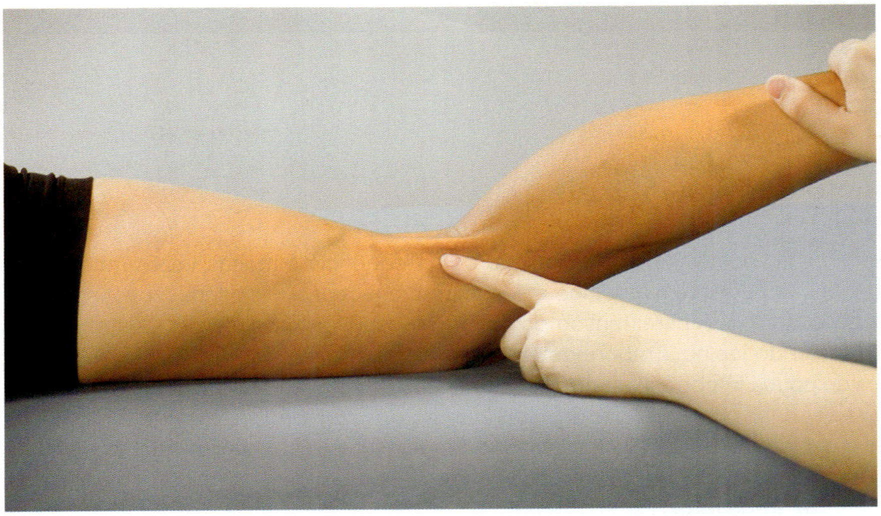

Figura 11.15 Localização do semitendíneo.

côndilo medial da tíbia (Fig. 12.5). Ele estende e auxilia na rotação medial e na adução da articulação do quadril.

Prática

O tendão de inserção do semimembranáceo é uma estrutura muito ampla, ligeiramente medial ao tendão de inserção do semitendíneo (Fig. 11.16). Peça a um colega que assuma a mesma posição utilizada para localizar o semitendíneo e, em seguida, localize o semimembranáceo.

- **Glúteo máximo.** Este músculo bastante grande costuma ser identificado como o músculo da nádega. Origina-se posteriormente no ílio, no **sacro** e no **cóccix** e faz inserção mesclando-se ao músculo tensor da fáscia lata para formar o trato iliotibial (Fig. 11.13). O músculo estende e roda lateralmente a articulação do quadril. Uma vez que uma parte do ventre desse músculo passa acima da articulação do quadril e outra parte passa abaixo dela, ele está envolvido tanto na abdução quanto na adução do quadril. Observe com atenção a articulação do quadril na Figura 11.13 e determine qual parte do glúteo máximo auxilia na abdução e qual participa na adução da articulação do quadril.

Prática

Em região profunda sob os músculos glúteos, está um grupo de seis músculos que realiza a rotação externa da articulação do quadril. Deitado em decúbito dorsal (de costas), peça a um colega que estabilize um de seus pés em posição anatômica neutra. Tente mover o pé do outro membro rodando externamente todo o membro inferior. Aplique pressão manual no ven-

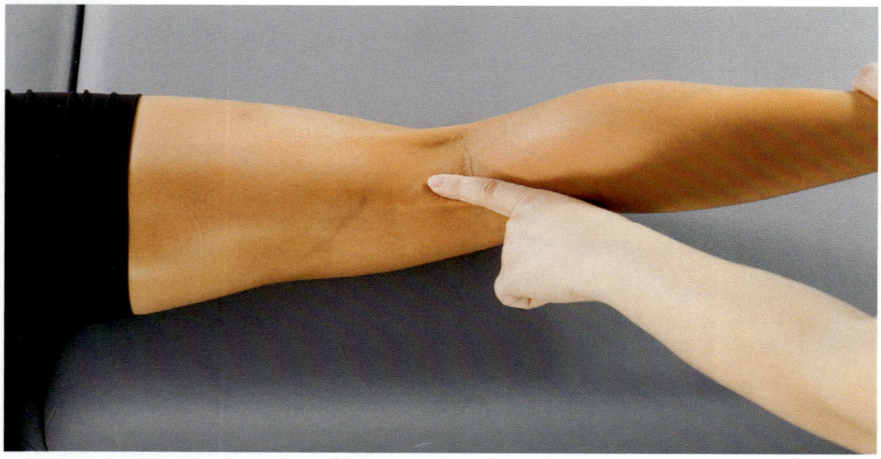

Figura 11.16 Localização do semimembranáceo.

FOCO EM

Estiramento dos isquiotibiais

O termo *estiramento dos isquiotibiais* é usado com frequência e muitas vezes mal compreendido. Há três músculos (bíceps femoral, semitendíneo e semimembranáceo) que podem ser estirados em decorrência da hiperflexão do quadril ou hiperextensão do joelho ou, mais provavelmente, uma combinação de flexão do quadril e extensão do joelho. Embora determinar qual dos três músculos (ou combinação de músculos) foi estirado seja de pouca importância para o público em geral, alguém com um bom conhecimento de anatomia humana deve ser capaz de entender que *estiramento dos isquiotibiais* é um termo bastante inespecífico. A flexibilidade é um fator importante na prevenção desse estiramento, porque muitas atividades esportivas exigem que a articulação do quadril flexione ao mesmo tempo em que a articulação do joelho está estendendo, o que coloca esse grupo muscular sob tensão. (Imagine a perna dianteira de um corredor ao saltar sobre um obstáculo.)

tre do músculo glúteo máximo da perna que roda. Você sentiu a contração dos músculos profundos dentro da articulação? Quais músculos se contraíram? Vamos procurar essas respostas na discussão dos seis músculos profundos rotadores externos do quadril (Fig. 11.13) que são apresentados, conforme a posição anatômica, de superior para inferior.

- **Piriforme.** Este músculo origina-se na porção superior do sacro, passa pela a **incisura isquiática maior** e se insere na superfície superior do trocanter maior. Se contraído em espasmo (contração involuntária) devido a decorrência de um estiramento ou trauma físico, pode pinçar o nervo isquiático que está passando pela **incisura isquiática** da pelve, fazendo a dor irradiar para baixo pelo membro inferior ao longo do curso do nervo isquiático e de seus ramos.
- **Gêmeo superior.** Originando-se na **espinha isquiática** e inserindo-se na face medial do trocanter maior, o gêmeo superior rota lateralmente a articulação do quadril.
- **Obturador interno.** Com origem na superfície interna do **forame obturado** da pelve e inserção na face medial do trocanter maior, o obturador interno roda externamente a articulação do quadril.
- **Gêmeo inferior.** Surgindo na tuberosidade isquiática e inserindo-se na face medial do trocanter maior, o gêmeo inferior rota lateralmente a articulação do quadril.
- **Obturador externo.** Originando-se na superfície externa do púbis e do ísquio em torno do forame obturado e inserindo-se na **fossa trocantérica** do fêmur, o obturador externo rota lateralmente a articulação do quadril.
- **Quadrado femoral.** O quadrado femoral inicia na tuberosidade isquiática, insere-se na crista intertrocantérica do fêmur e rota lateralmente a articulação do quadril.

Músculos mediais

Três dos quatro músculos adutores da articulação do quadril têm seus nomes derivados de sua função. Dos quatro adutores, o grácil é o único que também cruza a articulação do joelho. Esses quatro músculos (Fig. 11.17), conforme já mencionado, são conhecidos como músculos da virilha comuns (ou grupo muscular adutor do quadril). Comparados aos músculos da virilha verdadeiros (o grupo muscular iliopsoas), esses músculos são mais comumente afetados em uma lesão na virilha.

- **Adutor longo.** Este músculo origina-se no corpo do púbis e insere-se no terço médio da linha áspera do fêmur. Sua principal função é a adução do quadril, mas também auxilia na flexão e rotação lateral do quadril.
- **Adutor curto.** Tem origem no corpo e na superfície inferior do púbis e se insere no terço proximal da linha áspera do fêmur. Sua principal função é a adução do quadril, mas também auxilia em sua rotação lateral e flexão.
- **Adutor magno.** Este músculo (Figs. 11.17 e 11.18) surge na superfície inferior do púbis, no ísquio e na tuberosidade isquiática e se insere em toda a extensão da linha áspera e no **tubérculo adutor** do fêmur. O adutor magno tem duas partes distintas: a porção **anterior**, que aduz, flexiona e rota lateralmente o quadril; e a porção **posterior**, que aduz, estende e roda medialmente essa articulação.
- **Grácil.** Origina-se anterointeriormente na **sínfise púbica** e no púbis e se insere na tíbia, logo distal ao côndilo medial. O grácil aduz e flexiona a articulação do quadril.

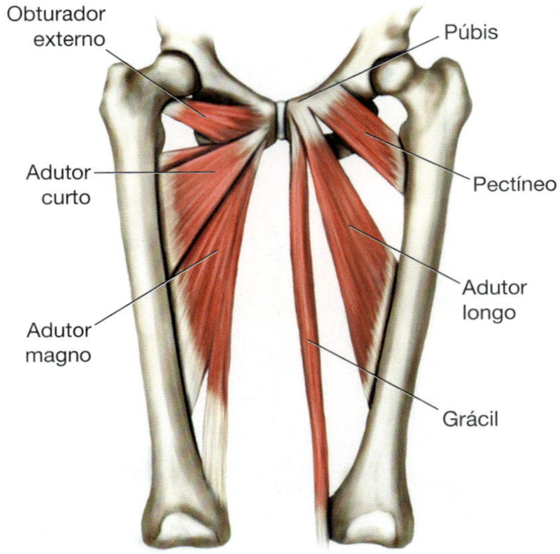

Figura 11.17 Adutores do quadril.

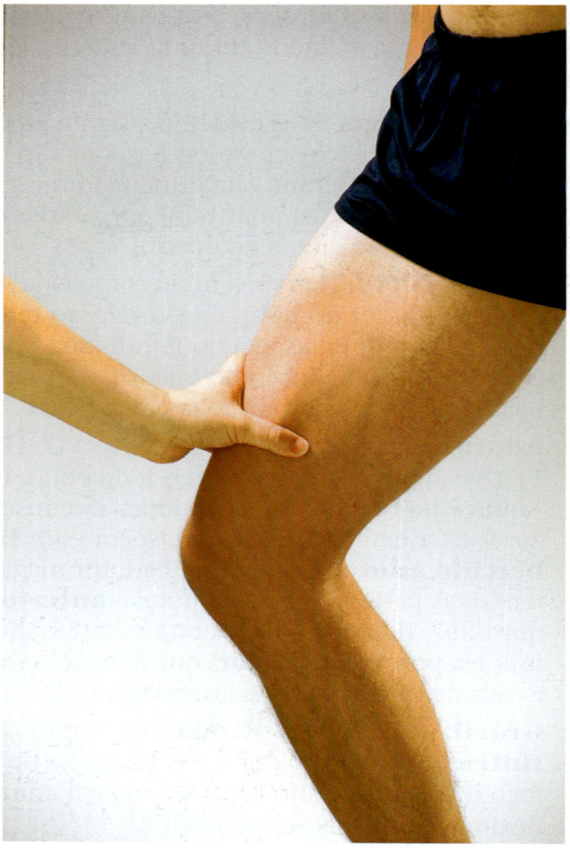

Figura 11.18 Localização do adutor magno.

Prática

Sentado em posição de lótus, ou posição de borboleta (no chão, com as plantas dos pés unidas, joelhos flexionados e quadril rodado para fora), você pode palpar com facilidade o adutor longo e o grácil na região da virilha. O grácil é o mais lateral dos dois tendões. Além disso, você pode palpá-lo pressionando com o dedo a área imediatamente medial ao tendão de inserção do semimembranáceo na face medial da articulação do joelho (Fig. 11.19).

Músculos laterais

Existem apenas dois músculos laterais à articulação do quadril, não incluindo o tensor da fáscia lata, que foi identificado como um músculo anterior, não lateral, dessa articulação. Mesmo que compartilhe um nome com os músculos laterais do quadril, o glúteo máximo é um músculo posterior. Os laterais do quadril são o glúteo médio e o glúteo mínimo (Fig. 11.13).

- **Glúteo médio.** Tem origem entre as linhas glúteas anterior ou posterior e se insere superiormente no trocanter maior (Fig. 11.13 e 11.20). Sua principal função é a abdução do quadril. A porção anterior auxilia na flexão e na rotação medial, e a posterior, na extensão e na rotação lateral.

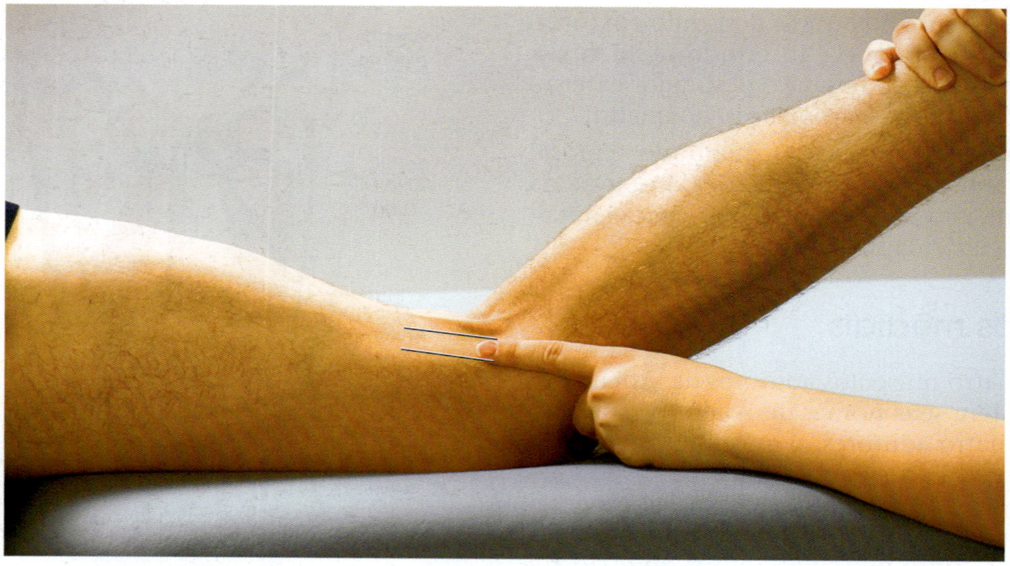

Figura 11.19 Localização do grácil.

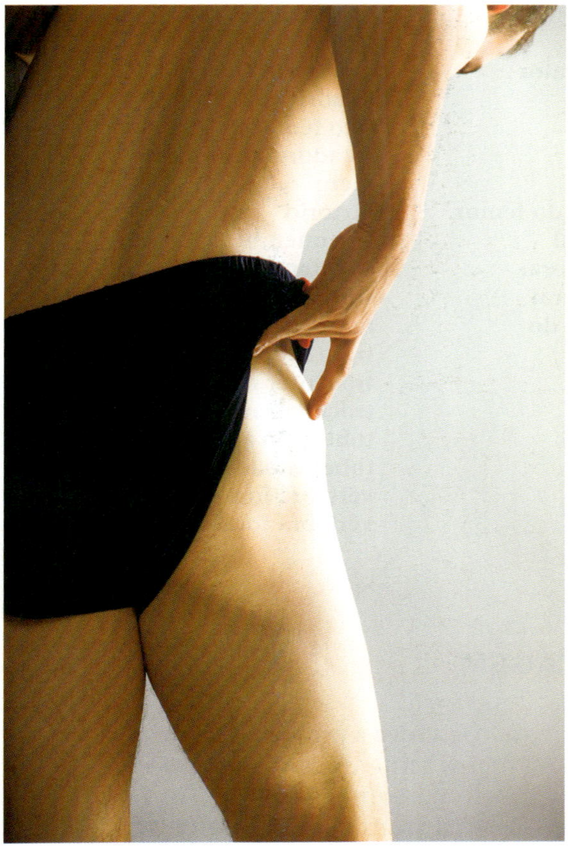

Figura 11.20 Localização do glúteo médio.

- **Glúteo mínimo.** Originando-se entre as linhas glúteas anterior e inferior, insere-se na superfície anterior do trocanter maior. Suas principais funções são a abdução e a rotação medial. A porção anterior auxilia na flexão; e a porção posterior, na extensão.

Trato iliotibial

O trato iliotibial é formado por dois músculos que cruzam a articulação do quadril: o tensor da fáscia lata e o glúteo máximo (Fig. 11.13). Passa posterior e anteriormente ao trocanter maior do fêmur conforme a articulação do quadril flexiona e estende. Para facilitar esse movimento do trato iliotibial sobre o trocanter maior, uma grande bolsa trocantérica está localizada entre o trato iliotibial e o trocanter maior. A flexão ou a extensão excessivas ou o trauma direto a essa área podem causar a inflamação da bolsa (bursite trocantérica).

FOCO EM

Estiramento da virilha

Muitas vezes ouvimos falar sobre atletas que sofrem um **estiramento da virilha**. Qual grupo muscular é afetado nessa lesão? Este capítulo apresenta dois grupos de músculos da virilha: o grupo muscular iliopsoas (ilíaco e psoas maior), com frequência chamados de músculos da virilha verdadeiros; e o grupo muscular adutor (adutor longo, adutor curto, adutor magno e grácil), denominados músculos da virilha comuns. Os músculos da virilha verdadeiros (o grupo iliopsoas) costumam ser estirados em decorrência da hiperextensão da articulação do quadril. A lesão aos músculos da virilha comuns (o grupo adutor) em geral é resultante do alongamento demasiado desses músculos; o grupo adutor é mais comumente estirado em esforços desportivos, daí o termo *estiramento da virilha comum*.

DICAS DE APRENDIZAGEM

REVISÃO DA TERMINOLOGIA

Os termos a seguir são discutidos neste capítulo. Definir ou descrever cada termo e, se for o caso, identificar a localização da estrutura em seu corpo ou em uma ilustração apropriada.

acetábulo
adutor curto
adutor longo
adutor magno (porções anterior e posterior)
articulação triaxial
bíceps femoral
cabeça curta do bíceps femoral
cabeça do fêmur

cabeça longa do bíceps femoral
cóccix
colo do fêmur
crista intertrocantérica
disco intervertebral
espinha isquiática
estiramento da virilha
fêmur
fíbula
forame obturado
fossa trocantérica
fóvea da cabeça do fêmur
gêmeo inferior
gêmeo superior
glúteo máximo
glúteo médio
glúteo mínimo
grácil
ilíaco
ílio
iliopsoas
incisura isquiática
incisura isquiática maior
ísquio
isquiotibiais
lábio do acetábulo
ligamento capsular
ligamento da cabeça do fêmur
ligamento iliofemoral
ligamento isquiofemoral
ligamento pubofemoral
ligamento transverso do acetábulo
linha áspera
obturador externo
obturador interno
osso do quadril
pectíneo
piriforme
psoas maior
psoas menor
púbis
quadrado femoral
quadríceps femoral
reto femoral
rotadores profundos
sacro
sartório
semimembranáceo
semitendíneo
sínfise púbica
tensor da fáscia lata
trato iliotibial
trocanter maior
trocanter menor
tubérculo adutor
tuberosidade isquiática
vértebra lombar
vértebra torácica

SUGESTÃO DE ATIVIDADES DE APRENDIZAGEM

1. Assuma a posição de largada de um corredor para uma corrida de curta distância. Posicione um pé na frente e outro atrás, colocando as mãos na linha de largada.
   a. Em que posição está a articulação do quadril da perna da frente (flexão, extensão)?
   b. Em que posição está a articulação do quadril da perna de trás (flexão, extensão)?
   c. Agora imagine que o juiz disparou o tiro de largada. Em que posição a articulação do quadril da perna da frente se move e quais músculos causam esse movimento?
   d. Em que posição a articulação do quadril da perna de trás se move e quais músculos causam esse movimento?
2. Realize o clássico exercício de polichinelo várias vezes, observando os movimentos da articulação do quadril durante as contagens de 1 e 2 do exercício.
   a. Descreva a posição da articulação do quadril tanto do lado esquerdo quanto direito na contagem de 1 e os músculos que foram utilizados para colocar o quadril nessa posição.
   b. Descreva a posição da articulação do quadril tanto do lado esquerdo quanto direito na contagem de 2 e os músculos que foram utilizados para colocar o quadril nessa posição.
3. Dê um passo à frente com a perna direita. Cruze a perna esquerda sobre a direita de modo que o pé esquerdo fique perpendicular ao direito. O calcanhar esquerdo deve agora estar perto da borda externa do pé direito.
   a. Descreva a posição do quadril no lado esquerdo.
   b. Descreva a posição do quadril no lado direito.

QUESTÕES DE MÚLTIPLA ESCOLHA

1. Qual dos seguintes não é considerado um músculo lateral da articulação do quadril?
   a. Tensor da fáscia lata
   b. Glúteo médio
   c. Sartório
   d. Glúteo mínimo
2. Como o trocanter maior do fêmur está localizado anatomicamente em relação à articulação do quadril?
   a. Lateral
   b. Medial
   c. Anterior
   d. Posterior

3. Qual dos seguintes não é considerado um movimento fundamental da articulação do quadril?
   a. Flexão
   b. Circundução
   c. Extensão
   d. Adução

4. Qual dos seguintes não é considerado um ligamento da articulação do quadril?
   a. Iliofemoral
   b. Pubofemoral
   c. Isquiofemoral
   d. Sacroilíaco

5. Qual dos seguintes músculos está ausente em um ou em ambos os lados em aproximadamente 50% dos seres humanos?
   a. Psoas maior
   b. Psoas menor
   c. Ilíaco
   d. Iliopsoas

6. Qual dos músculos a seguir não é parte do grupo muscular conhecido como iliopsoas?
   a. Ilíaco
   b. Sacroilíaco
   c. Psoas menor
   d. Psoas maior

7. Qual dos seguintes não é considerado um músculo anterior da articulação do quadril?
   a. Reto femoral
   b. Bíceps femoral
   c. Sartório
   d. Tensor da fáscia lata

8. Qual dos seguintes músculos não é um adutor da articulação do quadril?
   a. Grácil
   b. Glúteo máximo
   c. Pectíneo
   d. Glúteo médio

9. Qual dos seguintes músculos da articulação do quadril não se insere no púbis?
   a. Pectíneo
   b. Adutor curto
   c. Grácil
   d. Ilíaco

10. Qual dos seguintes músculos não é considerado um dos seis rotadores profundos do quadril?
   a. Quadrado femoral
   b. Reto femoral
   c. Piriforme
   d. Obturador interno

QUESTÕES DE PREENCHIMENTO DE LACUNAS

1. Articulação definida como triaxial, esferóidea do membro inferior: ___________.
2. Ligamento do quadril muitas vezes chamado de ligamento Y: ligamento___________.
3. O trato iliotibial consiste nos tendões combinados do tensor da fáscia lata e do___________.
4. A grande tuberosidade em que se inserem os tendões de origem dos isquiotibiais é parte do(a) ___________.
5. Os músculos psoas maior e psoas menor originam-se no(a) ___________.
6. Os seis rotadores profundos do quadril estão localizados no aspecto ___________ da articulação.

EXERCÍCIOS DE MOVIMENTO FUNCIONAL

A partir da posição de decúbito ventral, para elevar o tronco realizando um exercício abdominal, a articulação do quadril deve flexionar e a pelve deve inclinar anteriormente. Liste um músculo que atue como motor primário, antagonista, fixador e sinergista para que ocorra a flexão do quadril e a inclinação pélvica anterior no exercício abdominal.

	Flexão do quadril	Inclinação pélvica anterior
Motor primário		
Antagonista		
Fixador		
Sinergista		

Joelho

A articulação do joelho, uma das maiores do corpo, é sinovial uniaxial e costuma ser chamada de articulação em gínglimo. Na realidade, não é uma articulação em gínglimo verdadeira, mas um gínglimo. A verdadeira, como a dobradiça de uma porta, abre-se e fecha em torno de um único eixo constante. No joelho, a tíbia (osso distal) desliza em torno da extremidade distal do fêmur (osso proximal) e, embora o movimento permaneça no mesmo plano (sagital), ocorre em torno de um eixo em mudança constante. Com cada grau de movimento no plano sagital, o eixo frontal horizontal muda. Assim, no caso do joelho, o termo *articulação em gínglimo modificado* é mais apropriado do que apenas *articulação em gínglimo*. Ainda que a articulação do joelho pareça ser estruturalmente sólida, não foi construída para suportar muitas das tensões impostas sobre ela pelas atividades desportivas. Ao examinarmos a anatomia normal da articulação, também chama atenção os resultados comuns de tensões anormais.

Ossos do joelho

O **fêmur** (Fig. 12.1) é apresentado no Capítulo 11 na articulação do quadril, mas seu papel no joelho é discutido neste capítulo. Na extremidade distal da diáfise do fêmur, o osso se expande para os lados, formando as **linhas supracondilares medial** e **lateral**, semelhantes às do úmero imediatamente proximal à articulação do cotovelo. Um pouco distais a essas linhas supracondilares,

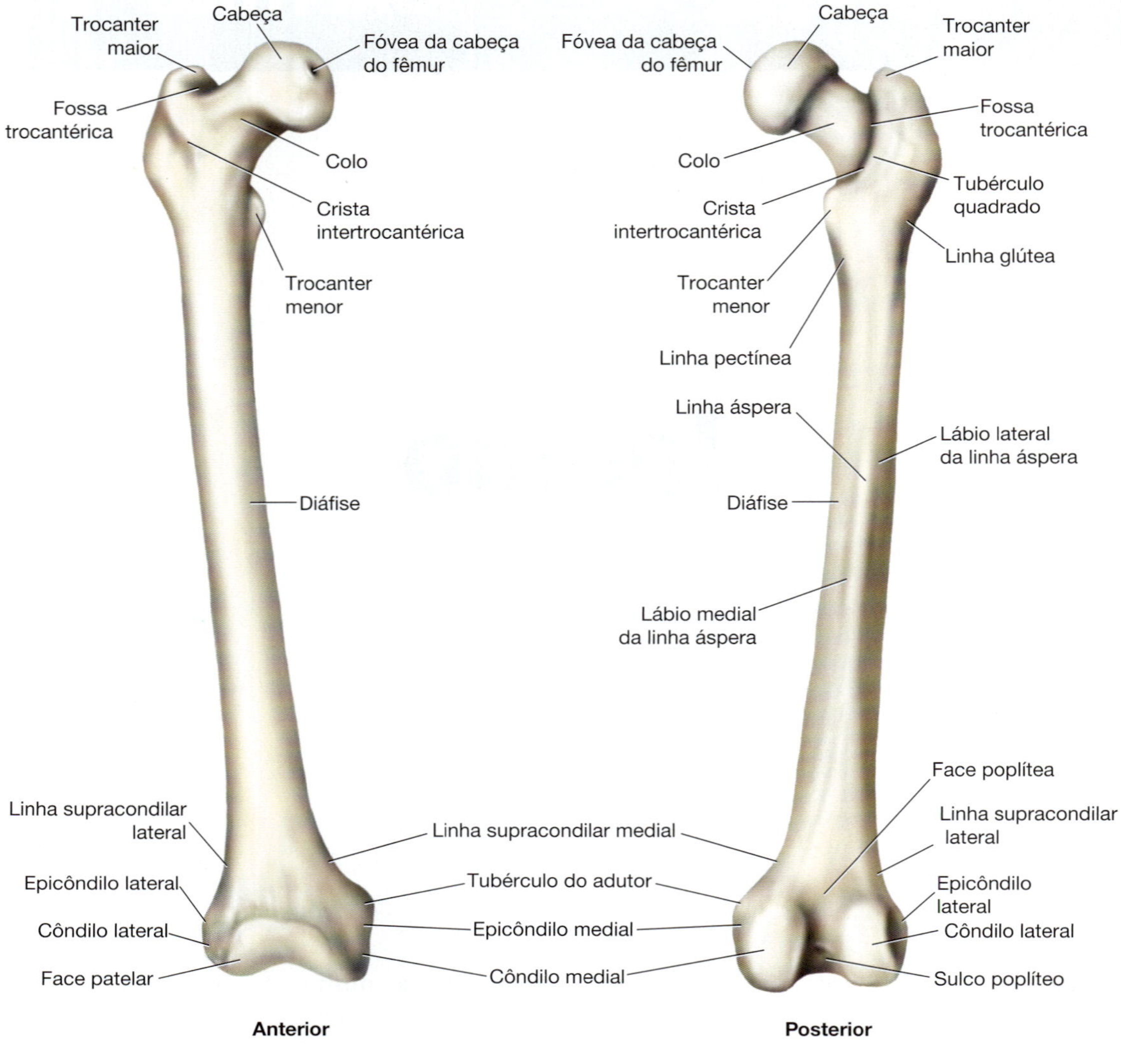

Figura 12.1 Fêmur, vistas anterior e posterior.

estão os **epicôndilos medial** e **lateral** (Fig. 12.2). Duas outras grandes proeminências ósseas, palpadas com facilidade ligeiramente proximais à interlinha articular (uma linha imaginária entre o fêmur e a tíbia), são os **côndilos medial** e **lateral** (Fig. 12.3). São esses dois côndilos que se articulam com a tíbia para transferir o peso corporal do fêmur para a perna. O côndilo medial é um pouco mais distal do que o lateral.

Prática

Depois de localizar os côndilos lateral e medial do fêmur (Fig. 12.3), mova os dedos em direção distal (para baixo) até os côndilos. É possível sentir um espaço entre as extremidades distais do fêmur e as extremidades proximais da tíbia. Esse espaço é vulgarmente conhecido como interlinha articular. Sob os dedos nas interlinhas articulares lateral e medial, estão os cornos anteriores dos meniscos lateral e medial.

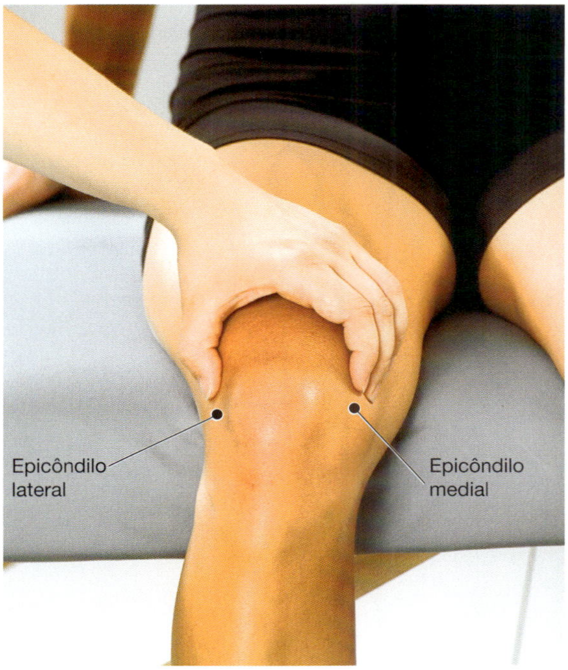

Figura 12.2 Localização dos epicôndilos medial e lateral do fêmur.

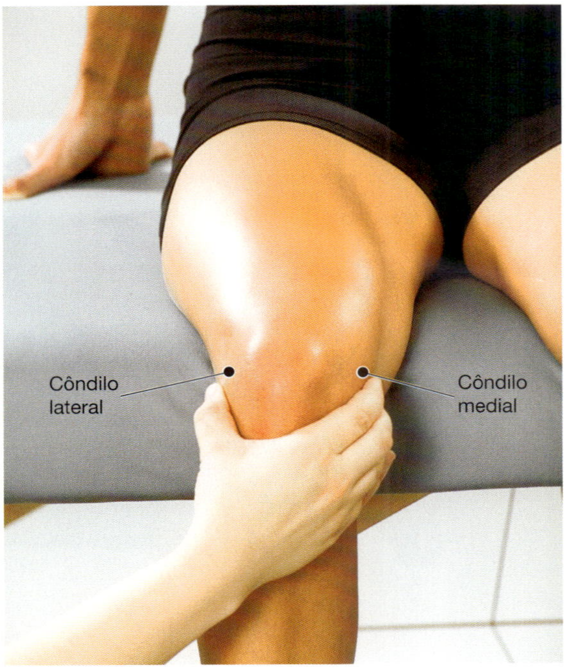

Figura 12.3 Localização dos côndilos medial e lateral do fêmur.

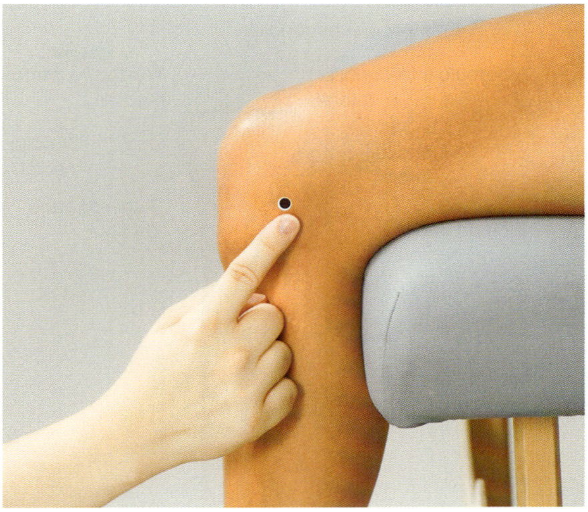

Figura 12.4 Localização do tubérculo do adutor.

Logo proximal ao epicôndilo medial, está uma pequena proeminência denominada **tubérculo do adutor** (Fig. 12.4). Na face anterior da extremidade distal do fêmur, entre os côndilos lateral e medial, há uma superfície lisa recoberta por cartilagem articular chamada de **face patelar**. Essa face articula-se com a face articular da patela (discutida mais adiante), formando a **articulação patelofemoral**. No lado posterior da extremidade distal do fêmur, entre os côndilos lateral e medial, está o **sulco poplíteo**. A área imediatamente proximal a esse sulco é conhecida como **face poplítea**. O termo *poplítea* refere-se à articulação posterior do joelho e é aplicado aos ossos, ligamentos, músculos, nervos ou vasos sanguíneos do aspecto posterior do joelho. O espaço entre os côndilos femorais é chamado de **fossa intercondilar**.

Os dois ossos da perna são a **fíbula** e a **tíbia** (Fig. 12.5). Neste capítulo sobre a articulação do joelho, são descritas apenas as extremidades proximais dos dois ossos. Suas extremidades distais são discutidas no Capítulo 13.

A fíbula, o osso lateral menor, é essencialmente um osso que não recebe descarga de peso; atua como um importante ponto de inserção para os tecidos moles das extremidades proximal e distal. As três estruturas proeminentes na extremidade proximal da fíbula são o **ápice da cabeça da fíbula**, a **cabeça da fíbula** e o **colo da fíbula**. A

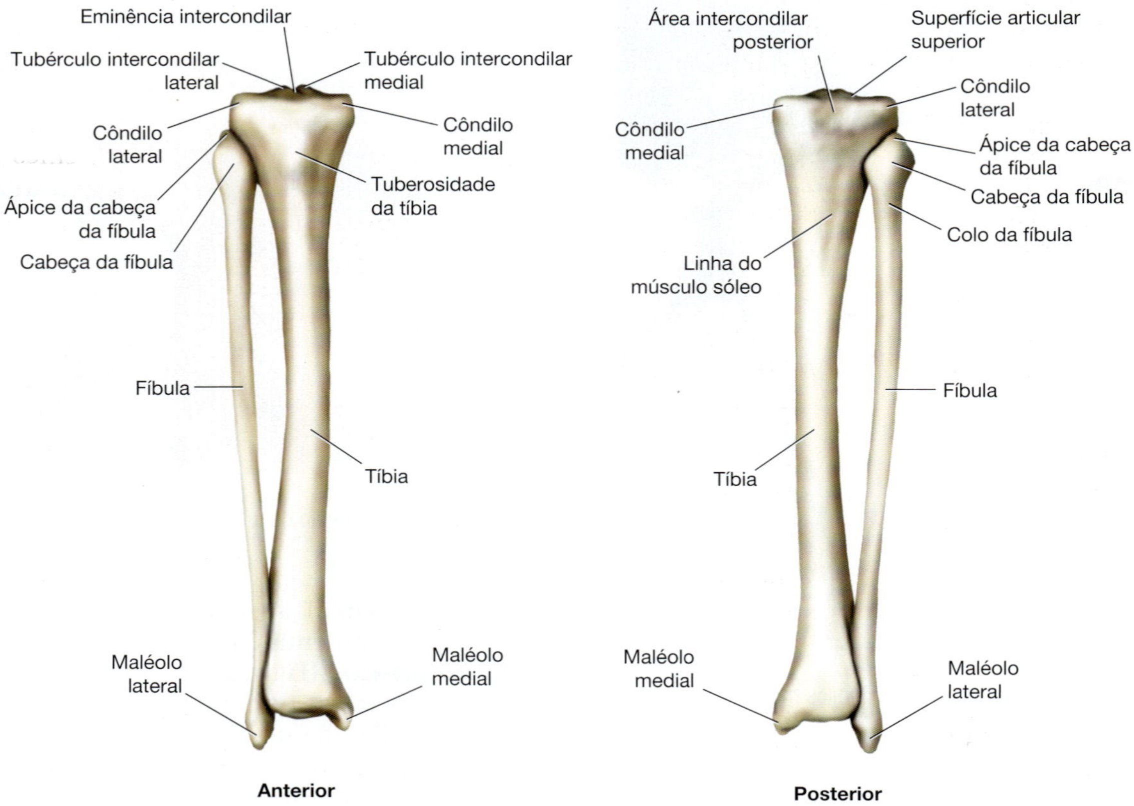

Figura 12.5 Tíbia e fíbula, vistas anterior e posterior.

tíbia, o osso maior e medial da perna, articula-se com o fêmur e descarrega o peso do corpo do fêmur no pé. No extremo proximal da diáfise da tíbia, estão os **côndilos lateral** e **medial** e, entre eles, na superfície proximal anterior, existe uma proeminência muito grande conhecida como **tuberosidade da tíbia**.

Prática

Você pode facilmente palpar a tuberosidade da tíbia ao sentir uma grande proeminência na face anterior da perna, logo abaixo do joelho (Fig. 12.6).

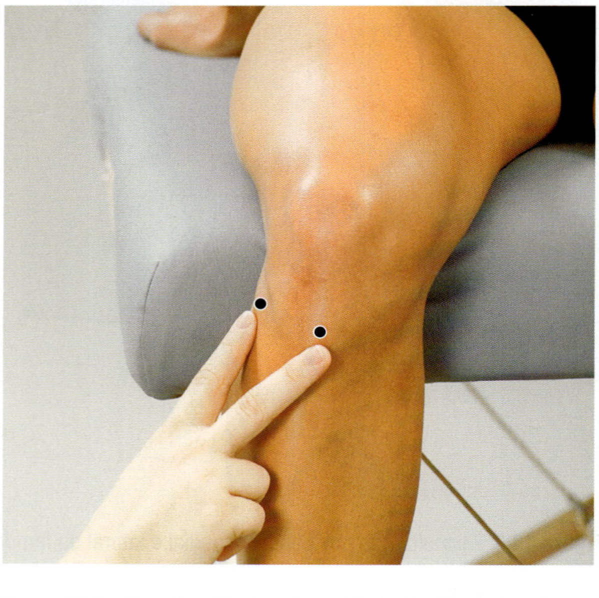

Figura 12.6 Localização da tuberosidade da tíbia e da cabeça da fíbula.

A saliência menor, situada na face anterior do côndilo lateral da tíbia, é o **tubérculo da tíbia** (Fig. 12.7), onde se insere o trato iliotibial. Posteriormente e proximal, logo distal ao espaço entre os côndilos lateral e medial, está uma área denominada face poplítea. Logo abaixo dela, há uma pequena linha diagonal chamada de **linha do músculo sóleo** (Fig. 12.5). A vista superior da tíbia revela várias estruturas. As duas grandes superfícies, as **superfícies condilares medial** e **lateral**, são os locais em que os côndilos do fêmur se articulam com a tíbia para formar a articulação do joelho (Fig. 12.8). A grande proeminência óssea entre as duas superfícies condilares é a **eminência intercondilar**, e as proeminências menores ao lado da eminência intercondilar são os **tubérculos intercondilares medial** e **lateral** (Fig. 12.5).

O último osso da articulação do joelho é vital para o movimento correto da articulação. A **patela** é o maior osso sesamoide (livre, flutuante; ver Cap. 1) do corpo (Fig. 12.9). Esse osso não está diretamente ligado a outros ossos para formar uma articulação. Ele está incorporado ao tendão de inserção do quadríceps femoral, o grupo muscular anterior do joelho (discutido mais adiante na seção sobre músculos). Esse grupo muscular insere-se na patela por uma bainha fibrosa larga, que, por sua vez, insere-se na tuberosidade da tíbia pelos retináculos lateral e medial e o ligamento da patelos. A patela não só protege as estruturas abaixo dela, mas também altera o ângulo de tração do quadríceps femoral para criar uma força rotacional maior (em flexão e extensão) da articulação do joelho em comparação com a força de estabilização do quadríceps femoral que puxa a tíbia contra o fêmur. A extremidade proximal da patela é conhecida como **base**, e a distal é o **ápice**. A superfície posterior contém as **superfícies articulares medial** e **lateral**, que são recobertas por cartilagem articular e se articulam com os côndilos medial e lateral do fêmur para formar a articulação patelofemoral.

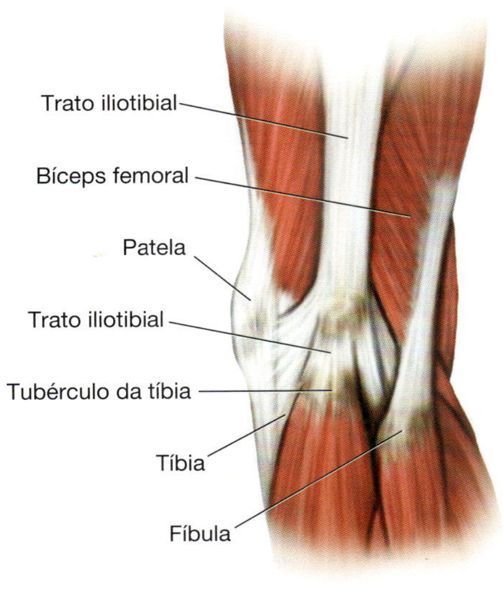

Figura 12.7 Tubérculo da tíbia e trato iliotibial.

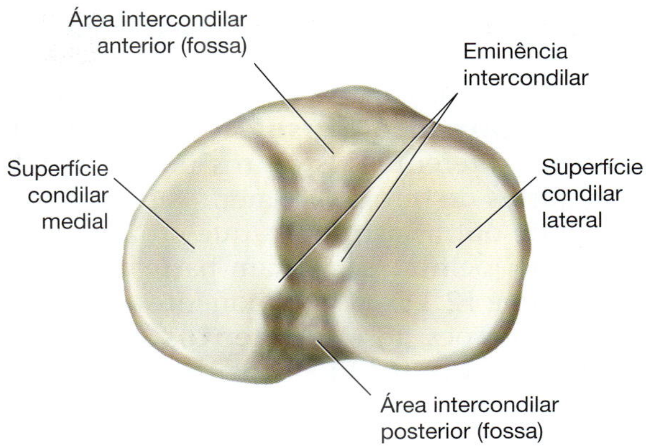

Figura 12.8 Tíbia, vista superior.

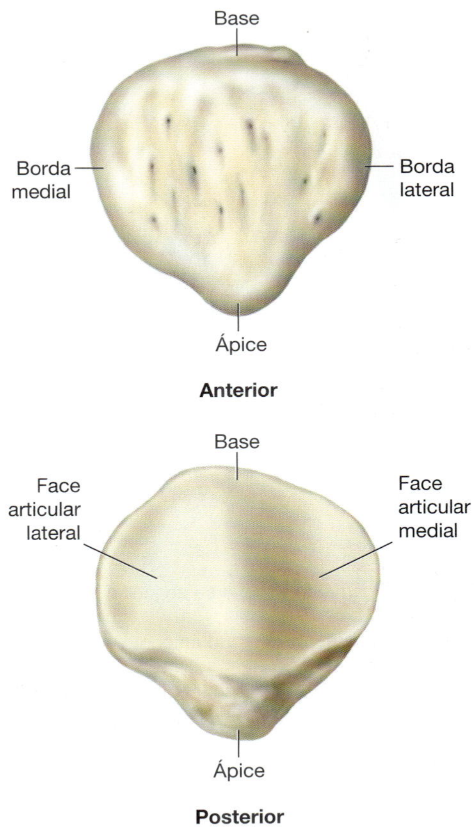

Figura 12.9 Patela, vistas anterior e posterior.

Ligamentos do joelho

Como todas as articulações sinoviais, a do joelho tem um **ligamento capsular**. Esse ligamento capsular é diferente dos outros porque consiste em partes de outros ligamentos e expansões fibrosas de outras estruturas que cruzam a articulação do joelho e se tornam parte da cápsula (Figs. 12.10 e 12.11). Os componentes da cápsula incluem porções dos **ligamentos colaterais tibial** e **fibular (LCF)** e expansões fibrosas do quadríceps femoral, do trato iliotibial, dos músculos vastos, do músculo sartório e do músculo semimembranáceo. Provavelmente, a melhor ilustração do ligamento capsular isolado está na vista posterior (**fossa poplítea**) da articulação do joelho.

O LCT e o LCF do joelho proporcionam estabilidade a ambos os lados da articulação, evitando essencialmente sua abdução e adução e tornando-a uma articulação uniaxial que flete e estende no plano sagital. O LCT vai do côndilo medial do fêmur ao côndilo medial da tíbia, com algumas fibras profundas se inserindo no menisco medial (discutido mais adiante neste capítulo). O LCF vai do côndilo lateral do fêmur à cabeça da fíbula. Observe que o LCF, ao contrário do LCT, *não* tem fibras se inserindo no menisco lateral.

Prática

Sentado em uma cadeira, coloque o pé de uma perna em cima da articulação do joelho da outra perna. Palpe os côndilos laterais do fêmur e da tíbia da perna de cima. Encontre o espaço articular entre os côndilos. Mova o dedo anterior e posteriormente pela interlinha articular até sentir uma estrutura semelhante a um cordão. Essa estrutura é o LCF. Agora considere o papel dos LCF e LCT na mecânica do joelho. Lembre-se de que o joelho em geral apenas flexiona e estende. Qual ligamento seria tensionado se fosse aplicada uma força no aspecto lateral da articulação do joelho (muitas vezes chamada de força

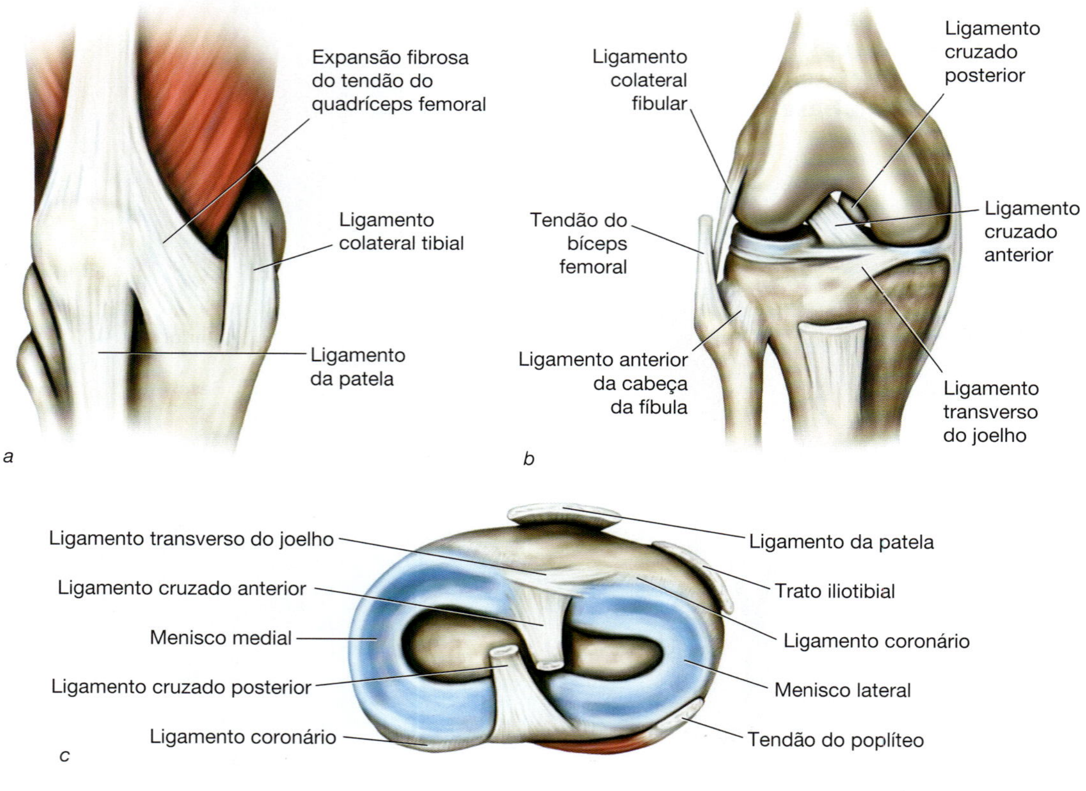

Figura 12.10 Ligamentos do joelho, vistas anterior (*a* e *b*) e (*c*) superior.

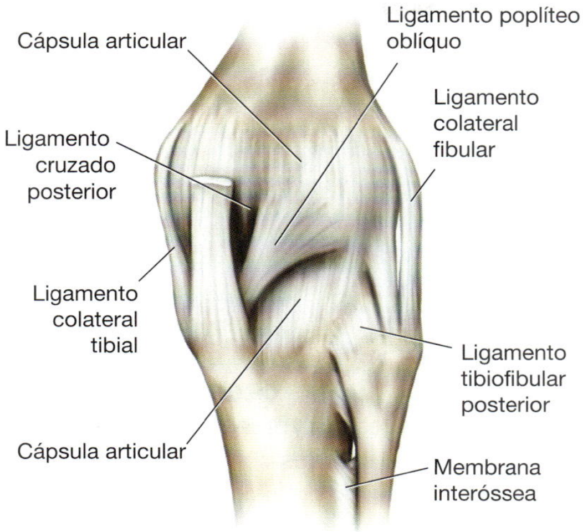

Figura 12.11 Ligamentos do joelho, vista posterior.

em valgo), forçando a articulação em abdução (i. e., aumentando o espaço entre a tíbia e o fêmur no aspecto medial da articulação)? (Ver Fig. 12.12a para a resposta.) Qual ligamento seria tensionado se fosse aplicada uma força no aspecto medial do joelho (força em varo), forçando a articulação em adução (aumentando o espaço entre a tíbia e o fêmur no aspecto lateral da articulação)? (Ver Fig. 12.12b). Essas tensões colocadas sobre os ligamentos LCT e LCF costumam ser o mecanismo de entorse da articulação do joelho.

No meio da articulação do joelho, há dois ligamentos conhecidos como **ligamento cruzado anterior** (LCA) e **ligamento cruzado posterior** (LCP) (Figs. 12.10 e 12.11). O termo *cruzado* significa "cruzar", e esses dois ligamentos realmente se cruzam quando passam pelo meio da articulação do joelho. O LCA vai de anterior à eminência intercondilar da tíbia à superfície posterior medial do côndilo lateral do fêmur. Sua função primária é evitar o deslocamento anterior da tíbia para fora da extremidade distal do fêmur. Esse ligamento, com a resistência dos músculos posteriores que cruzam a articulação do joelho, impede a hiperextensão do joelho normal. O LCP vai de posterior à eminência intercondilar da tíbia à parte anterior da superfície medial do côndilo medial do fêmur. Sua função principal é evitar o deslocamento posterior da tíbia para fora da extremidade distal do fêmur. O agachamento extremo pode colocar a articulação do joelho em um grau de flexão tal que o LCP pode sofrer tensão.

Existem também três ligamentos no aspecto posterior da articulação do joelho: o **ligamento poplíteo oblíquo**, o **poplíteo arqueado** e o **meniscofemoral posterior** (Fig. 12.13). O ligamento poplíteo oblíquo vai do aspecto posterior do côndilo lateral do fêmur à borda posterior do côndilo medial da tíbia; o poplíteo arqueado, posteriormente do côndilo lateral do fêmur à superfície posterior do ligamento capsular; e meniscofemoral posterior, do corno poste-

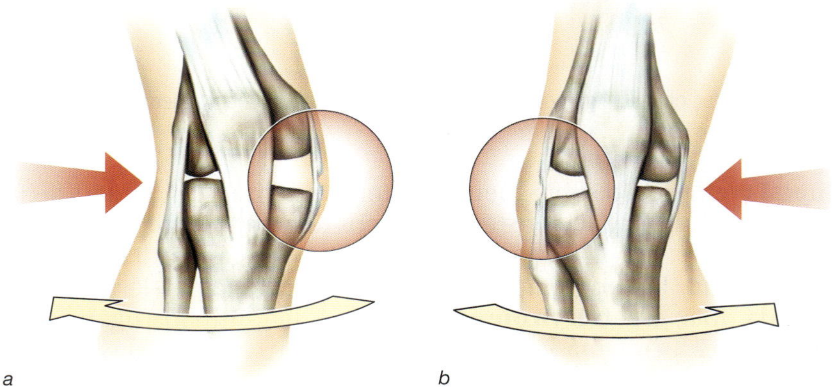

Figura 12.12 (*a*) Uma força lateral no joelho direito impõe um estresse em valgo no LCT. (*b*) Uma força medial do joelho direito coloca um estresse em varo no LCF.

FOCO EM

Ligamento cruzado anterior

O LCA tem recebido muita atenção recentemente no atletismo. Muitas atividades desportivas aplicam forças externas e internas às estruturas da articulação do joelho, incluindo o LCA. Há também um grande interesse na diferença entre o número de lesões desse ligamento em atletas dos sexos feminino e masculino. As teorias sobre o maior número de lesões do LCA em atletas do sexo feminino incluem membros inferiores com mau alinhamento (pelve feminina mais larga, maior ângulo Q); frouxidão ligamentar; desequilíbrio na relação entre a força do quadríceps e a dos isquiotibiais; menor tamanho da fossa intercondilar (fêmur) e do côndilo femoral nas mulheres; efeitos do estrogênio no tecido ligamentar; e taxas de maturação e efeitos sobre as posições de aterrissagem (aterrissagem sobre o joelho estendido, parada brusca com o joelho hiperestendido). A transferência de tensão dos imobilizadores do pé ao joelho e a interface entre o calçado e a superfície de jogo também contribuem para essas lesões. Outros fatores considerados são a intensidade do treinamento, o tipo de atividade, as técnicas de treinamento e outras teorias mais que suficientes para preencher um livro inteiro. Médicos, biomecânicos, fisioterapeutas, preparadores físicos e outros interessados continuam a procurar as razões para as diferenças no número de lesões de LCA entre atletas dos sexos feminino e masculino.

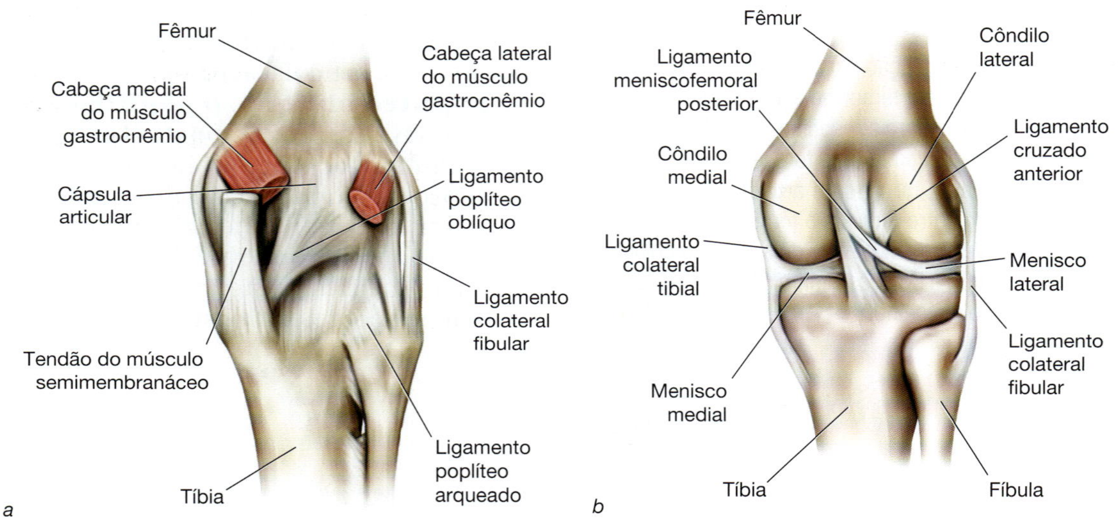

Figura 12.13 (*a*) Ligamento poplíteo oblíquo, ligamento poplíteo arqueado e (*b*) ligamento meniscofemoral posterior, vista posterior.

rior do menisco lateral (ver a seção sobre meniscos mais adiante neste capítulo) à face posterior do côndilo medial do fêmur.

Anteriormente no joelho, ligando o ápice da patela à tuberosidade da tíbia, está o **ligamento da patela** (Figs. 12.10 e 12.14). Uma vez que a patela está incorporada ao tendão do quadríceps, alguns anatomistas consideram essa estrutura uma extensão do tendão de inserção do quadríceps femoral. Outros, no entanto, chamam tal estrutura de ligamento da patela porque ela liga um osso a outro (a patela à tíbia). Neste livro, a estrutura é denominada ligamento da patela. Mesmo que alguns anatomistas afirmem que o tendão do quadríceps femoral se insere na tuberosidade da tíbia, a abordagem simples é que os músculos do

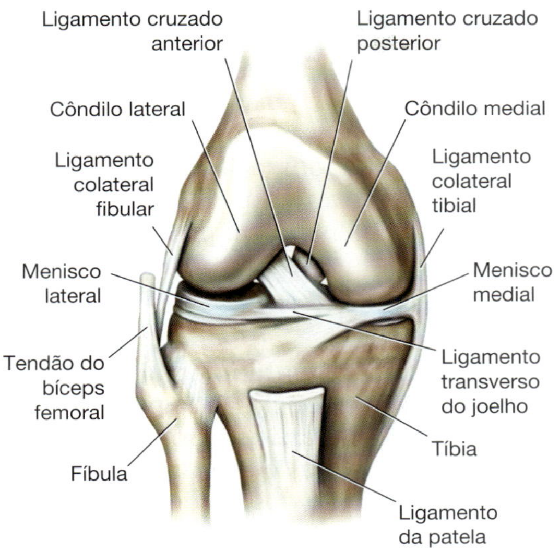

Figura 12.14 Ligamentos do joelho, vista anterior.

quadríceps se inserem na patela e esta se insere na tuberosidade da tíbia por meio do ligamento da patela.

Os outros dois ligamentos da articulação do joelho são únicos, pois não conectam um osso a outro, a função normal dos ligamentos. O **ligamento coronário**, uma porção do ligamento capsular, na verdade é responsável por conectar as bordas externas dos meniscos (ver a próxima seção) à extremidade proximal da tíbia (Fig. 12.10). O **ligamento transverso do joelho** está entre os cornos anteriores dos meniscos medial e lateral (Fig. 12.14). Ele evita que o corno anterior de cada menisco se mova para a frente quando a articulação do joelho sofre extensão e as superfícies condilares do fêmur e da tíbia exercem pressão sobre o menisco.

Meniscos do joelho

Observam-se duas estruturas fibrocartilaginosas semilunares (em forma de meia-lua) na extremidade proximal da tíbia, nas superfícies condilares lateral e medial. Essas estruturas são o **menisco lateral**, que tem uma forma quase circular, e o **menisco medial**, semicircular. Elas ajudam a aprofundar as superfícies condilares da tíbia onde os côndilos do fêmur se articulam. Suas bordas

FOCO EM

Ruptura do menisco

Os meniscos, mais o medial que o lateral, com frequência estão sob estresse durante atividades desportivas. O estresse às fibras profundas do LCT que se inserem no menisco medial pode rompê-lo. A rotação excessiva do fêmur sobre a tíbia fixa (rigidamente apoiada ou presa no chão ou quadra/superfície de jogo) pode causar estresse aos meniscos. Duas das rupturas mais comuns dos meniscos são as chamadas de lacerações em “bico de papagaio” e “alça de balde” (Fig. 12.15). A mais comum, a laceração em “alça de balde”, na verdade, causa a divisão da porção média do menisco (entre os cornos anterior e posterior) , fazendo a porção externa parecer a alça de um balde quando a porção interna se separa do corpo principal do menisco. Também ocorrem outros tipos de laceração de meniscos. O formato dos equipamentos, as superfícies de jogo, os calçados e os exercícios específicos são áreas de interesse para a diminuição na incidência dessa condição grave.

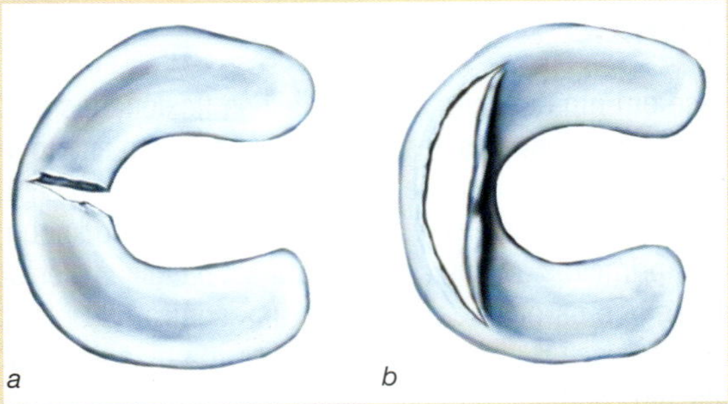

Figura 12.15 Duas lacerações comuns do menisco do joelho: (*a*) laceração em “bico de papagaio” e (*b*) “alça de balde”.

externas são espessas e convexas e estão conectadas à tíbia pelo ligamento coronário. As bordas internas dos meniscos são finas como um papel e repousam livremente (soltas) sobre as superfícies condilares da tíbia. As superfícies internas dos meniscos são côncavas para acomodar os côndilos do fêmur. Os aspectos anteriores e posteriores de cada menisco costumam ser chamados de **cornos anterior e posterior do menisco**.

Movimentos fundamentais do joelho e da perna

Visto ser uma articulação uniaxial capaz de se movimentar no plano sagital em torno de um eixo frontal horizontal sempre cambiante, a articulação do joelho consegue fazer dois únicos movimentos: flexão e extensão. No entanto, em razão dos tamanhos e das formas dos côndilos femorais e das configurações dos tecidos moles, quando o joelho flete e estende, a perna (tíbia e fíbula) roda. Quando o joelho estende, a perna roda lateralmente; quando flexiona, ela roda medialmente. Já que a articulação do joelho "bloqueia" em extensão e "destrava" quando se move em flexão, é difícil observar a rotação da perna quando ela está sem carga. O bloqueio em extensão completa muitas vezes é chamado de movimento em "pivô" (*screw home*).

Prática

Sente-se em uma cadeira com os joelhos flexionados a 90°. Sem calçado, coloque os pés em uma superfície plana (p. ex., azulejo ou cimento, não tapete). Feche uma mão e coloque-a entre os joelhos. Rode medialmente as pernas de modo que os artelhos (primeiras articulações metatarsofalângicas; ver Cap. 13) de ambos os pés se empurrem uns contra os outros. À medida que você realiza essa rotação, com a mão livre palpe os músculos semimembranáceos (região medial da coxa, ligeiramente proximal ao joelho) posteriores às articulações do joelho. Esses músculos (e os da "pata de ganso" – vistos mais adiante neste capítulo) estão contraindo para levar à rotação interna da perna. Agora, a partir da mesma posição inicial, peça a um colega que coloque os pés nos lados ou lateralmente a ambos os seus pés. Encontre o tendão do bíceps femoral no aspecto lateral posterior do joelho com a mão livre. Agora tente rodar lateralmente as pernas para forçar os pés empurrando os pés de seu colega para longe. O que você sentiu? Conforme os músculos que cruzam a articulação do joelho são avaliados, as inserções ósseas ajudam a identificar qual movimento de perna realizam, se houver algum.

Músculos do joelho e da perna

Os músculos que cruzam a articulação do joelho podem ser divididos com facilidade naqueles que cruzam a articulação anterior e posteriormente. O grupo anterior é analisado em primeiro lugar.

Músculos anteriores

Devido a sua posição anterior à articulação do joelho (Fig. 12.16), a conclusão lógica é que esses músculos estendem a articulação. Isso é majoritariamente verdade, mas outras funções também estão envolvidas, como observado nas considerações a seguir.

- **Sartório.** Este músculo, o mais longo do corpo, é examinado no capítulo relativo ao quadril porque é um flexor do quadril. Ele origina-se na espinha ilíaca anterossuperior (EIAS), cruza a articulação do quadril, passa na região

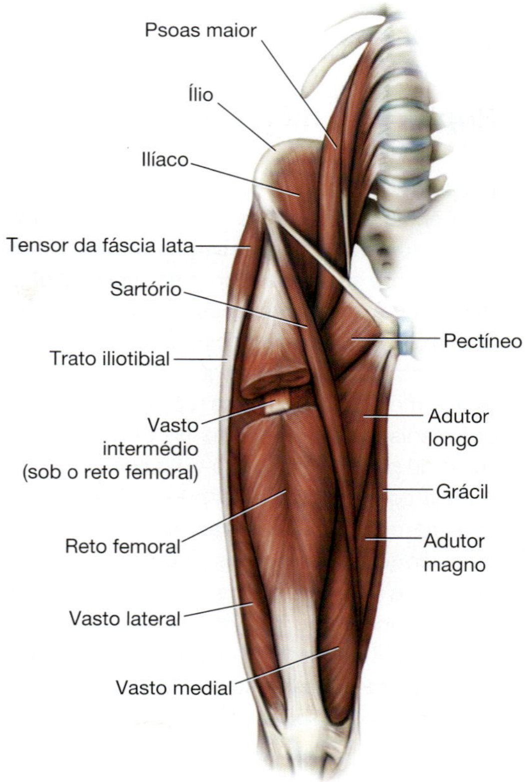

Figura 12.16 Músculos anteriores do joelho.

posterior ao côndilo medial do fêmur e se insere logo abaixo da extremidade proximal da superfície medial da tíbia (Fig. 12.16). Na articulação do joelho, o sartório flexiona-o e roda medialmente a perna.

O **quadríceps femoral**, com frequência chamado de "quadríceps", é um grupo de quatro músculos (Figs. 12.16 e 12.17). Um desses músculos, o reto femoral, passa tanto pela articulação do joelho quanto pela do quadril e é analisado no capítulo sobre o quadril no que se refere a sua ação nesta articulação. Neste capítulo, é examinada sua função como extensor do joelho. Os outros três músculos – os vastos intermédio, medial e lateral – cruzam somente a articulação do joelho e têm apenas uma função: a extensão do joelho.

- **Reto femoral.** Este é um músculo do quadríceps que cruza tanto a articulação do quadril quanto a do joelho. É o mais superficial dos músculos anteriores da coxa. Sua cabeça reta origina-se na espinha ilíaca anteroinferior (EIAI), e a cabeça refletida tem origem no acetábulo; o músculo insere-se na base da patela (Fig. 12.16). O reto femoral é um extensor da articulação do joelho.
- **Vasto lateral.** É o maior dos três músculos vastos. Surge na metade proximal da linha áspera, na **linha intertrocantérica** e no trocanter maior do fêmur; insere-se na borda lateral da patela. O vasto lateral estende a articulação do joelho.
- **Vasto medial.** Originando-se no lábio medial da linha áspera, este músculo insere-se na borda medial da patela. O vasto medial estende a articulação do joelho.

Prática

Com uma resistência na perna (exercida por um colega, uma tornozeleira ou um aparelho de flexão-extensão), estenda o joelho (Fig. 12.18). Observe e palpe os aspectos medial e lateral da coxa. Identifique a musculatura que está observando.

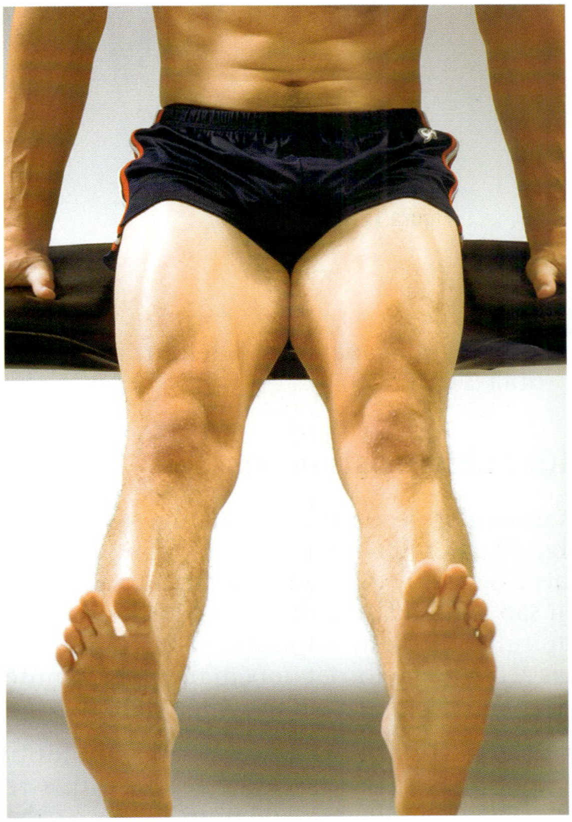

Figura 12.17 Localização do grupo muscular do quadríceps femoral.

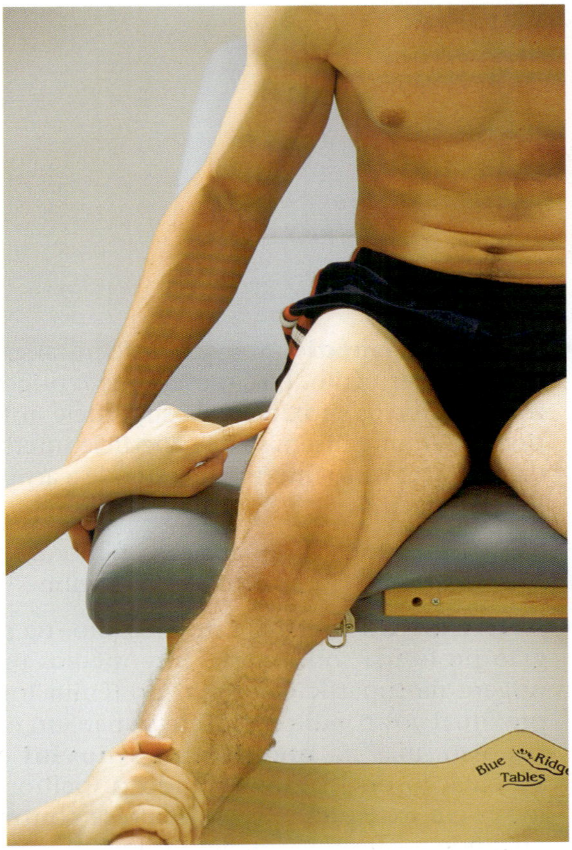

Figura 12.18 Localização do reto femoral.

FOCO EM

Ângulo Q e síndrome patelofemoral

O Capítulo 8 aponta as diferenças na forma da pelve entre o sexo feminino e o masculino. Se for traçada uma linha entre a patela e a tuberosidade da tíbia e outra linha entre a patela e a EIAS, será encontrado um ângulo entre estas duas linhas (Fig. 12.19). Este é o ângulo Q, definido como o ângulo entre a linha de tração do músculo quadríceps e a linha de inserção do tendão patelar. Nas mulheres, ele normalmente está entre 15 e 20°, enquanto nos homens varia de 10 a 15°. O ângulo Q superior a 20° pode resultar em uma série de problemas que causam dor na articulação patelofemoral e em torno dela. Essa avaliação abrangente da dor muitas vezes é identificada como síndrome patelofemoral (SPF). Conforme mencionado, há várias razões para a dor na região anterior da articulação do joelho, sendo que um ângulo Q excessivo é um possível fator contribuinte. Não se entrará em detalhes de diagnóstico médico em um livro de anatomia de nível iniciante, mas basta dizer que aqueles que experimentam SPF com frequência se queixam de dor ao subir escadas. Considere a relação da patela e do fêmur quando o joelho é movimentado ao realizar essa atividade.

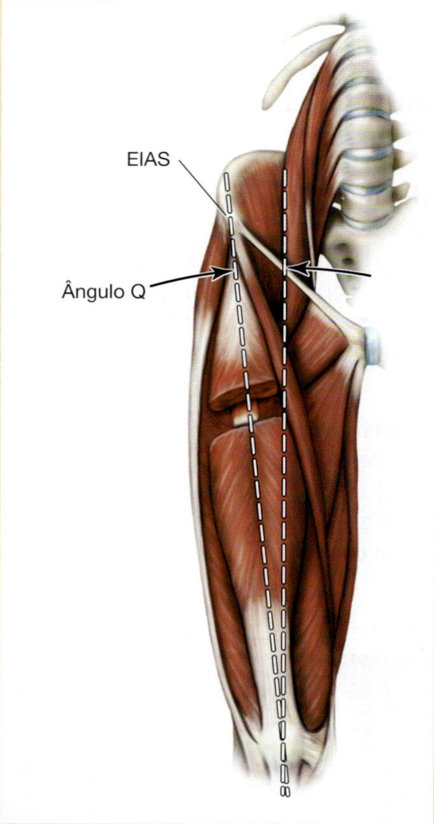

Figura 12.19 Ângulo Q.

- **Vasto intermédio.** Sob o reto femoral está o vasto intermédio. Esse músculo tem origem nos dois terços proximais da superfície anterior do fêmur e insere-se na superfície inferior da patela. O vasto intermédio estende a articulação do joelho.

Sob os músculos do quadríceps femoral, há outro músculo anterior, o articular do joelho.

- **Articular do joelho.** Este músculo, na região profunda sob o vasto intermédio, tem origem na superfície anterior do fêmur logo proximal aos côndilos e insere-se não em outro osso, mas na **membrana sinovial** da articulação do joelho. Quando o joelho se move em extensão, este músculo se contrai, puxando a cápsula articular do joelho proximalmente para evitar que a membrana sinovial seja pinçada entre o fêmur, a patela e a tíbia (Fig. 12.20).

Músculos posteriores

Os músculos posteriores da articulação do joelho (Fig. 12.21) incluem aqueles (como os isquiotibiais e o grácil) cujas ações na articulação do quadril são analisadas na discussão dos músculos no Capítulo 11. Neste capítulo, serão examinadas suas ações no joelho e também nos outros músculos que o cruzam posteriormente.

- **Bíceps femoral.** Este músculo isquiotibial tem duas cabeças: a cabeça longa, que tem origem na tuberosidade isquiática, e a cabeça curta, que se origina na face lateral da linha áspera (Fig. 12.21). O músculo insere-se na ca-

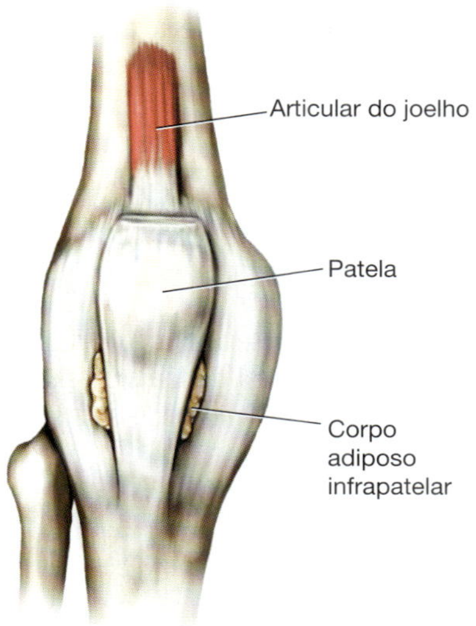

Figura 12.20 Articular do joelho.

beça da fíbula. Ele flexiona o joelho e, conforme este atinge a flexão ativa completa, roda lateralmente a perna.

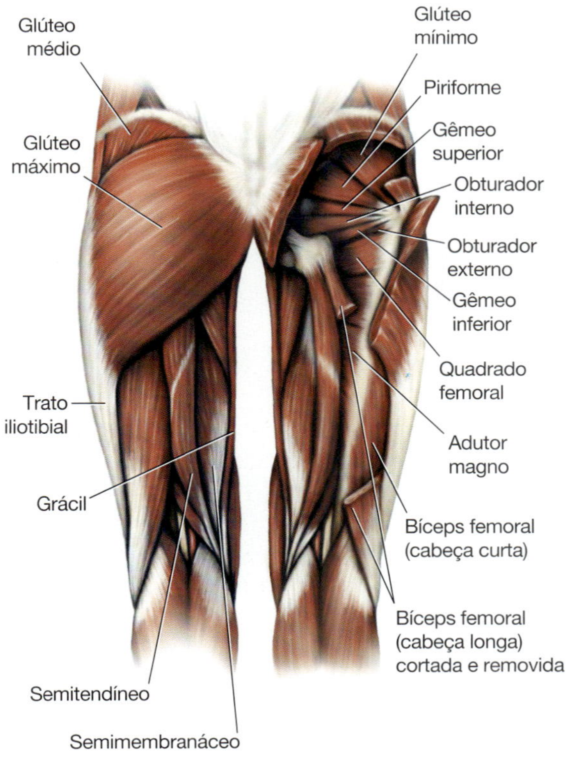

Figura 12.21 Músculos posteriores do joelho.

- **Semitendíneo.** Segundo músculo isquiotibial, o semitendíneo, origina-se na tuberosidade isquiática e insere-se proximal e medialmente na tíbia (Fig. 12.21). Ele flexiona o joelho e roda medialmente a perna.
- **Semimembranáceo.** Terceiro músculo isquiotibial, tem origem na tuberosidade isquiática e insere-se no aspecto posterior medial do côndilo medial da tíbia (Fig. 12.21). O semimembranáceo flexiona o joelho e auxilia na rotação medial da perna.
- **Grácil.** O grácil é o único músculo adutor da articulação do quadril que também passa pela articulação do joelho. Origina-se na superfície inferior da sínfise púbica, passa na região posterior ao côndilo medial do fêmur e insere-se medialmente na extremidade proximal da tíbia (Fig. 12.21). Ele flexiona o joelho e roda medialmente a perna.

O grácil, o semitendíneo e o sartório inserem-se em uma mesma área geral, logo abaixo da extremidade proximal da tíbia em sua face medial. A inserção dos três tendões estreitamente agrupados em geral é identificada como **"pata de ganso"** (Fig. 12.22). Todos os três componentes da "pata de ganso" flexionam a articulação do joelho e realizam a rotação medial da perna.

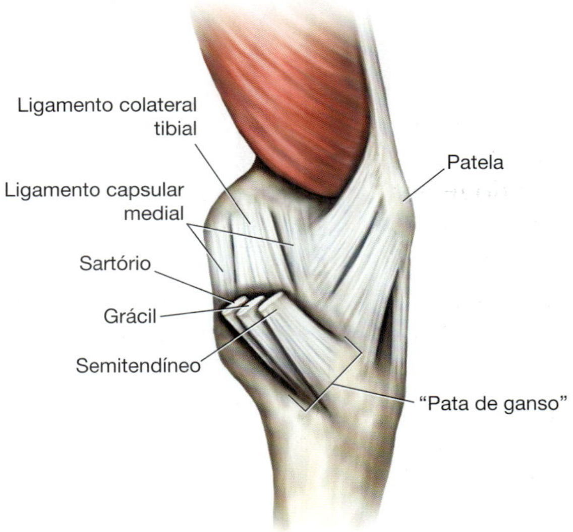

Figura 12.22 "Pata de ganso" (tendões de inserção do sartório, do grácil e do semitendíneo).

- **Poplíteo.** Cruzando diagonalmente o espaço poplíteo do joelho, o músculo poplíteo vai lateralmente do côndilo lateral do fêmur à linha para o músculo sóleo do terço proximal da face posterior da tíbia (Fig. 12.23). Observe a disposição das fibras do músculo. Além da flexão do joelho, qual movimento óbvio da perna tem probabilidade de ocorrer quando este músculo se contrai? (Resposta: rotação medial)
- **Trato iliotibial.** Esta estrutura (Fig. 12.24a), também discutida no capítulo relativo ao quadril, é uma combinação dos tendões de inserção do **glúteo máximo** e do **tensor da fáscia lata** (Fig. 12.21). O trato iliotibial cruza o joelho na área do côndilo lateral do fêmur e se insere em uma proeminência óssea imediatamente inferior e anterior ao côndilo lateral da tíbia, conhecida como tubérculo da tíbia (Fig. 12.7). O trato iliotibial flete e estende a articulação do joelho, dependendo do ângulo formado por ela em determinado momento. Quando essa articulação está entre a extensão total e 10 a 15° de flexão, o trato iliotibial encontra-se anterior ao côndilo femoral lateral e auxilia na extensão da articulação (Fig. 12.24b). À medida que a articulação do joelho continua fletindo além de 10 a 15°, o trato iliotibial se desloca para uma posição posterior ao côndilo femoral lateral e se torna um flexor da articulação (Fig. 12.24c).

Prática

Palpe a lateral do joelho. Mova a mão em direção proximal, logo acima do côndilo lateral do fêmur. Flexione e estenda o joelho e sinta o trato iliotibial movendo-se anterior e posteriormente ao côndilo femoral.

Dois músculos da perna originam-se do joelho e atuam nessa articulação, apesar de suas funções primárias envolverem o tornozelo.

- **Gastrocnêmio.** Este músculo tem duas cabeças: uma originária posteriormente no do côndilo lateral do fêmur e outra com origem na face posterior do côndilo medial do fêmur (Fig. 12.23). Ambas as cabeças se combinam em um único tendão de inserção que se liga ao **calcâneo** (osso do calcanhar).

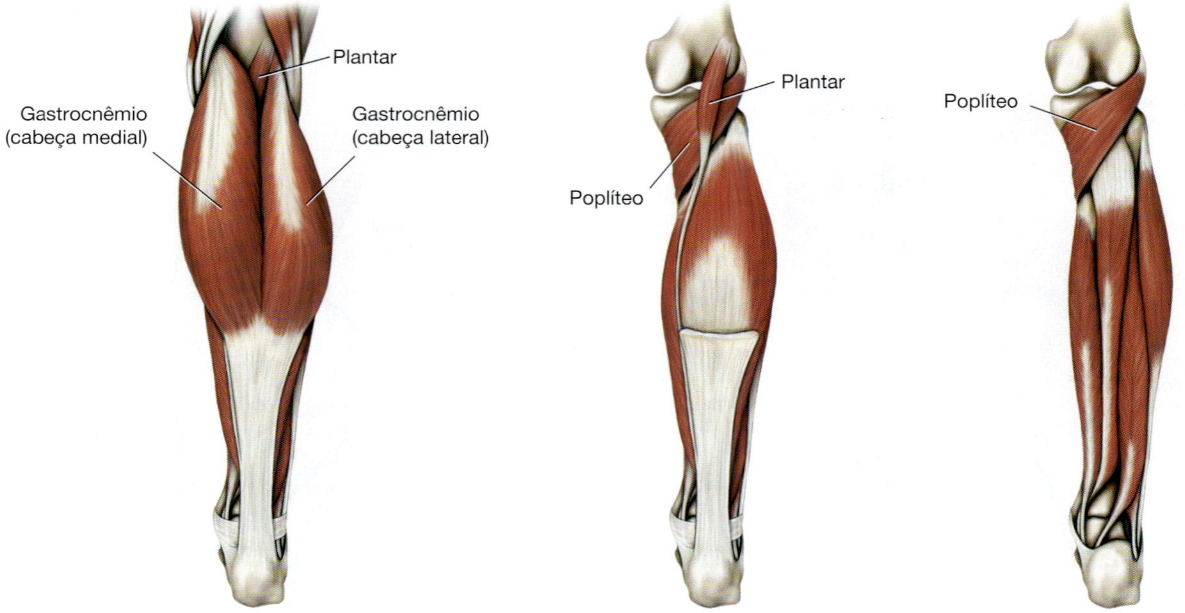

Figura 12.23 Músculos posteriores do joelho e da perna.

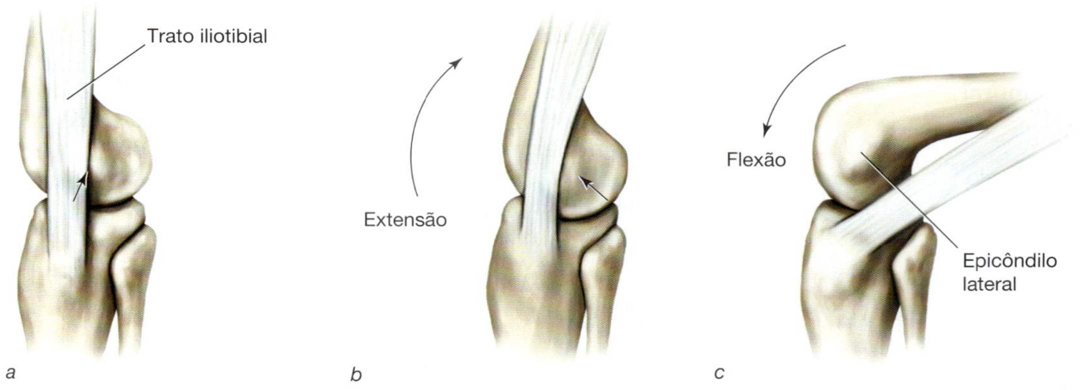

Figura 12.24 (*a*) Trato iliotibial. (*b*) Trato iliotibial quando a articulação do joelho se aproxima da extensão completa. (*c*) Trato iliotibial quando a articulação do joelho é flexionada.

O gastrocnêmio flexiona a articulação do joelho. Nos raros casos em que ele não pode desempenhar sua função primária (flexão plantar do pé) porque o pé está em uma posição fixa e não pode se mover, a contração do músculo gastrocnêmio pode causar a extensão da articulação do joelho.

- **Plantar.** Este músculo de ventre curto com um tendão de inserção longo inicia na linha áspera lateral e no ligamento poplíteo oblíquo e se insere no calcâneo (Fig. 12.23). O plantar auxilia na flexão do joelho, mas é de pouca importância em humanos em comparação aos outros músculos que realizam a mesma função.

DICAS DE APRENDIZAGEM

REVISÃO DA TERMINOLOGIA

Os termos a seguir são discutidos neste capítulo. Definir ou descrever cada termo e, se for o caso, identificar a localização da estrutura em seu corpo ou em uma ilustração apropriada.

ápice da cabeça da fíbula
ápice da patela
articulação patelofemoral
articular do joelho
base da patela
bíceps femoral
cabeça da fíbula
calcâneo
colo da fíbula
côndilo lateral da tíbia
côndilo lateral do fêmur
côndilo medial da tíbia
côndilo medial do fêmur
corno anterior do menisco
corno posterior do menisco
eminência intercondilar
epicôndilo lateral do fêmur
epicôndilo medial do fêmur
face patelar
face poplítea da tíbia
face poplítea do fêmur
fêmur
fíbula
fossa intercondilar
fossa poplítea
gastrocnêmio
glúteo máximo
grácil
ligamento capsular
ligamento colateral fibular
ligamento colateral tibial
ligamento coronário
ligamento cruzado anterior
ligamento cruzado posterior
ligamento da patela
ligamento meniscofemoral posterior
ligamento poplíteo arqueado
ligamento poplíteo oblíquo
ligamento transverso do joelho
linha do músculo sóleo
linha intertrocantérica
linha supracondilar lateral do fêmur
linha supracondilar medial do fêmur
membrana sinovial
menisco lateral

menisco medial
"pata de ganso"
patela
plantar
poplíteo
quadríceps femoral
reto femoral
sartório
semimembranáceo
semitendíneo
sulco poplíteo
superfície articular lateral da patela
superfície articular medial da patela
superfície condilar lateral da tíbia
superfície condilar medial da tíbia
tensor da fáscia lata
tíbia
trato iliotibial
tubérculo da tíbia
tubérculo do adutor
tubérculo intercondilar lateral
tubérculo intercondilar medial
tuberosidade da tíbia
vasto intermédio
vasto lateral
vasto medial

SUGESTÃO DE ATIVIDADES DE APRENDIZAGEM

1. Deitado em decúbito dorsal em uma maca, com as pernas para fora, estique os joelhos até a extensão completa.
   a. Que músculos realizam essa ação?
   b. Qual desses músculos é o mais importante para essa ação articular?
   c. Você teve dificuldade para estender totalmente os joelhos? Se positivo, por quê?

2. Sentado em uma maca, com as pernas para fora, estique os joelhos até a extensão completa.
   a. Que músculos realizam essa ação?
   b. Qual desses músculos é o mais importante para essa ação articular?
   c. Você teve dificuldade para estender totalmente os joelhos? Se positivo, por quê?

3. Sentado em uma maca, com as pernas para fora e os pés um ao lado do outro, estique os joelhos até a extensão completa. Conforme os joelhos se movem até a extensão completa, o que ocorre com as pernas (e com a relação entre os pés)?

4. Deitado em decúbito ventral, com todo o corpo sobre uma maca, traga os calcanhares até as nádegas.
   a. Que músculos do joelho realizam essa ação?
   b. A pelve elevou-se da maca enquanto você realizava essa atividade? Se positivo, por quê?

QUESTÕES DE MÚLTIPLA ESCOLHA

1. Qual dos seguintes ligamentos tem fibras profundas associadas a um menisco?
   a. Colateral tibial
   b. Colateral fibular
   c. Cruzado anterior
   d. Cruzado posterior

2. Qual das seguintes estruturas se insere no tubérculo da tíbia, no aspecto proximal anterolateral do osso?
   a. Tendão do quadríceps
   b. Ligamento colateral fibular
   c. Menisco lateral
   d. Trato iliotibial

3. A fossa poplítea é encontrada em qual aspecto da articulação do joelho?
   a. Anterior
   b. Posterior
   c. Lateral
   d. Medial

4. Qual dos ligamentos a seguir é responsável por impedir o deslocamento posterior da tíbia proximal para fora da extremidade distal do fêmur?
   a. Cruzado anterior
   b. Cruzado posterior
   c. Colateral tibial
   d. Colateral fibular

5. Quando a articulação do joelho se move em extensão, qual músculo se torna o rotador externo da perna?
   a. Plantar
   b. Poplíteo

c. Bíceps femoral
d. Reto femoral

6. Qual dos músculos isquiotibiais a seguir é parte da estrutura conhecida como "pata de ganso"?
   a. Semitendíneo
   b. Semimembranáceo
   c. Reto femoral
   d. Bíceps femoral

7. Qual dos músculos a seguir cruza somente a articulação do joelho?
   a. Sartório
   b. Bíceps femoral
   c. Reto femoral
   d. Poplíteo

8. Qual dos músculos a seguir, embora seja considerado um flexor fraco do joelho, é realmente de pouca importância na anatomia humana?
   a. Poplíteo
   b. Plantar
   c. Bíceps femoral
   d. Sartório

9. Qual dos músculos adutores de quadril a seguir também cruza a articulação do joelho?
   a. Pectíneo
   b. Adutor magno
   c. Grácil
   d. Adutor longo

10. Qual dos músculos a seguir não é considerado um flexor primário do joelho?
    a. Semitendíneo
    b. Semimembranáceo
    c. Bíceps femoral
    d. Reto femoral

11. Qual dos músculos a seguir é o mais longo do corpo humano?
    a. Sartório
    b. Reto femoral
    c. Semitendíneo
    d. Tensor da fáscia lata

12. Qual dos grupos musculares a seguir contém o maior osso sesamoide do corpo no interior de seu tendão de inserção?
    a. Iliopsoas
    b. Quadríceps
    c. Isquiotibiais
    d. Adutores

13. Qual dos músculos a seguir é considerado o músculo isquiotibial lateral?
    a. Semitendíneo
    b. Semimembranáceo
    c. Bíceps femoral
    d. Reto femoral

14. Qual dos músculos a seguir se encontra abaixo do músculo reto femoral?
    a. Vasto lateral
    b. Vasto intermédio
    c. Vasto medial
    d. Vasto femoral

QUESTÕES DE PREENCHIMENTO DE LACUNAS

1. O acidente ósseo mais distal do fêmur é o(a) ___________.
2. Os meniscos medial e lateral são inseridos no(a) ___________.
3. O ligamento que se insere nos cornos anteriores dos meniscos medial e lateral para evitar a distorção do menisco durante a extensão do joelho é o ligamento___________.
4. O músculo gastrocnêmio origina-se no(a) ___________.
5. O ligamento destinado a impedir o deslocamento para a frente da tíbia fora da extremidade distal do fêmur é o ligamento ___________.
6. A articulação do membro inferior definida como articulação em gínglimo modificado é a do(da) ___________.
7. O trato iliotibial consiste nos tendões combinados do tensor da fáscia lata e do(a) ___________.

EXERCÍCIOS DE MOVIMENTO FUNCIONAL

Os músculos que cruzam a articulação do joelho atuam durante a flexão e a extensão da articulação. Liste um músculo que atue como um motor primário, um antagonista, um fixador e um sinergista para que ocorra a flexão e a extensão do joelho.

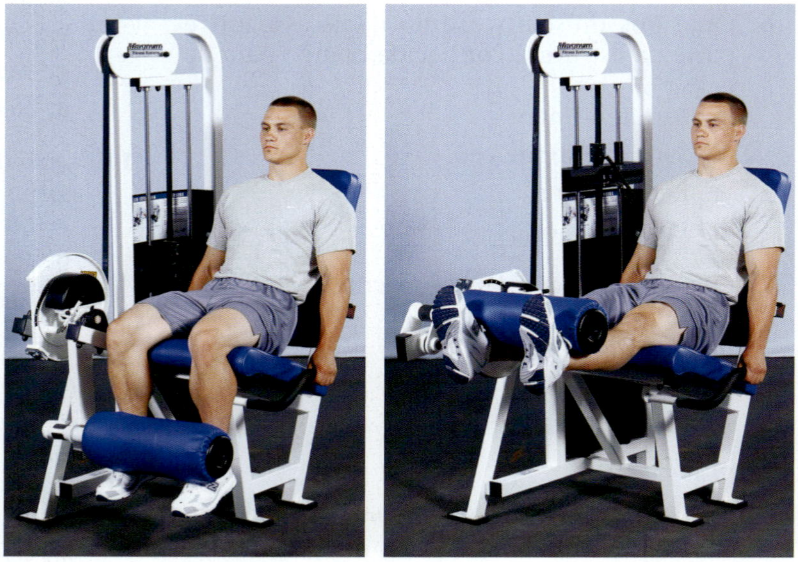

	Flexão de joelho	Extensão de joelho
Motor primário		
Antagonista		
Fixador		
Sinergista		

Capítulo 13

Perna, Tornozelo e Pé

Este capítulo pode parecer familiar porque a perna, o tornozelo (articulação tibiotársica) e o pé são muito semelhantes anatomicamente ao antebraço, ao punho e à mão. Os ossos, os ligamentos e os músculos podem ou não ter nomes semelhantes, mas sua estrutura é similar. Em contraste com o membro superior, o inferior é construído de modo a suportar o peso corporal e a absorver a força aplicada por esse peso a cada passada.

Ossos da perna

Os dois ossos da perna são a **tíbia** (medialmente) e a **fíbula** (lateralmente). Discutiu-se muito sobre os aspectos relacionados à descarga de peso em ambos os ossos; contudo, neste livro, assumimos que a tíbia é o osso que sustenta a maior parte do peso e que a fíbula tem pouca ou nenhuma função na sustentação do peso.

Os acidentes ósseos proeminentes da extremidade proximal desses ossos são apresentados no Capítulo 12, relacionado ao joelho. Nas extremidades distais das diáfises da tíbia e da fíbula, estão grandes proeminências conhecidas como **maléolos** (Figs. 13.1 e 13.2). A proeminência na extremidade distal da fíbula é o **maléolo lateral**; a que existe na extremidade distal da tíbia é o **maléolo medial**. Palpe essas saliências em ambos os lados da extremidade distal da perna e observe qual delas é mais distal. É importante lembrar disso mais tarde, quando forem discutidos os movimentos fundamentais do tornozelo.

Na superfície lateral da tíbia, imediatamente proximal à extremidade distal, está uma incisura

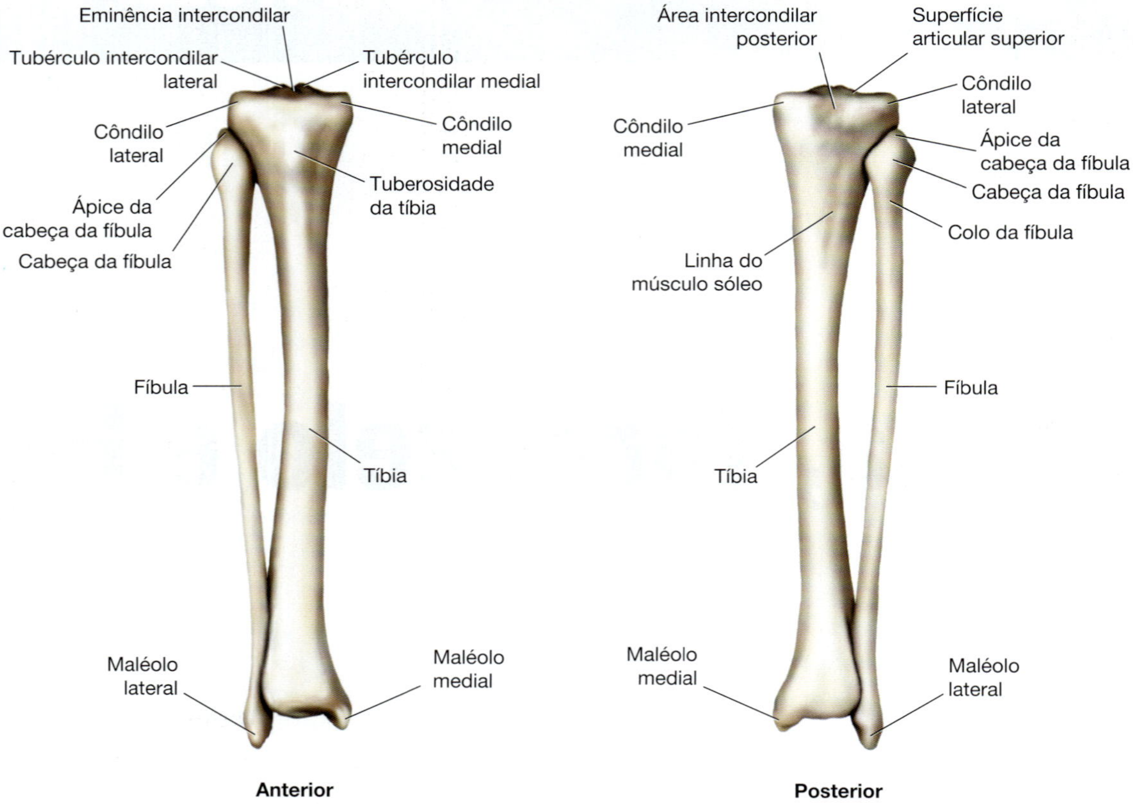

Figura 13.1 Tíbia e fíbula, vistas anterior e posterior.

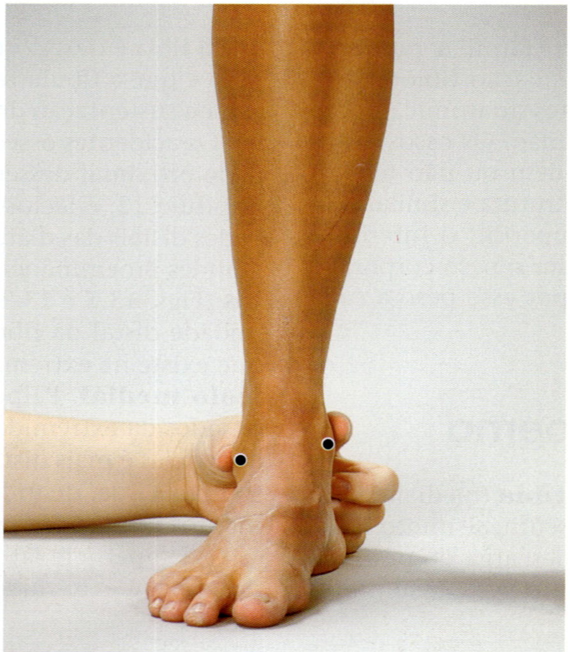

Figura 13.2 Localização dos maléolos.

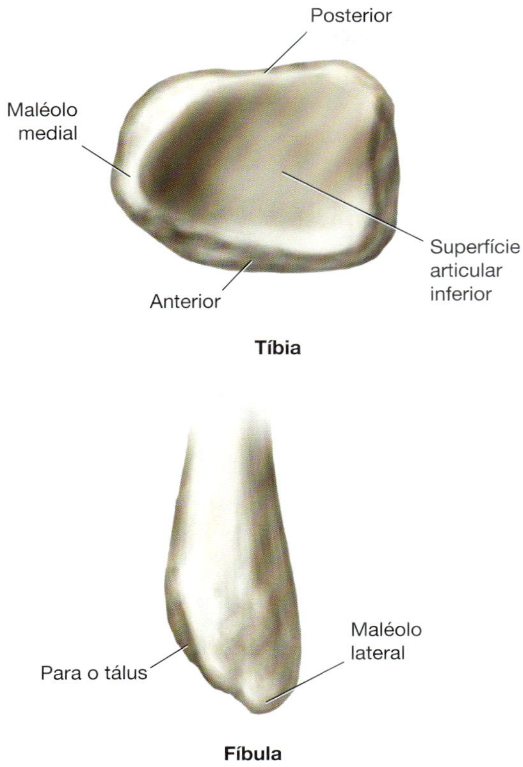

Figura 13.3 Extremidades distais da tíbia (vista inferior) e fíbula (vista posterior).

denominada **incisura fibular da tíbia**, em que a tíbia e a fíbula se articulam para formar a **articulação tibiofibular** distal.

As superfícies distais da tíbia e da fíbula têm facetas (ou superfícies lisas) que se articulam com o tálus, um dos ossos do pé (Fig. 13.3).

Ossos do pé

Os 26 ossos do pé (Fig. 13.4) normalmente são divididos em três segmentos distintos: o **antepé** (19), o **mediopé** (5) e o **retropé** (2).

O antepé é composto por 14 **falanges**: três por artelho (falanges proximal, média e distal), exceto para o hálux, que tem apenas uma falange proximal e outra distal. As falanges e o osso metatarsal do primeiro artelho, ou hálux, são maiores do que os dos outros quatro artelhos (segundo, médio, quarto e mínimo) por uma finalidade específica. Quando o pé suporta o peso do corpo, assim como na marcha, o hálux deve sustentar a maior parte do peso. Esse é o mesmo arranjo que encontramos na mão: três falanges em cada dedo e apenas duas no polegar. Os outros cinco ossos do antepé são os longos do pé, conhecidos como **ossos metatarsais**. Mais uma vez, esses são semelhantes aos cinco ossos do carpo da mão. Os metatarsais são constituídos por uma **cabeça** (extremidade distal), uma **diáfise** e uma **base** (extremidade proximal). A mais proeminente dessas estruturas é a base do quinto osso metatarsal.

Prática

Passe o dedo ao longo da borda lateral do pé e palpe uma proeminência bastante grande cerca de metade a dois terços do comprimento do pé a partir do quinto artelho (mínimo). Esta é a base (também conhecida como tuberosidade) do quinto metatarsal (Fig. 13.4).

Os sete ossos do pé restantes são chamados coletivamente de **ossos do tarso**. Cinco deles (cuboide, navicular e cuneiformes medial, intermédio e lateral) compõem o mediopé, e os dois ossos do tarso restantes (tálus e calcâneo) compõem o retropé.

Logo proximal aos metatarsais mediais, estão três ossos do tarso, denominados **ossos cuneiformes** (Figs. 13.4 e 13.5). Estes muitas vezes são chamados de primeiro, segundo e terceiro cuneiformes, mas é mais fácil lembrar deles por sua posição anatômica: os ossos cuneiformes medial, intermédio e lateral. Proximalmente aos ossos cuneiformes, está o quarto osso do mediopé: o **navicular**. O quinto osso tarsal do também é o mais lateral dos cinco tarsais do mediopé: o osso **cuboide**. Um exame cuidadoso desse osso revela que sua borda lateral é côncava. Tal sulco fornece um espaço para um tendão do pé e do tornozelo (o do fibular longo, discutido mais adiante neste capítulo).

Os dois últimos ossos do tarso, o **tálus** e o **calcâneo**, compõem os ossos do retropé (Figs. 13.4, 13.6 e 13.7). Ambos se articulam com a tíbia e a fíbula, da mesma forma que os ossos **escafoide** e semilunar se articulam com a ulna e o rádio do antebraço. O tálus situa-se literalmente no topo (proximal ao) do calcâneo, que, com frequência, é chamado de osso do calcanhar e é o maior dos ossos do tarso. Em vista posterior do calcâneo (Fig. 13.8), observa-se uma proeminência óssea que se estende no sentido medial

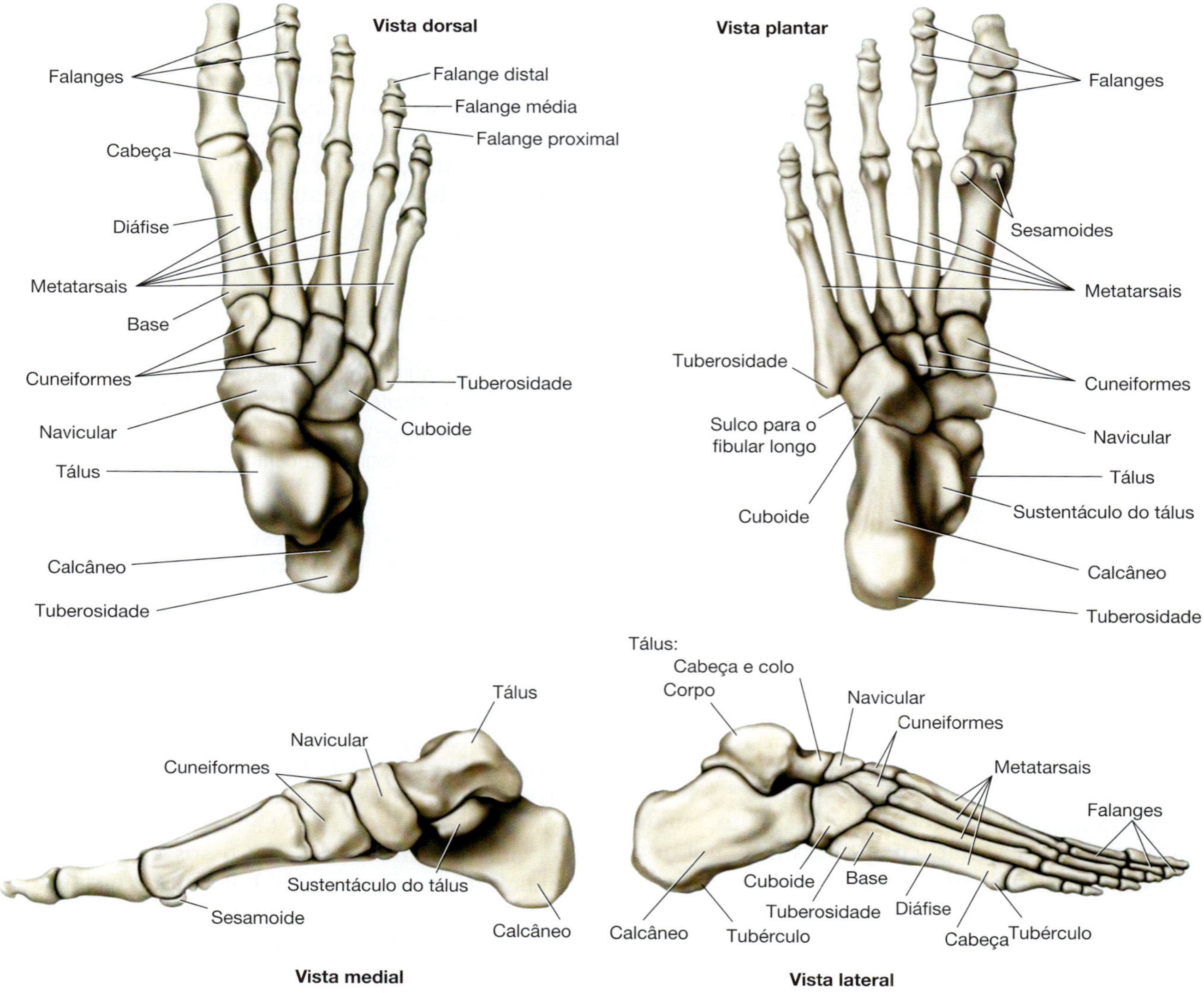

Figura 13.4 Ossos do pé.

a partir de sua superfície superior. Essa proeminência, o **sustentáculo do tálus**, serve como uma plataforma para acomodação de uma parte do tálus. Esses dois ossos, que se articulam entre si e com os ossos da perna, formam as duas articulações (talocrural e talocalcânea) que são chamadas de **articulação tibiotársica**. O movimento nessas duas articulações (dois movimentos em cada uma) resulta em quatro movimentos atribuíveis à articulação do tornozelo. Tais articulações e os movimentos são discutidos mais adiante neste capítulo.

Na superfície plantar da cabeça do primeiro osso metatarsal, estão dois ossos **sesamoides** (Fig. 13.4), os quais não costumam ser contabilizados com os outros 26 ossos do pé. Como a patela e os ossos sesamoides em geral, por definição, estes são incorporados ao tendão de um músculo e flutuam livremente. Eles não só protegem as estruturas acima deles, mas também proporcionam uma vantagem biomecânica para a função do músculo em que estão incorporados.

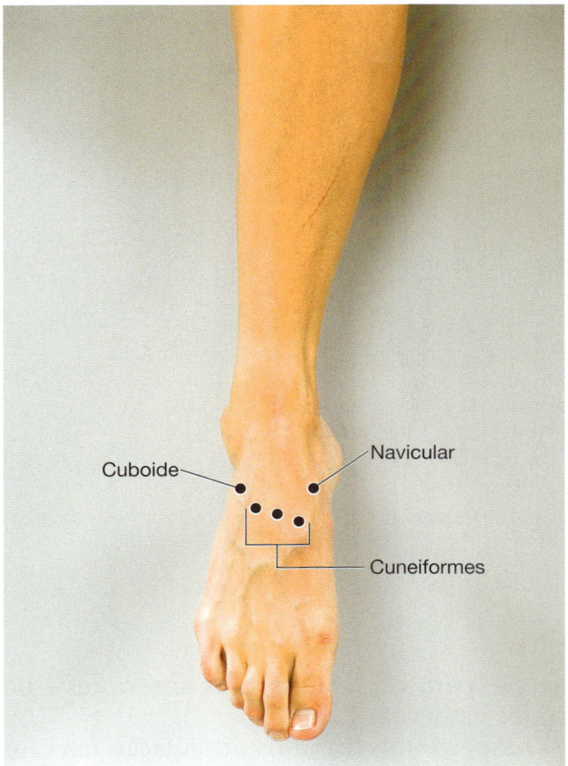

Figura 13.5 Vista dorsal dos ossos navicular, cuneiformes e cuboide.

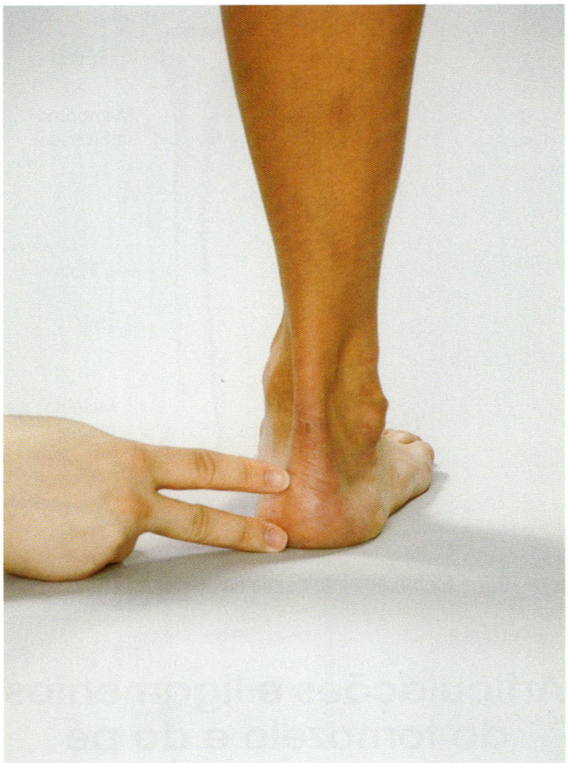

Figura 13.7 Localização do calcâneo.

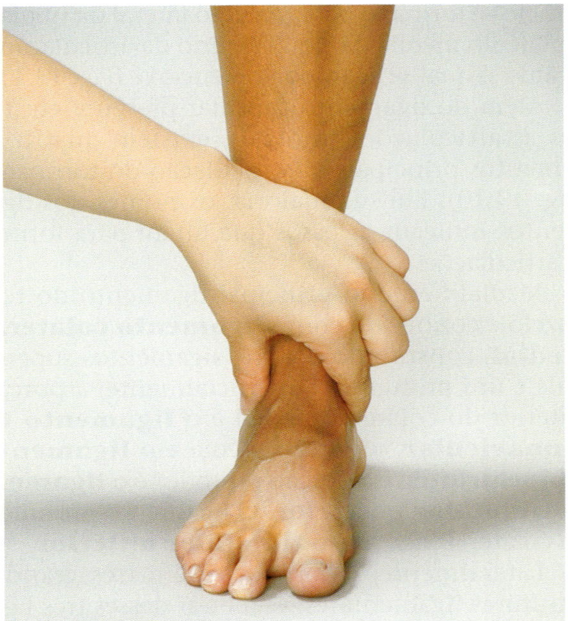

Figura 13.6 Localização do tálus.

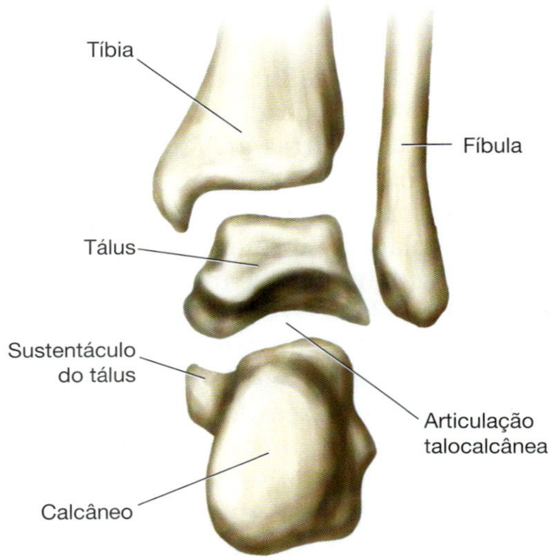

Figura 13.8 Vista posterior do calcâneo, ilustrando o sustentáculo do tálus e a articulação talocalcânea.

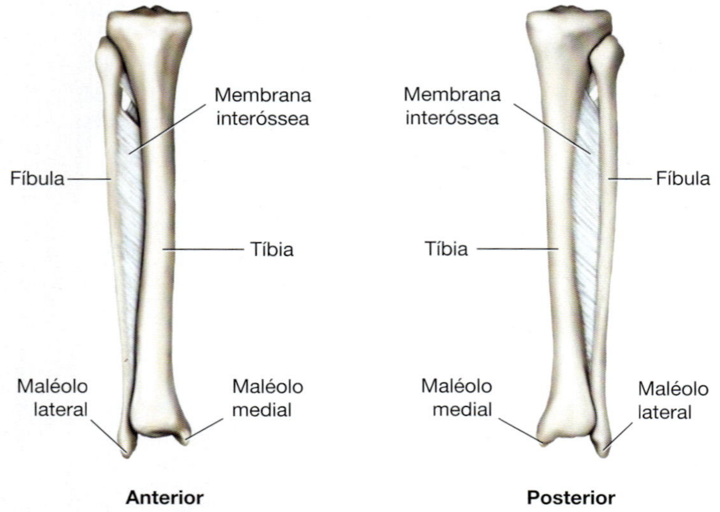

Figura 13.9 Membrana interóssea da articulação tibiofibular.

Articulações e ligamentos do tornozelo e do pé

Nas seções seguintes, serão examinadas inicialmente as articulações e os ligamentos do tornozelo e do pé. Por fim, serão analisados os arcos dos pés, essenciais para qualquer discussão a respeito dessa área.

Tornozelo

O tornozelo não é de fato uma articulação que possa ser bem-definida de uma única maneira, como muitas das outras articulações de todo o corpo humano. Alguns autores o denominam de complexo articular do tornozelo porque há mais de uma articulação em que ocorre o movimento que em geral chamamos de movimento da articulação do tornozelo.

Os principais ligamentos da perna são a **membrana interóssea** (Fig. 13.9; semelhante à membrana interóssea do antebraço), encontrada entre a margem medial da diáfise da fíbula e a borda lateral da diáfise da tíbia (das extremidades proximais para as distais) e os **ligamentos tibiofibulares anteriores** e **posteriores** na extremidade distal da perna (Fig. 13.10). A membrana interóssea serve como uma fonte de inserção para vários músculos anteriores e posteriores da perna.

O aspecto talocrural da articulação talocrural (tibiotársica) é uma articulação em gínglimo que permite o movimento no plano sagital (dorsiflexão e flexão plantar). Em anatomia, a talocrural muitas vezes é definida como uma articulação frouxa em encaixe e pino. O encaixe (recesso ou orifício) é formado pelo maléolo lateral da fíbula e o maléolo medial da tíbia. O pino da articulação é o tálus, o qual se acomoda no encaixe (Fig. 13.11).

Além do ligamento capsular presente em todas as articulações sinoviais, existem quatro ligamentos principais na articulação do tornozelo (Fig. 13.10). Em sua maioria, os nomes dos ligamentos indicam os ossos que unem para formar as articulações.

Medialmente, o principal ligamento do tornozelo é conhecido como **ligamento colateral medial**, constituído por três ligamentos superficiais e um profundo. Superficialmente, a porção anterior do colateral medial é o **ligamento tibionavicular**, a porção média é o **ligamento tibiocalcâneo** e a porção posterior é o **ligamento tibiotalar posterior**. O ligamento profundo do colateral medial é o **tibiotalar anterior**.

Lateralmente, o tornozelo tem três grandes estruturas ligamentares. O menor desses três ligamentos é o **ligamento talofibular anterior**

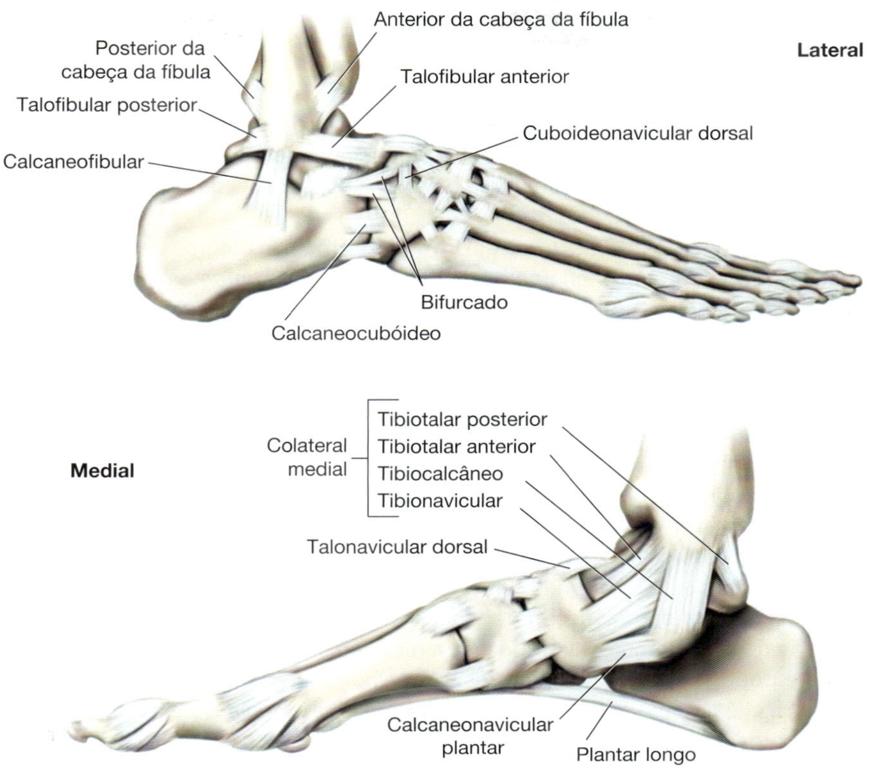

Figura 13.10 Ligamentos do pé e do tornozelo.

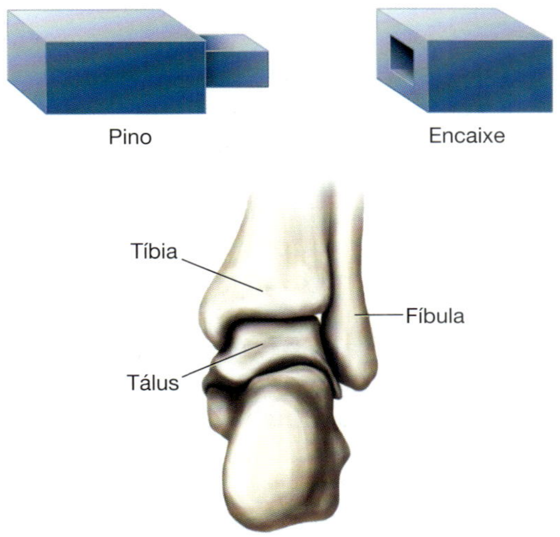

Figura 13.11 Encaixe (tíbia e fíbula) e pino (tálus) da articulação talocrural.

(TFA). Este vai da face anterior da extremidade distal do maléolo lateral ao tálus. O ligamento TFA é o mais comumente lesionado na entorse da articulação do tornozelo.

Prática

Colocando o dedo imediatamente anterior e distal à extremidade da fíbula, você encontra uma depressão suave: o **seio do tarso** (seio = "cavidade", tarso = "osso tarsal"). O ligamento TFA cruza essa área.

O mais forte dos três ligamentos laterais do tornozelo é o **ligamento talofibular posterior**, que vai do aspecto posterior do maléolo lateral ao tálus. O mais longo dos três ligamentos laterais do tornozelo é o **ligamento calcaneofibular**, que vai do maléolo lateral da fíbula ao aspecto lateral do calcâneo.

FOCO EM

Problemas na articulação do tornozelo

Qualquer ligamento do tornozelo pode sofrer entorse, dependendo da mecânica exata do estresse. No entanto, o ligamento TFA é, de longe, o mais comumente lesionado na entorse do tornozelo. "Virar" o tornozelo (girar demais o pé para dentro em direção ao outro pé) tenciona todos os ligamentos laterais, mas o TFA em particular está sob a maior tensão nessa entorse de tornozelo típica. O termo *entorse em inversão* é com frequência usado para descrever essa lesão.

Embora muito mais rara do que a entorse em inversão comum, a entorse alta do tornozelo é causada pelo mesmo mecanismo. Um termo mais anatomicamente correto seria *entorse da sindesmose*. O termo *sindesmose* é outra maneira de definir uma articulação: a articulação entre ossos mantidos unidos por ligamentos. No caso do tornozelo, quando este é invertido de forma excessiva, o tálus pode ser forçado contra a fíbula, ocasionando o estiramento da articulação entre a tíbia e a fíbula (a sindesmose tibiofibular). Isso pode levar à entorse do ligamento TFA, do ligamento posterior da cabeça da fíbula, da membrana interóssea ou de qualquer combinação desses. A entorse de qualquer dessas três estruturas pode ser definida como uma entorse alta de tornozelo.

A prevenção de problemas na articulação do tornozelo é importante para muitas pessoas envolvidas em atividades físicas. Prescrever exercícios específicos para fortalecer ou reabilitar o tornozelo, projetar calçados, utilizar medidas preventivas (como enfaixar, usar bandagens ou órteses) e compreender os efeitos de determinadas superfícies de jogo são medidas que dependem do conhecimento da anatomia da articulação do tornozelo. As estratégias de prevenção dependem de conhecer os tipos de estruturas que se destacam durante a lesão, os tipos de forças envolvidas, como neutralizar essas forças potencialmente prejudiciais e a musculatura que pode ser fortalecida para resistir melhor às forças prejudiciais. As disciplinas de biomecânica, treinamento atlético, medicina esportiva, fisioterapia e ciência do exercício podem fornecer a base necessária para abordar esse importante aspecto do esporte.

Prática

Depois de observar as disposições anatômicas dos ossos e dos ligamentos do tornozelo, tente virar o tornozelo para dentro em direção ao outro tornozelo (inversão); em seguida, tente virá-lo para fora, para longe do outro tornozelo (eversão). Qual atividade produziu a maior quantidade de movimento? Que estruturas limitam o movimento? A observação dessas ações e o arranjo estrutural dos ossos e dos ligamentos do tornozelo revela por que o TFA é o ligamento da articulação do tornozelo mais suscetível à entorse. A inversão e a eversão serão discutidas mais tarde neste capítulo.

Ligamentos do pé

Os ligamentos do pé (Figs. 13.10 e 13.12) podem ser divididos em cinco grupos: os **ligamentos do tarso**, os **tarsometatarsais**, os **intermetatarsais**, os **metatarsofalângicos** e os **interfalângicos**.

Os ligamentos do tarso unem as articulações entre os ossos tarsais do retropé e os ossos do mediopé. A articulação do retropé entre o tálus e o calcâneo (**articulação talocalcânea**, Fig. 13.8) produz movimentos de deslizamento medial e lateral no retropé que são identificados como inversão (movimento do pé em direção à linha média do corpo) e eversão (movimento do pé afastando-se da linha média).

Os ligamentos do tarso, assim como os do carpo do punho, unem os sete ossos do tarso. A maioria desses ligamentos é identificável por seus nomes, que representam os ossos que unem. A articulação talocalcaneonavicular tem um ligamento capsular e um **talonavicular dorsal**. A articulação calcaneocubóidea possui um ligamento capsular e o **calcaneocubóideo**. O **ligamento bifurcado** inicia no calcâneo e divide-se em fibras que correm para os ossos cuboide e navicular. O **ligamento plantar longo** vai do calcâneo ao cuboide, com fibras que se estendem até as bases do 3º ao 5º ossos metatarsais (Figs. 13.10 e 13.12). O ligamento plantar longo e o **ligamento calcaneonavicular** estão envolvidos em um dos arcos do pé (Fig. 13.10). Ligamentos adicionais do

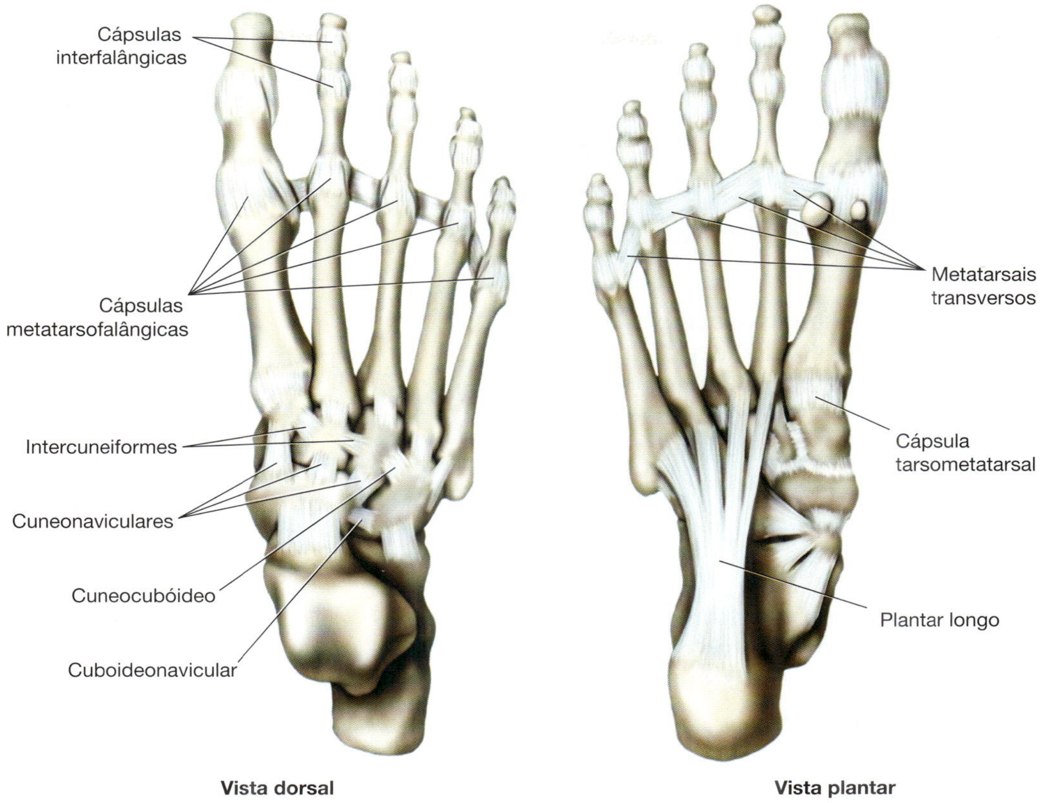

Figura 13.12 Ligamentos do pé.

grupo do tarso incluem três **cuneonaviculares** dorsais e três plantares: os **cuboideonaviculares** dorsal, plantar e interósseo; os **intercuneiformes** dorsal, plantar e interósseo; e os **cuneocubóideos** dorsal, plantar e interósseo.

Os ligamentos tarsometatarsais são os capsulares dorsais e plantares e os **ligamentos colaterais** (**interósseos)** (sob as cápsulas nos aspectos medial e lateral das articulações), os quais unem os cinco ossos metatarsais aos ossos do tarso do mediopé para formar as articulações tarsometatarsais (Figs. 13.10, 13.12 e 13.13). Os ligamentos intermetatarsais conectam as bases dos cinco ossos metatarsais nas articulações tarsometatarsais.

As articulações metatarsofalângicas (MF) que unem os ossos metatarsais às falanges proximais também têm ligamentos capsulares dorsais e plantares e ligamentos colaterais (interósseos) sob as cápsulas nos aspectos medial e lateral das articulações (Figs. 13.12 e 13.13). Além disso, há um **ligamento metatarsal transverso** conec-

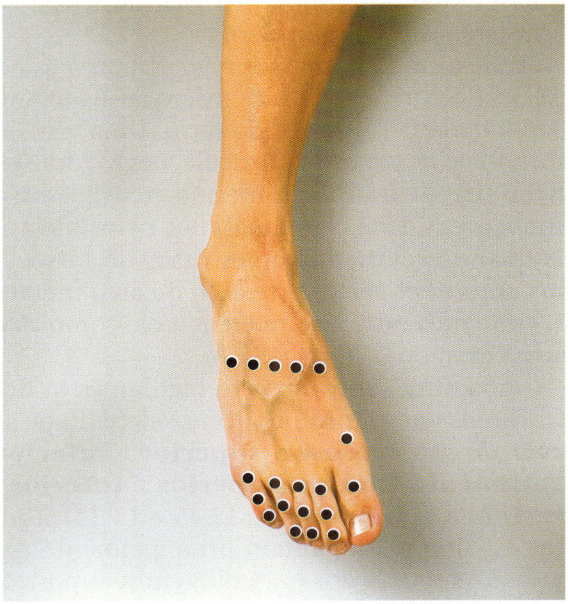

Figura 13.13 Localizacão das articulações tarsometatarsal, metatarsofalângica e interfalângica.

tando as cabeças dos cinco ossos metatarsais (Fig. 13.12). A primeira e a quinta articulações metatarsofalângicas muitas vezes são chamadas de "bola grande" e "bola pequena" do pé.

Prática

Observe a superfície plantar do pé e determine qual bola é a grande e qual é a pequena.

As articulações interfalângicas incluem as quatro interfalângicas proximais (IFP) e quatro distais (IFD) dos quatro dedos e a interfalângica (IF) única do hálux. As articulações interfalângicas são unidas por ligamentos capsulares dorsais e plantares e ligamentos colaterais (interósseos).

Arcos

Anatomicamente, um arco é definido como as estruturas que formam um objeto curvo ou em forma de arco. O pé contém dois ou três arcos, dependendo do ponto de vista.

O **arco longitudinal** vai do calcâneo às cabeças dos metatarsais na superfície plantar do pé (Fig. 13.14). O arco é composto por uma combinação das formas dos ossos e das estruturas ligamentares que os apoiam. O espaço criado sob o arco permite que músculos, tendões, vasos sanguíneos e nervos da superfície plantar do pé não sejam esmagados contra o solo.

Os ossos metatarsais formam um arco (ou arcos) em decorrência de suas inserções ligamentares às falanges e aos ossos do tarso. Uma vista anterior do pé revela que as articulações MF formam o **arco metatarsal**. Esse mesmo arco aparece na outra extremidade (proximal) dos ossos metatarsais quando se articulam aos ossos do tarso. Alguns autores chamam esse arco de arco metatarsal, enquanto outros se referem a ele como **arco transverso** do pé (Figs. 13.14).

Cinco outras estruturas (semelhantes às duas encontradas no punho) do tornozelo e do pé são o **retináculo extensor** (**superior** e **inferior**), o **retináculo fibular** (**superior** e **inferior**) e o **retináculo flexor** (Figs. 13.19 e 13.24). Todas essas estruturas funcionam principalmente para manter os tendões dos músculos em suas posições apropriadas.

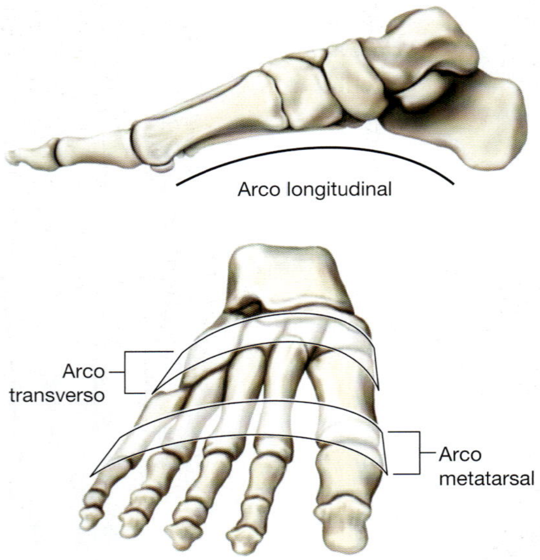

Figura 13.14 Arcos longitudinal, transverso e metatarsal.

Movimentos fundamentais da perna, do tornozelo e do pé

O movimento ascendente do pé em direção à porção anterior da perna é conhecido como flexão dorsal (**dorsiflexão**) da articulação tibiotársica. O movimento descendente é chamado de **flexão plantar** (plantiflexão) (Fig. 13.15). Mover o pé para fora em direção lateral na articulação talocalcânea produz um movimento denominado **eversão**. Movê-lo para dentro na posição medial na articulação talocalcânea resulta em um movimento conhecido como **inversão**. O movimento entre os ossos do retropé (tálus) e do mediopé (navicular) também contribuem para a eversão e a inversão (Fig. 13.16).

A articulação talocrural (tornozelo) é um gínglimo, sendo formada pela tíbia, a fíbula e o tálus, definindo-se como uniaxial. Desta forma, a articulação tibiotársica permite os movimentos de flexão plantar e flexão dorsal. Os movimentos de adução, abdução, supinação e pronação ocorrem nas demais articulações que compõem o pé.

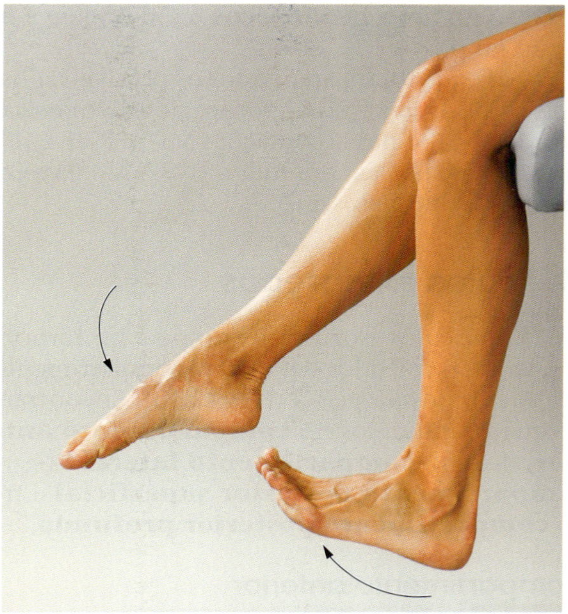

Figura 13.15 Flexão plantar do tornozelo direito e dorsiflexão do esquerdo.

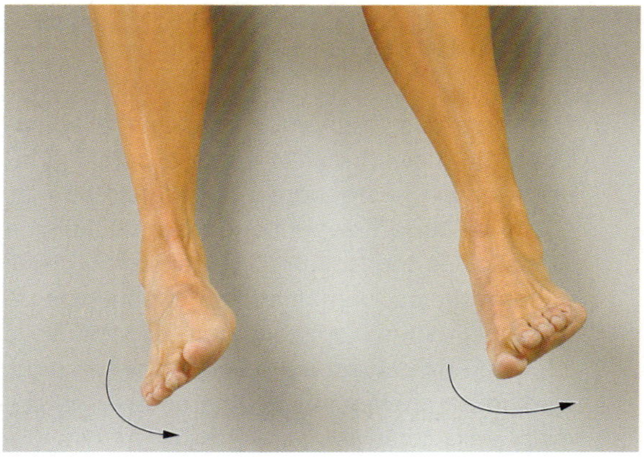

Figura 13.16 Inversão do tornozelo direito e eversão do esquerdo.

O movimento entre os ossos tarsais do pé é similar ao dos ossos carpais do punho. Os ossos deslizam uns sobre os outros para produzir um ligeiro movimento. Esses movimentos de deslizamento dos ossos tarsais combinados aos movimentos da articulação do tornozelo resultam na **supinação** (inversão do tornozelo e adução do pé) ou na **pronação** (eversão do tornozelo e abdução do pé) do pé. Novamente, o movimento entre os ossos do mediopé e do retropé também contribuem para esses movimentos.

Os movimentos nas articulações tarsometatarsal, MF, IFP, IF e IFD são limitados a flexão e extensão, exceto que as articulações MF também são capazes de abduzir e aduzir (Fig. 13.17).

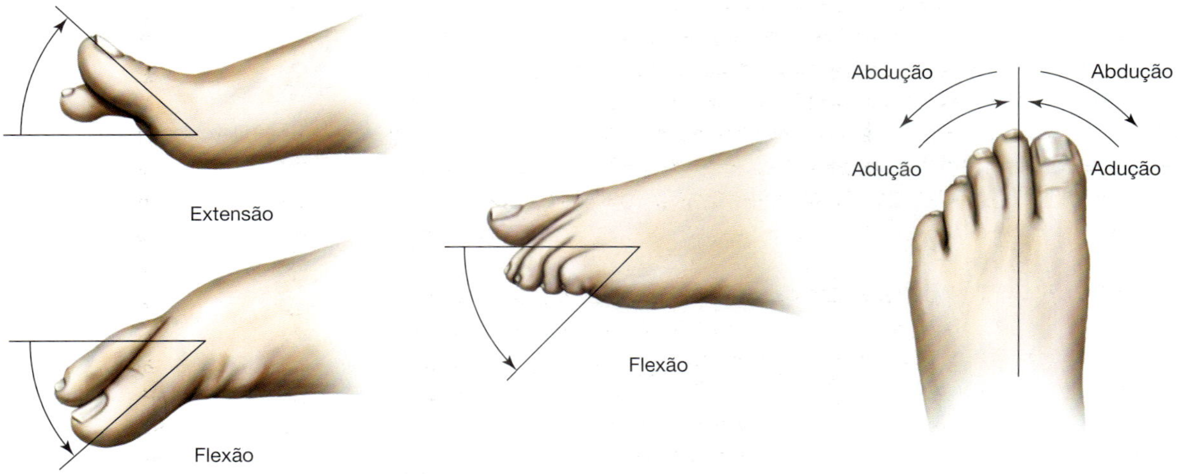

Figura 13.17 Extensão e flexão das articulações do pé. Abdução e adução das articulações MF.

FOCO EM

"Dedo de turfe"

A entorse dos ligamentos da primeira articulação MF (hálux), muitas vezes a partir da hiperextensão, é frequentemente chamada de "dedo de turfe", dependendo do mecanismo da lesão. Os conhecimentos de anatomia, física e biomecânica, combinados à experiência de engenheiros familiarizados com os efeitos da interação de calçados e da superfície de jogo, ajudam na prevenção de uma entorse da primeira articulação MF.

Músculos da perna, do tornozelo e do pé

Os músculos da perna, do tornozelo e do pé, como os da mão, são normalmente divididos em **extrínsecos** (aqueles com origem fora do pé e inserção no pé) e **intrínsecos** (com origem e inserção no pé).

Agora que foram analisados os possíveis movimentos na articulação do tornozelo (tibiotársica e talocalcânea) e nas articulações MF, IFP, IF e IFD, tornou-se mais fácil aprender as ações e localizações desses músculos.

Músculos extrínsecos

Há 12 músculos extrínsecos no pé e no tornozelo que estão contidos em quatro compartimentos bem-definidos da perna (Fig. 13.18). Encontram-se quatro músculos no **compartimento anterior**, dois no **compartimento lateral**, três no **compartimento posterior superficial** e três no **compartimento posterior profundo**.

Compartimento anterior

Os quatro músculos do compartimento anterior são o tibial anterior, o extensor longo dos dedos, o extensor do hálux e o fibular terceiro (Fig. 13.19).

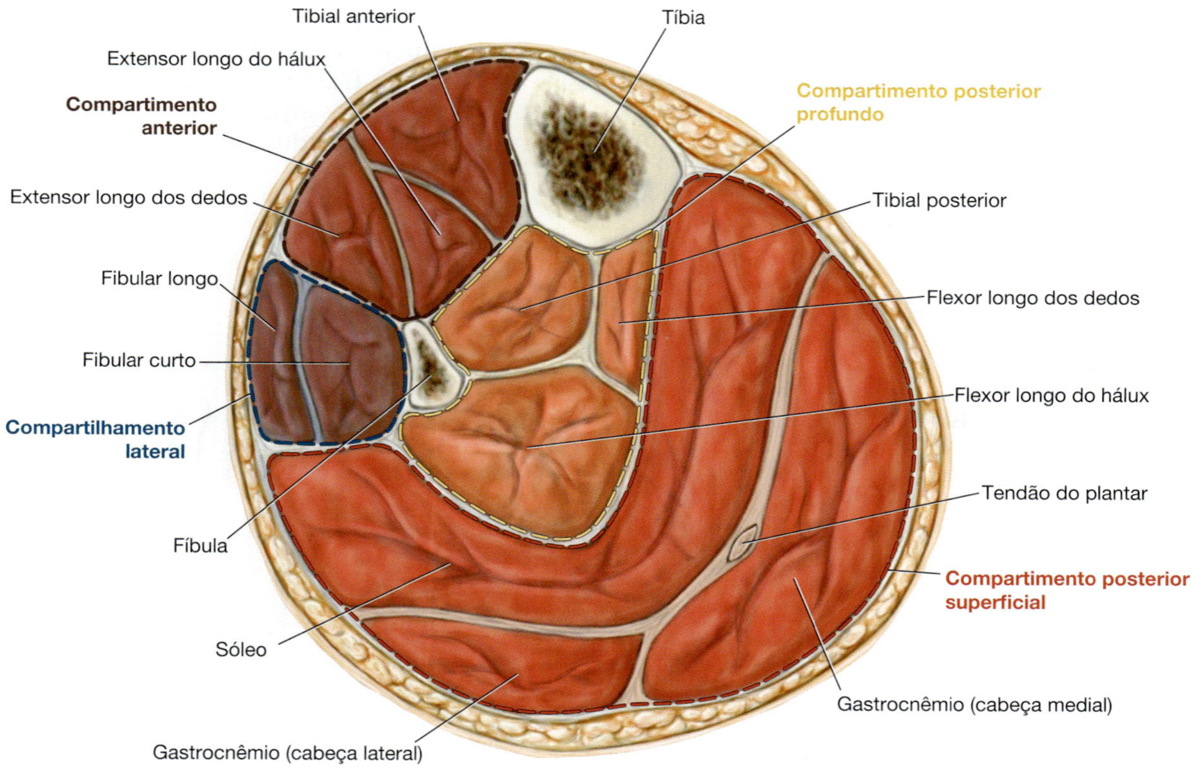

Figura 13.18 Corte transversal dos quatro compartimentos da perna, que contêm os 12 músculos extrínsecos do tornozelo e do pé.

- **Tibial anterior.** Origina-se nos dois terços superiores da face lateral da tíbia e se insere medialmente no cuneiforme medial e na base do primeiro osso metatarsal (Fig. 13.19). Se você considerar a origem e a inserção do tibial anterior, que ações são produzidas na articulação tibiotársica pela contração desse músculo? (Resposta: dorsiflexão e inversão.)

Prática

Encontre a diáfise anterior da tíbia e mova os dedos imediatamente lateral à tíbia. O primeiro tecido mole que você palpa é o músculo tibial anterior (Fig. 13.20). Além disso, conforme você dorsiflexiona o pé, observe o tendão do músculo tibial anterior na superfície anteromedial da articulação tibiotársica.

- **Extensor longo dos dedos.** É o segundo músculo extrínseco do compartimento anterior (Fig. 13.19). Este músculo tem origem no côndilo lateral da tíbia, nos três quartos proximais da fíbula e na membrana interóssea e se insere nas falanges médias e distais dos quatro dedos laterais. Considerando o nome do músculo e sua origem e inserção, quais são as ações dele na articulação tibiotársica e nas articulações MF, IFP e IFD? (Resposta: dorsiflexão do pé e extensão das articulações MF, IFP e IFD dos quatro dedos laterais.)

Prática

Enquanto dorsiflexiona o pé, note os tendões do extensor longo dos dedos sobre a superfície anterior da articulação tibiotársica (lateral ao tibial anterior) (Fig. 13.21). Observe também como o tendão se divide em quatro tendões de inserção que devem estar visíveis no aspecto superior (dorsal) do pé.

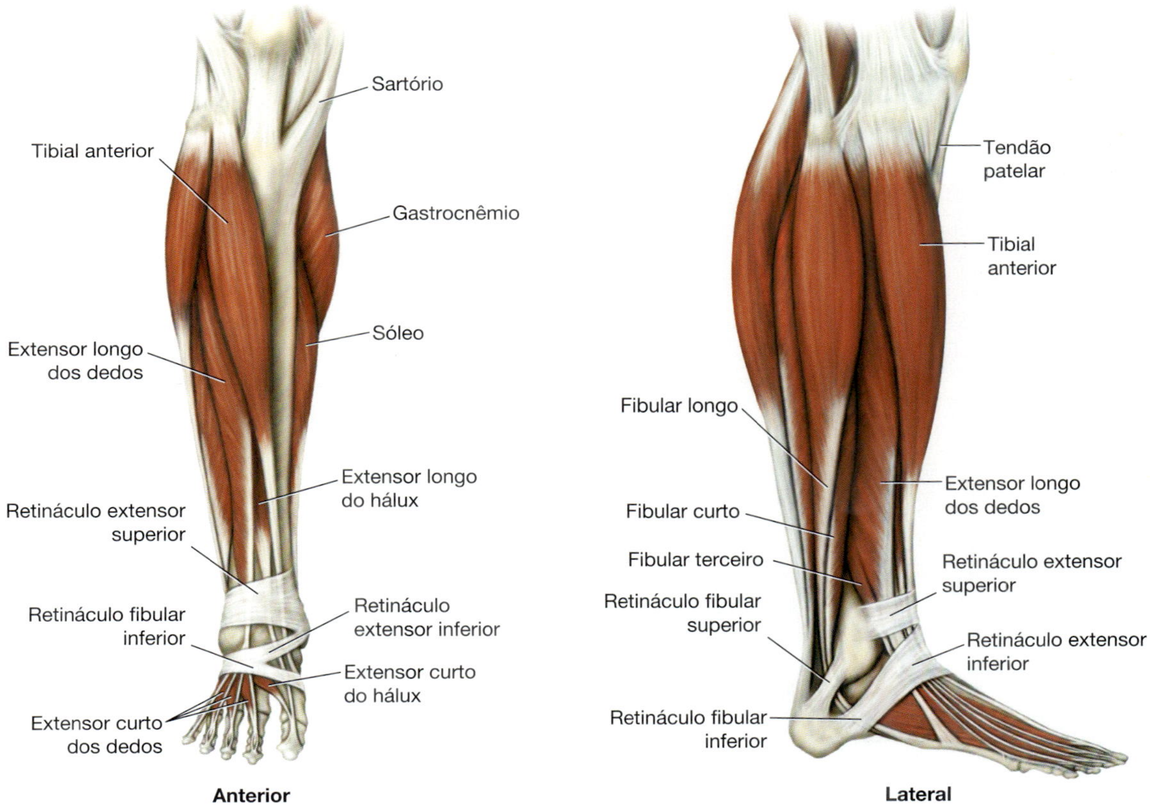

Figura 13.19 O retináculo e os músculos anteriores e laterais do pé.

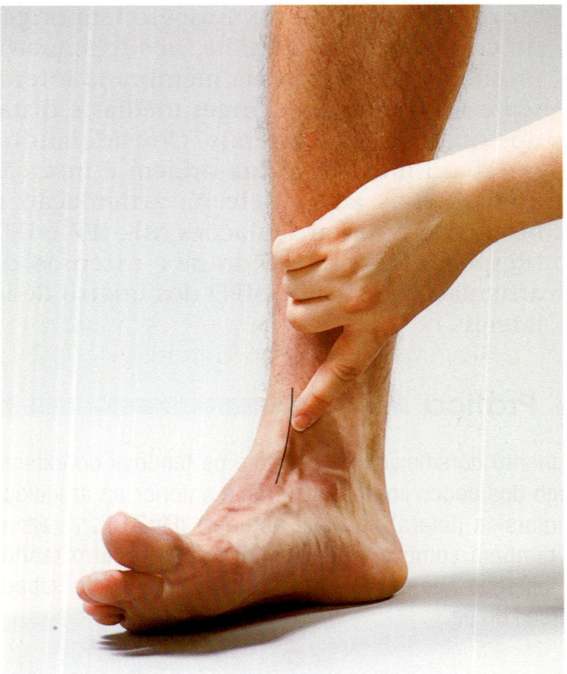

Figura 13.20 Localização do tibial anterior.

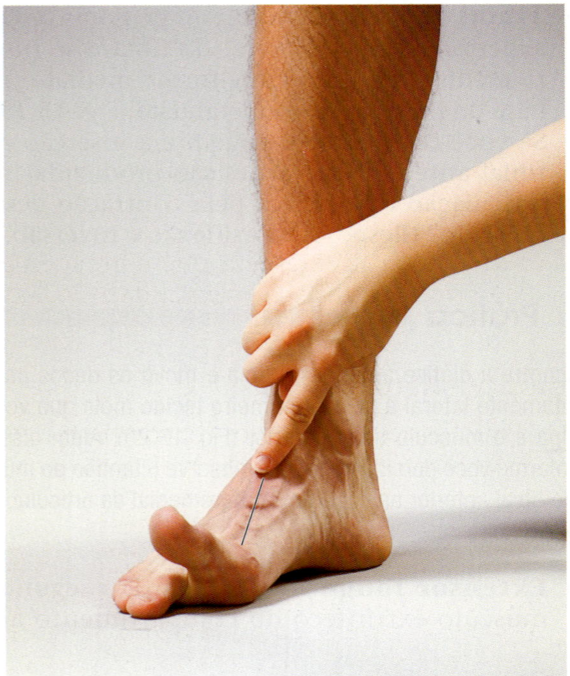

Figura 13.22 Localização do extensor longo do hálux.

- **Extensor longo do hálux.** É o terceiro músculo do compartimento anterior da perna (Fig. 13.19). Assim como as estruturas no membro superior usam o termo polegar para o primeiro dígito, o termo hálux se refere ao primeiro artelho. O extensor longo do hálux origina-se na metade média da face medial da fíbula e da membrana interóssea adjacente e se insere na falange distal do hálux. Enquanto observa as articulações que este músculo cruza, quais são as ações que você espera que ele realize nas articulações tibiotársica e MF e IF do hálux? (Resposta: dorsiflexão e inversão do pé e extensão das articulações MF e IF do hálux)

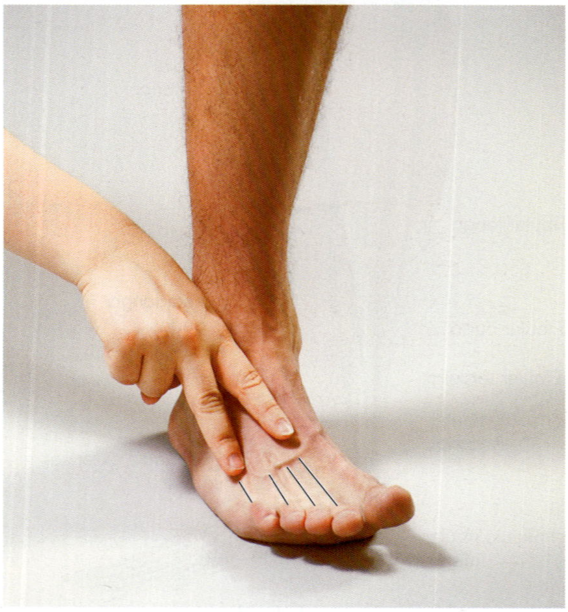

Figura 13.21 Localização do extensor longo dos dedos.

Prática

Estenda o hálux e observe o tendão de inserção do extensor longo do hálux (Fig. 13.22). Acompanhe-o a partir do hálux até a articulação tibiotársica; note que ele desaparece rapidamente conforme se move sob as fibras musculares dos dois músculos do compartimento anterior já discutidos: o tibial anterior e o extensor longo dos dedos (Fig. 13.19).

- **Fibular terceiro.** Este é quarto e último músculo do compartimento anterior da perna (um dos três músculos fibulares da perna). O fibular terceiro tem origem no terço inferior da fíbula e na membrana interóssea adjacente e se insere na superfície superior (dorsal) da base do quinto metatarsal (Fig. 13.19). Uma vez que ele cruza a face anterior da articulação tibiotársica e é o mais lateral dos quatro músculos do compartimento anterior, quais são as ações que você espera que desempenhe? (Resposta: dorsiflexão e eversão da articulação tibiotársica.)

Compartimento lateral

Dois músculos estão contidos no compartimento lateral da perna: o fibular longo e o fibular curto (Figs. 13.19 e 13.23).

- **Fibular longo.** Origina-se na cabeça e nos dois terços proximais da face lateral da fíbula e do côndilo lateral da tíbia e se insere nas superfícies laterais inferiores do cuneiforme medial e do primeiro osso metatarsal. Já foi observado neste capítulo que o osso cuboide tem uma concavidade (sulco) ao longo de sua borda lateral. Essa concavidade é onde o tendão de inserção do fibular longo passa da face lateral do pé para a superfície plantar inferior.
- **Fibular curto.** Tem origem na metade inferior da face lateral da fíbula e se insere na tuberosidade da base do quinto metatarsal.

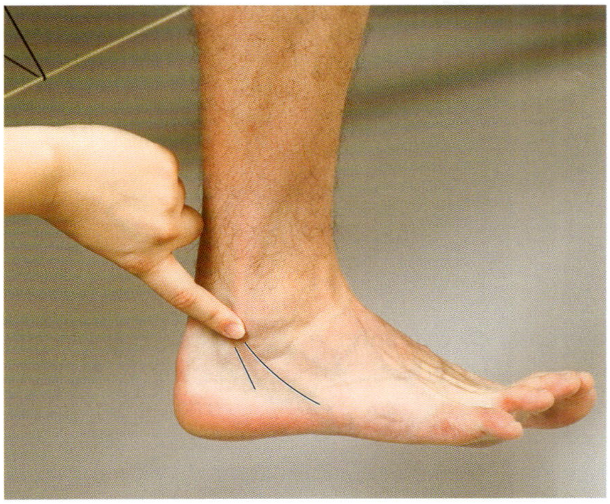

Figura 13.23 Localização do o fibular longo e do fibular curto.

Observe que os tendões de inserção dos músculos fibular longo e fibular curto estão localizados posteriormente ao maléolo lateral da fíbula. Para garantir que esses tendões permaneçam em suas posições adequadas enquanto a articulação tibiotársica dorsiflexiona e plantiflexiona, eles são fixados por duas estruturas já discutidas neste capítulo: os retináculos fibulares superior e inferior (Fig. 13.19). A ação de ambos os músculos é a mesma. Se considerarmos o trajeto seguido por esses músculos e tendões de inserção, quais são essas ações? (Resposta: flexão plantar e eversão da articulação tibiotársica.)

Compartimento posterior superficial

Os três músculos do compartimento posterior superficial da perna são o gastrocnêmio, o sóleo e o plantar. Em conjunto, eles muitas vezes são chamados de músculos da panturrilha (Fig. 13.24) e também de **tríceps sural**. Dois deles originam-se superiormente à perna no fêmur (gastrocnêmio e plantar), enquanto o terceiro (sóleo) se origina na perna (apenas na tíbia).

- **Gastrocnêmio.** O gastrocnêmio é um músculo de duas cabeças (Figs. 13.24 e 13.25). Sua cabeça lateral surge na face poplítea do fêmur, ligeiramente medial ao côndilo lateral, enquanto a cabeça medial principia na face poplítea do côndilo medial do fêmur. Ambas se combinam para formar o ventre do músculo, e um tendão de inserção comum, conhecido como tendão do calcâneo, insere o músculo na superfície posterior do calcâneo. Visto que o gastrocnêmio cruza a articulação do joelho e tibiotársica, a extensão do joelho combinada à dorsiflexão da articulação tibiotársica contribui para uma distensão do tendão do calcâneo.
- **Sóleo.** O sóleo (Fig. 13.24) tem origem na cabeça e no terço proximal da face posterior da fíbula e no terço médio da face posterior da tíbia. Insere-se no calcâneo por meio do tendão do calcâneo, o mesmo ponto de inserção do gastrocnêmio.

Prática

Você pode palpar com facilidade o tendão do calcâneo imediatamente proximal ao calcâneo.

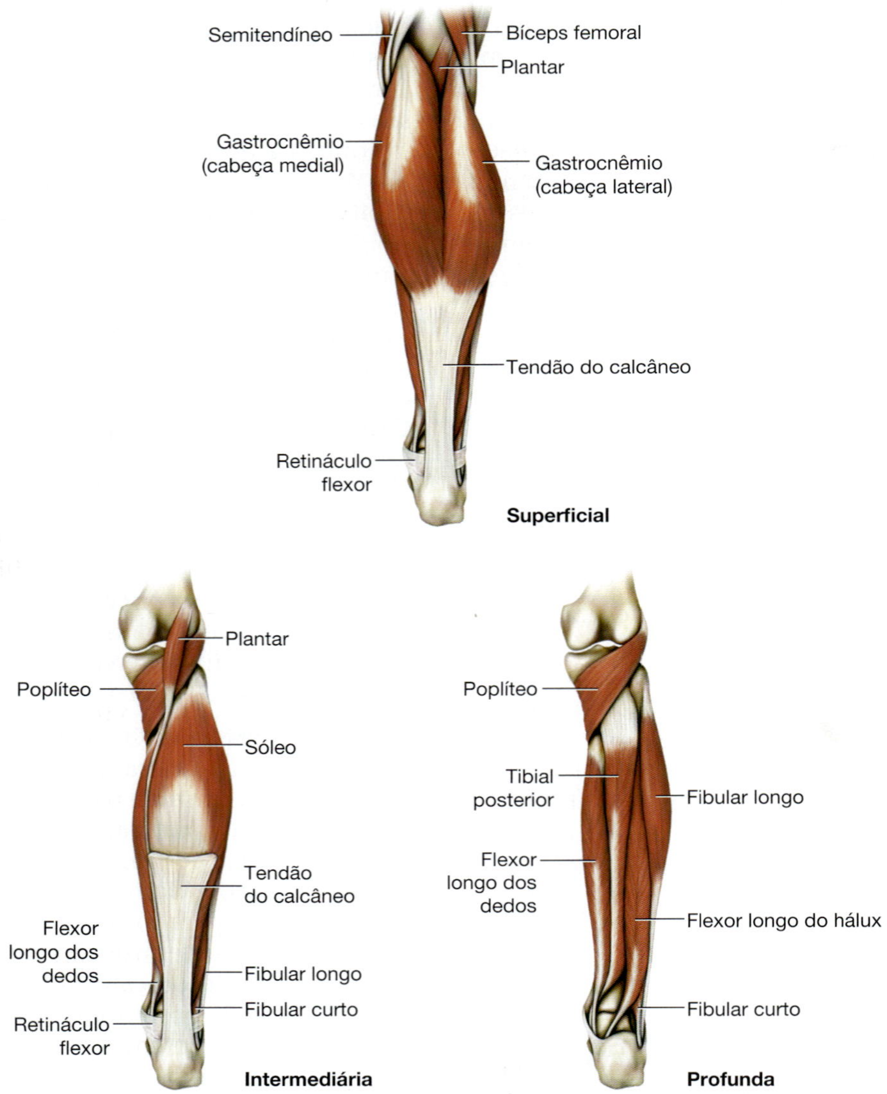

Figura 13.24 Músculos posteriores do tornozelo e do pé.

FOCO EM

Tendão do calcâneo

O tendão de inserção dos gastrocnêmios e do sóleo é o **tendão do calcâneo**, que, com frequência, é uma fonte de preocupação no atletismo. Os músculos gastrocnêmio e sóleo estão sujeitos à distensão em decorrência do uso excessivo; essas distensões (muitas vezes chamadas de "*tennis leg*" ou perna de tenista) são comuns em jogadores de tênis de meia-idade, atletas profissionais e corredores. As lesões por sobrecarga frequentemente resultam da atividade aumentada (correr, saltar), definida como um aumento da frequência, intensidade, duração ou de uma combinação desses fatores. Qualquer um deles pode levar à inflamação do tendão, que é pouco vascularizado, tornando a recuperação mais complicada. A tendinite (inflamação) pode ocasionar a ruptura do tendão em decorrência de degeneração progressiva do tecido. Além disso, a ruptura do tendão pode resultar de força excessiva, na forma de uma força direta, contração forçada ou carga intensa nos músculos gastrocnêmio e sóleo.

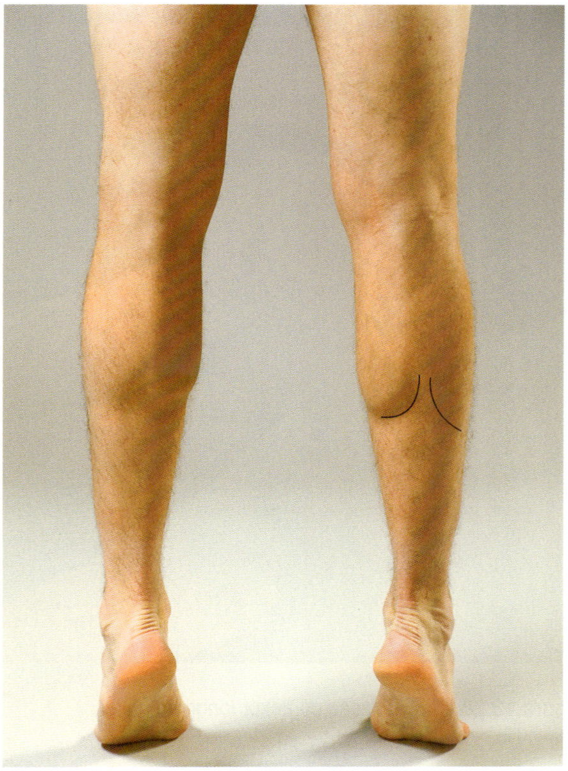

Figura 13.25 Localização do músculo gastrocnêmio.

- **Plantar.** É o terceiro músculo no compartimento posterior superficial (Fig. 13.24). Este músculo surge lateralmente à linha áspera e ao ligamento poplíteo oblíquo e se insere na face posterior do calcâneo (separadamente do tendão do calcâneo). Embora reivindique ter o maior tendão de qualquer músculo do corpo, este músculo de ventre curto é de pouca importância no auxílio de outros músculos do joelho e do pé. O plantar cruza o joelho e a articulação tibiotársica da mesma forma que o gastrocnêmio e é tensionado pelos mesmos mecanismos. Sua função é auxiliar os flexores do joelho e os flexores plantares do pé. Não é um motor articular primário, e sua função é análoga à do palmar longo do antebraço e do punho.

Visto que os três músculos do compartimento posterior superficial se inserem na face posterior do calcâneo, sua ação na articulação tibiotársica é limitada a um movimento. Que ação esses três músculos realizam no pé? (Resposta: flexão plantar do pé.)

Compartimento posterior profundo

Existem três músculos, que têm nomes muito semelhantes aos do compartimento anterior, no compartimento posterior profundo da perna, são eles: tibial posterior, flexor longo dos dedos e flexor longo do hálux (Fig. 13.24).

- **Tibial posterior.** Origina-se no terço médio da face posterior da tíbia, nos dois terços proximais do aspecto medial da fíbula e na membrana interóssea. Insere-se nas superfícies inferiores (plantares) dos ossos navicular e cuneiforme medial e nas bases do 2º, ao 5º ossos metatarsais (Figs. 13.24 e 13.26). Observe que o tendão de inserção passa posteriormente ao maléolo medial da tíbia. Quais são suas prováveis ações? (Resposta: flexão plantar e inversão do pé)
- **Flexor longo dos dedos.** Tem origem nos dois terços inferiores da face posterior da tíbia e se insere nas bases das falanges distais dos quatro dedos laterais (Figs. 13.24 e 13.27). Uma vez que cruza medialmente o tornozelo e se divide em quatro tendões que passam pela superfície plantar do pé até as falanges distais, quais são as ações desempenhadas por esse

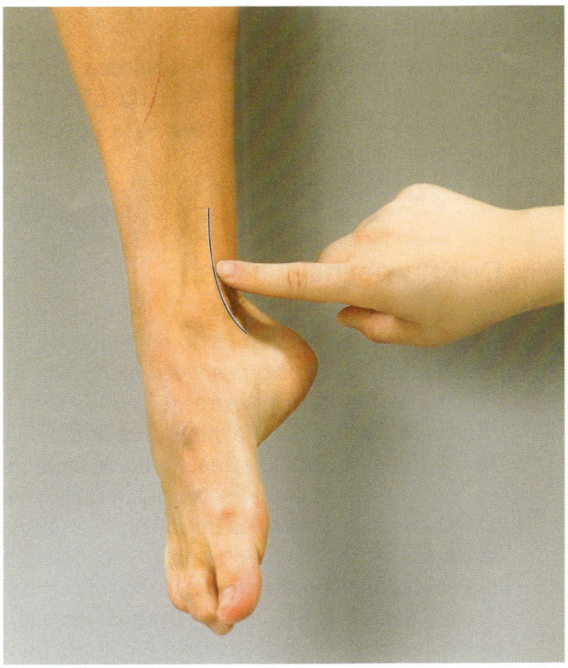

Figura 13.26 Localização do tibial posterior.

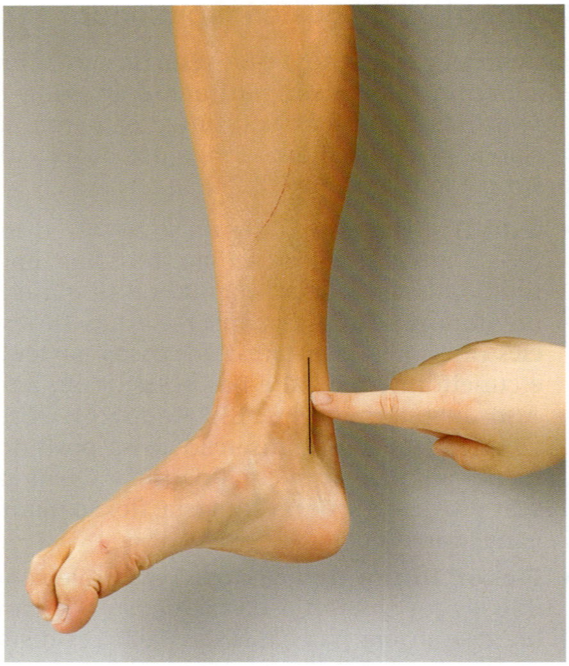

Figura 13.27 Localização do flexor longo dos dedos.

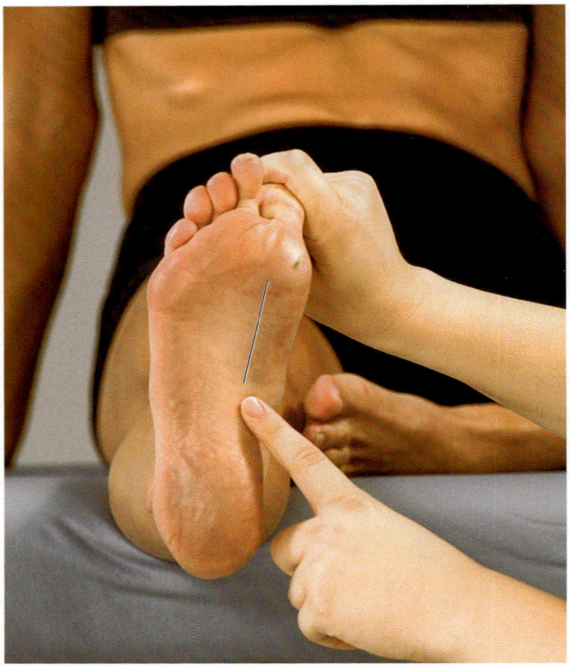

Figura 13.28 Localização do flexor longo do hálux.

músculo? Não se esqueça de observar cuidadosamente o nome do músculo. (Resposta: flexão plantar e inversão do pé e flexão das articulações MF, IFP e IFD dos quatro dedos laterais.)

- **Flexor longo do hálux.** Deriva dos dois terços inferiores da face posterior da fíbula e da membrana interóssea e se insere na base da falange distal do hálux (Figs. 13.24 e 13.28). Já que cruza a face medial do tornozelo e vai da superfície plantar do pé à falange distal, quais são as ações desempenhadas por esse músculo? Não se esqueça de observar com atenção o nome do músculo. (Resposta: flexão plantar e inversão do pé e flexão das articulações MF e IF do hálux.)

FOCO EM

Dor na perna

O termo *dor na perna* tem sido chamado de "termo inútil" por muitos porque é usado para descrever uma variedade de condições que envolvem a perna, incluindo a inflamação dos tendões dos músculos tibiais anterior e posterior, fraturas por estresse na tíbia e na fíbula, inflamação do periósteo da tíbia e da fíbula (periostite) e inflamação da membrana interóssea entre a fíbula e a tíbia. Outra descrição aceita é *osteoperiostite* (inflamação do periósteo da tíbia) resultante de esforço repetitivo (carga excessiva) dos músculos tibial posterior e sóleo. As causas incluem calçado inadequado, problemas do arco longitudinal, superfícies de jogo e atividades de treinamento repetitivas (produzindo múltiplos sintomas chamados de síndrome de *overuse*). Qualquer que seja a definição, qualquer que seja a causa, deve ser dada atenção à dor na perna. "Esperar o tempo passar" não é a resposta. Ignorar uma lesão na perna pode resultar em inflamação contínua que pode evoluir para isquemia (uma anemia, falta de sangue, causada pela obstrução da circulação), que ocasiona doenças graves, como necrose (morte do tecido) e fraturas por estresse.

Músculos intrínsecos do pé

A maior parte dos músculos intrínsecos do pé está na superfície plantar, onde os arranjos ósseos e ligamentares criam espaço para acomodar essas estruturas. Eles são encontrados em quatro camadas distintas e são muito semelhantes em arranjo aos músculos intrínsecos da mão. Os nomes de muitos desses músculos indicam suas ações.

Superficialmente a todos os músculos da superfície plantar do pé, está uma estrutura conhecida como **fáscia plantar** (Fig. 13.29). Essa banda fibrosa origina-se no calcâneo; insere-se nas cinco articulações MF e ajuda a proteger os músculos, os vasos sanguíneos e os nervos que percorrem a superfície plantar do pé.

FOCO EM

Fasciite plantar

Um problema comum em corredores é a inflamação da área de origem da fáscia plantar por estresse repetitivo. Essa condição é conhecida como fasciite plantar. O ponto de inserção da fáscia plantar é ligeiramente anterior ao tubérculo do calcâneo. O estresse colocado sobre o pé pela ação repetitiva da corrida pode causar inflamação nessa área. A prevenção e os tratamento da fasciite plantar muitas vezes preocupam ortopedistas e podólogos.

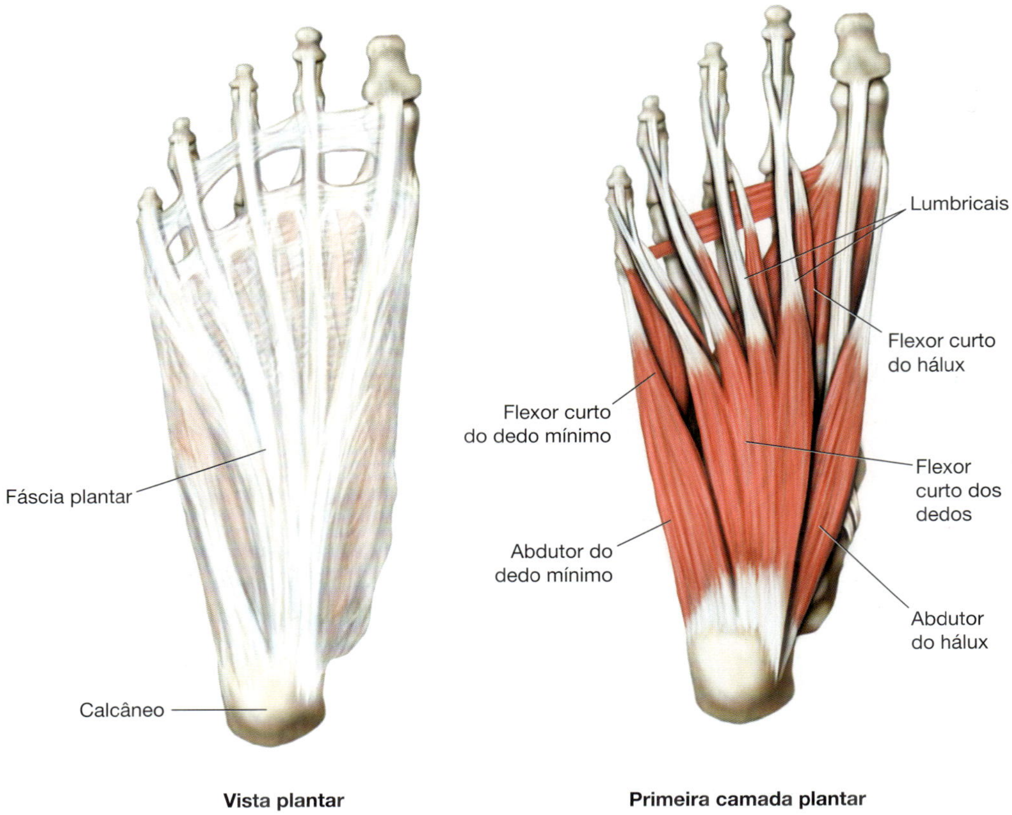

Figura 13.29 Fáscia plantar e músculos na primeira camada plantar do pé.

Primeira camada

Abaixo da fáscia plantar, há a primeira camada plantar que contém três músculos (Fig. 13.29): o flexor curto dos dedos, o abdutor do hálux e o abdutor do dedo mínimo.

- **Flexor curto dos dedos.** Tem origem na tuberosidade na superfície plantar do calcâneo e insere-se nas falanges médias dos quatro dedos laterais. Este músculo flexiona as articulações MF e IFP dos quatro artelhos laterais.
- **Abdutor do hálux.** Origina-se medialmente na superfície plantar do calcâneo e se insere na falange proximal do hálux. O músculo abduz (afasta do segundo artelho) a articulação MF do hálux e também auxilia na flexão dessa articulação.
- **Abdutor do dedo mínimo.** Origina-se na tuberosidade na superfície plantar do calcâneo e insere-se na face lateral da base da falange proximal do quinto dedo. O músculo abduz a articulação MF do quinto artelho (mínimo) e também auxilia na flexão da quinta articulação MF.

Segunda camada

A segunda camada plantar contém dois músculos, o quadrado plantar e os lumbricais (Fig. 13.30), com algumas características únicas.

- **Quadrado plantar.** Este músculo tem duas cabeças – uma que se origina na superfície medial do calcâneo e outra originada na superfície lateral do calcâneo – que se combinam para se inserirem nos tendões do flexor longo dos dedos. Este músculo auxilia na flexão das articulações MF, IFP e IFD dos quatro dedos laterais.
- **Lumbricais.** O outro músculo da segunda camada plantar é, na verdade, um grupo de quatro músculos coletivamente conhecidos como lumbricais. Esses quatro músculos não têm inserções ósseas: eles se originam no tendão do flexor longo dos dedos e se inserem no

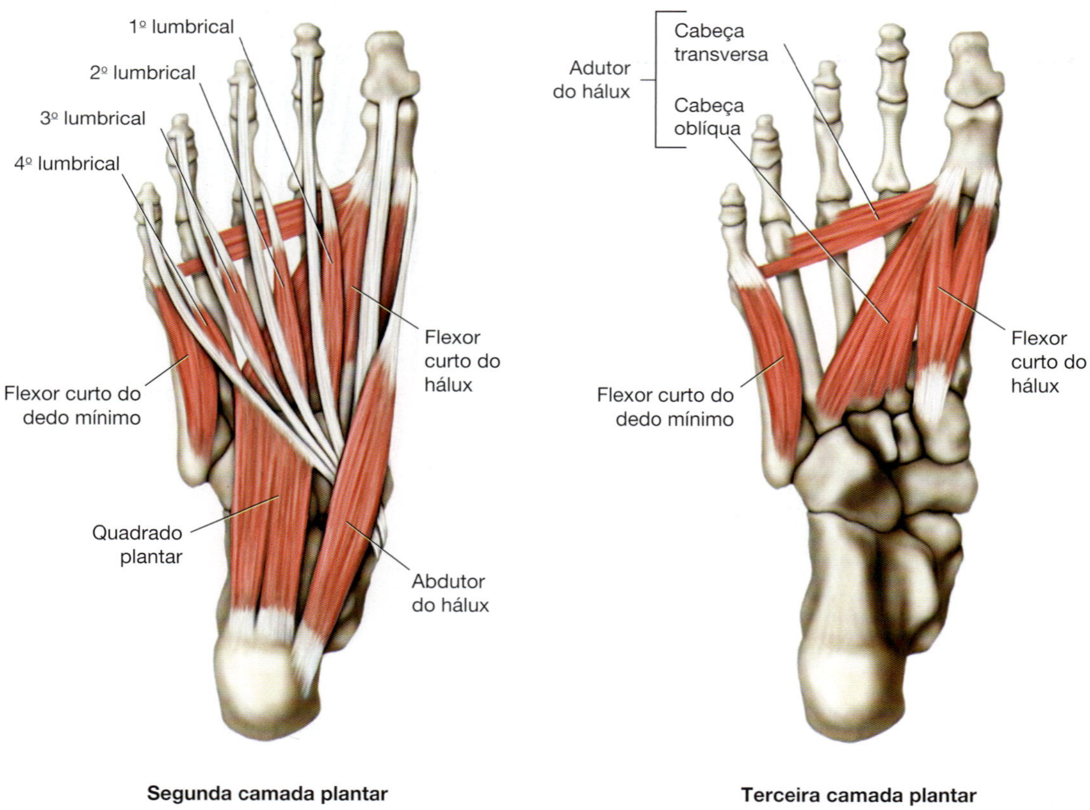

Figura 13.30 Músculos na segunda e terceira camadas plantares do pé.

tendão do extensor longo dos dedos. Os lumbricais flexionam as articulações MF e estendem as articulações IFP e IFD dos quatro dedos laterais.

Terceira camada

A terceira camada plantar contém três músculos cujos nomes indicam suas funções (Fig. 13.30): flexor curto do hálux, adutor do hálux e flexor curto do dedo mínimo.

- **Flexor curto do hálux.** Origina-se nos três ossos cuneiformes e insere-se na base da falange proximal do hálux. Ele flexiona a articulação MF do hálux, como o próprio nome indica.
- **Adutor do hálux.** Apresenta duas cabeças: uma cabeça é oblíqua, tem origem nas bases do 2º ao 4º metatarsal e insere-se na falange proximal do hálux. A outra é a cabeça transversa, que se origina na superfície plantar dos ligamentos capsulares MF do 3º ao 4º artelho e se insere na falange proximal do hálux. Como o próprio nome indica, este músculo aduz o hálux.
- **Flexor curto do dedo mínimo.** Inicia na base do quinto metatarsal e insere-se na face lateral da base da falange proximal do quinto artelho (mínimo). Sua função, como o próprio nome indica, é flexionar a articulação MF do dedo mínimo.

Quarta camada

A quarta camada na superfície plantar do pé contém dois grupos de músculos interósseos: os interósseos dorsais e plantares, encontrados entre os ossos (interósseos) do pé (Fig. 13.31).

- **Interósseos dorsais.** Há quatro interósseos dorsais. Eles têm origem nos lados adjacentes de todos os ossos metatarsais e se inserem nas bases da 2ª a 4ª falange proximal. Observe que a linha média do pé é considerada o segundo artelho (no lugar do dedo médio da mão). A ação dos interósseos dorsais resulta em abdução da terceira e quarta articulações MF. Uma vez que existem músculos interósseos dorsais de cada lado do segundo artelho, a contração desses músculos não resulta em movimento algum desse dedo.
- **Interósseos plantares.** Há três músculos interósseos plantares. Eles originam-se nas superfícies mediais do 3º ao 5º osso metatarsal e inserem-se no aspecto medial das bases das falanges proximais do 3º ao 5º artelho. A ação desses músculos resulta na adução das articulações MF do 3º ao 5º artelho. Observe mais uma vez que o segundo artelho não se move durante a contração dos interósseos

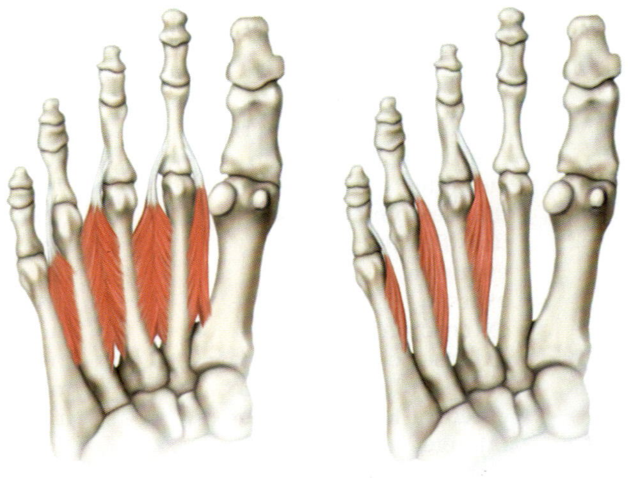

Figura 13.31 Interósseos dorsais e plantares.

plantares. Isso ocorre pela mesma razão que leva o segundo artelho a não se mover quando os interósseos dorsais se contraem? Se negativo, por que o segundo artelho não se move quando os músculos interósseos plantares se contraem?

Músculos intrínsecos dorsais do pé

Embora não haja tanto espaço no aspecto dorsal do pé quanto na face plantar, existem dois músculos intrínsecos no dorso do pé (extensor curto dos dedos e extensor curto do hálux) (Fig. 13.19).

- **Extensor curto dos dedos** (Fig. 13.32). Origina-se no calcâneo e insere-se nos tendões do extensor longo dos dedos, que, por sua vez, inserem-se no 2º ao 4º artelho.
- **Extensor curto do hálux**. Um quarto tendão do extensor curto dos dedos ramifica-se para a falange distal do hálux e com frequência é chamado de músculo extensor curto do hálux.

Conforme seus nomes indicam, esses dois músculos auxiliam na extensão das articulações MF e IF do hálux e das articulações MF, IFP e IFD do 2º ao 4º artelho.

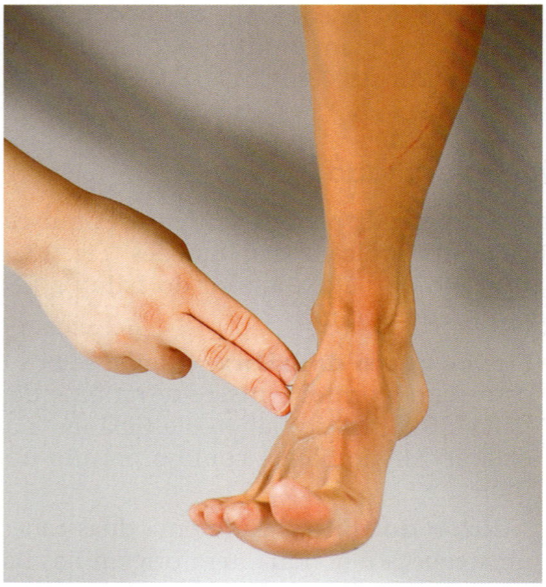

Figura 13.32 Localização do extensor curto dos dedos.

DICAS DE APRENDIZAGEM

REVISÃO DA TERMINOLOGIA

Os termos a seguir são discutidos neste capítulo. Definir ou descrever cada termo e, se for o caso, identificar a localização da estrutura em seu corpo ou em uma ilustração apropriada.

abdutor do dedo mínimo
abdutor do hálux
adutor do hálux
antepé
arco longitudinal
arco metatarsal
arco transverso
articulação talocalcânea
articulação talocalcânea
articulação tibiofibular
articulação tibiotársica
base do metatarsal
cabeça do metatarsal
calcâneo
compartimento anterior
compartimento lateral
compartimento posterior profundo
compartimento posterior superficial
cuboide
diáfise do metatarsal
dorsiflexão
escafoide
eversão
extensor curto do hálux
extensor curto dos dedos
extensor longo do hálux
extensor longo dos dedos
falange
fáscia plantar
fíbula
fibular curto
fibular longo
fibular terceiro
flexão plantar
flexor curto do dedo mínimo
flexor curto do hálux
flexor longo do hálux
flexor longo dos dedos
flexores curto dos dedos
gastrocnêmio
incisura fibular da tíbia
interósseos dorsais
interósseos plantares
inversão
ligamento anterior da cabeça da fíbula
ligamento bifurcado
ligamento calcaneocubóideo
ligamento calcaneofibular
ligamento calcaneonavicular

ligamento colateral (interósseo)
ligamento colateral medial
ligamento cuboideonavicular
ligamento cuneocubóideo
ligamento cuneonavicular
ligamento do tarso
ligamento intercuneiforme
ligamento interfalângico
ligamento intermetatarsal
ligamento metatarsal transverso
ligamento metatarsofalângico
ligamento plantar longo
ligamento posterior da cabeça da fíbula
ligamento talofibular anterior
ligamento talofibular posterior
ligamento talonavicular dorsal
ligamento tarsometatarsal
ligamento tibiocalcâneo
ligamento tibionavicular
ligamento tibiotalar anterior
ligamento tibiotalar posterior
lumbricais
maléolo lateral
maléolo medial
maléolos
mediopé
membrana interóssea
musculatura extrínseca
musculatura intrínseca
navicular
osso cuneiforme
osso do tarso
osso metatarsal
plantar
pronação
quadrado plantar
retináculo extensor (superior e inferior)
retináculo fibular (superior e inferior)
retináculo flexor
retropé
seio do tarso
sesamoide
sóleo
supinação
sustentáculo do tálus
tálus
tendão do calcâneo
tíbia
tibial anterior
tibial posterior
tríceps sural

SUGESTÃO DE ATIVIDADES DE APRENDIZAGEM

1. Em posição anatômica, faça o seguinte:
   a. Fique na ponta dos pés. Em que posição está a articulação tibiotársica e que músculos produzem o movimento?
   b. Fique em pé sobre os calcanhares. Em que posição está a articulação tibiotársica e que músculos produzem o movimento?

2. Um conhecido sofreu uma entorse de tornozelo. O médico diz que foi a mais comum de todas as entorses de tornozelo e que parte do processo de reabilitação deve se concentrar no fortalecimento dos músculos eversores.
   a. Qual ligamento a pessoa provavelmente lesionou?
   b. Que músculos específicos o médico recomendou que fossem fortalecidos?

3. A partir da posição ortostática, desça até a posição de um apanhador de beisebol ou *softbol*.
   a. Os calcanhares levantam-se do chão?
   b. Se positivo, por quê? Quais músculos fazem os calcanhares elevarem-se?

4. Olhe com atenção para os tendões fibulares no aspecto lateral do tornozelo à medida que é dorsiflexionado e plantiflexionado. Se, por algum motivo, o retináculo fibular falhasse em desempenhar sua função permitindo que os tendões fibulares movessem-se anteriormente para a frente do maléolo lateral da fíbula, como a função dos músculos fibulares seria alterada?

5. Enquanto você está caminhando, qual é a posição da articulação tibiotársica quando o calcanhar toca o solo e quando os dedos do pé saem do solo e não sustentam mais peso? Como uma fraqueza nos músculos do compartimento posterior ou nos do compartimento anterior afeta a marcha?

QUESTÕES DE MÚLTIPLA ESCOLHA

1. Qual dos músculos seguintes se insere na base do quinto metatarsal?
   a. Fibular longo
   b. Fibular curto
   c. Tibial anterior
   d. Tibial posterior

2. Que maléolo na articulação tibiotársica é o mais distal em relação ao outro?
   a. Lateral
   b. Medial
   c. Anterior
   d. Posterior

3. Quantos ossos do tarso são encontrados no pé?
   a. 2
   b. 5
   c. 7
   d. 26

4. Qual dos ossos do tarso se situa acima (superior) do calcâneo?
   a. Escafoide
   b. Tálus
   c. Cuboide
   d. Cuneiforme lateral

5. O quadrado plantar auxilia qual dos seguintes músculos na flexão dos artelhos?
   a. Flexor longo dos dedos
   b. Flexor curto dos dedos
   c. Flexor longo do hálux
   d. Flexor curto do hálux

6. A pronação do pé combina sua abdução e qual dos seguintes movimentos da articulação tibiotársica?
   a. Rotação
   b. Circundução
   c. Inversão
   d. Eversão

7. Quantas falanges existem no antepé?
   a. 5
   b. 14
   c. 15
   d. 19

8. A supinação do pé combina sua adução e qual dos seguintes movimentos da articulação tibiotársica?
   a. Rotação
   b. Circundução
   c. Inversão
   d. Eversão

9. Qual dos seguintes é considerado um músculo do compartimento anterior da perna?
   a. Fibular magno
   b. Fibular longo
   c. Fibular curto
   d. Fibular terceiro

10. Qual dos músculos a seguir não se encontra no compartimento superficial posterior da perna?
    a. Plantar
    b. Tibial posterior
    c. Gastrocnêmio
    d. Sóleo

11. Qual dos músculos a seguir não se encontra no compartimento posterior profundo da perna?
    a. Tibial posterior
    b. Flexor longo dos dedos
    c. Plantar
    d. Flexor longo do hálux

QUESTÕES DE PREENCHIMENTO DE LACUNAS

1. A articulação talocalcânea está localizada entre o tálus e o ______________.
2. O maior osso do pé é o ______________.
3. A única função do músculo sóleo é a ______________ do pé.
4. O músculo gastrocnêmio origina-se no(a) ______________.
5. Os ligamentos mediais da articulação tibiotársica costumam ser chamados coletivamente de ligamento______________.
6. Os movimentos fundamentais da articulação tibiotársica no plano sagital incluem a flexão plantar e a ______________.
7. O maléolo medial situa-se na extremidade distal do(a) ______________.
8. A função do músculo abdutor do hálux é a ______________ da ______________ articulação ___________.
9. A eversão do pé é uma tentativa de mover ______________ a superfície plantar do pé.
10. As bases dos ossos metatarsais longos do pé formam o arco ______________.
11. O osso mais lateral do mediopé é o ______________.
12. Os músculos que se originam na perna, passam pelo tornozelo e se inserem no pé são considerados músculos ______________.
13. O músculo adutor do hálux tem duas cabeças: a oblíqua e a ______________.
14. O tendão do calcâneo consiste nos tendões dos músculos sóleo e ______________.
15. Os músculos interósseos dorsais do pé os dedos.
16. Além de dorsiflexionar a articulação tibiotársica, o músculo tibial anterior ______________ o ______________.
17. Os músculos interósseos plantares do pé ______________ os artelhos.
18. O arco longitudinal do pé vai do calcâneo aos(às) ______________.
19. Além de ser um grande inversor do pé, o músculo tibial posterior ______________ o ______________.

EXERCÍCIOS DE MOVIMENTO FUNCIONAL

Ficar na ponta dos pés requer ações musculares nas articulações do joelho, do tornozelo e do pé. Liste um músculo que atue como um motor primário, um antagonista, um fixador e um sinergista no complexo articular do tornozelo e nas articulações do pé (MF, IFP e IFD).

	Tibiotársica	MF, IFP, IFD
Motor primário		
Antagonista		
Fixador		
Sinergista		

Capítulo 14

Nervos e Vasos Sanguíneos dos Membros Inferiores

Como nos membros superiores, na coluna vertebral e no tórax, a musculatura do membro inferior é inervada por nervos espinais que são agrupados em plexos. Os nervos espinais que inervam os músculos dos membros inferiores emergem do **plexo lombossacral**, que normalmente é dividido em **plexo lombar** (T12, L1, L2, L3, L4; Fig. 14.1), **plexo sacral** (L4, L5, S1, S2, S3; Fig. 14.1) e **plexo coccígeo** (S2, S3, S4, S5, C1, C2). O plexo coccígeo, que muitas vezes é considerado parte do plexo sacral, inerva muitas das estruturas da cavidade abdominal e o sistema reprodutivo, mas nenhum dos músculos dos membros inferiores. Portanto, esse plexo não é considerado neste capítulo.

Nervos do plexo lombossacral

Os nervos do plexo lombossacral são divididos em três partes, de acordo com sua localização em relação à coluna vertebral (superior, médio e inferior).

Porção superior

A parte mais superior do plexo lombossacral, conhecida como plexo lombar, consiste nos nervos **femoral**, **cutâneo femoral anterior**, **safeno**, **genitofemoral**, **ilio-hipogástrico**, **ilioinguinal** e **obturatório** e o nervo cutâneo da lateral da coxa, o **cutâneo femoral lateral** (Fig. 14.2).

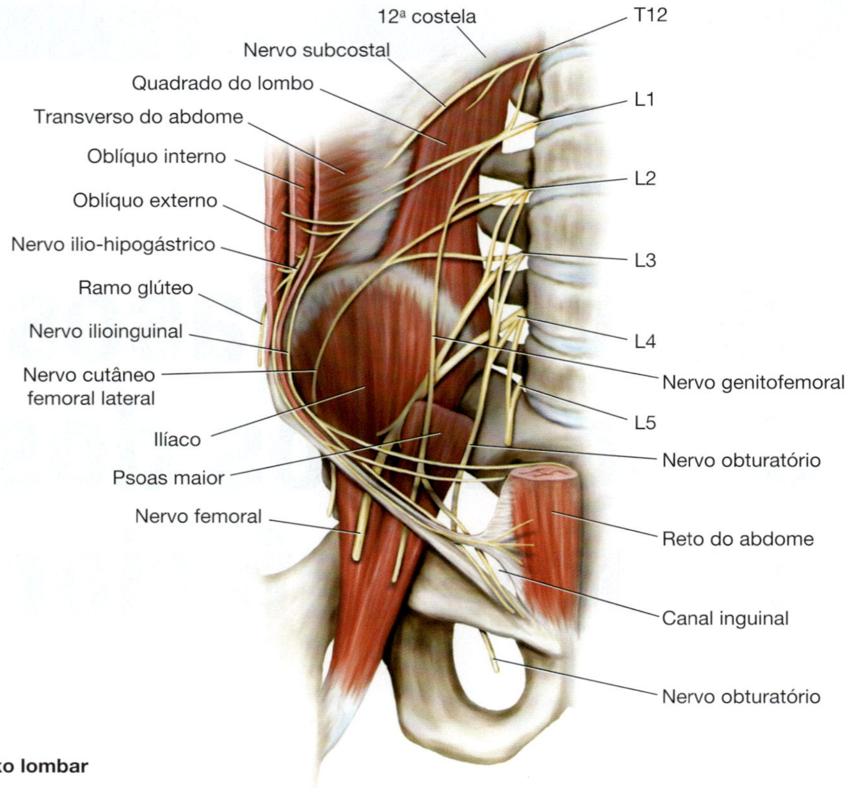

Plexo lombar

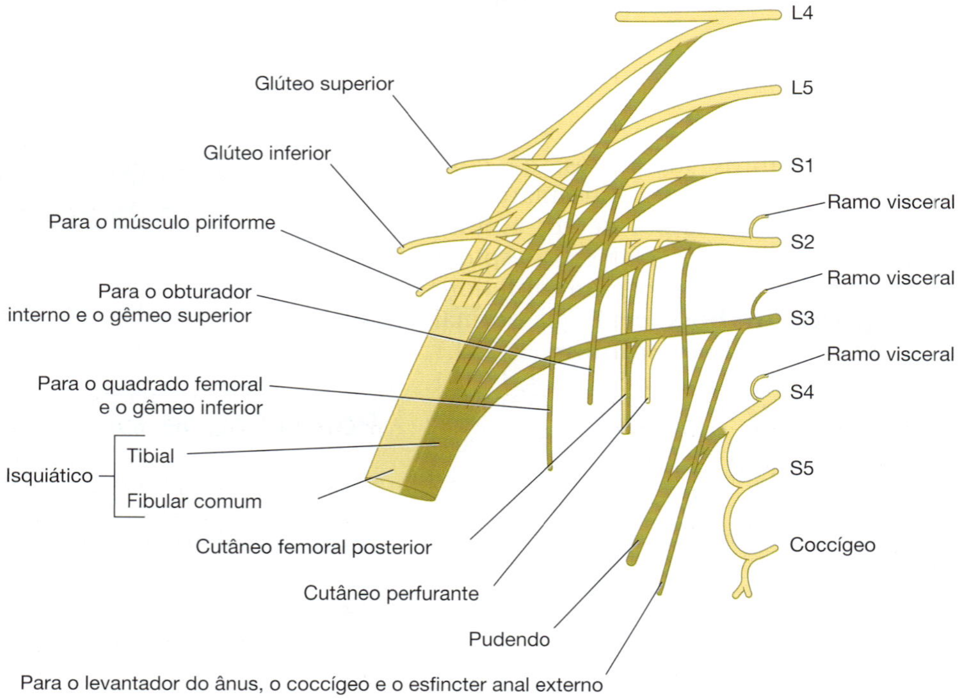

Plexo sacral

Figura 14.1 Plexos lombar e sacral.

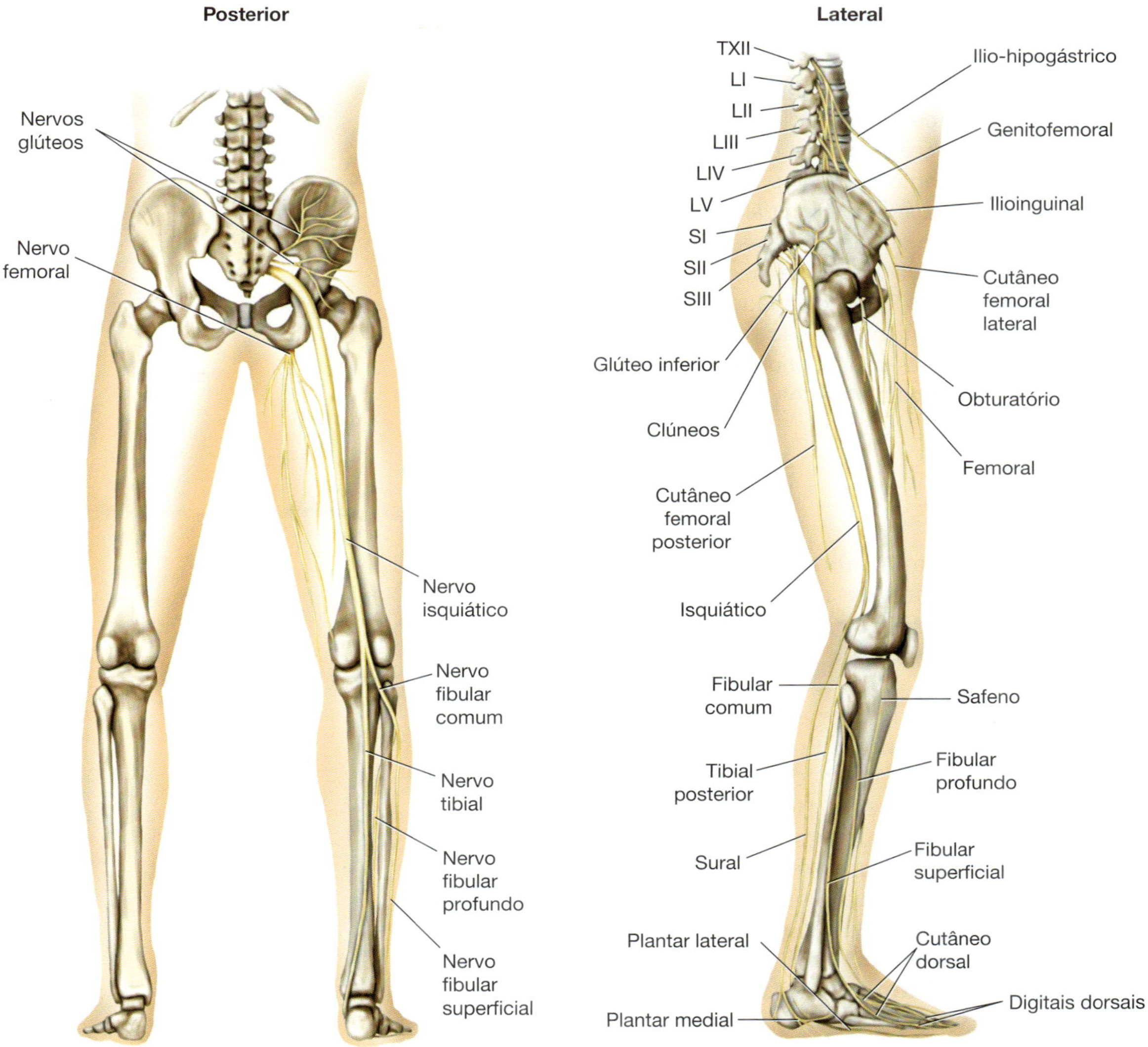

Figura 14.2 Nervos do membro inferior, vistas posterior e lateral.

O nervo femoral (L2-L4) inerva o pectíneo, os quatro músculos do grupo quadríceps e o sartório. Seus ramos cutâneos (o ramo cutâneo anterior do nervo femoral e o nervo safeno) não inervam músculos. O nervo genitofemoral (L1, L2) inerva a genitália, tanto masculina quanto feminina, e tem um ramo muscular que inerva o músculo cremaster no escroto, não sendo, portanto, considerado um nervo do membro inferior. Da mesma forma, os nervos ilio-hipogástrico (L1 e, em algumas pessoas, T12) e ilioinguinal (T12 e, em algumas pessoas, L1), embora façam parte do plexo lombar, têm ramos musculares que inervam apenas os músculos abdominais e, portanto, são considerados nervos do tronco e não do membro inferior. O nervo cutâneo femoral lateral (L1-L4) apresenta ramos musculares para os músculos psoas maior e menor, assim como para o quadrado do lombo. Mais uma vez, esses músculos normalmente são considerados pertencentes ao tronco e não ao membro inferior. O nervo obturatório (L2, L3, L4) tem ramos anteriores e posteriores que inervam os músculos adutor magno, adutor longo, adutor curto, grácil, pectíneo e obturador externo.

FOCO EM

Neurite isquiática

O nervo isquiático, devido a sua posição e seu comprimento, é com frequência sujeito a trauma em vários locais como resultado de força direta, alongamento ou pinçamento. O pinçamento no espaço discal lombar ou sacral e os estiramentos musculares na região lombar e nos membros inferiores geralmente causam uma inflamação no nervo chamada de neurite isquiática. Frequentemente são prescritos repouso, agentes anti-inflamatórios e, em alguns casos, exercícios para essa condição.

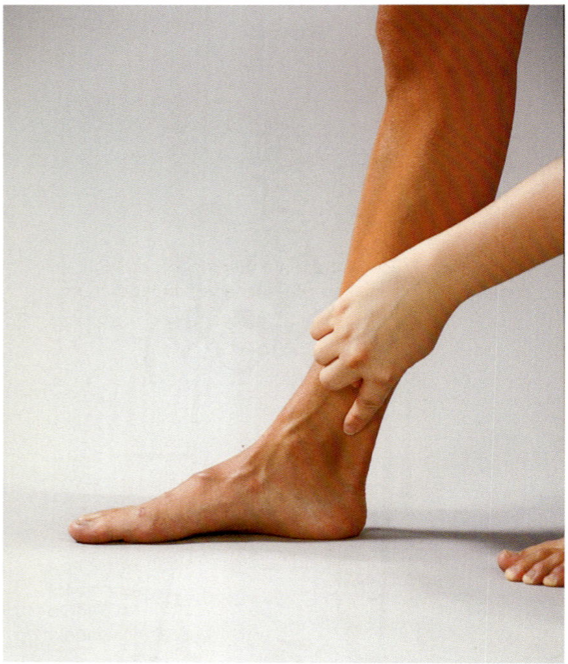

Figura 14.3 Localização do nervo tibial.

Porção média

A parte média do plexo lombossacral, conhecida como plexo sacral, consiste nos nervos **glúteo superior**, **glúteo inferior**, **isquiático**, **fibular comum**, **tibial**, **sural** e **nervo para o piriforme**.

Os nervos glúteos superior e inferior (L4, L5, S1, S2) inervam os três músculos glúteos (máximo, médio e mínimo), assim como o músculo tensor da fáscia lata. O nervo isquiático (L4, L5, S1, S2, S3), o maior e mais longo nervo do corpo, é uma combinação de dois nervos: o tibial (L4, L5, S1, S2, S3; Fig. 14.3) e o fibular comum (L4, L5, S1, S2; Fig. 14.4). Um ramo cutâneo do nervo fibular comum, o **nervo sural lateral**, combina-se ao **ramo sural medial do nervo tibial** para formar o nervo sural. O nervo sural e esses ramos não inervam músculos do membro inferior.

Imediatamente distal à cabeça da fíbula, o nervo fibular comum se divide para formar três ramos terminais: os **nervos fibular profundo**, **fibular superficial** e **tibial recorrente** (Fig. 14.5). O fibular profundo tem ramos que inervam os quatro músculos do compartimento anterior da perna, o extensor curto dos dedos e os músculos interósseos do pé. O fibular superficial inerva os músculos fibulares longo e curto do compartimento lateral da perna. O recorrente tibial inerva a porção proximal do músculo tibial anterior. O nervo tibial possui ramos que inervam os três músculos isquiotibiais (mas não a cabeça curta do bíceps femoral). Também inerva quatro dos seis rotadores externos profundos do quadril (nervo para o obturador interno/nervo para o quadrado femoral) e os mús-

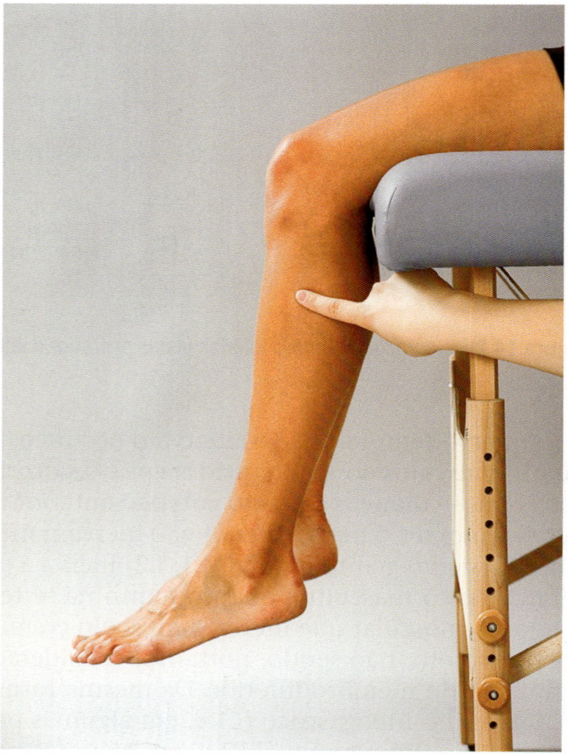

Figura 14.4 Localizacão do nervo fibular comum.

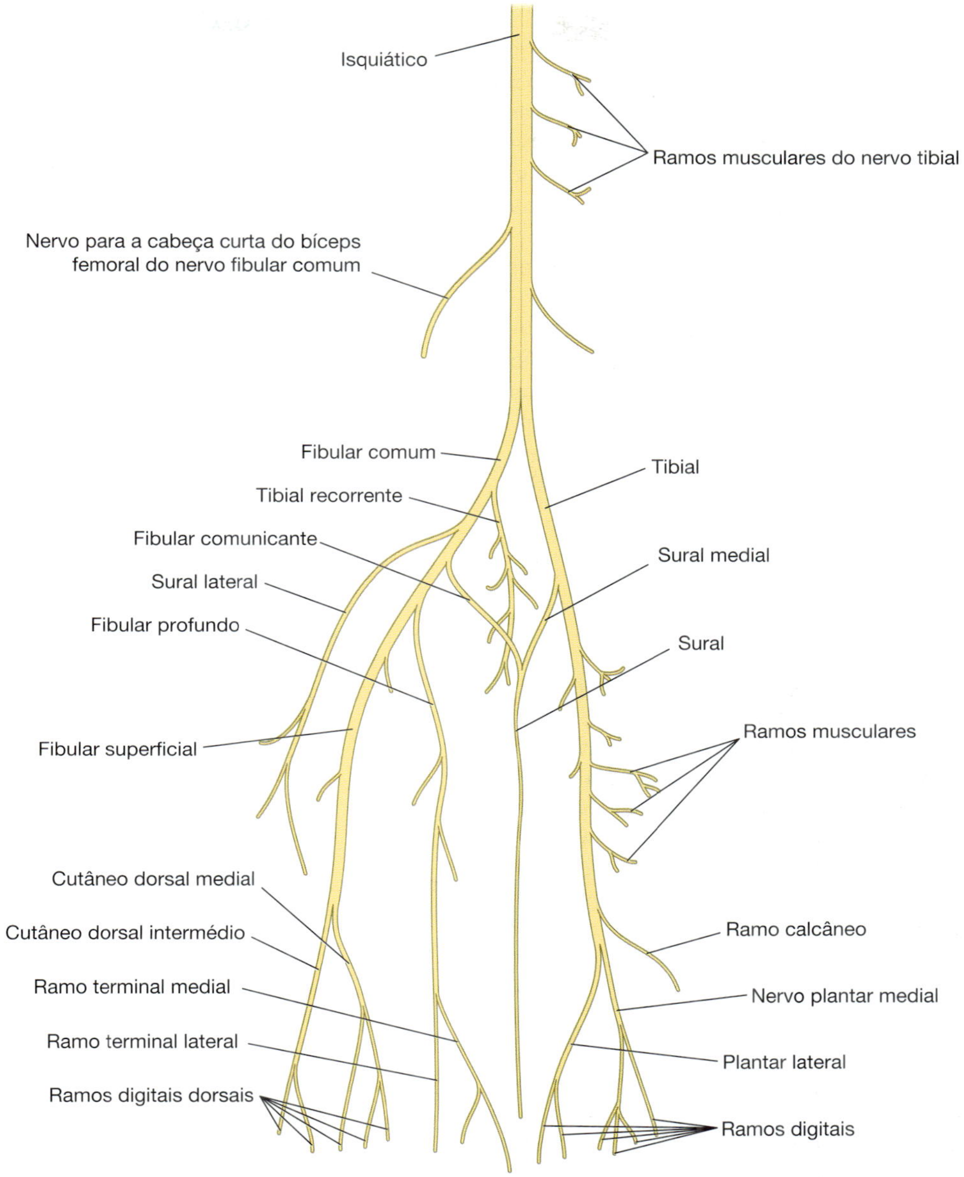

Figura 14.5 Nervo isquiático e seus ramos (no lado direito), vista anterior.

culos dos compartimentos posteriores superficial e profundo da perna.

O nervo tibial tem dois ramos terminais principais: os nervos plantares lateral e medial. O **nervo plantar lateral** possui ramos que inervam os músculos abdutor do dedo mínimo, quadrado plantar, adutor do hálux, lumbricais, flexor curto do dedo mínimo e interósseos do pé. O **nervo plantar medial** apresenta ramos que inervam os músculos abdutor do hálux, flexor curto dos dedos e lumbricais. O último nervo do plexo sacral, o nervo para o piriforme (S2), inerva o músculo piriforme, um dos seis rotadores externos profundos do quadril.

FOCO EM

Trauma na perna

O trauma (p. ex., contusão, uso excessivo) no compartimento anterior da perna pode causar tanto inchaço no interior do compartimento que a pressão sobre o nervo fibular profundo reduz sua capacidade de transmitir impulsos para os músculos do compartimento. A perda de força e atrofia (definhamento) do tecido muscular pode levar a complicações como "pé caído", resultante de uma incapacidade de dorsiflexionar corretamente o tornozelo. Além da lesão no nervo fibular profundo, a função dos vasos sanguíneos no compartimento pode ser comprometida, o que, em alguns casos, resulta em possível necrose (morte) dos tecidos no interior do compartimento.

Porção inferior

A porção mais inferior do plexo lombossacral, conhecida como plexo coccígeo (Fig. 14.1), consiste nos nervos **cutâneo femoral posterior** (S2, S3), **anococcígeo** (S4, S5, C1), **cutâneo perfurante** (S2, S3) e **pudendo** (S2, S3, S4). Nenhum desses nervos inerva músculos dos membros inferiores, e apenas os nervos pudendo e anococcígeo inervam músculos (os da cavidade abdominal e genitais).

Principais artérias dos membros inferiores

Conforme discutido no Capítulo 6, os vasos sanguíneos do corpo são divididos em artérias, arteríolas, capilares, vênulas e veias (Fig. 14.6).

As principais artérias dos membros inferiores incluem as artérias **femoral**, **poplítea**, **tibial anterior** e **tibial posterior**, todas com numerosas ramificações. Essas artérias fornecem sangue para o membro inferior. A femoral tem muitos ramos, incluindo as **artérias do joelho** que irrigam os músculos adutor magno, grácil, os três vastos, o grupo adutor e o sartório. Outro ramo da artéria femoral, a **artéria circunflexa ilíaca superficial**, irriga os músculos ilíaco, tensor da fáscia lata e sartório. O maior ramo da femoral é a **artéria femoral profunda**. Ela tem três ramos: as **artérias circunflexa femoral lateral**, **circunflexa femoral medial** e quatro **artérias perfurantes**, que irrigam os três músculos glúteos, o tensor da fáscia lata, o sartório, os vastos lateral e intermédio, o reto femoral, os adutores, o obturador externo, o pectíneo e os isquiotibiais (Fig. 14.7).

Prática

Aplique pressão com os dedos sobre o trígono femoral e tente sentir o pulso da artéria femoral (Fig. 14.8).

No joelho, a artéria femoral torna-se conhecida como artéria poplítea. Os ramos da artéria poplítea (as **artérias superior lateral** e **inferior lateral do joelho**, as **artérias superior medial** e **inferior medial do joelho** e a **artéria média do joelho**), incluindo os **ramos musculares,** irrigam os músculos vasto lateral, adutor magno, bíceps femoral, semimembranáceo, semitendíneo, poplíteo, gastrocnêmio, plantar e sóleo. Quando passa pelo músculo poplíteo, a artéria poplítea se divide em artérias tibial anterior e tibial posterior. A tibial anterior tem ramos – **artérias recorrentes tibiais anterior** e **posterior** (Figs. 14.6 e 14.9) e **artéria fibular** – que irri-

FOCO EM

Trígono femoral

Um dos pontos de pressão tensionados em aulas de primeiros socorros para o controle de sangramentos no membro inferior é a artéria femoral. Ela é facilmente localizada na estrutura anatômica conhecida como **trígono femoral** (Fig. 14.7). O trígono é formado pelo ligamento inguinal (borda superior), pelo músculo sartório (borda lateral) e pelo músculo adutor longo (margem medial). Também passam por essa área a veia e o nervo femorais.

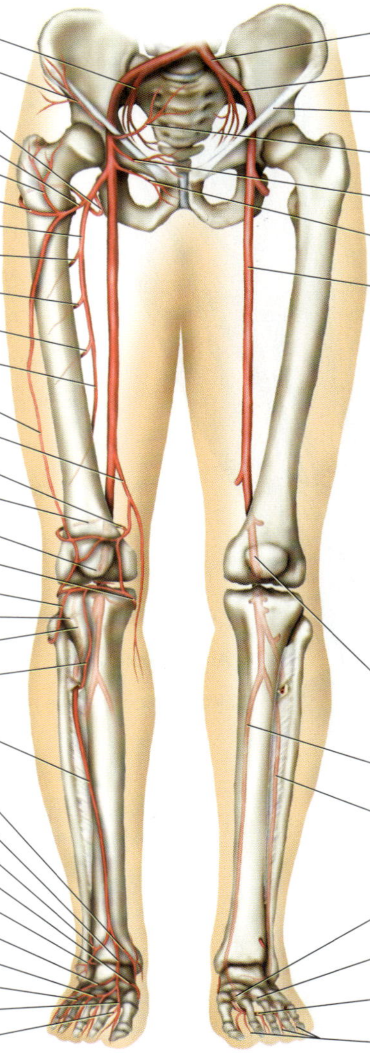

Figura 14.6 Principais artérias do membro inferior.

gam os músculos poplíteo, extensores curto e longo dos dedos, tibial anterior, fibular longo e sóleo. Abaixo do tornozelo e no pé, a artéria tibial anterior se torna a **artéria dorsal do pé** e termina no aspecto dorsal (superior) do pé (Figs. 14.6, 14.9 e 14.10). Os ramos da artéria dorsal do pé (artérias **arqueada**, **plantar profunda**, **primeira metatarsal dorsal**, **tarsal lateral** e **tarsais mediais**) irrigam os músculos interósseos dorsais e o extensor curto dos dedos (Fig. 14.10).

Prática

Na tentativa de determinar se o suprimento sanguíneo do pé está impedido por algum motivo, os profissionais da saúde tentam palpar o pulso dorsal do pé. Esse pulso normalmente é encontrado no aspecto dorsal do pé, entre as extremidades proximais do primeiro e segundo osso metatarsal (entre os tendões do extensor longo do hálux e do extensor longo dos dedos). Com base na Figura 14.11, tente verificar o pulso dorsal do pé. Não é fácil senti-lo em todas as pessoas, pois foi constatado que ele está ausente em 10 a 15% dos indivíduos.

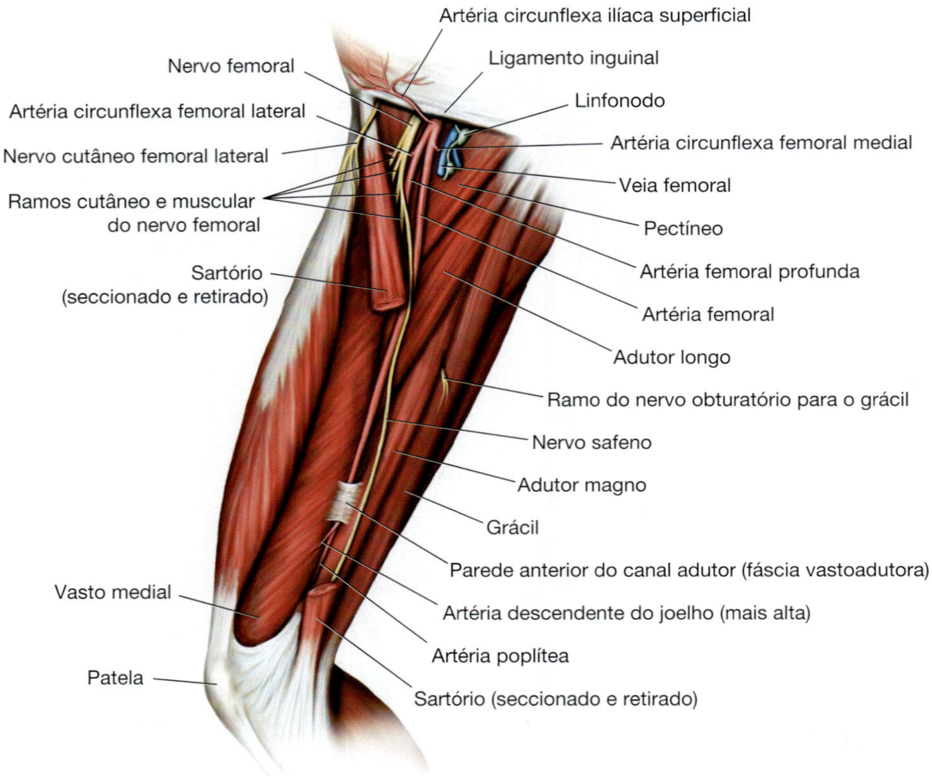

Figura 14.7 Trígono femoral.

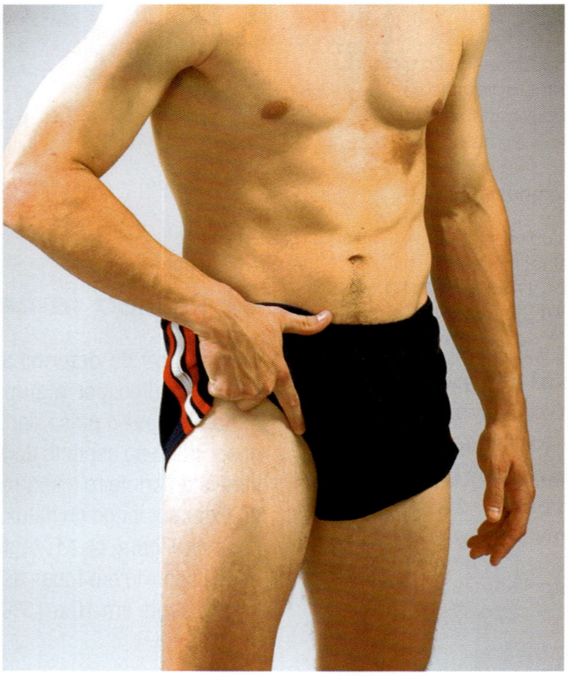

Figura 14.8 Localização da artéria femoral.

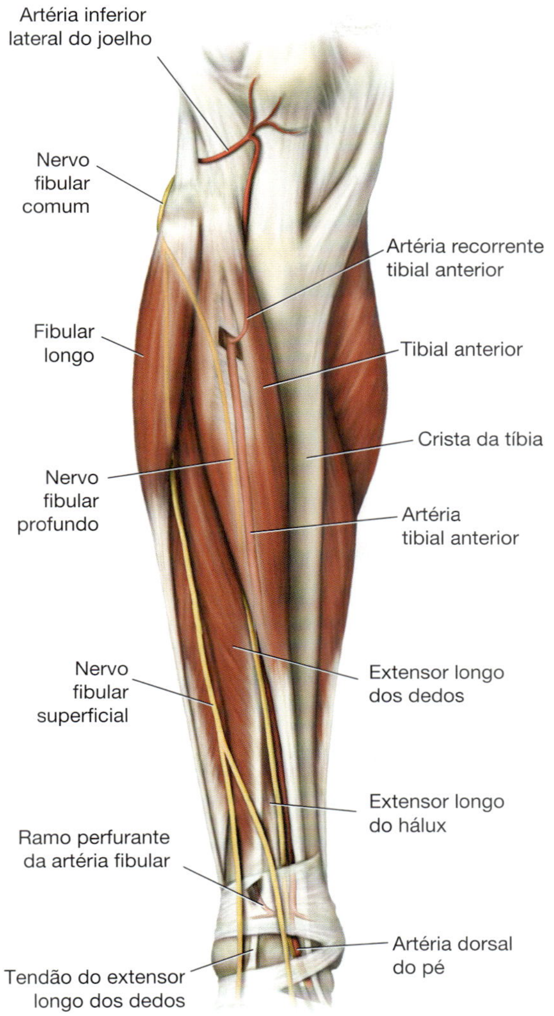

Figura 14.9 Artérias da perna, vista anterior.

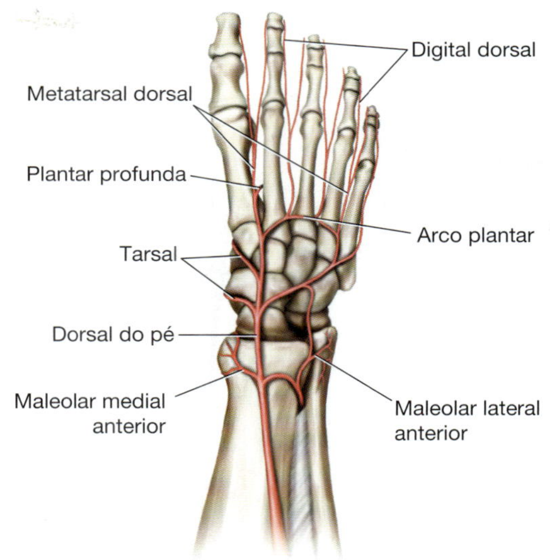

Figura 14.10 Ramos da artéria dorsal do pé.

A artéria tibial posterior e seus ramos (**ramos do calcâneo mediais**, **fibular** e **perfurantes**) (Fig. 14.12) irrigam os músculos posteriores e laterais da perna, a maior parte dos músculos do pé e o fibular terceiro na porção inferior do compartimento anterior da perna. A artéria tibial posterior tem dois ramos terminais (as **artérias plantar lateral** e **plantar medial**) que irrigam a maioria dos músculos do pé.

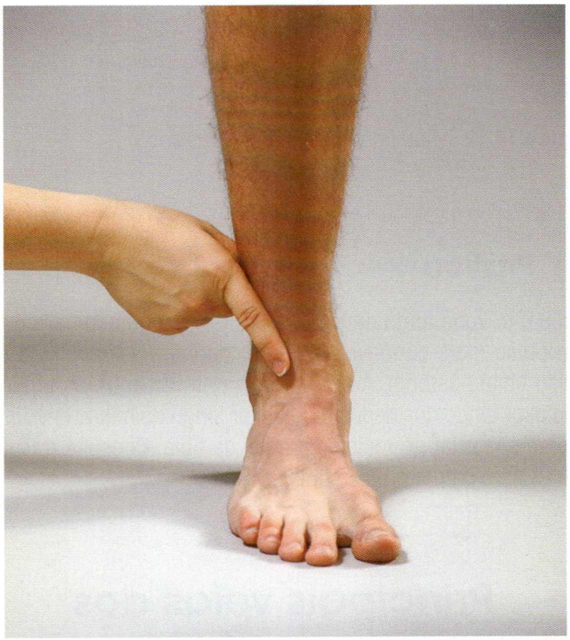

Figura 14.11 Localização da artéria dorsal do pé.

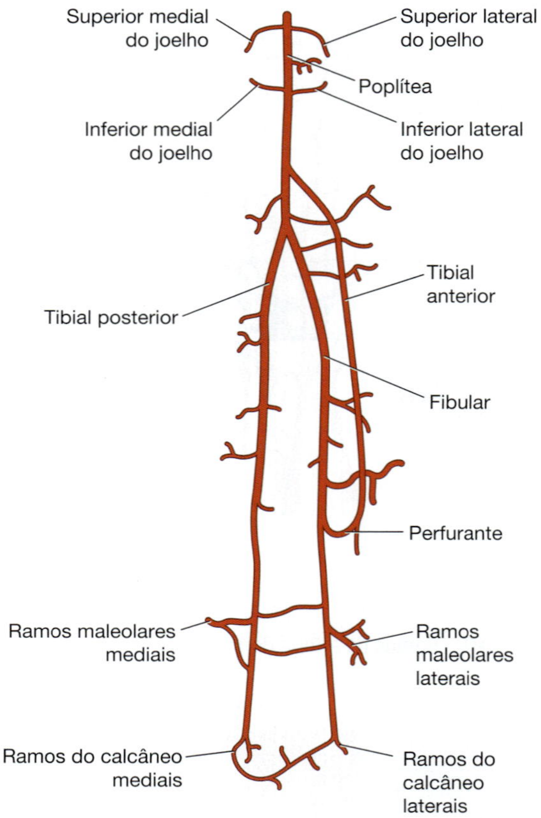

Figura 14.12 Ramos da artéria tibial posterior.

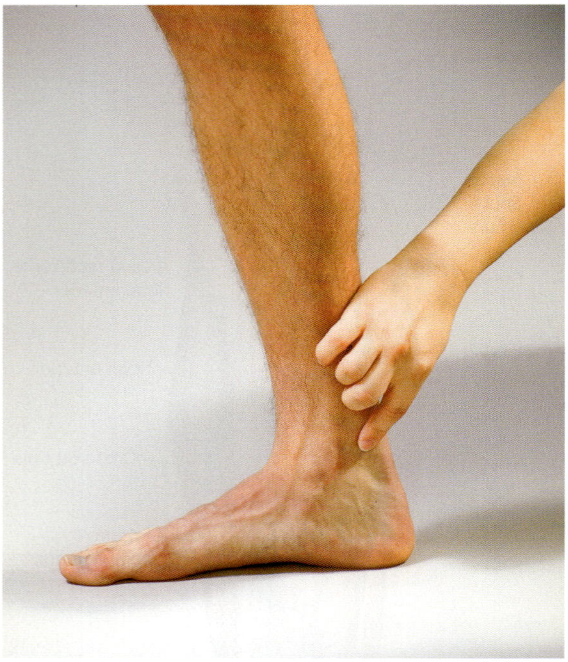

Figura 14.13 Localização da artéria tibial posterior.

Prática

Enquanto você tenta determinar o fluxo sanguíneo para o pé, um pulso mais confiável do que o dorsal a ser avaliado é o pulso tibial posterior. A artéria é encontrada entre os tendões do flexor longo dos dedos e do flexor longo do hálux, imediatamente posterior ao maléolo medial da tíbia. Consulte a Figura 14.13 para palpar o pulso tibial posterior.

Principais veias dos membros inferiores

As veias que retornam o sangue ao coração costumam ser divididas em **profundas** e **superficiais** (Fig. 14.14). Com poucas exceções, as veias profundas têm os mesmos nomes que as artérias paralelas a elas, como as veias femoral, poplítea e tibial. As veias superficiais têm nomes específicos e estão localizadas próximas da pele. Ao contrário das artérias, as veias não aparecem no local exato onde se poderia esperar e muitas vezes estão completamente ausentes.

As principais veias profundas do membro inferior são a femoral e a poplítea. A **veia femoral** drena a coxa inteira e, na área do ligamento inguinal, torna-se a **veia ilíaca externa**. A **veia poplítea**, que se une às artérias tibial anterior e tibial posterior, drena as estruturas do pé à borda inferior do músculo poplíteo. Tem tributárias conhecidas como **veias tibial anterior** e **tibial posterior** e a **veia safena parva**; possui ramos que correspondem às artérias tibial anterior e tibial posterior (e seus ramos).

As principais veias superficiais dos membros inferiores incluem a **safena magna** e a safena parva (Figs. 14.15 e 14.16). A veia safena magna vai do aspecto medial do **arco venoso dorsal** do pé ao trígono femoral na virilha. Isso a torna a maior veia do corpo. Suas principais tributárias no membro inferior incluem as **veias circunflexas femorais laterais** e **mediais** e a **veia circunflexa ilíaca superficial**. A veia safena parva está localizada no aspecto lateral do arco venoso

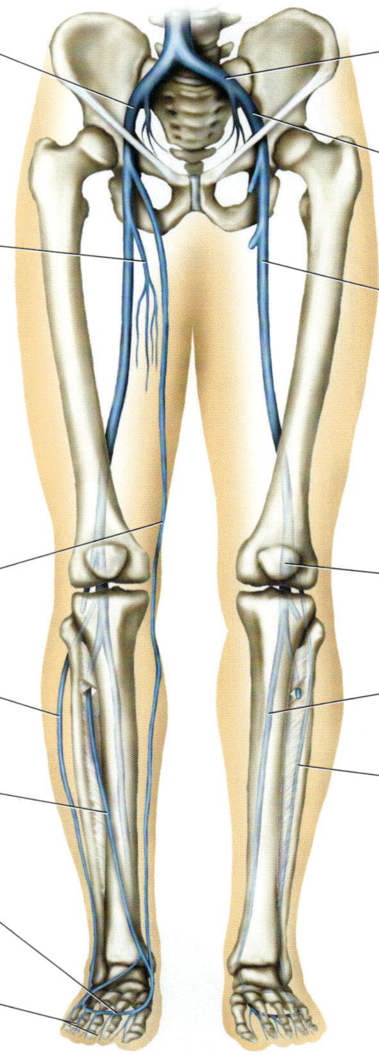

Figura 14.14 Principais veias dos membros inferiores.

FOCO EM

Varizes

As varizes são definidas de modo simples como veias dilatadas. A condição pode aparecer em qualquer veia do corpo, mas é mencionada neste capítulo porque geralmente são encontradas no membro inferior (coxa e perna). Existem muitas razões para o desenvolvimento dessa condição, como hereditariedade, gravidez, obesidade e longos períodos em pé. Qualquer dessas causas pode exercer pressão sobre as veias dos membros inferiores, particularmente na área da virilha, o que pode restringir o retorno do fluxo sanguíneo das pernas. Isso pode ocasionar um acúmulo de sangue nos membros inferiores que enfraquecem as válvulas das veias e distendem suas paredes. As varizes em geral envolvem válvulas incompetentes.

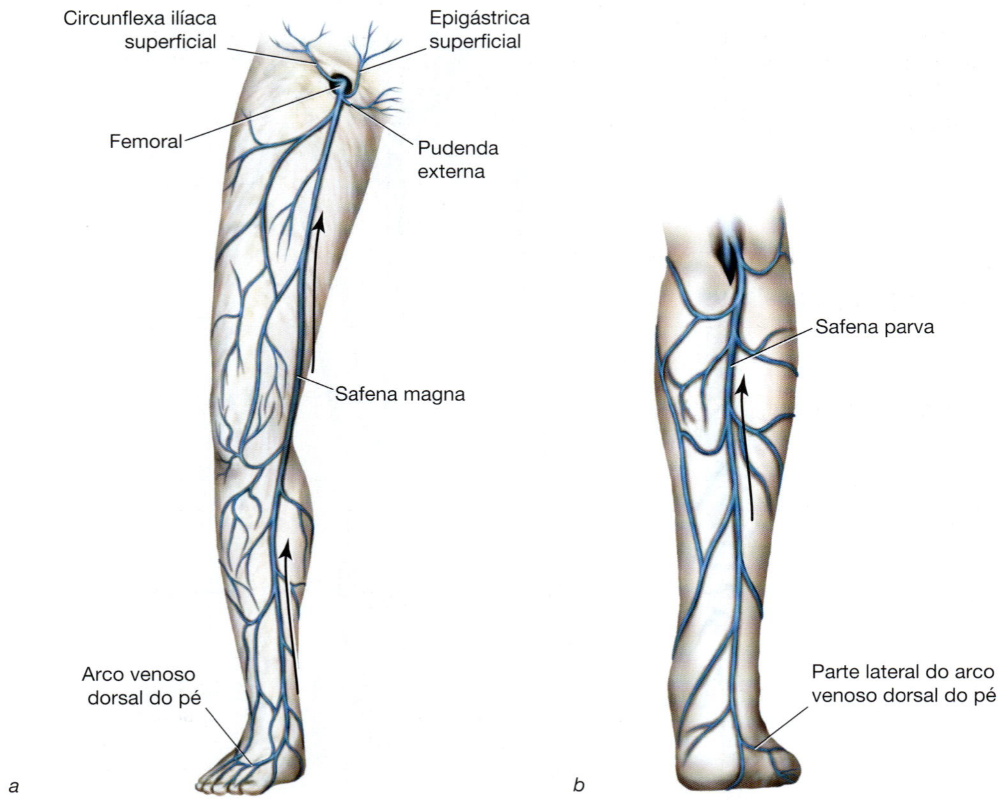

Figura 14.15 Veias *(a)* safena magna e *(b)* safena parva.

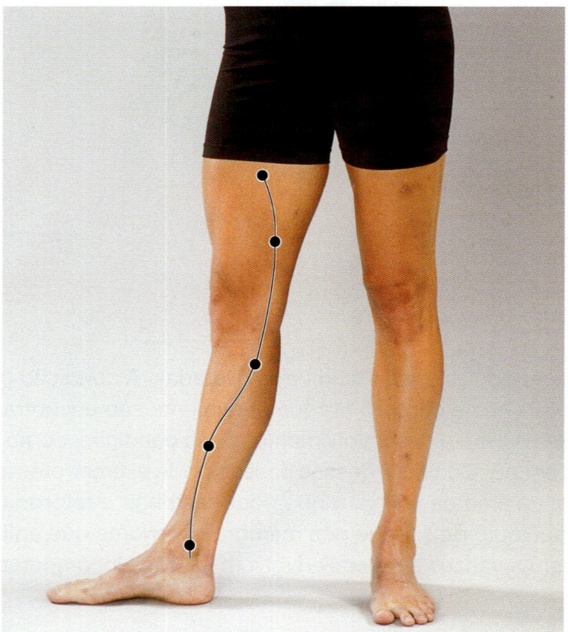

Figura 14.16 Trajeto da veia safena magna.

dorsal do pé e drena para a veia poplítea na área do espaço poplíteo posterior à articulação do joelho. Ela drena os aspectos lateral e posterior do pé e da perna. Curiosamente, com frequência partes das veias safenas são removidas de forma cirurgica e utilizadas para substituir porções lesionadas ou doentes de outros vasos sanguíneos. As muitas ramificações periféricas dessa veia assumem a função da porção removida.

DICAS DE APRENDIZAGEM

REVISÃO DA TERMINOLOGIA

Os termos a seguir são discutidos neste capítulo. Definir ou descrever cada termo e, se for o caso, identificar a localização da estrutura em seu corpo ou em uma ilustração apropriada.

arco venoso dorsal
artéria arqueada
artéria circunflexa femoral lateral
artéria circunflexa femoral medial
artéria circunflexa ilíaca superficial
artéria do joelho
artéria dorsal do pé
artéria femoral
artéria femoral profunda
artéria fibular
artéria inferior lateral do joelho
artéria inferior medial do joelho
artéria média do joelho
artéria plantar lateral
artéria plantar medial
artéria plantar profunda
artéria poplítea
artéria primeira metatarsal dorsal
artéria recorrente tibial anterior
artéria recorrente tibial posterior
artéria superior lateral do joelho
artéria superior medial do joelho
artéria tarsal lateral
artéria tarsal medial
artéria tibial anterior
artéria tibial posterior
artérias perfurantes
articulação fibular
nervo anococcígeo
nervo cutâneo femoral anterior
nervo cutâneo femoral lateral
nervo cutâneo femoral posterior
nervo cutâneo perfurante
nervo femoral
nervo fibular comum
nervo fibular profundo
nervo fibular superficial
nervo genitofemoral
nervo glúteo inferior
nervo glúteo superior
nervo ilio-hipogástrico
nervo ilioinguinal
nervo isquiático
nervo obturatório
nervo para o piriforme
nervo plantar lateral
nervo plantar medial
nervo pudendo
nervo safeno
nervo sural
nervo sural lateral
nervo tibial
nervo tibial recorrente
plexo coccígeo
plexo lombar
plexo lombossacral
plexo sacral
ramo muscular da artéria poplítea
ramo perfurante da artéria tibial posterior
ramo sural medial do nervo tibial
ramos do calcâneo mediais
trígono femoral
veia circunflexa femoral lateral
veia circunflexa femoral medial
veia circunflexa ilíaca superficial
veia femoral
veia ilíaca externa
veia poplítea
veia profunda
veia safena magna
veia safena parva
veia superficial
veia tibial anterior
veia tibial posterior

SUGESTÃO DE ATIVIDADES DE APRENDIZAGEM

1. Localize a área anatômica identificada como trígono femoral.
   a. Identifique as três estruturas que delimitam o trígono.
   b. Aplique pressão a essa área até que você sinta um pulso. Que estrutura está fornecendo esse pulso? Em cursos típicos de primeiros socorros, como essa área é designada em termos de controle de sangramento?

2. Aplique pressão com os dedos no aspecto dorsal (superior) do pé. Dependendo das estruturas de tecidos moles presentes, pode ser sentido um pulso. Se isso ocorrer, que estrutura está produzindo o pulso?

3. Determine se pode ser estabelecido um pulso posterior ao maléolo medial da tíbia (entre o maléolo medial e o tendão do calcâneo). Se puder, que estrutura produz esse pulso?

QUESTÕES DE MÚLTIPLA ESCOLHA

1. A maior veia do corpo é a:
   a. Femoral
   b. Poplítea
   c. Safena magna
   d. Tibial

2. O maior nervo do corpo é o:
   a. Femoral
   b. Poplíteo
   c. Isquiático
   d. Fibular comum

3. O arco venoso dorsal drena o sangue do(s):
   a. Artelhos
   b. Compartimento anterior da tíbia
   c. Tornozelo
   d. Compartimento tibial posterior

4. As veias tibias anterior e posterior drenam para a:
   a. Veia safena magna
   b. Veia safena parva
   c. Veia femoral
   d. Veia poplítea

QUESTÕES DE PREENCHIMENTO DE LACUNAS

1. O principal nervo que inerva os músculos do compartimento anterior da tíbia é o nervo ______________.

2. O ramo ______________ da artéria tibial posterior irriga os músculos fibulares do compartimento lateral da perna.

3. Os adutores mediais da articulação do quadril são inervados pelo nervo______________.

PARTE IV TABELAS-RESUMO Articulações dos membros inferiores

Articulação	Tipo	Ossos	Ligamentos	Movimento
Quadril	Esferóidea	Ílio, ísquio, púbis e fêmur	• Capsular • Lábio do acetábulo • Iliofemoral (Y) • Pubofemoral • Transverso do acetábulo • Ligamento da cabeça do fêmur	Flexão, extensão, abdução, adução, rotação medial (ou para dentro), rotação lateral (ou para fora)
Joelho				
Tibiofemoral	Gínglimo modificado	Fêmur e tíbia	• Capsular • Colateral tibial • Colateral fibular • Cruzado anterior • Cruzado posterior • Poplíteo oblíquo • Poplíteo arqueado • Meniscofemoral posterior • Coronário • Transverso do joelho • Da patela (considerado uma continuação do tendão do quadríceps)	Flexão, extensão (perna roda medialmente na flexão de joelho e lateralmente na extensão de joelho em movimentos sem descarga de peso)
Patelofemoral	Plana	Patela e fêmur	• Patelar	Deslizamento
Perna				
Tibiofibular proximal	Diartrodial (plana)	Tíbia e fíbula	• Capsular • Anterior da cabeça da fíbula • Posterior da cabeça da fíbula	Leve deslizamento
Tibiofibular média	Sinartrodial	Tíbia e fíbula	• Interósseo	Nenhum
Tibiofibular distal	Sindesmodial	Tíbia e fíbula	• Interósseo • Anterior da cabeça da fíbula • Tibiofibular posterior • Transverso inferior • (Anterior ao tibiofibular posterior)	Possibilita a dorsiflexão leve do tornozelo

(*continua*)

PARTE IV TABELAS-RESUMO Articulações dos membros inferiores *(continuação)*

Articulação	Tipo	Ossos	Ligamentos	Movimento
Tornozelo				
Talotibial (talocrural)	Gínglimo	Tíbia e tálus	• Capsular • Colateral medial • Tibionavicular • Calcaneotibial • Talotibial anterior • Talotibial posterior	Dorsiflexão, flexão plantar
Talofibular	Gínglimo	Tálus e fíbula	• Capsular • Calcaneofibular • Talofibular anterior • Talofibular posterior	Dorsiflexão, flexão plantar
Articulações intertarsais				
Talocalcânea [a]	Artrodial	Tálus e calcâneo	• Capsular • Talocalcâneo anterior • Talocalcâneo posterior • Talocalcâneo lateral • Talocalcâneo medial • Talocalcâneo interósseo	Deslizamento
Transversa do tarso [a]	Artrodial	Tálus, navicular, calcâneo e cuboide	• Bifurcado (a parte calcaneonavicular) • Calcaneonavicular plantar (ou ligamento-mola)	Deslizamento
Talocalcaneonavicular	Artrodial	Tálus, navicular e calcâneo	• Capsular • Talonavicular dorsal • Calcaneonavicular plantar	Deslizamento
Calcaneocubóidea	Artrodial	Calcâneo e cuboide	• Capsular • Calcaneocubóideo plantar (plantar curto) • Calcaneocubóideo dorsal • Bifurcado • Plantar longo	Deslizamento
Cuneonavicular	Artrodial	Cuneiformes (3) e navicular	• Cuneonavicular dorsal • Cuneonavicular plantar	Deslizamento
Cuboideonavicular	Artrodial	Cuboide e navicular	• Cuboideonavicular dorsal • Cuboideonavicular plantar • Cuboideonavicular interósseo	Deslizamento
Intercuneiforme e cuneocuboide	Artrodial	Cuneiformes (3) e cuboide	• Intercuneiformes dorsais • Intercuneiformes plantares • Intercuneiformes interósseos	Deslizamento

(continua)

PARTE IV TABELAS-RESUMO Articulações dos membros inferiores (*continuação*)				
Articulação	**Tipo**	**Ossos**	**Ligamentos**	**Movimento**
Articulações tarsometatarsofalângicas				
Tarsometatarsais	Artrodial (planas)	Cuneiformes (3), cuboide e bases dos metatarsais	• Capsulares • Tarsometatarsais plantar e dorsal • Colaterais (interósseos)	Deslizamento
Intermetatarsais	Artrodial (planas)	Bases dos metatarsais	• Capsulares dorsais • Capsulares plantares • Colaterais (interósseos) • Metatarsal transverso	Deslizamento
Metatarsofalângicas (5)	Condiloide	Cabeças dos metatarsais e bases das falanges proximais	• Capsulares dorsais • Capsulares plantares • Colaterais (interósseos) • Metatarsal transverso	Flexão, extensão, abdução e adução
Interfalângicas (4 interfalângicas proximais, 4 interfalângicas distais e 1 interfalângica)	Gínglimo	Falanges proximal, média e distal	• Capsulares dorsais • Capsulares plantares • Colaterais (interósseos)	Flexão, extensão

[a]Os movimentos combinados das articulações talocalcânea e transversa do tarso produzem inversão (supinação, adução e flexão plantar) e eversão (pronação, abdução e dorsiflexão) da articulação do tornozelo.

PARTE IV TABELAS-RESUMO Músculos, nervos e suprimento sanguíneo dos membros inferiores

Músculo	Origem	Inserção	Ação	Nervo	Suprimento sanguíneo
Quadril, anterior					
Psoas maior (iliopsoas)	Processos transversos de LI-LV, discos intervertebrais e corpos vertebrais de TIX e LI-LV	Trocanter menor do fêmur	Flexão e rotação da coluna vertebral; flexão, adução e rotação lateral do quadril	Raiz L2-L3	Ilíaca externa, ilíaca interna e lombar
Psoas menor	Discos intervertebrais e corpos vertebrais de TXII e LI	Linha iliopectínea	Flexão da pelve	Lombar	Lombar
Ilíaco (iliopsoas)	Fossa ilíaca, ligamentos iliolombares e sacroilíacos	Ligeiramente distal ao trocanter menor do fêmur	Flexão, adução e rotação lateral do quadril	Femoral	Ilíaca externa e hipogástrica
Sartório	Espinha ilíaca anterossuperior (EIAS)	Inferior ao côndilo medial da tíbia	Flexão, abdução e rotação externa do quadril, flexão do joelho, rotação medial da perna	Femoral	Profunda e femoral
Reto femoral	Espinha ilíaca anteroinferior (EIAI) e área superior ao acetábulo	Tuberosidade da tíbia e patela	Flexão do quadril, extensão do joelho	Femoral	Profunda
Tensor da fáscia lata	Lábio externo da crista ilíaca e entre EIAS e a espinha ilíaca anteroinferior ou EIAI	Trocanter maior do fêmur e (como o trato iliotibial) inferoanterior ao côndilo lateral da tíbia	Flexão, abdução e rotação medial do quadril	Glúteo superior	Circunflexa lateral
Pectíneo	Linha iliopectínea e aspecto superior do púbis	Linha pectínea do fêmur	Flexão, adução e rotação lateral do quadril	Femoral	Femoral e circunflexa femoral
Quadril, lateral					
Glúteo médio	Entre a crista ilíaca e as linhas glúteas anterior e posterior	Borda posterolateral do trocanter maior	Abdução do quadril; porção anterior: flexão e rotação medial do quadril; porção posterior: extensão e rotação lateral do quadril	Glúteo superior	Glútea superior
Glúteo mínimo	Linhas glúteas anterior e inferior do ílio	Borda anterior do trocanter maior	Abdução e rotação medial do quadril; porção anterior: flexão do quadril; porção posterior: extensão do quadril	Glúteo superior	Glútea superior

Quadril, posterior					
Bíceps femoral (cabeça longa)	Tuberosidade isquiática	Cabeça da fíbula e côndilo lateral da tíbia	Adução, extensão e rotação lateral do quadril; flexão do joelho	Tibial	Ramo profundo da femoral
Bíceps femoral (cabeça curta)	Linha áspera	Cabeça da fíbula e côndilo lateral da tíbia	Flexão do joelho, rotação lateral da perna	Fibular	Ramo profundo da femoral
Semitendíneo	Tuberosidade isquiática	Inferior ao côndilo medial da tíbia	Adução, extensão e rotação medial do quadril; flexão do joelho; rotação medial da perna	Tibial	Ramo profundo da femoral e da poplítea
Semimembranáceo	Tuberosidade isquiática	Côndilo medial da tíbia	Adução, extensão e rotação medial do quadril; flexão do joelho; rotação medial da perna	Tibial	Ramo profundo da femoral e da poplítea
Glúteo máximo	Sacro e cóccix, linha glútea posterior e crista ilíaca	Linha glútea do fêmur e (como o trato iliotibial) inferoanterior ao côndilo lateral da tíbia	Adução, extensão e rotação lateral do quadril; abdução do quadril flexionado	Glúteo inferior	Glúteas superior e inferior e circunflexa medial

(*continua*)

PARTE IV TABELAS-RESUMO Músculos, nervos e suprimento sanguíneo dos membros inferiores *(continuação)*

Músculo	Origem	Inserção	Ação	Nervo	Suprimento sanguíneo
Quadril, posterior *(continuação)*					
Piriforme	2/3 superiores do sacro e da incisura isquiática maior	Trocanter maior	Rotação lateral, abdução e extensão do quadril	Nervo para o piriforme – ramos sacrais S1, S2	Glúteas superior e inferior
Gêmeo superior	Espinha isquiática	Trocanter maior	Rotação lateral do quadril	Nervo para o obturador interno	Glútea inferior e obturatória
Obturador interno	Borda interna do forame obturado	Trocanter maior	Rotação lateral do quadril	Nervo para obturador interno	Glútea inferior e obturatória
Gêmeo inferior	Tuberosidade isquiática	Trocanter maior	Rotação lateral do quadril	Nervo para o quadrado femoral	Glútea inferior e obturatória
Obturador externo	Aspecto externo dos ossos púbis e ísquio no forame obturado	Fossa trocantérica do fêmur	Rotação lateral do quadril	Obturatório	Glútea inferior e obturatória
Quadrado femoral	Tuberosidade isquiática	Crista intertrocantérica do fêmur	Rotação lateral, adução e extensão do quadril	Nervo para o quadrado femoral	Glútea inferior e circunflexa femoral medial
Quadril, medial					
Adutor longo	Púbis	1/3 médio da linha áspera	Adução, flexão e rotação lateral do quadril	Obturatório	Femoral
Adutor curto	Púbis	1/3 proximal da linha áspera	Adução, flexão e rotação lateral do quadril	Obturatório	Femoral
Adutor magno	Púbis e tuberosidade isquiática	Linha áspera e tubérculo do adutor	Porção anterior: flexão, adução e rotação lateral do quadril; parte posterior: adução, extensão e rotação medial do quadril	Obturatório e isquiático	Femoral
Grácil	Aspecto anteroinferior da sínfise púbica e púbis inferior	Distal ao côndilo medial da tíbia	Flexão, adução e rotação lateral do quadril; flexão do joelho; rotação medial da perna	Obturatório	Femoral
Joelho, anterior					
Sartório	EIAS				

Quadríceps femoral					
Reto femoral	EIAI				
Vasto lateral	Trocanter maior; linha intertrocantérica, proximal ao lábio lateral da linha áspera	Lateral da patela, aspecto anterior do côndilo lateral da tíbia e tendão do reto femoral	Extensão do joelho	Femoral	Circunflexa lateral
Vasto intermédio	2/3 proximais do fêmur anterior	Aspecto inferior da patela e tendão dos músculos vastos lateral e medial	Extensão do joelho	Femoral	Circunflexa lateral e profunda
Vasto medial	Linhas intertrocantérica e áspera	Côndilo medial da tíbia, medial da patela e aspecto medial do tendão do reto femoral	Extensão do joelho	Femoral	Femoral
Joelho, posterior					
Bíceps femoral (isquiotibial)	Tuberosidade isquiática				
Semimembranáceo (isquiotibial)	Tuberosidade isquiática				
Semitendíneo (isquiotibial)	Tuberosidade isquiática				
Grácil	Pube				
Poplíteo	Côndilo lateral do fêmur	Tíbia proximal na linha do músculo sóleo	Flexão do joelho; rotação interna da perna	Tibial	Poplítea
Gastrocnêmio (cabeça lateral)	Face poplítea medial ao côndilo lateral do fêmur	Calcâneo	Flexão do joelho; flexão plantar da tibiotársica	Tibial	Tibial posterior e fibular
Gastrocnêmio (cabeça medial)	Côndilo medial do fêmur	Calcâneo	Flexão do joelho; flexão plantar da tibiotársica	Tibial	Tibial posterior e fibular
Plantar	Lateral à linha áspera e ao ligamento poplíteo oblíquo	Calcâneo	Flexão do joelho; flexão plantar da tibiotársica	Tibial	Poplítea

(continua)

PARTE IV TABELAS-RESUMO Músculos, nervos e suprimento sanguíneo dos membros inferiores *(continuação)*

Músculo	Origem	Inserção	Ação	Nervo	Suprimento sanguíneo
Tornozelo e pé (extrínsecos), anterior					
Tibial anterior	Côndilo lateral da tíbia e 1/2 proximal do aspecto lateral da tíbia	1º cuneiforme e base do 1º metatarsal	Dorsiflexão da tibiotársica; inversão do pé	Fibular profundo	Tibial anterior
Extensor longo dos dedos	Côndilo lateral da tíbia, 3/4 proximais da fíbula e membrana interóssea	Falanges do 2º ao 5º artelho	Dorsiflexão da tibiotársica e eversão do pé; extensão do 2º ao 5º artelho	Fibular profundo	Tibial anterior
Extensor longo do hálux	1/2 medial da fíbula e membrana interóssea	Base da falange distal do hálux	Dorsiflexão da tibiotársica e inversão do pé; extensão do hálux	Fibular profundo	Tibial anterior
Fibular terceiro	1/3 distal da fíbula e membrana interóssea	Aspecto dorsal da base do 5º metatarsal	Dorsiflexão e eversão do pé	Fibular profundo	Tibial anterior e fibular
Tornozelo e pé (extrínsecos), lateral					
Fibular longo	Côndilo lateral da tíbia, cabeça e 2/3 proximal da lateral da fíbula	Lateralmente na base do 1º metatarsal e cuneiforme medial	Eversão do pé e flexão plantar da tibiotársica	Fibular superficial	Fibular
Fibular curto	1/2 distal da fíbula	Tuberosidade do 5º metatarsal	Eversão do pé e flexão plantar da tibiotársica	Fibular superficial	Fibular
Tornozelo e pé (extrínsecos), posterior					
Gastrocnêmio	Ver Joelho				
Sóleo	Cabeça e 1/3 proximal da fíbula, 1/3 medial da tíbia	Calcâneo	Flexão plantar da tibiotársica	Tibial	Tibial posterior e fibular
Plantar	Ver Joelho, posterior				
Tibial posterior	1/3 medial da tíbia posterior, cabeça e 2/3 proximal do aspecto medial da fíbula e membrana interóssea	Navicular, cuneiforme medial e 2º ao 5º metatarsal	Flexão plantar da tibiotársica e inversão do pé; adução do pé	Tibial	Tibial posterior
Flexor longo dos dedos	Tíbia posterior: linha do músculo sóleo, a poucos centímetros da extremidade distal da tíbia	Base das falanges distais 2º ao 5º artelho	Flexão plantar da tibiotársica e inversão do pé; adução do pé; flexão do 2º ao 5º artelho	Tibial	Tibial posterior

Flexor longo do hálux	2/3 inferiores da fíbula posterior e membrana interóssea	Falange distal do hálux	Flexão plantar da tibiotársica e inversão do pé; flexão do hálux	Tibial	Tibial posterior
Tornozelo e pé (intrínsecos), 1ª camada plantar					
Flexor curto dos dedos	Tuberosidade do calcâneo	Laterais das falanges médias do 2º ao 5º artelho	Flexão do 2º ao 5º artelho	Plantar medial	Tibial posterior
Abdutor do hálux	Aspecto medial do calcâneo	Base da falange proximal do hálux	Abdução e flexão do hálux	Plantar medial	Tibial posterior
Abdutor do dedo mínimo	Tuberosidade do calcâneo	Aspecto lateral da base da falange proximal do dedo mínimo	Abdução e flexão do dedo mínimo	Plantar lateral	Tibial posterior
Tornozelo e pé (intrínsecos), 2ª camada plantar					
Quadrado plantar (cabeça medial)	Aspecto medial do calcâneo	Tendão do flexor longo dos dedos	Auxílio na flexão do 2º ao 5º artelho	Plantar lateral	Tibial posterior
Quadrado plantar (cabeça lateral)	Aspecto lateral do calcâneo	Tendão do flexor longo dos dedos	Auxílio na flexão do 2º ao 5º artelho	Plantar lateral	Tibial posterior
Lumbricais	Tendão do flexor longo dos dedos	Tendão do extensor longo dos dedos	Flexão das articulações IFP (2º-5º artelho); extensão das articulações IFD (2º-5º artelho)	Plantar lateral e medial	Plantar
Tornozelo e pé (intrínsecos), 3ª camada plantar					
Flexor curto do hálux	1º ao 3º cuneiforme	Base da falange proximal do hálux	Flexão da articulação MF do hálux	Plantar medial	Tibial posterior
Adutor do hálux (cabeça transversa)	Superfície plantar do ligamento MF do 3º ao 5º artelho	Falange proximal do hálux	Adução do hálux	Plantar lateral	Tibial posterior
Adutor do hálux (cabeça oblíqua)	Base do 2º ao 4º metatarsal	Falange proximal do hálux	Adução do hálux	Plantar lateral	Tibial posterior
Flexor curto do dedo mínimo	Base do 5º metatarsal	Aspecto lateral da base da falange proximal do dedo mínimo	Flexão do dedo mínimo	Plantar lateral	Tibial posterior

(*continua*)

PARTE IV TABELAS-RESUMO Músculos, nervos e suprimento sanguíneo dos membros inferiores *(continuação)*

Músculo	Origem	Inserção	Ação	Nervo	Suprimento sanguíneo
Tornozelo e pé (intrínsecos), 4ª camada plantar					
Interósseos dorsais (4)	Aspectos adjacentes de todos os metatarsais	Base das falanges proximais do 2º ao 4º artelho	Abdução dos 3º e 4º artelhos	Plantar lateral	Tibial anterior
Interósseos plantares (3)	Aspecto medial inferior do 3º ao 5º metatarsal	Aspecto medial da base das falanges proximais do 3º ao 5º artelho e tendão do extensor longo dos dedos	Adução do 3º ao 5º artelho	Plantar lateral	Ramo profundo e plantar lateral
Tornozelo e pé (intrínsecos), dorsal					
Extensor curto dos dedos	Calcâneo	Tendões do extensor longo do 2º ao 5º artelho	Extensão do 2º ao 5º artelho	Fibular profundo	Tibial anterior e fibular
Extensor curto do hálux	Calcâneo	Falange distal do hálux	Extensão e adução do hálux	Fibular profundo	Tibial anterior

IFP = interfalângica proximal; IFD = interfalângica distal; MF = metatarsofalângica.

RESPOSTAS DAS QUESTÕES DO FINAL DOS CAPÍTULOS

CAPÍTULO 1

Questões de múltipla escolha

1. c
2. a
3. b
4. a
5. c
6. c
7. c
8. c

Questões de preenchimento de lacunas

1. Suturas
2. Bolsa
3. Fibras musculares
4. Para o
5. A partir do
6. Sístole
7. Viscosidade
8. Terceira classe

CAPÍTULO 2

Questões de múltipla escolha

1. b
2. d
3. b
4. b

Questões de preenchimento de lacunas

1. Flexão
2. Plano
3. Sagital horizontal
4. Proximal

CAPÍTULO 3

Questões de múltipla escolha

1. d
2. d
3. a
4. c
5. a
6. a
7. d
8. d
9. d
10. b
11. b
12. c
13. a
14. c
15. d
16. d
17. b
18. a
19. a
20. d
21. b
22. b
23. d
24. d
25. d
26. a
27. a

Questões de preenchimento de lacunas

1. Coracoclavicular
2. Trapézio
3. Subescapular
4. Supraespinal
5. Acrômio
6. Coracobraquial
7. Escápula
8. Abdução
9. Clavicular
10. Escápula
11. Latíssimo do dorso

Exercícios de movimento funcional

As seguintes são apenas algumas das respostas corretas. Várias respostas podem ser consideradas corretas.

Articulação do ombro

Motor primário: deltoide médio
Antagonista: peitoral maior
Fixador: supraespinal
Sinergista: deltoides anterior e posterior

Cintura escapular

Motor primário: levantador da escápula
Antagonista: trapézios superior e inferior
Fixador: trapézio médio
Sinergista: romboides

CAPÍTULO 4

Questões de múltipla escolha

1. c
2. c
3. b
4. d
5. b
6. a
7. b
8. b
9. d
10. a
11. c
12. a

Questões de preenchimento de lacunas

1. Úmero
2. Anular
3. Ulna

4. Flexão do cotovelo
5. Tróclea
6. Linha reta
7. Pronação
8. Tríceps braquial
9. Pronador quadrado

Exercícios de movimento funcional

As seguintes são apenas algumas das respostas corretas. Várias respostas podem ser consideradas corretas.

Flexão do cotovelo

Motor primário: bíceps braquial
Antagonista: tríceps braquial
Fixador: braquiorradial
Sinergista: braquial

Pronação do antebraço

Motor primário: pronador redondo
Antagonista: supinador
Fixador: bíceps braquial
Sinergista: pronador quadrado

CAPÍTULO 5

Questões de múltipla escolha

1. a
2. b
3. a
4. b
5. a
6. b
7. a
8. c
9. b
10. c
11. a
12. c
13. c
14. a
15. d

Questões de preenchimento de lacunas

1. Palmar longo
2. Mediocarpais
3. Flexores
4. Polegar
5. Radiocarpais
6. Adução
7. Indicador
8. Escafoide
9. Oposição
10. Escafoide
11. Retináculo flexor
12. Colaterais
13. Carpometacarpais
14. Escafoide

Exercícios de movimento funcional

As seguintes são apenas algumas das respostas corretas. Várias respostas podem ser consideradas corretas.

Articulações do punho

Motor primário: extensor dos dedos
Antagonista: palmar longo
Fixador: extensor do dedo mínimo
Sinergista: extensor ulnar do carpo

Articulações dos dedos (MF, IFP, IFD)

Motor primário: flexor superficial dos dedos
Antagonista: extensor dos dedos
Fixador: palmar longo
Sinergista: flexor profundo dos dedos

CAPÍTULO 6

Questões de múltipla escolha

1. b
2. c
3. c
4. a

Questões de preenchimento de lacunas

1. Cubital mediana
2. Escapular dorsal
3. Artérias

CAPÍTULO 7

Questões de múltipla escolha

1. a
2. c
3. c
4. b
5. b
6. c
7. d
8. d

Questões de preenchimento de lacunas

1. Média
2. Sinartrodiais
3. Maxilar
4. Extrínsecos
5. Hioide
6. Seio
7. Forame
8. Humor vítreo

CAPÍTULO 8

Questões de múltipla escolha

1. c
2. d
3. b
4. a
5. b
6. c
7. b
8. d
9. d
10. b
11. b
12. d
13. d
14. b
15. a
16. a

Questões de preenchimento de lacunas

1. Lombar
2. Torácica
3. Longitudinal posterior
4. Atlas
5. Disco intervertebral
6. Sínfise púbica
7. Ísquio
8. Hiperlordose
9. Hipercifose
10. Escoliose

Exercícios de movimento funcional

As seguintes são apenas algumas das respostas corretas. Várias respostas podem ser consideradas corretas.

Extensão da coluna vertebral

Motor primário: eretores da espinha

Antagonista: reto do abdome

Fixador: oblíquos interno e externo

Sinergista: grupo semiespinal

Rotação da coluna

Motor primário: oblíquos interno e externo (ipsilateral)

Antagonista: oblíquos interno e externo (contralateral)

Fixador: reto do abdome

Sinergista: grupo semiespinal (ipsilateral)

CAPÍTULO 9

Questões de múltipla escolha

1. b
2. b
3. a
4. a
5. d
6. a
7. b
8. d
9. c
10. b

Questões de preenchimento de lacunas

1. Esterno
2. Manúbrio
3. Diafragma
4. Três
5. Fígado
6. Brônquios
7. Mediastino
8. Septo interatrial
9. Duas; válvulas

CAPÍTULO 10

Questões de múltipla escolha

1. a
2. b
3. b
4. c
5. a
6 a

Questões de preenchimento de lacunas

1. Frênico
2. Subclávias
3. Tronco encefálico
4. Frontal
5. Veias cardíacas mínimas
6. Epidural
7. Pré-central

CAPÍTULO 11

Questões de múltipla escolha

1. c
2. a
3. b
4. d
5. b
6. b
7. b
8. d
9. d
10. b

Questões de preenchimento de lacunas

1. Articulação do quadril
2. Iliofemoral
3. Glúteo máximo
4. Ísquio
5. Coluna torácica e lombar
6. Posterior

Exercícios de movimento funcional

As seguintes são apenas algumas das respostas corretas. Várias respostas podem ser consideradas corretas.

Flexão do quadril

Motor primário: ilíaco

Antagonista: glúteo máximo

Fixador: adutor longo

Sinergista: psoas maior

Inclinação pélvica anterior

Motor primário: reto do abdome

Antagonista: eretores da espinha

Fixador: transverso do abdome

Sinergista: oblíquos interno e externo

CAPÍTULO 12

Questões de múltipla escolha

1.	a	**8.**	b
2.	d	**9.**	c
3.	b	**10.**	d
4.	b	**11.**	a
5.	c	**12.**	b
6.	a	**13.**	c
7.	d	**14.**	b

Questões de preenchimento de lacunas

1. Côndilo medial
2. Tíbia
3. Transverso do joelho
4. Fêmur
5. Cruzado anterior
6. Joelho
7. Glúteo máximo

Exercícios de movimento funcional

As seguintes são apenas algumas das respostas corretas. Várias respostas podem ser consideradas corretas.

Flexão do joelho

Motor primário: bíceps femoral

Antagonista: reto femoral

Fixador: vasto medial

Sinergista: semimembranáceo

Extensão do joelho

Motor primário: reto femoral

Antagonista: bíceps femoral

Fixador: grácil

Sinergista: vasto intermédio

CAPÍTULO 13

Questões de múltipla escolha

1.	b	**7.**	b
2.	a	**8.**	c
3.	c	**9.**	d
4.	b	**10.**	b
5.	a	**11.**	c
6.	d		

Questões de preenchimento de lacunas

1. Calcâneo
2. Calcâneo
3. Flexão plantar
4. Fêmur
5. Colateral medial
6. Dorsiflexão
7. Tíbia
8. Abduzir; primeira metatarsofalângica
9. Lateralmente
10. Transverso
11. Cuboide
12. Extrínsecos
13. Transversa
14. Gastrocnêmio
15. Abduzem
16. Inverte; tornozelo
17. Aduzem
18. Cabeças dos metatarsais
19. Plantiflexiona; tornozelo

Exercícios de movimento funcional

As seguintes são apenas algumas das respostas corretas. Várias respostas podem ser consideradas corretas.

Pé

Motor primário: sóleo

Antagonista: tibial anterior

Fixador: tibial posterior

Sinergista: gastrocnêmio

MF, IFP, IFD

Motor primário: flexor longo dos dedos

Antagonista: extensor longo dos dedos

Fixador: interósseos plantares

Sinergista: flexor curto dos dedos

CAPÍTULO 14

Questões de múltipla escolha

1. c
2. c
3. a
4. d

Questões de preenchimento de lacunas

1. Fibular profundo
2. Fibular
3. Obturatório

Leituras sugeridas

Agur, A.M.R., and A.F. Daily. 2008. *Grant's atlas of anatomy*. 12th ed. Baltimore: Lippincott, Williams & Wilkins.

Drake, R.A., W. Vogl, and A.W.M. Mitchell. 2009. *Gray's anatomy for students*. 2nd ed. New York: Churchill Livingstone.

Gilroy, A., B. MacPherson, L. Ross, M. Schuenke, E. Schulte, and U. Schmacher. 2008. *Atlas of anatomy*. New York: Thieme.

Gray, H. (1918) 2000. *Anatomy of the human body*. Philadelphia: Lea & Febiger; Bartleby.com.

Logan, B.M., P. Reynolds, and R.T. Hutchings. 2009. *McMinn's color atlas of head and neck anatomy*. 4th ed. Philadelphia: Elsevier (Mosby).

Logan, B.M., and R.T. Hutchings. 2011. *McMinn's color atlas of foot and ankle anatomy*. 4th ed. Philadelphia: Elsevier (Saunders).

Marieb, E.N., and K.N. Hoehn. 2010. *Human anatomy and physiology*. 8th ed. San Francisco: Benjamin/Cummings.

Morton, D., K.B. Foreman, and K. Albertine. 2011. *Gross anatomy: The big picture*. New York: McGraw-Hill Medical.

Netter, F.H. 2010. *Atlas of human anatomy*. 5th ed. Philadelphia: Elsevier (Saunders).

Whiting, W., and S. Rugg. 2006. *Dynatomy: Dynamic human anatomy*. Champaign, IL: Human Kinetics.

Créditos

Figura 1.14 Adaptada, com permissão, de W.C. Whiting e S. Rugg, 2006, *Dynatomy: Dynamic human anatomy* (Champaign, IL: Human Kinetics), 15.

Figura 1.22b Adaptada, com permissão, de National Strength and Conditioning Association, 2008, Biomechanics of resistance exercise, por E. Harman. Em *Essentials of strength training and conditioning*, 3ª ed., editado por T.R. Baechle e R.W. Earle (Champaign, IL: Human Kinetics), 70.

Figura 1.23b Adaptada, com permissão, de National Strength and Conditioning Association, 2008, Biomechanics of resistance exercise, por E. Harman. Em *Essentials of strength training and conditioning*, 3ª ed., editado por T.R. Baechle e R.W. Earle (Champaign, IL: Human Kinetics), 70.

Figura 7.1 Adaptada, com permissão, de J. Watkins, 2010, *Structure and function of the musculoskeletal system*, 2ª ed. (Champaign, IL: Human Kinetics), 30.

Figura 7.2 Adaptada, com permissão, de L.A. Cartwright e W.A. Pitney, 2011, *Fundamentals of athletic training*, 3ª ed. (Champaign, IL: Human Kinetics), 55.

Figura 7.3 Adaptada, com permissão, de J. Watkins, 2010, *Structure and function of the musculoskeletal system*, 2ª ed. (Champaign, IL: Human Kinetics), 29.

Figura 7.4 Adaptada, com permissão, de L.A. Cartwright e W.A. Pitney, 2011, *Fundamentals of athletic training*, 3ª ed. (Champaign, IL: Human Kinetics), 67.

Figura 7.6 Adaptada, com permissão, de J. Loudon, M. Swift e S. Bell, 2008, *The clinical orthopedic assessment guide*, 2ª ed. (Champaign, IL: Human Kinetics), 28.

Figura 7.7 Reimpressa, com permissão, de J. Watkins, 2010, *Structure and function of the musculoskeletal system*, 2ª ed. (Champaign, IL: Human Kinetics), 30.

Figura 7.8 Reimpressa, com permissão, de J. Loudon, M. Swift e S. Bell, 2008, *The clinical orthopedic assessment guide*, 2ª ed. (Champaign, IL: Human Kinetics), 20, 24.

Figura 7.9 Adaptada, com permissão, de J. Watkins, 2010, *Structure and function of the musculoskeletal system*, 2ª ed. (Champaign, IL: Human Kinetics), 30.

Figura 7.12 Reimpressa, com permissão, de L.A. Cartwright e W.A. Pitney, 2011, *Fundamentals of athletic training*, 3ª ed. (Champaign, IL: Human Kinetics), 68.

Figura 9.15 Adaptada, com permissão, de W.L. Kenney, J.H. Wilmore e D.L. Costill, 2012, *Physiology of sport and exercise*, 5ª ed. (Champaign, IL: Human Kinetics), 144.

Figura 9.17 Adaptada, com permissão, de W.L. Kenney, J.H. Wilmore e D.L. Costill, 2012, *Physiology of sport and exercise*, 5ª ed. (Champaign, IL: Human Kinetics), 145.

Figura 9.19 Adaptada, com permissão, de W.L. Kenney, J.H. Wilmore e D.L. Costill, 2012, *Physiology of sport and exercise*, 5ª ed. (Champaign, IL: Human Kinetics), 165.

Figura 9.20 Adaptada, com permissão, de W.L. Kenney, J.H. Wilmore e D.L. Costill, 2012, *Physiology of sport and exercise*, 5ª ed. (Champaign, IL: Human Kinetics), 165.

Figura 10.2a e 10.2b Reimpressa, com permissão, de R.S. Gotlin, 2008, *Sports injuries guidebook* (Champaign, IL: Human Kinetics), 62.

Figura 10.3 Reimpressa, com permissão, de W.L. Kenney, J.H. Wilmore e D.L. Costill, 2012, *Physiology of sport and exercise*, 5ª ed. (Champaign, IL: Human Kinetics), 165.

Figura 10.4 Adaptada, com permissão, de W.L. Kenney, J.H. Wilmore e D.L. Costill, 2012, *Physiology of sport and exercise*, 5ª ed. (Champaign, IL: Human Kinetics), 165.

Figura 10.5 Adaptada, com permissão, de W.L. Kenney, J.H. Wilmore e D.L. Costill, 2012, *Physiology of sport and exercise*, 5ª ed. (Champaign, IL: Human Kinetics), 165.

Figura 10.9 Reimpressa, com permissão, de C.R. Denegar, E. Saliba, S.S. Saliba, 2010, *Therapeutic modalities for musculoskeletal injuries*, 3ª ed. (Champaign, IL: Human Kinetics), 224.

Figura 10.16 Adaptada, com permissão, de W.L. Kenney, J.H. Wilmore e D.L. Costill, 2012, *Physiology of sport and exercise*, 5ª ed. (Champaign, IL: Human Kinetics), 145.

Figura 10.20 Adaptada, com permissão, de W.L. Kenney, J.H. Wilmore e D.L. Costill, 2012, *Physiology of sport and exercise*, 5ª ed. (Champaign, IL: Human Kinetics), 165.

ÍNDICE

Nota: O *f* e o *t* em itálico que acompanham os números de página se referem a figuras e tabelas, respectivamente.

B

C

Z

IMPRESSÃO:

GRÁFICA EDITORA
Pallotti
IMAGEM DE QUALIDADE

Santa Maria - RS - Fone/Fax: (55) 3220.4500
www.pallotti.com.br